21 世纪法学系列教材

劳动法与社会保障法

Labor Law and Social Security Law

第三版

主编 | 郭 捷

撰稿人（以撰写章节为序） | 郭 捷 李炳安 李坤刚 穆随心 谢德成

法律出版社
始创于1954年

www.lawpress.com.cn
好书，同好老师和好学生分享

出 版 说 明

法律出版社作为中国历史最悠久、品牌积淀最深厚的法律专业出版社，素来重视法学教育图书之出版。

原“21 世纪法学规划教材”系列作为本社法学教育出版的重心，延续至今已有十余年。该系列一直以打造新世纪新经典教材为己任，遍揽名家新秀，因其卓越品质而颇受瞩目并广受肯定。当前，根据法学教育发展变化的客观需要，本社将原有教材系列调整重组，形成新编“21 世纪法学系列教材”，以便更好地为法学师生服务。

中国的法学教育正面临深刻变革，未来的法学教育势必以培养高素质法律人才为目标，以知识教育与应用教育相结合、职业教育与素质教育相结合、精英教育与大众教育相结合为导向，法学教育图书的编写与出版也将由此进入变革与创新的时代。

为顺应未来法学教育的改革方向和发展趋势，本社将应时而动，为不同学科、不同层次、不同阶段、不同需求的法学师生量身打造法学教材及教学辅助用书。在教材方面，将推出课堂教学系列、实训课程系列、通识课程系列、简明本系列、双语教学系列等；在教学辅助用书方面，将推出案例教程系列、法规教程系列、练习与测验系列、法学讲座系列、专业培训系列等。或革新，或全新，以厚基础、宽口径、多元化、开放性为基调，力求从品种、内容和形式上呈现崭新风采，为法学师生提供更好教本与读本，同享规划教材之盛。

“好书，同好老师和好学生分享”。本社在法学教育图书出版上必将继往开来，以精益求精的专业态度，打造全新“21 世纪法学系列教材”，传播法学知识，传承法学理念，辅拂法律教育事业，积累法律教育财富，服务于万千法学师生和明日法治英才。

法律出版社

出版说明

作 者 简 介

郭　捷　西北政法大学教授、博士生导师，兼任中国社会法学研究会副会长、陕西省法学会社会法学研究会会长。主要研究方向为社会法学，在《法学研究》、《法律科学》、《法学家》、《中国高等教育》等期刊发表专业学术论文三十余篇、法学教育研究论文十余篇；主编有司法部统编教材《劳动法学》、《劳动法与社会保障法》等五部教材；主持并完成国家社科基金项目两项、省部级科研课题七项。先后获省政府优秀科研成果奖两项，获国家级、省级优秀教学成果奖3项。

谢德成　西北政法大学经济法学院教授、社会法研究所所长，兼任中国社会法学研究会常务理事，陕西省法学会社会法学研究会副会长，陕西省人力资源和社会保障厅法律顾问，陕西师范大学政治经济学院、韩国国立济州大学法学院兼职教授。主要从事劳动法学、社会保障法学、比较劳动法学的教学和研究。主持和参与国家社科基金项目2项、省部级项目5项。发表专业学术论文四十余篇，有五篇论文被中国人民大学报刊复印资料全文转载。主编司法部统编教材一部，合著两部。

李炳安　法学博士，福州大学法学院教授，兼任中国社会法学研究会副会长、福建省劳动法学会副会长。在《教育研究》、《武汉大学学报》、《政法论坛》、《法学评论》、《高等工程教育研究》、《法学论坛》等刊物发表论文七十余篇，其中CSSCI核心刊物文章三十余篇，并有多篇文章被中国人民大学复印资料全文转载。主持国家社科基金、省部级项目十余项。获市政府一等奖、二等奖各一项，获省政府社会科学优秀成果二等奖和省政府教学优秀成果二等奖各一项，获福建省首届"优秀青年法学人才"称号。

李坤刚　法学博士，安徽大学法学院教授、民商法专业博士研究生导师、安徽大学经济法制研究中心研究员，兼任中国社会法研究会常务理事、学术委员会委员，安徽省法学会社会法研究会副会长。主持国家社科基金课题一项，参加国家社科基金重大课题两项。发表劳动法和社会保障法专业学术论文六十余篇；参与著、译劳动法方面著作和教材十余部。曾获得中国劳动法学研究会首次征文二等奖、劳动法十年优秀论文评选二等奖、安徽省优秀论文三等奖。

穆随心　法学博士，陕西师范大学法学系副主任、副教授、硕士生导师，兼任陕西省社会法学研究会常务理事、西安市人大常委会首批特聘立法专家。我国台湾地区国立政治大学、韩国国立忠北大学、美国芝加哥肯特法学院短、长期访问学者。主要从事劳动法学和社会保障法学的教学和研究。主持国家社科基金项目一项，参与国家社科基金项目两项，主持省部级项目五项，主持校级教研项目三项，其中一项获二等奖。主编研究生教材《劳动法理论与实践》一部，参编教材四部，其中《劳动法与社会保障法》获陕西省普通高校省级优秀教材一等奖，《劳动法》为全国统编自学考试教材，《劳动法学》为司法部统编教材，并发表专业学术论文二十余篇。

第三版编写说明

《劳动法与社会保障法》自2011年8月出版至今，已历四载有余，多次重印，承蒙广大师生好评。其中，2014年4月进行了第二版修订。在当下法律法规日新日善、学科知识蓬勃发展、法治精神不断推进之际，教材亦当重撰精修，推出新版。

本版教材是前两版的总结、改进、提高，有以下特点：首先，内容上吐故纳新。依托教学需要，根据相关领域最新学科发展与法律更新，在整体上补充新的思想、理论与制度，同时对已过时或不妥的理论与制度予以剔除；实现在基本理论上保持先进性，在法律制度上保持正确性。其次，形式上去粗取精。尽量做到各章节在内容与篇幅上，标题在形式、外延与内涵上的协调一致；优化栏目，重新整合了"思考"与"探讨"、"重点提示"与"资料链接"，删除了常识性或历史性资料链接，避免案例中行文时的描述性语言；并注意图表的应用。最后，在参考资料的引用上力求最新。所引用的法律和法规日期截止到2016年8月1日。

本书撰稿分工如下（按章节顺序）：

郭　捷　第一、二、五章；
李炳安　第三、四、十三、十四章；
李坤刚　第六、七、十六、十七章；
穆随心　第八、十一、十五章；
谢德成　第九、十、十二章。
本书由郭捷主编统一终审定稿。

本书在写作过程中参阅了大量的国内专家、学者的论文、著作，并得到法律出版社陈慧编辑的鼎力支持。

尽管各位作者竭尽所能，但教材中仍难免不足之处，敬希读者不吝批评指正。

编　者
2016年8月

目　录

上编　劳动法

下编 | 社会保障法

上编 | 劳动法

第一章　劳动法概述

| 内容提要 |

本章为劳动法总论部分，共分为四节，主要围绕劳动法的概念及其调整对象、劳动法的地位与作用、劳动法渊源及其体系架构、劳动法的基本原则展开。本章的重点是劳动法的概念及其调整对象。难点是劳动关系的理解和实践运用以及对劳动法是一个独立的法律部门的认识。

劳动法以劳动关系为主要调整对象，旨在维护劳动者的合法权益和促进社会生产力的发展。它是我国社会主义市场经济法律体系中一个重要的法律部门。

第一节　劳动法的概念及其调整对象

一、劳动法的概念

（一）劳动法的学理概念

关于劳动法的概念，中外学者有不同的主张与说法。德国著名的劳动法学家、德国联邦政府劳动法典委员会成员 W. 杜茨教授提出："劳动法是关于劳动生活中处于从属地位者（雇员）的雇佣关系的法律规则（从属地位劳动者的特别法）的总和。"〔1〕日本著名的劳动法学家沼田稻次郎教授指出："劳动法乃是以从属劳动关系所产生的一切法律关系为对象的法律。"〔2〕《牛津法律大词典》的解释为："劳动法是与雇佣劳动相关的全部法律原则和规则，大致和工业法相同，它规定的是雇佣

〔1〕 ［德］W. 杜茨：《劳动法》，张国文等译，法律出版社 2003 年版，第 1 ~ 2 页。

〔2〕 转引自常凯：《劳动法》，高等教育出版社 2011 年版，第 6 页。

合同和劳动或工业关系法律方面的问题。"[3]英国劳动法学者艾利森·邦、马纳·撒夫指出:"在英国法中,雇佣法是最具活力且最具争议的领域。说其最具争议,是因为人们对这类法律应当如何冠名都无法达成一致的意见。那些名称为劳动法、雇佣法或者工业法的书,其实都包括了很多相同内容,即个体雇佣法——规范个体雇员与用人单位关系的法律,集体劳动法——规范用人单位与雇员组织(工会)的法律,还有一些职业卫生安全的法定管制。"[4]旧中国法学界对劳动法较有代表性的解释是:"劳动法为关于劳动之法。详言之,劳动法为规定劳动关系及附随一切关系之法律制度之全体。"[5]这里的"劳动关系"是指"谓以劳动给付为目的的受雇人与雇佣人间之关系",这里的"附随一切关系"是指"关联于受雇人职业上之地位而发生之一切关系",包括集体合同关系、工会关系、劳动保护关系、劳动保险关系、劳动争议关系、职业介绍关系以及国际劳动关系等。[6] 尽管如此,可以肯定的是,中外学者围绕劳动法的概念在以下方面基本上是一致的:劳动法是由工厂法逐渐发展而来;劳动法是调整劳动关系的法,是法律体系中的一个重要部门;劳动法除了调整劳动关系外,还调整与劳动关系密切联系的其他社会关系。因此可将劳动法定义为:劳动法是调整劳动关系和与劳动关系密切联系的其他社会关系的法律规范的总称。这与我国当前劳动法学界对劳动法的定义基本一致。例如,"劳动法是调整劳动关系以及与劳动关系密切联系的关系的法律";[7]"劳动法是调整劳动关系以及与劳动关系有密切联系的其他关系的法律规范的总和";[8]劳动法是指"调整劳动关系以及与劳动关系密切联系的其他社会关系的法律规范的总和"。[9] 因此,本书将劳动法定义为:劳动法是调整劳动关系以及与劳动关系密切联系的其他社会关系的法律规范的总称。

|思考| "劳动关系和与劳动关系密切联系的其他社会关系"与"劳动关系及其附随关系"有本质区别吗?

---

〔3〕 [英]David M. Walkker:《牛津法律大词典》,北京社会与科技发展研究所译,光明日报出版社1988年版,第511页。

〔4〕 [英]艾利森·邦、马纳·撒夫:《劳动法基础》,武汉大学出版社2004年英文影印版,第1页。

〔5〕 史尚宽:《劳动法原论》,上海正大印书馆1934年版,第1页。

〔6〕 史尚宽:《劳动法原论》,上海正大印书馆1934年版,第1~2页。

〔7〕 关怀主编:《劳动法学》,群众出版社1983年版,第1页。

〔8〕 李景森、贾俊玲主编:《劳动法学》,北京大学出版社1995年版,第4页。

〔9〕 王全兴主编:《劳动法学》,高等教育出版社2004年版,第51页。

（二）我国劳动法的立法概念

劳动法立法概念可作狭义和广义理解。劳动法一般是从广义上理解和使用的。它包括一个国家的劳动法典（狭义劳动法）和与劳动法典实施相配套的一系列劳动法规和规章。

就我国而言，狭义上的劳动法，是指由国家最高立法机关颁布的关于调整劳动关系以及与劳动关系有密切联系的其他社会关系的全国性的、综合性的法律，即第八届全国人民代表大会常务委员会第八次会议于 1994 年 7 月 5 日通过，自 1995 年 1 月 1 日起施行的《中华人民共和国劳动法》（以下简称《劳动法》）。广义上的劳动法，是指调整劳动关系以及与劳动关系有密切联系的其他社会关系的法律规范总称。包括：(1)宪法中相关的劳动规范；(2)法律中相关的劳动规范；(3)行政法规中相关的劳动规范；(4)部委规章中相关的劳动规范；(5)地方性法规和地方性规章中相关的劳动规范；(6)经我国政府批准的国际劳工公约中相关的劳动规范；(7)规范性劳动法律、法规解释；(8)其他，如国际惯例等。

|思考|　如何正确看待《劳动法》的法律位阶？

（三）劳动法的理论基础

人本理论是现代意义上的劳动法产生的理论基础。人本主义思想集中体现在：人是决定一切的，人的权利应当受到尊重和关爱，人的权利不可随意侵犯，人的权利应由法律保障实现，人权中核心的权利是生存权，而生存权的基础是劳动权。正如我国政府认为，生存权是中国人民长期争取的首要人权，而劳动者的劳动权是获得生存权的必要条件，没有劳动权，生存权也就没有保障。以保护劳动权为宗旨的劳动法自产生以来，对社会、经济发展起着巨大的作用，从而为世界各国所重视。

1. 人权理论和人权保障运动是影响劳动法的一种重要力量。人权是一个内涵十分丰富的概念，同自由、平等、人道等原则相联系而存在，包括人身权利、经济权利、政治权利、社会权利、文化权利等多方面和生存权、发展权等多层次的内容。

西方国家的人权理论中，早就提出了职业自由、反对强迫劳动、国家保护弱者、男女劳动平等、禁止雇用童工、保护女工、缩短工作日、实行社会保险、按劳分配报酬等主张，不仅为人权保障运动提供了理论武器和斗争目标，而且为劳动立法提供了理论依据。所以说，人权理论和人权保障运动的冲击是劳动立法得以兴起和发展的重要原因之一，劳动立法是在一定意义上对人权理论的落实。“近代劳动法从人本立场出发，认为对劳动者人格之完成、社会地位之向上、经济地位之改善，才是劳动法基本宗旨所在，也同时是资本法律秩序存在的相对价值所在。”[10]

劳动法作为劳动者保护法，是人权保障立法的重要组成部分。在劳动法中，确认劳动力为劳动者所有，赋予劳动者在劳动关系中的法律主体地位，规定劳动者有就业、获得劳动报酬、休息、安全健康、取得社会保险、接受职业培训、组织工会、参与企业管理等项权利，从而使人权（尤其是其中的生存权）具有了实在的内容和具体的法律保障。

2. 保护劳动者，促进生产力的发展是劳动立法的目的。劳动者在生产力系统中是最活跃并处于主导地位的因素，生产力诸要素的有机结合和协调运行要由劳动者来组织，劳动资料和劳动对象只有通过劳动者的支配或操作才能由潜在的生产力因素变成现实生产力因素。因此，劳动法通过作用于劳动者而对整个生产力系统发生作用。

劳动法对生产力的发展的促进作用主要表现在：[11]（1）劳动法保障劳动力市场配置机制，使劳动力在社会范围的配置趋向高效率，从而提高全社会的生产力水平；（2）劳动法保护劳动力扩大再生产顺利进行，促进劳动力资源开发，从而为生产力系统的运行和发展提供劳动力资源条件；（3）劳动法保护劳动者物质利益和政治权利，调动劳动者的积极性，从而发挥劳动者在生产力系统中的能动作用；（4）劳动法保护劳动者的安全和健康，要求不断改善劳动条件，从而使劳动者在生产力系统的运行中能正常地发挥作用；（5）劳动法要求合理组织劳动过程，巩固劳动纪律，从而为提高生产力系统的运行效率创造组织条件。

3. 市场经济的发展使劳动法的地位得到进一步的加强。劳动力市场是市场经济的一个不可或缺的重要组成部分。劳动力市场、商品市场、资本市场构成完整的商品经济市场体系，只有在劳动力成为商品，劳动者作为劳动力所有者进入市场的条件下，才会有市场经济的存在。我国经济体制改革的实践表明，要建成社会主义市场经济体制，就必须通过市场配置机制来实现劳动力与生产资料的结合。然而在市场中，劳动力是一种不同于一般商品的特殊商品，劳动力市场也是一种不同于一般商品市场的特殊市场。因而在用民法、经济法来规范劳动力市场，以保持劳动力市场与整个市场体系相统一的同时，还必须针对劳动力商品的特殊性，就劳动力市场的特殊规则，用劳动法进行规范，以保护劳动者在劳动力市场上的合法权益，并维护劳动力市场的运行秩序。

---

〔10〕　黄越钦：《劳动法新论》，中国政法大学出版社2003年版，第18页。

〔11〕　王全兴：《劳动法》，法律出版社1997年版，第81页。

资料链接

我国台湾地区著名劳动法学家黄越钦先生在其《劳动法新论》一书中讲道：劳动法是以维持市场经济资本制为前提的法。尽管世人如今都已否认劳动的商品性质，但在市场经济实况中，将劳动当作商品处理的情形仍难避免，这也是劳动法存在特别有意义的地方，可以拟制劳动商品化而建立以劳动者为中心的人本主义法制。

二、劳动法的调整对象

任何法律都是以特定的社会关系作为调整对象，劳动法当然也不例外。与劳动法的定义相一致，大多数中外学者认为：劳动法是以劳动关系为主要调整对象，同时也调整与劳动关系密切联系的其他一些社会关系。

（一）劳动关系

1. 劳动的含义

劳动关系产生于劳动过程，因而认识劳动关系，就必须先了解什么是劳动。

劳动是人们利用劳动资料改造劳动对象，使之符合人类需要的有意识、有目的的活动，是劳动关系的前提。马克思在《资本论》中对劳动的一般含义作过精辟的阐述：劳动是劳动力的使用（消费），是制造使用价值的有目的的活动，“是人以自身的活动来引起、调整和控制人与自然之间的物质变换的过程”。[12] 劳动对于人类社会具有特殊的基础性作用：首先，劳动创造人类本身，劳动对于人类的形成有决定性的作用；其次，劳动是人类生活的基本条件，是人类社会从低级阶段向高级阶段发展所必需的先决性条件。

劳动的实现，必须以劳动力和生产资料相结合为前提，劳动力是指人所具有的并在生产使用价值时运用的体力与脑力的总和。劳动力须以劳动者人身为载体，因此，劳动具有双重属性。马克思、恩格斯从两个方面来考察劳动：一方面是劳动的物质规定性，它体现着劳动者（劳动力）与自然界的关系，即劳动是使用价值的创造过程，是人们利用生产工具（劳动资料）改造劳动对象、创造社会财富的活动。在任何时候，劳动者（劳动力）与生产资料的结合，在质量上都有一定的要求，在数量上都要成一定的比例。这一层面的问题就成为劳动经济学研究的主要内容。另一方面是劳动的社会规定性，即劳动的社会性质，它体现着人们在劳动过程中发生的一定的社会关系。在劳动力与生产资料分别归属于不同主体的社会条件下，二者结合以实现劳动的过程必然产生劳动力所有者（劳动者）与劳动力使用者（用人单位）之间的各种各样的关系，而对这一定范围的社会关系的规定与调整，使劳动

〔12〕 马克思：《资本论》（第1卷），人民出版社1975年版，第201～210页。

法成为一个独立的法律部门。

思考　1. 劳动者、生产工具(劳动资料)、劳动对象、生产资料之间的关系是什么?
2. 劳动经济学与劳动法学的关系是什么?

劳动法上的劳动,除了有其一般含义外,还有其特定的内涵。我国台湾地区的劳动法学家史尚宽在其《劳动法原论》一书中讲道:"广义的劳动谓之有意识的且有一定目的之肉体的或精神的操作。然在劳动法上之劳动,须具备下列条件:(1)为法律的义务之履行;(2)为基于契约关系;(3)为有偿的;(4)为职业的;(5)为在于从属的关系。"由此得出:"劳动法上的劳动为基于契约上义务在从属的关系所为之职业上有偿的劳动。"在我国内地也有学者在分析劳动法意义上的劳动时,将其定义为"专指职工为谋生而从事的,履行劳动法规、集体合同和劳动合同所规定义务的集体劳动"。[13] 据此,生产资料与劳动力的自我结合形成的劳动不属于劳动法上的劳动。

思考　个体劳动、农民劳动是否属于劳动法上的劳动?

2. 劳动关系的含义

正如上文所提到的,在劳动过程中,人们不仅要与自然界发生关系,而且彼此之间也必然发生一定的联系,我们把这种联系称为劳动关系。

"劳动关系",也称为"劳资关系"、"劳雇关系"、"劳使关系",等等。我国台湾著名劳动法学者黄越钦认为:"劳动关系"是以劳动为中心所展开,着重在劳动力、劳动者为本位的思考;"劳资关系"含有对立意味,因为劳方资方的界限分明,其所展开的关系自然包含一致性与冲突性;"劳雇关系"以雇佣的法律关系为基础,重点在权利义务之结构;"劳使关系"则已将所有的价值意味予以排除,只剩下技术性含义。[14] 我国大陆的学者一般只使用"劳动关系"的概念,意在强调这种关系的社会主义性质,强调这种关系既包括公有制也包括私有制,以区别于"劳资关系"。

广义的劳动关系,是指劳动主体在实现集体劳动过程中彼此之间发生的各种社会关系。它可分为两大类:一类是劳动者在集体劳动过程中与其他劳动者或其他组织之间产生的关系等;另一类是劳动者在实现集体劳动过程中与所在单位之间发生的关系。这两类劳动关系并不全由劳动法调整,劳动法所调整的劳动关系

---

[13] 王全兴:《劳动法》,法律出版社1997年版,第49页。
[14] 黄越钦:《劳动法新论》,中国政法大学出版社2003年版,第19页。

仅限于后者,亦称狭义的劳动关系。在劳动过程中劳动者之间的关系、用人单位之间的关系、个体工商户的家庭成员之间基于共同劳动所发生的关系等,都不是劳动关系,均不由劳动法调整。因此,劳动法中所称的劳动关系是指劳动力所有者与劳动力使用者之间在实现劳动过程中发生的关系。

案例

甲建筑公司在为某企业施工时,其公司的乙职工不慎掉落一工具,将其同组的丙职工砸伤。请问:

1. 甲公司与乙、丙之间的关系是否属于狭义的劳动关系?

2. 甲公司和某企业之间的关系以及乙、丙之间的关系是否属于狭义的劳动关系?

3. 劳动关系的特征

作为劳动法调整对象的劳动关系与其他社会关系相比较,具有以下几个方面的特征:

(1)劳动关系的主体,一方是劳动者(劳动力所有者),另一方是用人单位(劳动力使用者)。劳动者是劳动力所有者,包括所有自愿参加社会劳动的劳动者。用人单位是生产资料所有者或经营管理者,在我国,包括企业、一定范围的个体经济组织和一定范围的国家机关、事业单位、社会团体。劳动者的劳动力与用人单位提供的生产资料相结合,完成劳动过程,是劳动关系产生的条件。劳动者运用自己的生产资料进行劳动,不产生劳动法中的劳动关系。

重点提示

1. 劳动者的劳动力与用人单位提供的生产资料相结合,是一种他我结合,“他”指的是用人单位的生产资料,“我”指的是劳动者的劳动力,而结合是以劳动力所有权与使用权相分离为前提。

2. 农村村民的联产承包、个体劳动者的劳动,由于劳动力与生产资料的结合是自我结合,因而不能纳入劳动法的调整范围。但是个体经济组织如果请了帮工、带了学徒,此时就产生了生产资料和劳动力的他我结合,产生了劳动关系。

(2)劳动关系必须产生于劳动过程之中。只有劳动者进入用人单位,接受用人单位的安排,在劳动组织内和生产资料结合,使劳动对象发生形态的变化、位置的转移以及价值的增加,才会发生现实的劳动关系。这里所说的劳动过程,是指活劳动(劳动力)与物化劳动的交换过程,而不是指物与物交换的实现过程。前者是劳动法的调整范围,后者则属于民法学研究的范畴。例如,劳动者和用人单位的生产资料相结合生产某种劳动产品,在生产过程中,劳动者和用人单位形成劳动关系,而生产出来的劳动产品在市场上出售时形成的买卖关系,虽然也与劳动有关,但不是在实现劳动过程中发生的关系而是流通关系,是由民法调整的民事关系,而不是由劳动法调整的劳动关系。[15]

| 思考 | 农民在市场上出售自己生产的粮食而与买主之间发生的关系,作家把自己的劳动成果交给出版社而与出版社之间发生的关系,工人将自己的工资存入银行而与银行之间发生的关系等。这些关系属于劳动关系吗?

(3)劳动关系兼有人身关系和财产关系的双重性质。一方面,劳动表现为人体的一种生理机能,是人的脑、神经、肌肉感官等的耗费。劳动力存在于劳动者肌体内,不能须臾分离。劳动者向用人单位提供劳动力时,也将其人身在一定限度内交给了用人单位,劳动力的支付过程也就是劳动者生命(生存)的实现过程。劳动法最初就是从维护劳动者生存权出发来调整劳动关系的。因此,劳动关系就其本来意义上说是一种人身关系。正是由于其人身性,决定了不能把劳动关系简单视为契约关系。另一方面,劳动关系又具有财产关系的属性。劳动是人们谋生的主要手段,即使在社会主义条件下,人们也还需要通过劳动来换取生活资料,因此,劳动关系也必然体现为劳动力的让渡与劳动报酬的交换关系。作为一种财产关系,民法所调整的是主体之间因交换物化了的劳动(劳动成果)而发生的关系;而劳动法所调整的是活劳动与物化劳动相交换的关系。

| 思考 | "不能把劳动关系简单视为契约关系"里的"契约关系"由什么法调整?

(4)劳动关系具有纵向关系(隶属关系)和横向关系(平等关系)相互交错的特征。纵向关系一般代表的是隶属关系;横向关系代表的是平等关系。劳动关系虽然产生在经济组织内部劳动者与经营者之间,但具有某些横向关系和纵向关系的特征。首先,随着我国劳动用人制度的改革和劳动力市场的确立,劳动力配置由国家集中的一元统配决策转变为用人单位与劳动者个人进行双向选择。因此,经济组织内部的劳动关系是按照平等协商的原则建立起来的,可以说是一种横向关系的体现。其次,劳动关系一经确立,劳动者必须进入用人单位,使自己的劳动力归用人单位支配,并须服从用人单位的指挥,听从调配,遵守该单位的劳动纪律和规章制度。这就使用人单位与劳动者之间形成了一种职责上的隶属关系。在这里,劳动关系又体现为一种纵向关系。

---

〔15〕 任扶善:《世界劳动立法》,中国劳动出版社 1991 年版,第 4 页。

(5)劳动关系以劳动的给付为主要内容。用人单位与劳动者之间建立劳动关系的主要内容就是劳动者向用人单位提供劳动力、给付劳动,与之相对应,用人单位应向劳动者支付工资作为对价。史尚宽先生认为:“劳动关系谓以劳动给付为目的之受雇人与雇用人间之关系。”〔16〕我国大陆的史探径先生也持类似观点。〔17〕

4. 劳动关系的种类

依据不同的标准,劳动关系可以有多种分类方法。在不同国家或同一国家的不同时期,可以有不同的分类标准。比较典型的分类有:

(1)以生产资料所有制为标准进行分类。在我国可以划分为全民所有制劳动关系、集体所有制劳动关系、非公有制劳动关系(个体、私营经济、外资企业组织劳动关系)、混合所有制劳动关系等。

| 思考 | 随着我国社会主义市场经济的深入发展以及我国劳动法制的不断完善,上述分类还有存在的必要吗?

(2)以劳动关系是否具有涉外因素为标准进行分类。可将劳动关系划分为国内劳动关系和国际劳动关系。由于大量的双边协议、多边协议和国际公约的存在和执行,共同劳动力市场正在形成,劳工标准已经打破国界,但劳动法和劳工标准的执行仍然有国界,所以就形成了国内劳动关系和国际劳动关系。

(3)以劳动关系表现形式为标准进行分类。可将劳动关系划分为标准劳动关系和非标准劳动关系。这是最具实践意义的分类,这种分类对我国劳动法的发展和完善具有十分重要的意义。标准劳动关系是最典型的劳动关系,完全符合劳动关系的构成要件,并适用全部劳动基准和集体合同规定。随着市场经济的发展,劳动关系出现弹性化趋势,多种灵活就业方式应运而生。因此而形成的劳动关系在劳动时间、收入报酬、工作场地、职业培训、岗位安排、保险福利等方面不同于标准劳动关系。《劳动合同法》注意到了标准劳动关系和非标准劳动关系的区分,开始对非标准劳动关系的部分类型加以规范,以特别规定的方式,对劳动力派遣、非全日制用工形成的非标准劳动关系进行规范。

资料链接

灵活就业方式,主要包括非全日制就业、短期就业、派遣就业、季节性就业、兼职就业、远程就业、待命就业、承包就业、独立就业、自营就业、家庭就业等多种就业方式。

---

〔16〕 史尚宽:《劳动法原论》,台北正大印书馆 1978 年版,第 2 页。

〔17〕 史探径:《劳动法》,经济科学出版社 1990 年版,第 44 页。

5. 我国劳动法调整劳动关系的范围

(1)《劳动法》调整劳动关系的范围

第一,各类企业的劳动关系和个体经济组织中形成的劳动关系是劳动法规范调整的主要对象。这里的企业包括各种所有制形式、各种行业、各种法律形态的企业。《劳动法》实施后,在企业中统一实行劳动制度,不再并行人事制度;统一实行劳动合同制,不再并行“固定工”制度。因此,在同一用人单位内,各种不同的身份界限随之打破。用人单位内的全体职工统称为劳动者,他们都应该按照劳动法的规定,通过签订劳动合同来明确各自的工作内容、岗位等。

重点提示

在我国,“劳动者”的概念往往被泛化,尤其是把国有企业高级管理人员也都视为“劳动者”,企业厂长、经理也要与企业或者企业的上级主管部门签订“劳动合同”,实际上这是对劳动法的误读。这样的“劳动者”是广义上的“劳动者”,而不是劳动法意义上的“劳动者”。厂长、经理与一些享有用人决定权的高级管理人员实际上是用人单位的代理人,在劳动关系中属于劳动使用者一方,他们与企业或者股东的聘用合同关系属于民事合同的一种,应当按照“平等自愿、等价有偿”的原则由民法调整。[18]

第二,国家机关、事业组织、社会团体通过与劳动者签订劳动合同建立的劳动关系归劳动法调整。这一部分劳动关系具体包括:其一,国家机关、事业组织、社会团体与所用工勤人员之间的劳动关系;其二,实行企业化管理的事业组织与其职工之间形成的劳动关系;其三,其他劳动者通过签订劳动合同与国家机关、事业组织、社会团体建立的劳动关系。

第三,未纳入《劳动法》调整的劳动关系。依照《劳动法》的规定,国家机关、事业组织、社会团体中的非合同劳动关系(现行的干部人事制度下的劳动关系,包括比照实行公务员制度的工作人员,如工、青、妇等社会团体的机关工作人员,以及事业单位工作人员,如教师等)、农村集体经济组织的劳动关系以及现役军人、家庭保姆、自然人用工等劳动关系,不属于劳动法的调整范围。

重点提示

1. 关于农村集体经济组织中的劳动关系。由于农村村民的劳动方式和分配方式的特殊性,不符合劳动法中劳动关系的特征,因此没有纳入也不应纳入《劳动法》中

---

〔18〕 周长征:《劳动法原理》,科学出版社2004年版,第5页。

统一调整,而应制定专门的法律对村民的劳动权益加以保护。但当农村村民进入劳动法中的用人单位,例如,在乡镇企业做工、进城务工,则具有了企业职工的身份,与其形成劳动关系时,他们就是劳动法中的劳动者,与城镇劳动者享有平等的劳动保护权。

2. 现役军人是根据《兵役法》义务服兵役或志愿服兵役的人员,现役军人与军队之间是一种命令和服从的特殊关系,由专门的法律规范调整,因而不属于《劳动法》的调整范围。

3. 关于家庭雇用保姆、自然人用工所产生的劳动关系。这部分劳动关系既没有纳入到《劳动法》中调整,也没有明确规定适用《民法通则》、《合同法》与《劳动合同法》。虽然这一类劳动关系发生纠纷时在司法实践中多采用了民事纠纷的处理程序与方法,但没有相应的专门规定,直接影响到对这类劳动者的法律保护和权益救济。因此,需要针对这一类劳动关系的特点确立雇佣合同制度,纳入统一《合同法》或《劳动法》中,以加强对这类雇佣关系的法律调整。

(2)劳动法调整劳动关系范围的发展

《劳动法》实施以来,《劳动法》调整劳动关系的范围有扩大的趋势,尤其是2007年6月29日十届全国人大常委会第二十八次会议通过,并于2008年1月1日起施行的《劳动合同法》,以及2008年9月18日国务院公布实施的《中华人民共和国劳动合同法实施条例》,较大程度上肯定了这一趋势。

第一,将事业单位的劳动关系有条件地纳入劳动法的调整对象范围。2003年最高人民法院发布司法解释《关于人民法院审理事业单位人事争议案件若干问题的规定》,规定事业单位与劳动者之间的部分争议按《劳动法》规定处理,但司法解释的效力只是解决法院对这类案件的程序问题,而对这类案件的实体问题处理还是适用人事方面的法律法规。一些法规对此进行了统一,如深圳规定国家机关、事业组织招用的人员除公务员或者参照享受公务员待遇的人员外均适用劳动法规。《劳动合同法》对此问题从两个方面予以解决,一方面将法律、法规授权的具有公共事务管理职能的事业单位以外的其他事业单位与其劳动者的劳动关系纳入《劳动合同法》的调整范围,进而被纳入劳动法的适用范围。另一方面对这些劳动关系的法律调整作了特殊的规定:"事业单位与实行聘用制的工作人员订立、履行、变更、解除或者终止劳动合同,法律、行政法规或者国务院另有规定的,依照其规定;未作规定的,依照本法有关规定执行。"这样,事业单位中劳动关系的法律适用明确分为三类:一是参照公务员管理的工作人员的劳动关系,适用《公务员法》;二是实行聘用制人员的劳动关系,又有特别规定的从其规定;三是工勤人员及实行聘任制无特别规定的人员的劳动关系适用《劳动合同法》。

第二,将社会团体的劳动关系基本都纳入劳动法调整的对象范围。在党政机关、人大机关、行政机关、政协机关、审判机关、检察机关、各民主党派和工商联机关实施《公务员法》的同时,工会、共青团、妇联等使用行政编制或由中央机构编制部门直接管理机构编制的人民团体和群众团体机关参照《公务员法》进行管理。将工会、共青团、妇联等人民团体和群众团体以外的其他社会团体与其劳动者的劳动关系,纳入《劳动合同法》的调整范围,进而被纳入劳动法的适用范围。

| 思考 |　工会、共青团、妇联等人民团体和群众团体的工勤人员劳动关系应由《劳动合同法》调整吗?

第三,将民办非企业单位与其劳动者的劳动关系纳入劳动法调整的对象范围。民办非企业单位是指企业事业单位、社会团体和其他社会力量以及公民个人利用非国有资产举办的,从事非营利性社会服务活动的社会组织。它是不同于我国国家机关、企业、事业组织和社会团体的独立的社会组织。在我国,民办非企业单位一是其经费国家不负担,二是允许其一定盈利(但规定只能用于单位发展)以保证业务活动的正常运行,所以也有别于市场运作的企业。根据《民办非企业单位登记管理暂行条例》(1998 年 10 月 25 日国务院令第 251 号)的规定,我国的民办非企业单位主要有各类民办学校、医院、文艺团体、科研院所、体育场馆、职业培训中心、福利院、人才交流中心等。基于这类单位"企业化管理"的实质,将其内部的劳动关系纳入《劳动合同法》的调整范围。

案例

某民办大学有名教师因上课迟到五分钟,该大学将其解雇。请问:

1. 民办大学属民办非企业单位吗?
2. 上述劳动关系是否纳入劳动法的调整对象范围?

第四,将劳务派遣、非全日制用工形成的部分类型的非标准劳动关系纳入劳动法调整的对象范围(具体请参见后文劳动合同制度中相关内容)。

第五,用人单位不合格的劳动关系、劳动者不合格的劳动关系已被纳入《劳动合同法》的适用范围,进而被纳入劳动法的适用范围。这在我国劳动法制实践中,意义非常重大。《劳动合同法》第 93 条规定:"对不具备合法经营资格的用人单位的违法犯罪行为,依法追究法律责任;劳动者已经付出劳动的,该单位或者其出资人应当依照本法有关规定向劳动者支付劳动报酬、经济补偿、赔偿金;给劳动者造成损害的,应当承担赔偿责任。"

第六,将退休人员重新受聘的劳动关系有条件地纳入劳动法调整的对象范围。达到退休年龄的劳动者若不享受基本养老保险待遇,退休人员就业的劳动关系由劳动法调整,否则作为民事雇佣关系由民法调整。

第七,将个人承包经营中的劳动关系有条件地纳入劳动法调整对象。在个人承包经营中,承包个人招用了劳动者,一旦违反《劳动合同法》的规定,视为劳动者是与发包人建立了劳动关系,发包人要承担赔偿责任。

第八,依法成立的会计师事务所、律师事务所等合伙组织和基金会与其劳动者的劳动关系是劳动法调整的对象。

农村劳动者、现役军人、家庭保姆、自然人用工等性质的劳动关系仍不属于我国劳动法调整的范围。

6. 全球化对中国劳动关系的影响

全球化是国际经济格局变革的产物。全球化对我国经济、法制建设,乃至政治、文化生活产生了巨大的影响,劳动制度的改革也不例外。[19]

(1)劳动关系的运行更加市场化。劳动力市场作为市场经济的重要组成部分,也需要遵循市场法则进入国际经济大循环。劳动关系市场化的要求,首先是国有企业劳动关系面临着市场化的重大转换,如由企业承接的富余下岗人员转为以失业方式由政府、社会直接承接;企业破产、兼并、转让等市场经济行为的增多带来了劳动关系的剧烈变动与冲突;人才流动更为普遍、频繁,工资标准由政府调控,企业面向市场与劳动者协商,劳动者公平就业权的保障尤为重要等等。

(2)劳动关系的范围逐步趋于国际化。全球化刺激了越来越多外国企业来华投资,国内的一些劳动岗位也进一步向外国劳动者开放。这些涉外劳动关系的发展以及经济全球化的进程,要求对劳动关系的法律调整符合国际通行的"游戏规则"和国际公认的劳动标准与惯例。

(3)劳动关系的主体呈现单极化。全球化促进了中国产业结构的调整,对劳动关系带来了一定的影响。在产业结构转换过程中,进一步强化了劳动力需求方的优势地位,弱化了劳动力供给方的弱势地位,使贫富差距加大,资本联合强劲,普遍存在着投资者对利润的独占和职工相对收入偏低的矛盾。这就使劳动法在建立人本主义法制、促进社会公平与进步方面面临许多新的问题。

(4)劳动关系的冲突表现社会化。劳动关系市场化程度越高,劳资对立的情绪越容易产生,处理不好就会引发劳动争议。在我国现阶段,一方面,代表职工利益的工会组织在相当程度上依附于企业管理层,难以发挥制衡作用,工会的活动模式也难以适应员工多元化的利益要求;另一方面,劳动争议数量剧增。现有的审理劳动争议案件的"一裁两审"体制,不能保障及时有效地解决争议,就容易使劳动关系的冲突、对立呈现社会化趋势,因而引发社会问题。

---

〔19〕 这里有些观点参照了中国人民大学程延园教授的文章。

7. 劳动关系、劳务关系的区别

劳务关系主要包括加工承揽关系、运输关系、保管关系、建设工程承包关系、委托关系、居间关系等。在实践中,区别劳动关系、劳务关系有着十分重要的意义,因为劳务关系属于民事关系,是由民法调整,而对劳动者的保护当然劳动法更全面。虽然二者有着密切的联系,都是由当事人一方提供劳动力给他方使用,由他方支付劳动报酬,实践中往往难以区分,但是二者又有着本质的区别:

(1)双方当事人及其关系不同。劳动关系的当事人一方是劳动者,另一方是用人单位;劳动者必须加入用人单位,成为其中一员,并且遵守单位的规章制度,双方存在支配与被支配的关系,劳动者作为用人单位的劳动组织成员而与用人单位有组织上的从属关系。劳务关系的当事人一方或双方既可以是法人,也可以是其他组织,还可以是自然人;劳务提供者无须加入另一方,双方不存在支配与被支配的关系,不存在组织上的从属关系,劳务提供者自行组织和指挥劳动过程,基本反映的是一次性使用与被使用劳动力的商品交换关系。

(2)劳动过程中的关注点与要求不同。劳务提供方应当向劳务接受方提供的是劳务行为的物化或非物化成果,在此接受方关注的是劳动成果;而劳动关系虽然也涉及具体的劳动数量和质量,对劳动成果也有一定的要求,但劳动关系的目的在于劳动过程的实现,而不单纯是劳动成果的给付。因此,劳动关系强调的是劳动过程和劳动条件。

(3)劳动风险责任承担的主体不同。作为劳动关系当事人一方的用人单位组织劳动,享有劳动支配权,因而有义务承担劳动风险责任。而劳务提供者在劳动过程中自担风险。

(4)劳动报酬支付方式不同。基于劳动关系发生的劳动报酬,其支付方式特定化为一种持续的、定期的支付。基于劳务关系发生的劳动报酬是劳务费,其支付方式一般为一次性劳务价格支付,商品价格是与市场的变化直接联系。

此外,在区分一般劳动关系和劳务关系,判断劳动者是否为用人单位的成员时,除前述的区分理论外,还可以考虑以下因素:一是劳动者所从事的劳动是临时的还是单位性质决定的正常岗位劳动;二是劳动者与用人单位关系是否具有一定的稳定性;三是劳动者为用人单位劳动所取得的收入是否是其劳动收入的主要来源。如果劳动者所从事的是正常岗位劳动,与用人单位关系稳定,其从用人单位中获得的收入为主要生活来源,就应当确认双方是劳动关系。

2005 年劳动和社会保障部《关于确定劳动关系有关事项的通知》(劳社部发[2005]12 号)以规章的形式确认了认定劳动关系的标准:

第一,用人单位招用劳动者未订立书面劳动合同,但同时具备下列情形的,劳动关系成立:其一,用人单位和劳动者符合法律、法规规定的主体资格;其二,用人单位依法制定的各项劳动规章制度适用于劳动者,劳动者受用人单位的劳动管理,从事用人单位安排的有报酬的劳动；其三，劳动者提供的劳动是用人单位业务的组成部分。

第二，用人单位未与劳动者签订劳动合同，认定双方存在劳动关系时可参照下列凭证：其一，工资支付凭证或记录（职工工资发放花名册）、缴纳各项社会保险费的记录；其二，用人单位向劳动者发放的“工作证”、“服务证”等能够证明身份的证件；其三，劳动者填写的用人单位招工招聘“登记表”、“报名表”等招用记录；其四，考勤记录；其五，其他劳动者的证言等。

案例

【基本案情】

A公司主要从事床上用品的生产、销售，生产季节性较强，每年7月至9月是生产旺季。朱某自2001年以来，每逢生产旺季，自带其本人的小货车至该公司从事运输等工作。双方约定A公司每月支付朱某报酬2000元，油费、过路费、违章罚款等费用均由A公司支付。期间，朱某日常生活起居均在公司内。某日，朱某受A公司指派在购买发动机途中发生交通事故死亡。朱某之妻向当地劳动保障部门申请工伤认定。劳动部门审查后认为朱某自备劳动工具为A公司提供劳动服务，具有临时性、短期性的特点，且双方不存在管理与被管理的社会关系。遂作出工伤调查结论，认定朱某与A公司之间是劳务关系而非劳动关系，不属于该局管辖范围。朱某之妻不服，起诉至法院，请求依法撤销劳动部门作出的工伤调查结论。法院受理后，因A公司与该案有利害关系，依法追加A公司为第三人参加诉讼。

请问：朱某与A公司之间形成劳务关系还是劳动关系？[20]

（二）与劳动关系密切联系的某些关系

与劳动关系密切联系的某些关系，也可称为劳动附随关系或附随劳动关系。劳动关系是劳动法调整的基本对象，除此之外，劳动法还调整与劳动关系有密切联系的某些其他社会关系。这些社会关系本身虽然并不是劳动关系，但与劳动关系有着密切的联系。它的当事人一般有一方是劳动者或者用人单位，另一方则是劳动关系当事人之外与劳动关系运行紧密相关的主体，如劳动行政部门、工会、用人单位团体、职业培训机构、职业介绍机构、劳动争议处理机构、社会保险经办机构等。如何认定哪些社会关系与劳动关系有密切联系，主要基于以下三点：一是劳动关系发生的前提。例如，劳动人事行政部门、用人单位主管部门与用人单位在职工招用和调配方面的社会关系；职业培训单位与劳动者、用人单位之间在就业前培训

〔20〕 朱晓燕：“在个案中如何辨析劳动关系与劳务关系”，载中国法院网，2007年3月26日。

方面的社会关系;职业介绍机构与劳动者、用人单位之间在职业介绍方面的社会关系等等。二是劳动关系发展、变化所产生的直接后果。例如,社会保险机构与失业人员、退(离)休人员、死亡职工遗属之间在社会保险方面的社会关系等等。三是劳动关系产生、变更、消灭而附带的。例如,工会与用人单位、职工之间在保护职工合法权益方面的社会关系;劳动争议调解、仲裁机构与用人单位、职工之间在处理劳动争议方面的社会关系;劳动监察机构与用人单位之间在劳动监察方面的社会关系等等。符合以上三点中的任何一个要素的社会关系都可确定其与劳动关系有密切联系。就其性质而言,这些关系可以概括为以下几个方面:

1. 劳动行政关系,即行政机关和经授权具有行政职能的有关机构与用人单位及其团体、劳动者及其团体和劳动服务主体之间,由于执行劳动行政职能而发生的社会关系。

2. 劳动服务关系,即劳动服务主体与用人单位和劳动者之间由于为劳动关系运行提供社会服务而发生的社会关系。具体包括劳动就业、社会保险、劳动保护等服务活动方面所产生的社会关系。

3. 劳动团体关系,即劳动者团体(工会)与用人单位团体之间,劳动者团体(工会)与其成员或用人单位之间,用人单位团体与其成员或劳动者之间,由于协调劳动关系和维护劳动关系当事人利益而发生的社会关系。

| 思考 | 有观点认为劳动团体关系是劳动关系而不是与劳动关系有密切联系的社会关系,你对此有何看法?

4. 处理劳动争议方面的关系,即劳动争议处理机构与用人单位、劳动者之间由于调处和审理劳动争议而产生的社会关系。

第二节 劳动法的地位与作用

一、劳动法的地位

所谓劳动法的地位,是指劳动法在我国社会主义法律体系中的地位。法学界多数学者认为,我国劳动法既不是民法的一部分,也不从属于经济法,亦不是行政法的内容,而是同刑法、民法、诉讼法、经济法、行政法等处于同等的法律地位。它是我国整个法律体系的重要组成部分,是一个独立的法律部门。本书亦持这样的观点。早在1956年,董必武同志在中国共产党第八次全国代表大会上的发言中就曾指出："党的第七次代表大会以后，特别是开国七年来，党领导的人民民主法制工作是有显著成绩的。我们不仅已经有了国家根本法——宪法，而且有了许多重要法律、法令和其他各项法规。现在的问题是，我们还缺乏一些急需的较完整的基本法规。"当时国家领导人把劳动法看作是亟须制定的基本法律之一。再从我国现行立法体系来看，国家立法机构是将劳动法作为大社会法类的基本法之一来确立的。

（一）劳动法的独立性

1. 劳动法有自己特定的调整对象。划分法律部门的主要依据是法律调整的社会关系所特有的性质和内容，如前所述，劳动法调整特定的劳动关系和与劳动关系密切联系的其他社会关系。这些关系不仅有人身关系和财产关系的内容，也有平等关系与隶属关系的特征。这是其他任何一个法律部门都无法调整和代替的。通过劳动法调整这些关系，合理组织社会劳动，保护劳动者的合法权益，维护和发展稳定和谐的劳动关系，对于提高劳动生产率、促进国民经济的发展和社会的进步具有重要的意义。

2. 劳动法有自己特有的基本原则。有关劳动法的基本原则，我国《劳动法》虽然没有明确的条文规定，但从立法的指导思想和执法的行为准则来讲，劳动法的基本原则可以概括为：维护劳动者合法权益与兼顾用人单位利益相结合的原则；贯彻以按劳分配为主的多种分配方式与公平救助相结合的原则；坚持劳动者平等竞争与特殊劳动保护相结合的原则；实行劳动行为自主与劳动标准制约相结合的原则；坚持法律调节与三方对话相结合的原则。这些原则与民法的平等自由原则，经济法的宏观、微观经济协调原则，以及行政法的依法行政原则有着明显的不同。

3. 劳动法有自己完整的独立体系。从劳动法规构成形式来看，既有劳动法典，又有单行法规；既有实体法，又有程序法，还有劳动法执行的监督、检查法。从劳动法的内容来看，在总则部分规定了劳动法的目的、原则、作用、适用范围及劳动者的基本权利等；在分则部分有促进就业、劳动合同与集体合同、工作时间与休息休假、工资、劳动安全卫生、特殊劳动保护、社会保险与职工福利、劳动争议的处理及劳动监督检查等。总则与分则构成了一个完整的法规体系。

4. 司法实践中劳动法早已被确认为一个独立的法律部门。劳动法作为独立的法律部门，并非始于我国，也并非只有社会主义国家才是如此。劳动法是从 19 世纪初开始，为了适应社会经济发展的客观需要，并经过工人阶级的长期斗争，而逐步发展成为一个独立的法律部门的。从 19 世纪到 20 世纪初，资本主义国家调整劳动关系的法律有两种类型：一类是民法，按照契约自由原则，调整雇佣劳动关系，这种类型以德国民法的规定最为典型；另一类是工厂法以及其他各种单行劳动法规,其内容包括职业安全与卫生、职业训练、就业、保险、救济、工会组织等诸多方面,这些都是民法典中难以包含的内容,以20世纪20年代法国和苏联着手编纂劳动法典为契机,调整劳动关系的两部分法律规范汇集到一起,构成了劳动法这个法律部门。

我国劳动法有自己的发展历史。中国共产党成立后不久(1922年七八月间),中国劳动组合书记部就提出了劳动立法的四项原则和19条《劳动法大纲》。1931年土地革命时期,制定了《中华苏维埃共和国劳动法》。抗日战争时期,各个革命根据地都制定了劳动法。解放战争时期,于1948年在哈尔滨召开的第六次全国劳动大会,确定了劳动立法的原则和内容。新中国成立后,根据《共同纲领》和《宪法》确定的原则,在各个发展阶段制定了一系列劳动法规。随着劳动制度的改革和社会主义市场经济体制的确立,我国于1994年7月5日颁布了《劳动法》,从而最终奠定了劳动法作为一个独立的法律部门的地位。

(二)劳动法与相邻法律门类的关系

劳动法是宪法统领下的一个具体的法律部门,这一法律部门主要是将宪法关于劳动者权利的规定具体化和可操作化。宪法中关于劳动者的权利的相关规定是劳动法上的权利规定的基本法理依据;民法奉行的是私有财产权神圣不可侵犯、契约自由和过失责任三大原则,劳动法对民法的三大原则进行了重大修正,即这些原则如果与劳动者生存权利保障相冲突,则后者处于优先适用的地位;经济法调整的是由于国家干预和纵向管理经济而形成的,以国家为一方主体同其他各方主体之间的特定的经济关系,而且经济法以追求经济发展为目标,劳动法主要是调整劳动者与用人单位之间的劳动关系,以保护劳工为目标;劳动法与社会保障法的关系密切。社会保险是二者交叉的部分。二者立足点都是保护弱势群体,实现社会公平和社会安定,但二者又是相互独立、相互并列的两个法律部门,调整对象和调整方法是不同的;行政法主要是对国家行政机关行政管理予以规范约束,劳动行政是国家行政管理的一个内容。劳动行政法即劳动法与行政法结合的产物;刑法是规定犯罪和刑罚的法律。劳动犯罪和刑罚是刑法的一个内容,劳动刑法即劳动法与刑法结合的产物。

资料链接

民法与劳动法的发展变迁是一个延续着的历史过程,在这个演变过程中所展现出来的内容是丰富多彩的。这个历史变迁的过程,展示着这两个法律部门的成长轨迹,其间也昭示着二者之间若合若离、藕断丝连的紧密关系。我们很难通过简单的考察就足以拨开云雾见晴天,但通过多视角的透视,我们可以得出一些规律性的结论。这些结论对民法、劳动法乃至整个法律制度的未来发展都具有重要的指导意义。

第一，劳动法在历史渊源上与民法同出一辙，现代的独立发展也并没有彻底否定对民法基本精神（如崇尚自由）的继承性。因此，不论是法律制度的未来发展，还是法学研究的进一步繁荣，都存在一些共同的东西可相互借鉴。劳动法同民法的变异性决定了两个法律部门独立存在的必要性。劳动法的变异过程实质就是"法律社会化"、"私法公法化"的过程。这些具有革命性意义的法律运动，说明了法律必须适应生活，随着它所调整的那个社会运动的主流向前发展。满足现实生活的法律需求，是法律发展的动力，也是法律永葆青春和活力的关键所在。

第二，一种法律概念、法律观念、法律原则（如契约自由）往往具有巨大的影响力，甚至相当于一种魔力，因为"难于用语言清楚表达的思考是法律赖以获得其生命力的隐秘的根基"。〔21〕但是，任何法律概念、观念和原则都不是不可跨越的鸿沟，都可以也应该随着社会的发展而发展。提出新概念，更新传统观念，突破既定的原则，为法律发展奠定观念基础，是法律发展的要求，也是法学研究的任务。

第三，现代法律制度之间的影响和作用是相互的，法律的调整和整合功能也必须通过法律整体才能充分实现，任何一个法律部门都会从不同侧面对法律发展作出贡献。劳动法的诞生与成长不仅受益于民法，同时对民法乃至于整个法律发展都作出了巨大贡献。对此，我国的法学界并没有予以足够的重视。〔22〕

二、劳动法的作用

劳动法以规范劳动行为、调整劳动关系为主要内容，并以保护劳动者的合法权益为立法宗旨。劳动行为是社会的基本行为，劳动关系是社会关系中的核心部分，而劳动者则是这部分关系中的主力军。劳动关系能够得到科学合理的调整，就会形成稳定和谐的氛围，劳动者的合法权益能够得到有力的保障，便会产生极大的劳动积极性和创造性，这些正是促进社会生产力发展和推进社会进步的必要条件。反之，这部分社会关系如果调整不好，就有可能引发矛盾的激化，进而直接阻碍生产力的发展，影响社会的安定团结。由此可见劳动法对社会、经济的发展所起的重要作用。劳动法在我国现实生活中的作用可以概括为以下几个方面：

1. 保护劳动者的合法权益，调动劳动者的生产积极性和创造性。在我国社会主义市场经济条件下，从劳动关系的主流看，虽然劳动者与用人单位在根本利益上是一致的，但二者不可避免地存在着具体利益的矛盾与冲突。用人单位作为独立面向市场的主体，在市场竞争机制的驱动下，不得不考虑以最小的成本获取最大限

---

〔21〕［美］伯纳德·施瓦茨：《美国法律史》，中国政法大学出版社 1990 年版，第 64、65、137、139、140 页。

〔22〕冯彦君："民法与劳动法：制度的发展与变迁"，载《社会科学战线》2001 年第 8 期，略有删减。

度的利润。这样就很容易在劳动待遇、劳动条件等方面侵犯职工的权益,从而挫伤劳动者的生产积极性。为此需要用法律来保护劳动者的合法权益,确立劳动者主人翁的地位。而劳动法从其产生和发展的历史也可以看出,它的主要任务就是保护劳动者的利益。劳动法确认劳动力为劳动者所有,赋予劳动者在劳动关系中与用人单位处于平等的法律地位;规定劳动者享有就业与选择职业、获得劳动报酬、休息、劳动安全与卫生、社会保险和福利待遇等权利;规定用人单位负有向劳动者提供劳动待遇、劳动条件与生活条件等义务,从而使劳动者的权益有了法律保障。劳动者的权益能依法得以实现,在以按劳分配原则为主建立的分配机制的激励下,在国家、企业、劳动者的利益共同体中,劳动者的生产积极性和创造性便能得到充分的发挥。

2. 合理组织社会劳动,提高劳动生产率。解放生产力、发展生产力,消灭剥削、消除两极分化,最终实现共同富裕,是我国社会主义的本质所在。劳动力是生产力的决定性要素,合理地组织社会劳动,不断改进劳动组织,充分发挥劳动者在劳动过程中的主观能动性,就可以不断地提高劳动生产率和经济效益,促进生产力的发展。劳动法在这一方面的促进作用具体表现为:(1)通过规范劳动力市场,确立劳动合同制度,促进人才合理流动,使劳动力资源得以合理配置,使劳动力与生产资料的结合趋于最佳状态。(2)通过实行职业技能开发制度和职业资格证书制度,确保和不断提高劳动者队伍的整体素质,以适应现代化大生产的要求。(3)通过实行按劳分配和其他激励制度,充分调动劳动者的生产积极性和创造性。劳动者主观能动性的充分发挥,是推进科学技术发展的根本动力。(4)通过保护劳动者在生产过程中的安全与健康,并要求用人单位不断改善劳动条件,使劳动者在生产力系统的运行上能够正常发挥作用,也使劳动过程能够得以顺利实现。(5)通过要求合理组织劳动过程,巩固劳动纪律,从而为提高劳动生产率创造组织条件。总之,劳动法从保护劳动者的利益出发,最终达到调整劳动关系和促进社会生产力发展的目的。

3. 规范劳动力市场,完善市场运行的法律保障体系。我国实行社会主义市场经济体制,市场经济要求一切生产力要素进入市场,以市场作为配置的基础手段。其中,劳动力市场是市场经济的一个重要的组成部分,劳动力的开发、配置和使用趋向社会化、商品化,并通过市场竞争机制,使劳动力与生产资料的结合处于最佳状态,才能创造出最好的劳动效益。然而劳动力商品的特殊性使劳动力市场不同于其他生产力要素市场,因此,在其运行中除须遵循市场经济的一般法律原则外,还需要用劳动法对劳动力市场加以具体规范,包括界定供求主体与中介主体资格,规范市场行为,明确劳动主体的权利、义务与责任等。近年来,我国劳动力市场确立和发展的实践证明,没有相应的法律规范,就不能发挥市场运行的积极效应。劳动法作为我国社会主义市场经济法律体系的一个重要组成部分,它的颁布与实施,填补了我国市场经济法律保障体系的空白。劳动法对劳动力市场的具体作用主要有:(1)确认劳动者有就业和选择职业的权利,明确劳动关系供求双方及市场中介机构的法律地位,保证主体具有相应的行为能力和责任能力;(2)规定劳动合同制度,要求建立劳动关系须签订劳动合同,即以劳动合同作为确立劳动关系的法律形式,为劳动关系的供求双方相互选择和享受权利、履行义务提供法律条件;(3)实行各种劳动标准制度,如工时休假、工资保障、劳动安全卫生及特殊劳动保护制度等,使在市场中确立的劳动关系中的劳动者基本权益得到保障;(4)实行统一的社会保险制度,为劳动者的合理流动和劳动力再生产提供基本保障;(5)实行集体协商、调解、仲裁等制度,为预防和化解劳动争议,保障劳动力市场顺利运行提供有效的法律手段。

4. 维护和发展稳定和谐的劳动关系,促进社会安定团结。社会安定是一个国家政治稳定、经济繁荣和社会进步的重要前提。没有这个前提,深化改革以及经济的持续、稳定发展,都不可能顺利进行。而劳动关系的存在与发展,是直接关系到社会安定的重要因素,劳动法的功能就在于通过规范劳动行为,使主体双方在各自的权利义务范围内,沿着法律设定的轨道进行合作与联系,从而形成稳定和谐的劳动关系,以利于社会的安定团结。劳动法的这一作用,首先由其产生和发展的历史背景给予了证明。劳动法是资本主义社会劳资矛盾激化和工人运动不断高涨的产物,它以限制资本家对工人的剥削程度为主要内容,从而缓和了阶级矛盾和协调了劳动关系。在我国社会主义现阶段,劳动法的这一作用也得到了验证。我国社会主义公有制,决定了劳动者与用人单位之间在根本利益上是一致的,但是存在着非对抗性的矛盾,特别是在物质利益方面还存在着矛盾和冲突,随着我国市场经济的进一步发展,非公有制背景下的劳动者与用人单位也存在诸多矛盾。这些矛盾与冲突如能及时化解、处理,就能使劳动关系保持协调和稳定,否则就会影响社会的安定。因此,我们必须高度重视和充分发挥劳动法对社会安定的保障作用。

此外,劳动法与社会进步的关系还在于:劳动者的劳动权利是获得生存权的必要条件。劳动法对劳动者基本权利的保护是符合国际人权理论的。在历史上,人权理论与人权保障运动是影响劳动立法的一种重要力量,如人权理论中提出的职业自由、反对强迫劳动、男女平等、保护弱者、缩短工作时间、实行社会保险等,都是劳动法的立法依据和目标。劳动法对劳动者劳动权利保护的程度,被看作是一个国家人权保障的标志。我国《劳动法》的颁布实施,也是我国人权保障制度化、法律化的一个重要标志。

第三节　劳动法的渊源及其体系架构

一、劳动法的渊源

劳动法的渊源,亦称劳动法的形式,是指劳动法律规范的具体表现形式。它表明劳动法律规范以什么形式存在于法律体系中。我国劳动法渊源,按其效力层次可以分为以下几类:

1. 宪法。宪法是一个国家的根本法,它具有最高的法律权威和法律效力。我国宪法关于劳动者基本权利义务的规定及与劳动问题相关的经济制度是我国劳动立法的基础和最高法律依据,同时又是劳动法律规范的一种表现形式。

2. 法律。法律包括全国人民代表大会制定和修改的基本法及全国人民代表大会常务委员会制定和修改的其他法律,其效力仅次于宪法。作为劳动法律,在我国有《劳动法》(狭义劳动法),它是调整劳动关系的基本法;有单项法律如《劳动合同法》、《就业促进法》、《劳动争议调解仲裁法》、《社会保险法》等等;还有涉及劳动关系的其他法律,如《中华人民共和国妇女权益保护法》、《安全生产法》、《职业病防治法》、《中华人民共和国公司法》等。

3. 行政法规。行政法规是指由国务院根据宪法和法律的有关原则制定发布的各种劳动行政法规,其法律效力具有普遍性,是当前我国调整劳动关系的重要依据。劳动行政法规在我国为数较多,涉及的面也较广,如《禁止使用童工规定》、《工伤保险条例》、《劳动保障监察条例》、《残疾人就业条例》、《中华人民共和国劳动合同法实施条例》。

4. 部委规章。部委规章指国务院劳动行政部门单独或会同有关部门制定的专项劳动规章。如《工伤认定办法》、《最低工资规定》、《劳动人事争议仲裁办案规则》、《劳动人事争议仲裁组织规则》等,这些都是调整劳动关系的重要规范。

5. 地方性法规和地方性规章。地方性法规是指省、自治区、直辖市以及地级市的人大及其常委会制定的规范性文件。地方性规章是指省、自治区、直辖市以及地级市的人民政府制定的规范性文件。此外,按规定,地方各级人民代表大会、地方各级人民代表大会常务委员会、县级以上各级人民政府,依照法律规定的权限发布的决定,也是地方性法规或规章。这些地方性法规或规章中有关劳动问题的规定均属于劳动法渊源的范畴。

6. 国际劳工公约。国际劳工组织通过的劳工公约经我国政府批准便在我国产生法律效力,应保证其实施。包括:1984 年 5 月我国承认的旧中国政府批准的 14

个国际劳工公约和1984年以来新批准的公约，如2002年6月29日批准的《禁止和立即行动消除最恶劣形式的童工劳动公约》（第182号公约）、2005年8月28日批准的《消除就业和职业歧视公约》（第111号公约）、2016年11月12日《2006年海事劳工公约》将正式对中国生效等。截至2015年8月28日，我国已正式批准了25个国际劳工公约，[23]这些公约也是我国劳动法的组成部分。

7. 规范性劳动法律、法规解释。规范性劳动法律、法规解释是指法定对劳动法律、法规有解释权的国家机关，就劳动法律、法规在执行中的问题所作的具有普遍约束力的解释。例如，《最高人民法院关于审理劳动争议案件适用法律若干问题的解释（四）》（以下简称《解释（四）》）等是调整劳动关系的重要规范。

8. 其他。如特别行政区法律、国际惯例等。

二、劳动法体系

劳动法体系是指按照一定标准将劳动法律规范的内容分类组合，形成结构严密、形式完整的有机统一体。

关于劳动法体系，经过多年来学者们的研究和探讨，目前我国劳动法学界已基本达成共识。具体来说，劳动法体系包括下列制度：

（一）促进就业制度

充分的就业和稳定的就业形势，是保障人民生活、维持社会经济发展和社会安定的重要条件，因而为世界各国劳动法所规定。促进就业制度规定的主要内容有：国家的劳动就业方针；政府部门在为劳动者创造就业条件、提供就业服务及预防失业等方面的责任与措施等。

（二）劳动合同制度

劳动合同是市场经济国家确立劳动关系的基本法律形式，因而劳动合同制度成为世界各国劳动法的核心内容。劳动合同制度包括对劳动合同的形式、种类、主要条款、订立、变更、解除及违约责任的规定。

（三）集体谈判与集体合同制度

集体谈判是指劳动者以工会或集体谈判团体的名义，同雇主就改善劳动条件、提高劳动待遇及处理劳动关系问题进行谈判、交涉的一种制度，我国称为集体协商。当谈判达成一致意见时，其成果体现就是订立集体合同。集体谈判与集体合

---

〔23〕“全国人大常委会批准我国加入国际劳工组织《2006年海事劳工公约》”，载《中国劳动保障报》2015年8月28日。

同制度是缓和劳资矛盾、协调劳动关系、维护正常的劳动秩序与生产秩序的有效手段,因而为各国法律所认可,并成为劳动法的重要内容之一。集体谈判制度主要包括谈判的主体、对象和程序,以及在谈判过程中对劳动者的谈判权的保护,政府有关部门在谈判中的作用等。集体合同制度一般包括集体合同订立、变更、解除、形式及效力等内容。

(四)劳动基准制度

劳动基准是指国家为保护劳动者的利益而制定的有关劳动条件与劳动待遇的最低标准。用人单位只能高于劳动标准向劳动者提供劳动条件和劳动待遇,而不能低于劳动标准约定劳动条件和劳动报酬。劳动标准制度具体包括以下四项内容:

1. 工作时间和休息休假。规定日工作时间和周工作时间的最长限度;规定休息日、法定节假日和年休假;限制延长工作时间等。

2. 工资。规定工资分配原则和用人单位的分配自主权;规定最低工资标准的确定及工资的支付形式和支付时间等。

3. 劳动安全与卫生。规定用人单位和劳动者必须执行的劳动安全与卫生规程及标准;规定伤亡事故和职业病的统计报告和处理制度;规定劳动安全卫生管理制度等。

4. 特殊劳动保护。特殊劳动保护的对象是女职工和未成年工。规定女职工的“四期”保护和禁忌从事的劳动范围;规定未成年工禁忌从事的劳动范围和定期健康检查制度。

(五)社会保险制度

社会保险一般包括退休(养老)保险、疾病保险、工伤保险、失业保险和生育保险,目的是使劳动者在年老、患病、工伤、失业、生育等情况下能够获得物质帮助和补偿。它是劳动者生活保障权的体现,因而成为各国劳动法的重要内容。社会保险制度一般规定社会保险的种类,社会保险基金的筹集、管理和运营,社会保险待遇的享受范围、条件和标准等。

(六)劳动争议处理制度

劳动争议处理是协调劳动关系、化解劳动关系矛盾、矫正劳动关系扭曲的重要途径。劳动争议处理制度主要包括劳动争议处理机构、劳动争议处理机构的受案范围、劳动争议处理程序等规定。

(七)劳动监察制度

劳动监察是指享有监察权的国家专门行政机关,对用人单位执行劳动法律、法规的情况,依法进行监督检查的活动,以确保劳动法的切实贯彻实施。劳动监察制度主要规定劳动监察机构及其职权、劳动监察范围、劳动监察程序及劳动监察处理等内容。

(八)法律责任

法律责任是指有关单位或个人违反劳动法律、法规及劳动合同应当承担的法律后果。劳动法中的法律责任按主体划分一般包括三类:用人单位因违反劳动法律、法规,违法解除劳动合同给劳动者权益造成损失时应承担的法律责任;劳动者违反劳动规章、劳动合同给用人单位造成损失时应承担的法律责任;劳动行政管理部门及其他主管部门滥用职权以及不尽职责(不作为)给用人单位或劳动者造成损失时应承担的法律责任。

第四节　劳动法的基本原则

一、劳动法基本原则的概念

法律的基本原则是立法的指导思想和执法的行为准则。劳动法的基本原则,是国家在劳动立法中所体现的指导思想和在调整劳动关系以及与劳动关系密切联系的其他社会关系时应遵循的基本准则。

劳动法的基本原则应当符合四个条件:(1)它必须贯穿劳动法律条文始终,体现劳动立法的核心和灵魂。(2)它必须是执法的基本准则,具有劳动法律规范的最高效力,对违背基本原则的行为,劳动法要追究违法行为人的法律责任。(3)它必须在指导劳动立法和约束劳动执法中具有相对的稳定性。随着劳动关系的不断变化,劳动法律规范的某些条文可以进行修改,但只要国家的政治经济制度不变,劳动法的基本原则也就不会改变,以保证阶段性劳动法律规范之间的连续性。(4)对劳动立法、劳动守法和执法具有普遍的指导意义,有利于指导劳动法的实施,在没有具体法律依据时,可根据基本原则来分析和处理劳动法律事务。劳动法基本原则只有符合这四个方面的条件,才能发挥其在劳动法律体系中的凝聚和统率功能,在劳动立法中的依据和准则功能,以及在劳动执法中的指导和制约功能。

劳动法基本原则的确认依据表现在三个方面:首先,宪法是国家的根本大法,是确立劳动制度的最高法律依据。因而劳动法的基本原则应依据宪法而确立,包括宪法中关于国家政治制度和经济制度的规定(如实行社会主义市场经济等)以及劳动者劳动基本权利的规定,同时还应以基本劳动政策作为宪法依据的补充性依据。其次,劳动法的基本原则还应以我国将长期处于社会主义初级阶段这个基本国情对劳动法的基本要求为依据,即劳动法的基本原则必须来源和植根于现实,并正确反映劳动领域的基本现状和发展方向。最后,劳动法的基本原则还应以对劳动者倾斜保护理论为依据。劳动法尽管对用人单位的权利也要加以保护,但这并不是劳动法的立法宗旨,劳动法是以对处于弱势地位的劳动者的倾斜保护为理论基础的,并以此构筑劳动法的基本原则。

二、劳动法基本原则的内容

根据我国社会主义市场经济制度和劳动法的基本要求,结合法律部门基本原则的确认依据,我们认为劳动法的基本原则应为以下五项:

(一)维护劳动者合法权益与兼顾用人单位利益相结合的原则

维护劳动者的合法权益是劳动法的立法宗旨。我们说,资本主义国家的劳动法是限制资本家对劳工剥削的法,社会主义国家的劳动法则是保护劳动人民利益的法,这都是从劳动立法宗旨来讲的。我国《劳动法》第1条规定:“为了保护劳动者的合法权益,调整劳动关系,建立和维护适应社会主义市场经济的劳动制度,促进经济发展和社会进步,根据宪法,制定本法。”劳动法强调保护劳动者的合法权益是基于:(1)劳动者作为劳动关系的一方当事人,与对应的用人单位主体相比较属于弱者,为防止以强凌弱,国家法律对劳动者予以特别保护,从而使双方主体处于平等的法律地位;(2)市场经济条件下,市场竞争机制中的用人单位均有追求利润最大化的欲望,因而容易发生侵犯劳动者权益的行为或事件,这就要求用法律来抑制用人单位的侵权行为,保护劳动者的合法权益;(3)用人单位的权利往往由主体组织法加以规定。劳动法赋予劳动者的权利与主体组织法赋予用人单位的权利相互制衡,才能使权利的行使在法律规范的范围内进行,以防止滥用权利现象的发生。

维护劳动者合法权益原则在我国劳动法中体现在两个方面:一方面,法律、法规明确规定了劳动者应享有的基本权利和在各个劳动环节中的具体权利。例如,《劳动法》第3条规定:“劳动者享有平等就业和选择职业的权利、取得劳动报酬的权利、休息休假的权利、获得劳动安全卫生保护的权利、接受职业技能培训的权利、享受社会保险和福利的权利、提请劳动争议处理的权利以及法律规定的其他劳动权利。”同时,《劳动法》在劳动合同与集体合同、工作时间与休息休假、工资、劳动安全卫生、职业培训、劳动争议等章节中,将劳动者的权利更加具体化。另一方面,

《劳动法》具体规定了用人单位必须履行的劳动义务,如遵守工时制度、限制加班加点、提供劳动安全卫生保护、支付劳动保障费用、不得低于当地最低工资标准支付工资等。这些规定,都体现了维护劳动者合法权益这一立法指导思想。

劳动法在突出体现保护劳动者合法权益的同时,也兼顾维护用人单位的利益。(1)从法律中权利、义务相一致的原则来讲,劳动者享有劳动权利是以履行劳动义务为前提的。法律不允许任何主体只享有权利而不履行义务,或者只履行义务而不享有权利。劳动者只有在全面履行劳动义务的条件下,才能充分享有法律赋予的权利。例如,我国《劳动法》第3条第1款规定了劳动者应享有的基本权利,第2款就规定了劳动者的基本义务。(2)劳动法适应市场经济的客观要求,在维护用人单位的利益方面也有具体的规定。例如,《劳动法》规定,用人单位有招收录用职工的自主权;有依法自主确定本单位的工资分配方式和工资水平权;在劳动者严重违纪,或者不能胜任工作,或者患病及非因工负伤超过医疗期限,以及在用人单位生产经营状况发生严重困难等情况下,享有解除劳动合同的权利等。这些都是为维护用人单位的利益所作的规定。而用人单位提高了效益,得到了发展,又为劳动者各项权利的实现打下了基础。但必须明确的是对用人单位利益的保护,在劳动法视野中,只能是"兼顾",即应建立在对劳动者保护的前提下。

(二)实行劳动行为自主与劳动标准制约相结合的原则

法律赋予劳动关系当事人意思自治、行为自主权,是社会主义市场经济的客观要求。市场经济的建立和发展完善,需要有一个完善的市场体系,包括商品市场、资本市场和劳动力市场为主的各生产要素市场。资本主义市场经济的形成过程已经表明,只有在劳动力成为商品,劳动者作为劳动力所有者进入市场的条件下,才会有市场经济。在劳动力市场中,用人单位作为劳动关系的一方当事人是独立面向市场的主体,享有用人自主权,即按照自己的需要和意愿去寻找确定劳动关系的另一方当事人;劳动者作为劳动力的所有者,按照择业自主、就业自愿的原则而成为劳动关系的另一方主体。用人单位与劳动者经过互相选择,在平等自愿、协商一致的基础上,通过签订劳动合同,确立劳动关系。他们离开劳动力市场进入劳动过程之后,用人单位由于生产过程的分工和竞争的需要,享有法律赋予的劳动管理自主权、劳动分配自主权及辞退权等;劳动者则是自愿接受这些条件而成为单位集体劳动的一员。这些都充分体现了劳动行为自主的原则。

在实行劳动行为自主的同时,必须看到,劳动法律关系当事人之间具有职责上的从属关系和劳动力人身性质的特点,因此要求国家制定劳动标准,明确规定劳动的基本条件,以制约用人单位的行为,保护劳动者的合法权益。我国劳动法规定的工作时间制度、最低工资制度、女职工和未成年工的特殊劳动保护制度等,均属于劳动标准制度。它们是用人单位必须向劳动者提供的最低劳动条件和劳动待遇,如果用人单位违反劳动法的这些规定,给劳动者造成侵害的,要承担相应的赔偿责任;对用人单位的直接责任人,要分情况给予行政制裁、民事制裁,直至追究其刑事责任。

(三)坚持劳动者平等竞争与特殊劳动保护相结合的原则

建立劳动者平等竞争机制,是发展社会主义市场经济、提高劳动生产率的客观要求,也是劳动者在法律上一律平等原则的重要体现。我国《劳动法》首先明确规定了劳动者有平等的就业和选择职业的权利,即劳动者不论性别、民族、出身及财产状况等,有权就业,并通过劳动获取劳动报酬;有权参与平等竞争,选择适合自己特点的职业和用人单位;有权利用国家和社会所提供的各种就业保障条件,以提高就业能力和增加就业机会。其次,劳动者在劳动报酬、劳动安全卫生保护、劳动保险、职业培训、劳动争议处理等方面一律平等地受到劳动法律、法规的保护,而不问劳动者是在全民所有制单位就业,还是在其他非全民所有制单位就业。也就是说,劳动者不论民族、种族、性别、职业、职务、劳动关系的所有制性质及用工形式等,在劳动法上的法律地位一律平等,劳动法所直接规定或要求达到的劳动标准都一律适用;禁止对任何劳动者在劳动方面歧视。

劳动法在坚持劳动者平等竞争原则的同时,还必须注重对特殊劳动者的劳动保护。由于生理方面和社会方面的种种原因,在劳动者中不可避免地形成一些特殊劳动者群体,为使他们真正与其他劳动者处于平等的法律地位,必须给他们以特殊劳动保护。因此,特殊劳动保护制度便成为世界各国劳动法的一项重要内容。我国劳动法特殊保护的对象是女职工、未成年工、残疾劳动者、少数民族劳动者及退役军人劳动者等。《劳动法》第 14 条规定:“残疾人、少数民族人员、退出现役的军人的就业,法律、法规有特别规定的,从其规定。”第 58 条规定:“国家对女职工和未成年工实行特殊劳动保护。”同时,劳动法律、法规在就业、从事职业、安全卫生、解除劳动合同等方面对不同的特殊劳动者群体分别作了不同的保护规定。例如,在劳动就业方面,对退役军人、残疾人、少数民族劳动者及妇女劳动者,均作了特别保护规定;在从事职业方面,对女职工、未成年人规定了禁止用人单位安排其从事有害健康的繁重体力劳动和有毒有害的工作;在劳动安全卫生保护方面,作了女职工的“三期”(孕期、产期、哺乳期)给予特别保护的规定和对未成年工实行定期体格检查的规定;在解除劳动合同方面,规定了女职工“三期”内,用人单位不得解除劳动合同的规定等。这些具体保护规定,为特殊劳动者群体实现劳动权提供了法律保障。

(四)贯彻按劳分配与公平救助相结合的原则

按劳分配是我国经济制度的一项重要内容,也是我国劳动法的一项基本原则。

我国《宪法》第6条第1款规定:“……社会主义公有制消灭人剥削人的制度,实行各尽所能,按劳分配的原则。”我国《劳动法》第46条第1款规定:“工资分配应当遵循按劳分配原则,实行同工同酬。”

“各尽所能、按劳分配、同工同酬”的基本要求是:(1)每一个具有劳动能力的劳动者,都有平等的权利和义务,都应尽自己的能力为社会劳动;(2)用人单位应以劳动为尺度,按照劳动的数量和质量给劳动者支付劳动报酬,即用人单位通过对职工个人劳动技能、劳动条件、劳动强度、劳动贡献的全面考核,确定对职工个人的工资分配;(3)劳动者不分性别、年龄、民族和种族,等量劳动(包括数量、质量与贡献)应当取得等量报酬。

按劳分配与分配上的平均主义是不相容的。平均主义是手工业和小农经济的思想要求,贯彻按劳分配原则,本身就意味着反对在分配上搞平均主义。长期以来,由于计酬标准和管理水平上的一些问题,平均主义思想在分配上表现得相当突出,比如曾经存在的“吃大锅饭”现象就是平均主义分配思想的反映。因此,在我国分配制度中,要真正贯彻按劳分配原则,应当注意做到:(1)要体现奖勤罚懒、奖优罚劣;(2)要体现多劳多得、鼓励多做贡献;(3)要体现效益分配优先,兼顾公平;(4)要体现脑力劳动与体力劳动、复杂劳动和简单劳动之间的差别。此外,在贯彻按劳分配原则时,还要求正确处理生产与生活的关系,也就是在发展生产的基础上,逐步提高劳动报酬和福利待遇。

在贯彻按劳分配原则的同时,要求兼顾公平救助原则。公平救助原则主要体现在社会保险制度上。我国《宪法》第45条第1款规定:“中华人民共和国公民在年老、疾病或者丧失劳动能力的情况下,有从国家和社会获得物质帮助的权利。国家发展为公民享受这些权利所需要的社会保险、社会救济和医疗卫生事业。”我国《劳动法》第70条规定:“国家发展社会保险事业,建立社会保险制度,设立社会保险基金,使劳动者在年老、患病、工伤、失业、生育等情况下获得帮助和补偿。”物质帮助权是指因劳动暂时或永久丧失劳动能力时,有获得物质帮助的权利,以使劳动者本人及其家属能够获得基本的生活保障。物质帮助权是劳动报酬权的延伸或补充。我国劳动法还规定了劳动者退休养老保险、患病或非因工负伤保险、因工伤残或患职业病保险、失业保险及生育保险的制度。所有的劳动者均可按照法律、法规规定的条件和标准享受社会保险待遇。

公平救助原则的实现受制于按劳分配原则的贯彻,只有真正贯彻按劳分配原则,调动广大劳动者的劳动积极性,创造出更多、更丰富的物质财富,才能使公平救助原则得到充分的体现。

(五)坚持法律调节与三方对话相结合的原则

在我国社会主义市场经济体制下,劳动力资源的配置以市场为手段,劳动关系的确立与运行要求以法律制度作保障,劳动关系运行中出现的当事人之间的冲突与矛盾也必须依据劳动法律、法规处理,这些都是不言而喻的。但是劳动关系的多变性与复杂性及劳动标准的基准性特点,又使劳动者、用人单位、政府三方代表协商对话机制成为劳动法的原则。

劳动法中所称的三方性原则,是指政府、工会组织、用人单位组织三方在平等的基础上,通过一定的组织机构和运作机制,共同对有关劳动关系的重大问题(劳动立法、经济与社会政策的制定、就业与劳动条件、工资水平、职业培训、社会保障、职业安全与卫生、劳动争议处理以及对产业行为的规范与防范等)进行规范和协调处理。[24]

三方性原则的理论基础是社会连带关系理论。社会连带关系理论最早是由法国社会学家杜尔克姆提出的,他认为人类社会存在着"机械的"和"有机的"连带关系。法国法学家莱翁·狄骥进一步发挥了这种理论,提出社会连带关系或者社会相互依赖是一个重大事实。一方面,人类在社会生活中始终是联合的,这种联合的基础在于人类共同的需要,人类只有共同生活才能满足共同的需要。人们在共同生活中贡献自己同样的能力,以实现共同的需要,这就是一种"同求的连带关系"。另一方面,人们有不同的能力和不同的需要,为此,就必须互相交换服务,每个人贡献出自己固有的能力来满足他人的需要,并由此从他人手中获得报酬,这就产生了社会分工,这就是"分工的连带关系"。"社会连带关系"是一种事实,而不是某种道德观念,而且在不同的国家、不同的社会阶段具有不同的形态。在其代表作《宪法论》第 1 章中,莱翁·狄骥指出:"社会的相互依赖主要是一种法律的关系,我所说的客观法的基础是社会的连带关系。"[25]

劳动关系是一种典型的社会连带关系。作为劳动关系的双方当事人,用人单位与劳动者之间是一种互相依赖、互相促进、共存共荣的社会伙伴关系。然而,劳动者与用人单位之间本质上属于不平等关系,而且双方在利益分配方面还存在着明显的对立关系。用人单位关心的是用人单位利益的最大化,因此,强调降低生产成本,提高生产效率,取得用人单位的发展;工人组织则强调劳动者权益的保护,特别是希望劳动者能分享用人单位发展的成果,保证劳动者收入能稳定增长,希望用人单位能不断地改善劳动者的工作条件。因此,对于涉及劳动关系的重大问题难免出现分歧,单纯依靠双方当事人的自觉自愿来实现合作是不现实的,而是必须要由国家进行适当的干预,有限度地介入劳动关系,并且积极推动劳动关系双方的合

---

〔24〕 国际劳工组织 1976 年 144 号《三方协商促进履行国际劳工标准公约》对三方机制的定义,是指政府(通常以劳动部门为代表)、雇主和工人之间,就制定和实施经济与社会政策而进行的所有交往和活动。

〔25〕 转引自周长征:《劳动法原理学》,科学出版社 2004 年版,第 40 ~ 41 页。

作从而充分调动各方的积极性，达到相互的协调和平衡，共同创造一个繁荣、民主、文明的社会。这样就形成了劳动者、用人单位与政府三方协商对话与合作的劳动关系调整新机制。

资料链接

从历史上看，三方机制的形成也是工人运动的结果。工业化初期，罢工被禁止，工人自发组织的工会被视为非法组织，工会领袖被捕入狱。但19世纪这种压制工人运动的做法遭到了失败，罢工运动依然存在，甚至激烈的劳资冲突已对西方国家的统治者的地位产生了威胁。例如，1895年德国发生了一次严重的矿井事故，引起德国各主要的采矿区大规模的罢工行动。雇主和国家为了对付游行示威的工人而出动了军队，相反却使矛盾愈加尖锐。最后帝国政府派出官员，极力劝说煤矿企业主同意让每个矿山的工人选出自己的代表，同雇主就有关劳动条件的所有问题进行协商，终于平息了此次争端，并由此找到了一种杜绝以后发生劳资间激烈冲突的有效方式。经过了长期斗争与磨合，在德国非常缓慢地出现了协调劳资矛盾的规则和事实上的行为方式，同时出现了一部国家法律，它允许矛盾产生并能够缓解矛盾。国家也开始承担起为雇佣劳动制定框架性条件的角色。[26]

三方性原则最早是由国际劳工组织率先提出的，是国际劳工组织为缓解劳资对抗，防止社会矛盾激化而用来稳定和协调劳动关系的措施。三方性原则是国际劳工组织行动的基本原则，也是国际劳工组织与联合国其他机构相比的独特之处：（1）从组织形式上看，国际劳工组织实行“三方机制”，即国际劳工大会、国际劳工局理事会及所属各委员会、区域会议等国际劳工组织机构的活动，均由会员国政府、雇主和工人三方代表参加，三方代表享有独立平等的发言权和表决权；（2）从活动内容上看，制定国际劳工标准是国际劳工组织的主要行动手段。国际劳工标准无论以公约还是建议书的形式制定，都是经过充分听取政府、雇主、工人三方代表意见，并经过三方代表讨论通过后发布。

三方性原则得到了西方市场经济国家的普遍认同，已成为世界多数国家劳动法的一个基本原则。

资料链接

多数欧洲国家建立的三方机构是经济社会委员会（或理事会）。例如，法国的经社委员会由200人组成，雇主和工会代表各45人，另有政府、其他社团代表和有关专

〔26〕 德国工联劳动力市场和国际社会政策部长布克哈特·冯·赛根在中德三方机制研讨会上的发言。

家。近年来,欧洲等地区还出现了跨国性三方机制。例如,欧盟委员会、欧洲工联和欧洲雇主组织三方通过举行洲际协商谈判和签订相应协议调节全欧劳动关系问题,这类地区跨国性三方机制的出现是地区经济一体化发展的结果,也是应对经济全球化挑战的需要。日本的三方机构称为"产业劳动恳谈会";加拿大的称为国家劳资关系委员会。苏联、东欧国家在苏联解体和东欧剧变后,也普遍建立起了国家一级的三方性机构。例如,俄罗斯的三方机构是"调节社会劳动关系三方委员会";一些东欧国家建立了"全国利益调解(或协调)委员会"。〔27〕 三方性机制在发展中国家也得到了发展。在一些国家还有就某一问题或事项而设立的专业性组织,如澳大利亚的全国职业安全与卫生委员会,新加坡的全国工资理事会,英国的咨询、调整与仲裁局、德国的劳动法院、法国的专业法庭(劳工法庭或社会法庭)、日本的劳动争议调解委员会(由雇主、工会和公益组织如大学、研究所、新闻界三方组成,由公益组织代表担任委员长)等。〔28〕

在我国劳动法中,三方性原则也得到了相应的体现。现行的《劳动法》、《工会法》以及《集体合同规定》、《劳动争议处理条例》和《工资协商办法》等法律、法规、规章中规定了三方机制运作的基本框架:(1)我国在1990年就已经批准了国际劳工组织的《1976年三方协商促进贯彻国际劳工标准公约》(第144号公约)和同名建议书。国务院提请审议的说明指出,批准这项公约旨在建立一项工作程序,以便就涉及劳动者权益的国际劳工公约的制定、批准、实施及其监督检查等,进行国家一级的政府与雇主和工会组织代表间的协商,使各方意见都能得到充分反映。(2)2001年修订的《工会法》第34条第2款规定:"各级人民政府劳动行政部门应当会同同级工会和企业方面代表,建立劳动关系三方协商机制,共同研究解决劳动关系方面的重大问题。"这是我国第一次明确实行三方协商机制的法律。(3)在劳动基准制定过程中,也逐步实行三方合作原则。例如,2004年劳动和社会保障部联合颁布的《最低工资规定》第8条第1款规定:"最低工资标准的确定和调整方案,由省、自治区、直辖市人民政府劳动保障行政部门会同同级工会、企业联合会/企业家协会研究拟订,并将拟订的方案报送劳动保障部。方案内容包括最低工资确定和调整的依据、适用范围、拟订标准和说明。劳动保障部在收到拟订方案后,应征求全国总工会、中国企业联合会/企业家协会的意见。"(4)根据我国《劳动法》,我国劳动争议仲裁委员会是由劳动行政部门代表、同级工会代表和用人单位代表三方共同组成的。

《集体合同规定》中也有三方共同协调处理集体争议的条文。同时,三方性原

〔27〕 参见《工人日报》2005年8月19日。

〔28〕 李贤华:"劳动争议诉讼的司法模式选择",载《人民法院报》2013年4月26日。

则也在我国法治的实践中得以运用:(1)建立了国家级协调劳动关系的三方机制。2001年8月,由劳动和社会保障部、中华全国总工会、中国企业联合会(中国企业家协会)三方组成了国家级协调劳动关系的三方会议制度,使中国的劳动关系协调工作有了一个较为规范和稳定的工作机制,并开展了卓有成效的工作。(2)我国省级三方机制全部建立,大部分省、自治区、直辖市在市(地)一级普遍建立了三方机制,有的地方已延伸到县(市)、乡镇(街道)和村(社区)。2002年8月,全国建设系统建立了协调劳动关系的三方会议制度,这是全国第一个行业性最高层面的劳动关系协调机制,标志着产业性三方机制的启动。各级三方机制在协调劳动关系、促进改革发展中发挥了积极作用。

当然,贯彻三方性原则在我国仍然存在着很大的不足之处。具体表现在:(1)三方机制相关法律不完善;(2)劳动者与用人单位双方主体的代表性须进一步增强;(3)三方机制运行的社会影响力不大;(4)通过三方机制解决问题的针对性有待提高。对此,我们应坚持从国情出发,吸收借鉴国外市场经济国家经验,不断完善有中国特色的三方机制,以促进劳动关系的和谐发展。

课后实训

一、关键词解释

劳动法　　劳动关系　　劳动法体系

二、选择题

1. 下列社会关系属于劳动关系的是(　　)。

A. 个体户与其家庭成员共同劳动的关系

B. 作家把自己的劳动成果交给出版社而与出版社之间发生的关系

C. 承揽关系

D. 在生产过程中,劳动者和用人单位形成的关系

2. 下列人员中适用劳动法的是(　　)。

A. 专职律师　　B. 企业党委书记

C. 公司股东　　D. 监狱服刑人员　　E. 妇联主任

三、思考题

1. 劳动关系的特征是什么?
2. 如何理解劳动法的适用范围?
3. 劳动法与其他法律部门的关系是怎样的?
4. 如何理解劳动法的渊源?
5. 如何理解劳动法的体系?
6. 如何理解劳动法的基本原则?

第二章　劳动法的产生与发展

内容提要

本章内容主要是劳动法的简史，共分为四节，主要围绕劳动法的起源、外国劳动立法概况、中国劳动立法概况、国际劳动立法概况展开。本章的重点是“工厂立法”、外国20世纪后劳动立法、新中国改革开放以来的劳动立法、国际劳工组织及国际劳工公约。难点是现代意义上的劳动法的起源、20世纪末以来当代资本主义国家劳动法特点。

劳动法以市场经济为其存在的基础，产生于资本主义社会。随着资本主义生产关系的发展及工人运动的高涨，劳动法在自由资本主义时期和垄断资本主义时期均得到了发展，并趋于完善。社会主义国家也非常重视发挥劳动法的功能与作用。市场国际化的趋向使国际劳动法成为各国劳动法的重要组成部分。

第一节　劳动法的起源

自从有了国家与法，劳动关系作为生产关系的重要组成部分，就成为法的调整对象之一。但调整劳动关系的专门法——劳动法，却是在人类社会发展到一定的历史阶段后才开始出现的。

资本主义社会以前没有专门调整劳动关系的法律。在古代奴隶社会奴隶完全没有人身自由，奴隶只是物，在封建社会，劳动者也没有完全的人身自由，不能摆脱对剥削者的人身依附，因而劳动者与劳动力使用者之间的关系，不只是单纯的劳动关系，更存在着人身和财产的所有关系。所以在古代各国的法律中，虽然已经有了调整劳动关系的规范，然而这些规范并不能离开调整其他社会关系的法律而存在。

专门调整劳动关系的法律起源于资本主义社会。资本主义的产生和发展需要两个前提：一是广大的农民和手工业者被剥夺生产资料后沦为可以“自由”出卖劳动力的劳动者；二是剥削者手里积累大量货币资本。在资本主义发展初期，资本势力还不够强大，单凭经济的强制还不能满足资本家获取最大限度的剩余劳动，因而需要凭借国家权力来给予保护，于是出现了历史上最早的"劳工法规"。具体来讲，在资本主义制度产生最早的英国，为了强制被剥夺了土地的农民从事雇佣劳动，以满足新兴的工场手工业对劳动力的迫切需要，曾经颁布过许多强迫劳动的法律。同时，英国政府为了帮助资本家加强剥削工作，还制定了许多强制工人接受苛刻劳动条件的法律。在14世纪到18世纪中叶，欧洲其他资本主义国家也先后制定了类似的法律，以保障资本家能够榨取工人更多的剩余劳动。当时人们把这种"血腥立法"统称为"劳工法规"。"劳工法规"虽然是调整资本主义劳动关系的法律，但还不是现代意义上的劳动法，因为其与现代意义的劳动立法的宗旨是背道而驰的。

资料链接

1. 英国亨利八世时期曾明文规定，对流浪者给予鞭打；如再度流浪，则予以逮捕；三度流浪就要当作重罪犯人或社会敌人而处死。

2. "劳工法规"其中有些是延长工作时间的，有些是限制最高工资的。

3. "劳工法规"，"自始就是为了剥削工人，并且在进行中总是直接和工人居于敌对地位的关于工资雇佣劳动的立法"。[1]

现代意义上的劳动法是在18世纪产业革命以后，劳资关系日趋紧张，工人运动不断高涨的条件下产生的。它是以限制资本家对劳动者剥削程度为内容的法规。

18世纪产业革命以后，随着大工业的兴起，资产阶级的势力大大加强，而大多数的劳动者，由于生产资料被剥夺，在失业和饥饿的胁迫下，不得不接受资本家规定的任何苛刻条件。在这种情况下，用法律来规定有利于资本家的劳动条件已经没有必要，于是资产阶级国家对于劳动关系采取了"自由放任"的不干预政策。资本家为了最大限度地获取剩余价值，利用经济手段强制把工作日延长到14、16小时甚至18个小时，这种远远超过了工人生理极限的工作日长度，加上极端恶劣的工作场所，极大地破坏了工人的健康，伤亡事故和职业病经常发生，死亡率猛增，工人的平均寿命日趋缩短。工人们为了保卫自己的生存权利，在18世纪中叶以后，就自发起来和资本家进行斗争，除采取破坏机器、罢工等方式外，还要求政府颁布法律来限制工作日长度。随着工人阶级斗争的日趋高涨，加上受17～18世纪启蒙运动和法国大革命的影响，某些社会政治力量也同情和支持工人的要求，迫使资产

---

[1] 马克思：《资本论》（第1卷），人民出版社1963年版，第814页。

阶级国家不得不制定法律来限制资本家对工人的剥削程度。

1802年英国议会通过的《学徒健康与道德法》,规定纺织童工的最低年龄为9岁,纺织厂不得雇用9岁以下的学徒;童工每天工作不得超过12小时,而且限于清晨6时至晚间9时之间,禁止童工做夜工。《学徒健康与道德法》是资产阶级“工厂立法”的开端,而“工厂立法”与以前的劳工立法有了质的变化,它是为了保护工人利益,因此是现代意义的劳动法产生的标志。在此后的几十年中,英国议会又陆续通过了几项法规,对童工的年龄作了进一步的限制,并将限制工作时间的范围由童工扩大到女工。1847年英国颁布的《十时间法》规定,13岁至18岁的童工以及女工的日工作时间不得超过10小时。此后,工厂立法逐渐适用于英国的一切大工业。

以英国立法为开端,在其他工业发达的资本主义国家也先后出现了“工厂法”。德国于1839年颁布了《普鲁士工厂矿山规则》,该法规定禁止未成年工从事每天10小时以上的劳动或者夜间劳动。法国于1841年和1879年分别颁布法律,对限制童工工作时间以及限制女工工作时间和女工的工资等问题作了规定。1848年加利福尼亚州颁布了一项禁止9种工厂使用12岁以下儿童的法律。瑞士于1848年颁布了第一个限制成年人工作时间的法律。

基于上述内容,可以说,现代意义劳动法起源于19世纪初期的“工厂立法”,是从以英国为首的西欧一些资本主义国家开始的,因为“工厂立法”一定程度上体现了劳动法对劳动者保护的要旨。劳动法产生的根本原因则是工人阶级为了维护自身利益而进行长期斗争的结果。

| 思考 |　“工厂立法”、“劳工法规”的本质区别是什么?

第二节　外国劳动立法概况

一、资本主义国家的劳动立法

资本主义国家劳动立法的进程可分为两个阶段,即自由资本主义时期和垄断资本主义时期。

(一)自由资本主义时期的劳动立法

19世纪中叶以后,资本主义社会的自由竞争已占据统治地位,各国相继进入了自由竞争的资本主义阶段。随着资本主义经济的发展和各国工人运动的普遍高涨,再加上“工厂法”的产生,各国对劳动法的作用更加重视,进而颁布了许多工厂法,如德国于1891年颁布了《德意志帝国工业法》,法国于1847年制定了《劳动保护法》,英国分别于1910年、1908年制定了《工厂及作业场法》和《煤矿业限制法》,俄国于1882年制定了《雇佣童工、童工劳动时间和工厂检察机构法》等,这些都是这一时期工厂立法的重要成果。这一时期从立法的国家来看,除了西欧几个主要的资本主义国家以外,其他一些资本主义国家,如意大利、俄国、比利时、奥地利等国也先后颁布了限制工作时间和改善劳动条件的法律;有些附属国和殖民地,如澳大利亚、新西兰、加拿大和印度等,在19世纪末也都颁布了类似的法律。

自由资本主义时期劳动立法,在内容和范围上,较之初期阶段,有了较大的进展,具体表现在:

1. 进一步缩短了劳动时间并扩大了适用范围。如英国于1847年颁布了《十时间法》,规定纺织工业的女工和童工实行每日10小时工作制;1867年和1878年的两项法律又把以前工厂法的规定推广到雇用50人以上的所有工业企业,也就是说工厂法的适用范围逐渐扩大。同一时期,法、德等国也颁布了类似的法律。

2. 增加了改善劳动条件的一些规定。如法国的《劳动保护法》、英国的《煤矿业限制法》、俄国的《雇佣童工、童工劳动时间和工厂检察机构法》等,分别规定了限制童工、女工从事夜间工作,改善工厂矿山的安全卫生条件,建立工厂检查制度等内容。这在一定程度上反映了工厂法内容的不断充实。

3. 出现了工资保障法律。首先是限制资本家对工人任意罚款和扣发工资,后来发展到实行最低工资法。如沙皇俄国被迫取消了罚款的法律;英国在20世纪初设立劳资协商会来议定某些产业和地方的工人的最低工资标准;澳大利亚和新西兰也相继采用由仲裁委员会决定最低工资的办法,而且新西兰1894年的最低工资法是世界上最低工资立法的开端。

4. 有了承认工会组织合法地位的法律。英国议会早在1824年就废除了1800年实行的禁止工人组织工会的法律,承认工人有组织工会和罢工的权利,1859年、1871年和1875年又三次修正和补充有关工会和罢工的法律;法国于1864年解除了罢工的禁令,1884年承认工人有组织工会的自由。其他一些国家也有了类似的规定。

5. 出现了社会保险法。社会保险成为劳动法的内容是从德国率先开始的。1883年俾斯麦政府为了缓和国内阶级矛盾,分化国际工人运动,颁布了《劳工疾病保险法》,次年又实行了《工人赔偿法》,其内容包括对劳动者疾病保险、残废和老年保险、雇主对工人伤亡事故承担直接责任等;英国也于1897年颁布了《工人赔偿法》,以后又实行了健康和失业保险。

6. 出现了解决劳资纠纷的法律。新西兰于1890年通过立法,第一个开始对劳资纠纷实行强制仲裁。其他先进的工业国家也先后在劳动立法中规定了解决劳资纠纷以及处理纠纷的法律程序。

总之,在自由资本主义时期,劳动法有了一定的发展,表现为工厂立法的适用范围越来越广,内容越来越充实,逐步在摆脱资本主义经济发展初期的工厂立法的范畴。但是发展的进程比较缓慢,而且很不平衡,也不稳定,不但劳动法的效力范围有限,而且对劳动法的贯彻实施还缺少必要的保障。

(二)垄断资本主义时期的劳动立法

19 世纪末 20 世纪初,在一些发达的资本主义国家,随着生产的集中,垄断代替了自由竞争,资本主义开始进入了垄断资本主义阶段。这一时期,资本主义社会所固有的各种矛盾进一步尖锐化,其中雇佣劳动与垄断资本之间的矛盾也更加激化。在不断高涨的工人运动的压力下,资产阶级不得不做出让步。因此,以改良主义作为主要方法,资产阶级劳动法得到广泛而迅速的发展。

垄断资本主义时期,劳动法的内容和范围比以前有了进一步的充实和扩大。过去的"工厂立法"多半带有片面性,只涉及劳动关系的一些主要方面,这时的劳动法的内容逐步增加,基本上包括了劳动关系的一切方面,如劳动合同、集体谈判与集体协议、学徒培训、劳动报酬、工作时间、女工与童工、安全与卫生、社会保障、工会组织、劳动纠纷的处理等方面均有了相应的法律。过去的"工厂立法"主要适用于工业无产阶级,这时的劳动法一般都扩大了适用范围,包括了所有的经济部门,如工业、交通、商业等部门的工人和职员。这样就使劳动法成为一个内容比较完备、范围比较广阔的独立的法律部门。

需要指出的是,垄断资本主义阶段,特别是第二次世界大战期间和以后的一段时间内,资产阶级劳动法的发展经历了一个曲折和反复的过程。当工人运动高涨时,劳动法就得到了重视和发展,在工人运动受到镇压处于低潮时期,资产阶级国家通过立法剥夺和限制劳动者的权利。如德国法西斯政权建立后于 1934 年颁布的《国民劳动秩序法》,取消了工会和工厂委员会,确认雇主和职工之间是主仆关系,职工须绝对服从雇主。1938 年又颁布法律,授权雇主可以延长工时至 14 小时甚至 16 小时,而且无须给予附加报酬。第二次世界大战爆发后,德、意、日等法西斯国家还实行了强制劳动制度。英、美、法等资本主义国家在二战前经济大萧条时期,采取了一些比较开明的法律措施。美国 1935 年颁布了《国家劳动关系法》,承认工人有罢工权,工会有代表工人同雇主订立集体合同的权利。同年,还颁布了《公平劳动基准法》,规定工人的最低工资标准和最高工时限制,以及超过标准工时的工资支付办法。英国在此期间颁布了关于缩短女工和青工工时,实行年休假制度以及改善安全卫生条件等方面的法律。同时期法国也颁布了类似的法律。乃至第二次世界大战爆发后,各国为了适应"战时"的需要,均大大降低了已有的法定劳动条件。在二战以后的一段时间内,英、美、法等国还多次实行"冻结"工资的政策,致使工人的实际工资水平不断下降。

然而,垄断资产阶级不论是镇压工人运动,还是恶化劳动条件,都不能抑制工人运动的高涨,各国的罢工运动逐年增长,并且越来越具有长期性和群众性。在罢工斗争的推动下,各资本主义国家的劳动立法从总体上讲还是得到了发展,特别是进入20世纪60、70年代以来,由于经济发展和安定的社会环境,一些主要资本主义国家相继制定和修订了一系列改善劳动条件的法律。如美国颁布了同工同酬、综合就业与训练、就业机会均等等法律;英国颁布了关于雇佣保障、社会保障、劳动卫生与安全等法律;法国颁布了关于改善劳动条件、男女同酬、限制种族歧视等法律;意大利颁布了关于雇佣平等、工人保护、工资保障等法律;加拿大颁布了劳工标准法;日本重新修订了《劳动标准法》、《工会法》和《劳动关系调整法》,并制定了关于最低工资、劳动安全与卫生、就业措施、失业保险、职业训练、女工福利等法律。

20世纪末以来,世界格局发生了深远的转变,如苏联瓦解、冷战结束、经济(进而政治、文化)全球化、工业化向信息化快速发展等,这一切使得劳动法的发展面临诸多冲击和挑战,当代资本主义国家劳动法呈现出以下特点:〔2〕第一,劳资关系相对缓和。19世纪工业革命以来劳资间阶级斗争、劳资冲突相对缓和,逐渐形成以"合作"为本质的劳资关系体制,劳、资、政三方合作共同提升劳动条件和劳动待遇。第二,劳资关系以社会保障体系为基础。第二次世界大战以来,依托社会保障体系,解决劳动问题,成为普遍的发展趋势。尤其是21世纪全球化与信息化的时代中,高度竞争、变动巨大的劳资关系,使得社会保障体系的建立成为劳资关系和谐发展的首要前提。第三,经济全球化对劳动法的发展形成冲击和挑战。在全球化的时代环境中,不但国际间经济竞争激烈,国内市场也向世界开放。全球经济一体化带来的资本、劳动力的跨国、跨地区流动,对过去以国内为基础范围的各国劳资关系,形成诸多冲击和挑战,各国劳动立法无法回避这些问题。第四,信息化造成结构性影响。信息化的推进,劳动者的劳动场所更加分散、工作时间更为灵活,雇佣关系逐渐复杂,深刻影响劳资关系的组成与结构,工会的组织动员方式、劳资关系的运行规则、劳动合同制度上,形成较明显的变化,松散而自由的劳资关系成为信息化时代常见的形态。例如,放松劳动法的管制政策、〔3〕工会的组织动员遇到难题,在西方国家劳动法实践中已经成为现实。

---

〔2〕 黄越钦:《劳动法新论》,中国政法大学出版社2003年版,第6~10页。

〔3〕 管制与放松管制之间有一个相对的平衡。管制对于保护处于弱势而需要国家干预的劳动者是必要的。另外,一些对于劳动条件自己就具有谈判力量的劳动者则需要放松劳动法的管制。西方国家劳动法对这两种劳动者是区别对待的。但总的来说,"管制"底线在西方国家劳动法中并未被突破。

二、社会主义国家的劳动立法

社会主义劳动法是在无产阶级取得革命胜利,劳动人民掌握了国家政权的条件下开始出现的。劳动法典是社会主义国家劳动立法的基本形式,它首先开始于苏联。

苏联在国内战争和外国干涉期间,苏维埃政权就于1918年通过了第一部《苏俄劳动法典》,把十月革命后颁布的各项劳动法令用法典形式固定下来。该法典共17章190条,对集体合同、劳动合同、内部劳动规则、工资、工时、女工和未成年工、工会、劳动保护、劳动保险以及劳动争议处理等方面都做了规定。此外,为了战时共产主义时期的需要,规定实行普遍义务劳动制。《苏俄劳动法典》于1922年重新修订颁布,取消了普遍义务劳动制,全面实行劳动合同制,并把职工在劳动方面取得的成果加以巩固和扩大。

《苏俄劳动法典》一直沿用到20世纪60年代末。1970年苏联最高苏维埃又通过了《苏联和各加盟共和国劳动立法纲要》,共15章107条,每章都专门规定劳动立法的一个方面。具体包括总则、集体合同、劳动合同、工作时间与休息时间、劳动报酬、劳动纪律、劳动的安全与卫生、妇女劳动、未成年人劳动、在职培训的优待、劳动争议、工会与职工参加生产管理、国家社会保险、遵守劳动立法的监督检查和附则。各加盟共和国依照《纲要》的精神,结合本加盟共和国的具体情况,分别通过了新的劳动法典。进入80年代,苏联最高苏维埃主席团先后通过了两项法令,对《劳动立法纲要》作了修订。除制定与修订劳动法典之外,还发布了一些单行劳动法规,如1972年的《标准内部劳动规则》,1974年的《劳动纠纷审理程序条例》,1983年的《劳动集体法》,1989年的《工会及其权利和活动保障法》等。苏联在1981~1985年和1986~1990年的经济社会发展基本方针中还提出了劳动立法的发展方向:(1)合理使用劳动资源,提高社会生产效率和职工的劳动生产率及完成工作的质量;(2)巩固劳动纪律和生产秩序,节约劳动时间,改善劳动保护和对劳动者的社会保障;(3)加强对劳动量和消费量的监督,改进工资制度,扩大运用集体形式的劳动组织和劳动报酬,增进人民福利;(4)提高工会和劳动集体组织在社会主义劳动竞赛中的作用,吸引劳动者参加生产管理。当然,由于随后苏联的解体,这些发展规划都未能付诸实施。

第二次世界大战以后,东欧各社会主义国家相继出现。各国在工人阶级掌握政权以后,均颁布了一系列改善劳动条件、解决就业、实行工人监督等法令,以后又相继制定并颁布了内容比较完备的劳动法典。如阿尔巴尼亚1947年颁布《劳动法典》,1966年进行了修订;匈牙利于1950年颁布《劳动法典》,1972年重新修订颁布;保加利亚于1951年颁布《劳动法典》,1977年修订后重新颁布;1965年捷克斯洛伐克、南斯拉夫先后颁布了《劳动法典》;民主德国也于1977年颁布了新的《劳动法典》。当时的东欧各社会主义国家,除颁布劳动法典之外,还分别制定了一系列单行劳动法规,以配合劳动法典调整劳动关系。

此外,在亚洲的各社会主义国家也都先后颁布了劳动法典,如蒙古于1941年颁布《劳动法典》,1973年对该法典重新修订后颁布;越南于1947年发布劳动法令,1976年制定并颁布了《劳动法典》;朝鲜人民民主共和国于1946年颁布《劳动法典》,1978年修改后重新颁布。

1989年以来,随着东欧剧变、苏联解体,从而引起了其劳动法某些内容的巨大变化,苏联、东欧各国根据其实际情况,有的废除了原先的劳动法典,或者废除了其中部分条款,在原先的劳动法典中增加了新的内容。但是,社会主义劳动法作为一种新型的劳动法律制度,在劳动法发展历史上具有重要意义。

第三节　中国劳动立法概况

一、旧中国的劳动立法

(一)中国工人阶级争取劳动立法的斗争

中国产业工人是在19世纪中叶开始出现的。随着外国资本主义在华企业的增多和中国民族资本主义的发展,到1919年,中国产业工人已达两百万人左右。在半殖民地、半封建社会的条件下,中国工人阶级深受帝国主义、封建主义和资本主义三重剥削与压迫,其劳动条件之恶劣和生活境遇之悲惨,在世界各国的工人中是罕见的。当时,工人每日劳动时间一般为12小时,有的行业长达16小时甚至20小时;工资很低;劳动条件十分恶劣,工厂根本没有劳动保护设施,大量工人患职业病,工伤事故不断发生。此外,工人的人身自由没有保障,当时企业里出现的“养成工”、“包身工”等,人身自由都不同程度地受到限制。

资料链接

1.养成工,是指与企业订有固定养成期的学艺合同的未成年工人,是一种变相的学徒制,1922年开始在日商内外棉纱厂中实行。1925年“五卅运动”爆发后,日商一度放弃养成工制,1927年恢复。以后华商纱厂也仿效实行。

养成工一般年龄为14~20岁。进厂前要先订学艺合同,找妥保证人,交纳保证金。养成期一般规定为3~6个月,期满后有三年服务期。在养成期和服务期内必须住厂,不准回家。在养成期内厂方除供给极差的吃住外,一般无报酬。在服务期内,工资一般只有正式工的一半左右。养成工熬过服务期拿到全工资时,资本家常用招进新养成工代替他们,使老养成工失业。有的养成工本身又是包身工,受到更深重的压迫剥削。养成工在进厂前,要保证"绝对遵守厂规"。如果逃工或反抗,资本家可以没收保证金,罚处"赔偿费"。1936年,在日商纱厂近五万工人中就有养成工达2.4万人以上,占48%。抗日战争胜利后,中国纺织建设公司还制订和颁发规程(附后),纺织企业普遍实行养成工制,直到新中国成立后,才予以废止。

2.包身工。包身工最早出现于清光绪二十三年(1897年)英商怡和纱厂。当时,外商在中国办厂,因语言不通,风俗习惯不同,无法直接管理工人,采用买办包工制,通过包工头来招用、管理包身工,它是包工制的一种特殊形式。以后,华商纺织厂也采用包工制。1937年,上海有包身工7万~8万人,占当时纺织女工的1/3。包工制是以签订定期包身契约的方式招收工人。包身工多半是12~16岁的贫苦农家少女。包工头付给包身女工家庭很低的包身费,与包身工家长订立包身工契约。包身期一般为三年,实际要4~5年才能期满。在契约期内,包身工的工资全部归包工头,包工头只供给包身女工极低的生活需要。包身工集中居住,一般不准外出和与外人接触,行动上受严密监视。包身工受到工厂主和包工头的双重压迫与剥削,他们住的是包工头向厂方租用的"鸽子笼",冬天睡不暖,夏天闷死人。吃的是粗饭、咸菜乃至盐煮豆腐渣,穿的多是破烂"花衣"。每天由包工头领着去上班,放工后再领回住处,毫无人身自由。有的包身工还受包工头肉体凌辱。不少包身工未满三年就被折磨而死。1937~1938年夏天,华商一纱厂经常有包身工病死。日商一纱厂一百多个包身工,三年病死三十多个。这种带封建性的包身工制度直到民国34年抗日战争胜利后才被取缔。

包身工签约(例)

立契约人某某,今因目前所处经济困难境况,愿将女儿受雇于招工老板某某某。由老板带领女儿往上海一家纱厂做工。言明受雇期限三年,总共付款30元,其款按年分3期支付,每期付款10元,于每年3月份付给。从进厂时起,女儿务须完全服从招工老板,不得违背老板教导。女儿倘有潜逃或死亡情事,立契约人当负完全责任。如遇女儿患病,务须由老板负责医治。在三年包身期间,女儿一应衣着膳食,概由老板供应。倘有工作短少情事,女儿务须于包身期满时补足。当本契约期满后,招工老板不再对女儿担负责任。上述各款,立契约人全部同意,写此存照。

3.抄身制,也称"检身制"、"搜身制"、"抄纱制"。是旧中国纺织厂侮辱工人人格的人身搜查制度。工人放工出厂都要经过构筑在厂门口的弯弯曲曲的栏杆,逐个被抄身后才能出厂。工人为了糊口,平时不得不忍气吞声,有时因抄身引起激烈冲突,工人就群起反抗。30年代,一华商纱厂曾因工人拒绝抄身发生厂方下令厂警开枪,重伤十余人,轻伤二十余人的严重事件。这种侮辱人格的制度,于新中国成立后的 1949 年 11 月被全面废除。[4]

为了保卫自己的生存权利，中国工人阶级自发地开展了反对资本家剥削和帝国主义侵略的斗争。1879 年、1882 年、1884 年、1890 年、1891 年，在上海、香港、福州等地都发生了罢工斗争。斗争的主要目标是要求增加工资、反对延长工时、反对克扣工资等，其中 1884 年，在香港的广东工人反对法国侵略者挑起中法战争，继而发展为反对一切外国侵略的斗争，被英国侵略者报纸称为“香港有史以来最严重的一次暴动”。1895 年至 1913 年期间，中国工人阶级进行了为数更多的罢工斗争，其罢工规模和水平不断扩大和提高。

五四运动以后，特别是 1921 年中国共产党成立以后，中国工人阶级的斗争进入了一个崭新的阶段，罢工斗争风起云涌。据不完全统计，从 1918 年至 1926 年，工人罢工次数达 1232 次，参加人数达 1613291 人。1921 年 8 月，中国共产党成立了中国劳动组合书记部，作为公开领导中国工人运动的总机关。中国劳动组合书记部在中国工人阶级为争取劳动立法的斗争中起了巨大作用，作出了重大贡献。1922 年 5 月 1 日在广州召开了第一次全国劳动大会，大会通过了中国共产党提出的“打倒帝国主义”、“打倒军阀”等政治口号，通过了《八小时工作制案》。同年 6 月，中国共产党发表了对于时局的主张，提出斗争目标 11 条，其中包括废止压制罢工的刑律和制定保护童工、女工的法律以及关于一般工厂卫生、工人保险法的要求。1922 年 8 月，中国劳动组合书记部利用北洋军阀吴佩孚宣言恢复国会制定宪法的机会，举行了争取劳动立法运动，拟定了《劳动立法原则》，制定了《劳动法案大纲》。在《劳动立法原则》中，提出保障政治上自由、改良经济生活、参加劳动管理和劳动补习教育四项立法原则。

《劳动法案大纲》的内容共 19 条：（1）承认劳动者有集会结社权。（2）承认劳动者有同盟罢工权。（3）承认劳动者有缔结团体契约权。（4）承认劳动者有国际联合权。（5）每日昼间劳动时间不得超过 8 小时，夜工不得超过 6 小时，每星期应予以连续 24 小时之休息。（6）18 岁以下之男女及剧烈劳动之劳动时间，不得超过 6 小时。（7）禁止超过法定工作时间延长劳动时间，没有特别事故，须得工会之同意，始可延长之。（8）农业劳动者之工作时间，虽得超过 8 小时，但对于超过时间之工资，须以八小时制为标准而计算之。（9）以法律保障农民（不掠夺他人之劳动者）之生产品价格，由农民代表提出，以法律规定之。（10）剧烈有害卫生及法定工作时间外之劳动，不得使 18 岁以下男女为之。（11）对于需要体力之女子劳动者，产前产后均予以 8 星期之休假，其他女工，应予以 5 个星期之休假；休假中工资照给。（12）16 岁以下之男女工，不得雇用。（13）为保障劳动者之最低工资，国家应

〔4〕 摘自上海市地方志办公室网站。

制定保障法;制定此项法律时,应许可全国劳动总工会代表出席。公私企业或机关之工资均不得低于最低工资。(14)各种劳动者,有由产业工会或职业工会选举代表参加政府之经济机关、企业机关及政府所管理之私人企业或机关之权。(15)国家对于全国公私各企业,应设立劳动检查局。(16)国家对于劳动者,应予以完全参加劳动检查局之权利。(17)一切保险事业规章之订立,均应使劳动者参加之,避免政府、公共及私人企业或机关中劳动者所受之损失;其保险费完全由雇主或国家分担之,不得使被保险者负担。(18)各种劳动者,一年劳动期间中,应有1个月之休假,半年中应有两星期之休假,其期间内有领工资之权。(19)国家以法律保障男女劳动者享受补习教育之机会。

《劳动立法原则》和《劳动法案大纲》得到了广大工人的响应和拥护,并以此作为争取劳动立法的斗争纲领。其后,在1925年、1926年、1927年分别召开的第二、三、四次全国劳动大会上,都提出了劳动立法的具体要求。历次大会的要求,虽然未被北洋军阀控制下的国会和政府所通过,但它们对以后的劳动立法活动确实产生了积极的影响。

(二)北洋政府的劳动立法

在强大的工人运动斗争的压力下,中国劳动组合书记部所发起的劳动立法运动,加上社会各界的同情和支持,迫使北洋政府于1923年由农商部公布了《暂行工厂规则》,对最低就业年龄、限制最高工时、保护女工和童工、义务教育和工厂检查等内容做了规定。尽管这个《暂行工厂规则》的内容大大低于《劳动立法原则》和《劳动法案大纲》拟定的标准,但它毕竟是在强大工人运动斗争压力下所产生的我国第一个劳动立法,标志着中国劳动法的产生。此外,北洋政府还颁布了《矿工待遇规则》、《煤矿爆炸预防规则》、《国有铁路职员征缴特别保证金规则》等法令。不过上述这些法规都是徒有虚名,并未付诸实施。

(三)广州、武汉国民政府的劳动立法

在中国共产党的积极帮助下,1923年11月孙中山对国民党进行了改组,确定了"联俄、联共、扶助农工"的三大政策。1924年1月,在广州召开了有中国共产党人参加的国民党第一次全国代表大会。1925年在广州成立了国民政府,1926年迁至武汉。1924年11月,孙中山以大元帅的名义颁布了《工会条例》,其中规定了承认工人与雇主团体立于对等之地位,工会有言论、出版及办理教育事业之自由,规定了工会对雇主之团体契约权、罢工权等等。1926年1月,在广州召开的国民党第二次全国代表大会上通过的《工人运动决议案》中,提出要实行8小时工作制,制定最低工资标准,保护女工、童工,改良工厂卫生,厉行工人教育等等。同年8月,国民政府还公布了《劳工仲裁条例》、《国民政府组织解决雇主雇工争执仲裁条

例》等。这些法令对于工人运动的发展和工人权益的保护起着积极的作用。这是因为,广州、武汉国民政府在当时是革命政权,是以“扶助农工”为劳动立法宗旨的,这与后来的蒋介石的南京国民政府是有本质区别的。

(四)南京国民政府的劳动立法

南京国民政府是蒋介石1927年发动“四一二”反革命政变后建立的政权。该政府成立后,即于1927年7月9日成立劳动法起草委员会,着手编纂劳动法典,但劳动法典编纂并未完成。后来南京政府的立法院决定不用法典形式,而采取单行法规的形式颁布。在其后的10年内,南京国民政府先后颁布了13项法律。主要有:1929年颁布的《工会法》和《工厂法》,1930年颁布的《劳动争议处理法》和《团体协约法》,1931年颁布的《劳动契约法》和1936年颁布的《最低工资法》等。这些劳动法规使国民党政府的劳动法初具规模。

抗日战争时期,国民党政府以“非常时期”为借口,于1941年颁布了《非常时期工会管制暂行办法》,1943年又修正公布《工会法》,加强了对工会的控制,取消了工人的罢工权利。与此同时,针对抗战时期出现的通货膨胀、物价飞涨、工资贬值、技术工人减少、技工跳厂等问题,制定了一系列有针对性的法律。其中比较完整的是有关职工福利方面的四项规定,即《职工福利金条例》(1943年1月26日)、《职工福利金条例施行细则》(1943年5月30日)、《职工福利委员会组织规程》(1943年10月23日)和《职工福利社设立法》(1943年10月23日)。

(五)革命根据地的劳动立法

中国共产党从成立时起,就十分重视劳动立法工作。自1930年建立了以瑞金为中心的革命根据地以后,人民政权便开始制定劳动法规。1930年1月,由江西省行政委员会制定的《赤色工会组织法》,是最早的革命根据地的劳动法规。该法规共11部分47条,规定了工会的性质和任务等重要内容。1930年6月,全国苏维埃区域代表大会通过了《劳动保护法》,共8章44条,对工作时间、休息时间、工资、工会、社会保险等做了规定。1931年11月7日,在瑞金召开的中华苏维埃工农兵第一次全国代表大会通过了《中华苏维埃共和国劳动法》,这个《劳动法》是第二次国内革命战争时期农村革命根据地最重要、最完备的劳动立法。12月1日经中央执行委员会颁布,自1932年1月1日起生效。该法适用于一切企业和机关的雇佣劳动者。其内容包括总则、雇佣手续、集体合同与劳动合同、工作时间、休息时间、工资、女工、青工及童工、劳动保护、中华全国总工会、社会保险、劳动争议及处理等共11章75条。由于《劳动法》规定的劳动条件标准过高,与当时工业落后而且正处于武装斗争中的革命根据地的实际情况不相适应,以致在执行中遇到很多实际困难。因此,中央执行委员会于1933年4月组织劳动法起草委员会,重新起草《劳动法》。修改后的《劳动法》于1933年10月15日公布实施。

重点提示

《中华苏维埃共和国劳动法》的颁布与实施,对于保障劳动者的基本权利,促进革命发展和根据地建设,起了积极作用。但由于《劳动法》规定的标准仍然过高,脱离实际,再加上"左"倾机会主义的影响,所以并未得到充分地实施。

抗日战争时期,在总结革命根据地劳动立法工作经验的基础上,劳动立法的指导思想更加明确,进而制定了一系列符合当时实际情况的劳动法规。这些法规主要有:《陕甘宁边区施政纲领》、《晋察冀边区施政纲领》、《陕甘宁边区劳动保护暂行条例》等,对发展生产、保护劳动者的利益起到了积极的作用。

解放战争时期,各根据地基本沿用了抗日战争时期的劳动法规。1945年,晋察冀边区就工人工资标准、奖励技术发明和中小学教职员待遇等作出了规定。1948年8月在哈尔滨召开的第六次全国劳动大会,通过了《关于中国职工运动当前任务的决议》。该《决议》中提出了劳动立法的建议:劳动时间一般实行8~10小时工作日,企业实行民主管理,实行合理的工资制(必须保障职工最低的生活水平),劳动保护及女工、青工特殊保护,劳动保险,失业救济,劳动契约,集体契约,劳动争议处理,工会等。这一建议成为当时劳动立法的总纲领,也为中华人民共和国成立初期制定劳动法律提供了基本原则和规范。此后制定的主要劳动法规有:东北行政委员会的《东北公营企业战时暂行劳动保险条例》(1948年12月),太原市军管会的《太原国营公营企业劳动保险暂行办法》(1949年7月),上海市军管会的《关于私营企业劳资争议调处程序暂行办法》(1949年8月),东北《旅大地区工会与企业签订集体合同基本要点》(1949年6月),华北人民政府《关于国营、公营工厂企业中建立工厂管理委员会与工厂职工代表会议的实施条例》(1949年8月)等。

二、新中国的劳动立法[5]

(一)国民经济恢复时期的劳动立法

从中华人民共和国成立到1952年年底为国民经济恢复时期。依据国民经济恢复时期继续完成新民主主义革命和恢复国民经济的中心任务和《共同纲领》的有关规定,国家制定了一些重要的劳动法规,使新中国的劳动立法有了一个良好的开端。

---

〔5〕 不包括实行不同制度的我国台湾地区、香港和澳门特别行政区。

在保障职工民主权利方面:1950年2月28日中央人民政府政务院财政经济委员会公布了《关于国营、公营工厂建立工厂管理委员会的指示》,要求实行工厂管理民主化;1950年4月3日政务院公布了《关于废除各地搬运事业中封建把持制度暂行处理办法》,同年3月燃料工业部发出了《关于全国各煤矿废除把头制度的通令》,在纺织业中则通令废除对工人的抄身制度;1950年6月29日中央人民政府公布施行《工会法》,这是新中国成立初期制定的一项重要的劳动法律,它对于保障工会的法律地位和发挥工会作用起了重要的作用。

在救济和安置失业人员方面:劳动部于1950年5月20日发布了《关于失业技术员工登记介绍办法》;政务院于1950年6月7日发布了《关于救济失业工人的指示》,劳动部随即于同年7月1日发布了《救济失业工人暂行办法》;1952年8月6日政务院发布了《关于劳动就业问题的决定》,同年8月30日政务院劳动就业委员会发布了《关于失业人员统一登记办法》。这些法规对于救济和安置当时旧社会遗留下来的400万城市失业人员和在经济结构改组过程中产生的新失业人员起了巨大的作用。

在劳动保护方面:政务院财政经济会1950年5月3日发布了《全国公私营各厂矿职工伤亡报告办法》,1951年12月31日重新制定发布了《工业交通及建筑企业职工伤亡事故报告办法》;劳动部1950年5月31日发布了《工厂卫生暂行条例(草案)》,1951年10月颁布了《关于搬运危险物品的几项办法》,1952年12月公布了《关于防止沥青中毒的办法》等,以保护劳动者在劳动过程中的安全与健康。

在劳动保险方面:1951年2月26日,政务院公布了《劳动保险条例》,并于1953年进行了修改,这是中华人民共和国成立初期又一项重要的劳动法规。

在处理劳资争议方面:1949年7月,全国工会工作会议通过了中华全国总工会提出的三个文件,即《关于劳资关系暂行处理办法》、《关于私营工商企业劳资双方订立集体合同的暂行办法》、《劳资争议解决程序的暂行规定》,并于同年11月公布。这三个规范性文件实施后,对于当时调处劳资关系中的问题,起到了应有的作用。1950年11月6日,劳动部制定了《劳动争议解决程序的规定》,由政务院批准公布施行。1950年6月15日,劳动部公布了《市劳动争议仲裁委员会组织及工作规则》。1950年4月29日,劳动部还发布了《关于在私营企业中设立劳资协商会议的指示》。

(二)第一个五年计划时期的劳动立法

1953年,我国进入了第一个五年计划的经济建设时期。1954年9月20日第一届全国人民代表大会第一次会议通过了《宪法》。《宪法》对调整劳动关系的基本原则做了规定,宪法的这些规定确立了当时我国劳动立法的基本原则,对于我国劳动立法的发展具有重要的指导意义。这一时期,以《宪法》为依据,制定了许多重要的劳动法规。主要包括:为巩固劳动纪律,1954 年 7 月政务院公布的《国营企业内部劳动规则纲要》;为改革不合理的工资制度,国务院 1956 年 7 月公布了《关于工资改革的决定》和《关于工资改革中若干具体问题的规定》,同年 12 月还颁布了《关于公私合营企业工资改革中若干问题的规定》;为保护劳动者在劳动过程中的安全与健康,国务院 1956 年 5 月同时发布了三大规程和一个决定,即《工厂安全卫生规程》、《建筑安装工程安全技术规程》、《工人职员伤亡事故报告规程》和《关于防止厂矿企业中矽尘危害的决定》。

(三)我国劳动立法的低谷时期

从 1957 年到 1976 年,是我国劳动立法处于低谷的时期。1956 年,我国对生产资料私有制的社会主义改造基本完成,同年 9 月,党的第八届全国代表大会提出了国家进行经济建设的主要任务,并且指出制定系统的比较完备的法律,健全法制,是国家的迫切任务之一。1957 年年初,起草《劳动法》的准备工作开始。但是此后不久,就开始了反右斗争和“大跃进”运动。在“左”倾错误思想指导下,起草《劳动法》的准备工作被迫停顿下来,其他劳动法规的制定也停滞不前。随着 1963 年到 1965 年期间国民经济的恢复与发展,劳动立法工作也有所复苏。1963 年国务院颁发了《关于加强企业生产中安全工作的几项规定》,1964 年劳动部发出《企业计时奖励暂行条例》(草案),1965 年国务院颁发了《关于改进临时工的使用和管理暂行规定》和《关于企业、事业单位的干部和工人调动问题的若干规定》等。这些法规对保护劳动者的利益,调动劳动者的生产积极性起了积极的作用。

“文化大革命”时期,极“左”思潮泛滥,社会主义法制遭到践踏,劳动立法工作再次陷于停顿状态,已有的劳动法律、法规也得不到贯彻实施。这一时期,国务院仅就改革临时工和轮换工制度,调整部分人员工资,加强工资基金管理以及安全卫生等问题发布了一些通知。

(四)改革开放以来的劳动立法

党的十一届三中全会以后,我国进入了以经济建设为中心,对内实行改革,对外实行开放的新时期。改革开放以来的十几年中,是我国经济建设取得重大成就的时期,也是我国法制建设的黄金时期。我国的劳动立法工作,也出现了一个蓬勃发展的局面。

1994 年 7 月 5 日,全国人大常委会八届八次会议审议通过了《劳动法》。这是我国第一部劳动法典,它确立了我国社会主义市场经济条件下劳动力市场的基本法律原则,为保护劳动者的合法权益,稳定劳动关系,开展劳动法对外交流与合作提供了法律保障。为了有效地贯彻执行《劳动法》,劳动与社会保障部(原劳动部)先后制定了一系列配套劳动规章。

《劳动法》及配套劳动法律、法规的制定,标志着我国劳动立法的加强,加速了我国社会主义市场经济体制下的有中国特色的社会主义劳动法律体系的发展与完善。

2007 年是我国劳动立法中的一个里程碑,在这一年,先后通过了三部重要的劳动法律,分别是:2007 年 6 月 29 日第十届全国人民代表大会常务委员会第二十八次会议通过了《劳动合同法》、2007 年 8 月 30 日第十届全国人民代表大会常务委员会第二十九次会议通过了《就业促进法》、2007 年 12 月 29 日第十届全国人民代表大会常务委员会第三十一次会议通过了《劳动争议调解仲裁法》。2010 年 10 月 28 日第十一届全国人民代表大会常务委员会第十七次会议通过了《社会保险法》。这四部法律分别完善了我国的劳动合同法律制度、就业促进法律制度、劳动争议处理法律制度和社会保险法律制度,标志着我国已经初步建立了适应社会主义市场经济体制需要的劳动法律体系。2010 年以来,新出台的法律法规主要有:(1)《工伤保险条例》修订并实施(2011 年 1 月 1 日起施行);(2)《刑法修正案(八)》2011 年 2 月增设拒不支付劳动报酬罪;(3)最高人民法院《关于审理拒不支付劳动报酬刑事案件适用法律若干问题的解释》(2013 年 1 月 23 日起施行);(4)最高人民法院《关于审理劳动争议案件适用法律若干问题的解释(四)》(2013 年 2 月 1 日起施行);[6](5)《劳动合同法》修订并实施(2013 年 7 月 1 日起施行);(6)《劳务派遣暂行规定》(2014 年 3 月 1 日起施行);(7)《城乡养老保险制度衔接暂行办法》(2014 年 7 月 1 日起施行);(8)《关于建立统一的城乡居民基本养老保险制度的意见》(2014 年 2 月 1 日起施行);(9)《社会救助暂行办法》(2014 年 5 月 1 日起施行);(10)《全国人民代表大会常务委员会关于修改〈中华人民共和国安全生产法〉的决定》(2014 年 12 月 1 日起施行);(11)《关于进一步做好为农民工服务工作的意见》(2014 年 9 月 12 日起施行);(12)《人力资源社会保障部关于修改〈就业服务与就业管理规定〉的决定》(2015 年 2 月 1 日起施行);(13)《关于机关事业单位工作人员养老保险制度改革的决定》(2014 年 10 月 1 日起实施);(14)《关于构建和谐劳动关系的意见》(2015 年 3 月 21 日起施行);(15)《关于全面实施城乡居民大病保险的意见》(2015 年 7 月 28 日施行);(16)《关于宣布失效和废止一批文件的通知》(人社部发〔2016〕16 号)等等。

---

〔6〕 这是最高法针对劳动争议案件审理发布的第四个司法解释,也是新世纪以来最高法针对调整和规范同一社会关系的案件出台件数最多的司法解释。

第四节　国际劳动立法概况

一、国际劳动立法的产生与发展

采取国际劳动立法的形式来改善各国工人劳动状况的思想,早在19世纪初期就已经在欧洲出现。当时,由于产业革命的结果,西欧各国工业迅猛发展,市场范围不断扩大,国际间的竞争日趋激烈。有些关心劳动问题的思想家开始认识到,工人劳动状况的彻底改善单靠本国的劳动法是不够的。如果其他国家不采取同样的保护劳工的法律,实行劳工保护法的国家就会由于所生产的商品中人工成本的增加而在国际市场上处于不利的地位,由此提出了制定国际劳动法的主张,以便各国共同遵守。

19世纪前半期,首倡国际劳动法的思想家主要是英国空想社会主义者欧文和法国社会活动家大卫·李格兰。他们由于体察到资本主义制度的种种弊病,对工人产生了同情心,决心致力于社会改革事业。而提倡国际劳动立法,就是他们活动的一个方面。1818年英国人欧文上书"神圣同盟"会议,提出制定国际劳动法的建议,法国人布朗基等人也表示了这种想法。但是系统地提出国际劳动立法主张的,则是法国人李格兰。1838年至1859年间,李格兰多次向法、德、英等国上书,建议制定国际劳动法律,但均遭到各国政府的拒绝,并受到一些学者的非议,认为这样做是妨害"契约自由"、"侵犯国家主权"。

| 思考 |　一些学者为什么认为制定国际劳动法律是妨害"契约自由"、"侵犯国家主权"?

直到19世纪后半期,由于各国工人运动日益壮大,各国的无产阶级已经形成一种国际势力;同时法国革命所鼓吹的人道主义思想影响日益扩大。这时许多政治家和理论家对制定国际劳动法的必要性有了更清楚的认识,各国工会的会议和国际工作会议,也多次讨论制定国际劳动法的问题。在这种形势下,各国政府不得不考虑国际劳动立法的问题。

瑞士是最先同意制定国际劳动法的国家。1880年瑞士政府根据联邦会议的决定,正式发出通知邀请各工业国政府开会讨论签订国际劳动公约的问题。但是由于多数国家态度冷淡,不愿意参加,会议未能举行。这次行动虽然失败了,但毕竟是第一次由官方正式提出国际劳动法问题,因而引起了各国和各方人士的普遍重视。国际劳工立法运动,经过半个多世纪努力,到19世纪末才首次产生实际效果。1889年,瑞士政府再一次向欧洲各国发出通知,邀请各国于次年5月在瑞士首都伯尔尼开会,讨论制定国际劳动法的问题。除俄国外其他各国都表示赞同,但在会议举行前三个月,德皇威廉为了缓和国内无产阶级的斗争,下令首相俾斯麦召集国际会议,讨论保护工人的问题。各国政府出于对德国的畏惧,不得不表示同意。于是正在筹备中的国际劳动法会议从瑞士的伯尔尼转移到德国的柏林召开。

柏林会议于1890年3月召开,有15个国家参加。会议讨论通过了下列议案:星期日休息;童工的最低年龄;青年工的每日最多工时;禁止女工、童工从事危险工作;限制女工、童工做夜工;保护矿工;实施公约的办法。但由于所通过的议案内容过于空泛,而且缺乏国际公约的效力,所以并没有付诸实施。

重点提示

柏林会议是第一次由各国政府正式派代表讨论国际劳动立法的会议,因此,对于促进国际劳动立法的产生仍然具有重要意义。

柏林会议以后,一些赞成国际劳动法的社会活动家、经济学家和工会领袖,决定组织国际劳动法协会。1900年国际劳动法协会在巴黎正式成立。协会的宗旨是:(1)联合一切相信国际劳动法是必要的人;(2)组织国际劳动机关;(3)赞助各国研究劳动法,传播有关劳动法的消息;(4)提倡制定关于劳动状况的公约;(5)召开国际大会讨论劳动法。

1901年,国际劳动法协会在瑞士的巴塞尔召开了第一次代表大会,1902年在德国科隆召开了第二次代表大会,1905年正式起草并提交由瑞士政府发起召开的伯尔尼国际会议讨论通过了两个公约,即《关于禁止工厂女工做夜工的公约》和《关于使用白磷的公约》。两个公约经缔约国批准即在缔约国内发生效力。这标志着国际劳动立法的正式开始。1913年,协会又起草了《关于禁止未成年工做夜工公约》和《关于女工和未成年工每日最多工作时间公约》,准备提交1914年国际会议批准,旋因第一次世界大战爆发,会议未能举行。

重点提示

《关于禁止工厂女工做夜工的公约》和《关于使用白磷的公约》是世界上最早的两个国际劳动公约。

第一次世界大战爆发,暂时中断了国际劳动立法的进程。但是战争结束后,很快就产生了一个新的国际劳动立法机构——国际劳工组织。

二、国际劳工组织的成立与发展

(一)国际劳工组织的产生

第一次世界大战期间,交战双方各国以及中立国的工会组织都坚持要求战后制定的和约中必须包括改善工人工作条件的条款。第一次世界大战结束后,参战国于1919年年初在巴黎召开和平会议。在和会第一次预备会议上,决定组织一个国际劳工委员会,以便考察各国工人的状况,研究必需的国际劳动立法,并建议组织一个永久性的机构。据此决议,由英、美、法、日、意等国推派15名代表组成委员会,并由当时的美国劳动联合会主席甘柏斯任委员长。委员会经过多次讨论,拟订了《国际劳工组织章程草案》和一个包括九项原则的宣言,于1919年4月提交和会讨论通过,编入《凡尔赛和平条约》第13篇,即“国际劳动宪章”。1919年6月国际劳工组织正式宣告成立。当时《凡尔赛和平条约》还未签订,国际联盟还未产生,而作为国际联盟的一个附设机构的国际劳工组织却先告成立。1919年10月在华盛顿召开了第一届国际劳工大会,制定了最初的六个国际劳工公约和六个国际劳工建议书,任命了理事会。法国社会党人阿尔培特·多玛被任命为首任国际劳工局局长。

| 思考 | 为什么巴黎和平会议要成立国际劳工组织?

国际劳工组织是当今世界上历史最久、规模最大的国际组织之一。从1919年成立到今天,已经有近九十年的历史。在此期间,它经历了三个发展阶段:第一阶段,从1919年到1939年,它是国际联盟的一个带有自治性的附设机构;第二阶段,1940年至1945年,即第二次世界大战期间,国际联盟已经解体,它便作为一个独立的国际组织继续存在;第三阶段,从1946年到现在,由于二战后联合国成立,它便与联合国签订协议,成为联合国的专门机构之一。

在过去八十余年中,国际劳工组织的成员国不断增加,1919年刚成立时仅有39个国家参加,1946年与联合国建立联系时才有45个成员国,而在近五十年中,成员国的数目迅猛增加,除了最初的资本主义国家及其附属国之外,东欧各国以及大批新独立的发展中国家也都先后参加,截至目前,国际劳工组织的会员国已有170多个。

中国是国际劳工组织的创始成员国,1944年起又成为该组织的常任理事国。国际劳工组织对旧中国的劳动法的制定曾起过一定的作用。新中国成立以后,由于台湾地区国民党政府继续占据着我国在国际劳工组织中的席位,我国拒绝参加该组织的活动。1971年10月联合国恢复了中华人民共和国的合法席位,同年11

月 16 日,国际劳工组织理事会恢复了新中国的席位。

（二）国际劳工组织机构

国际劳工组织是一个由各会员国组成的国际性的政府间组织。它设有国际劳工大会、理事会和国际劳工局。

1. 国际劳工大会。国际劳工大会是国际劳工组织的最高权力机关,也是国际劳动立法的决策机关,大会由各成员国委派的代表团组成。大会按三方性原则组成,即各国代表团均由 4 名代表组成,其中政府代表 2 名,工人代表和雇主代表各 1 名,各代表权利平等,每一位代表可有顾问陪同。大会每年至少举行一次,一般在每年的 6 月份举行。大会下设 5 个常设性委员会,即总务委员会、财政委员会、公约与《建议书》实施委员会、提案委员会、资格审查委员会。大会的主要工作是:听取国际劳工局局长的报告;通过关于劳工事务的国际公约和建议书,并审查这些公约和建议书在各国的执行情况;批准理事会提交的预算;批准接纳新会员国;选举理事会成员等。

2. 理事会。理事会是国际劳工组织的执行机构。理事会也是按三方性原则构成,即理事会由 56 人组成,其中政府理事 28 人,工人和雇主理事各 14 人。在政府理事中,有 10 名常任理事由所在常任理事国(中、美、英、法、俄、日、德、巴西、印度、意大利)委派,不需要选举,其余 18 名理事从参加大会的政府代表中选举产生。工人理事和雇主理事也从参加大会的相应代表中选举产生。理事会每届任期 3 年,每年举行 3 次会议。理事会选举主席 1 人,副主席 2 人,每年改选一次。理事会的主要职责是:协调该组织的各项活动,召开各种会议,并确定会议议程和进行必要的技术准备;任命国际劳工局局长;制定每年的预算;决定设立国际劳工组织某些机构及召开各种会议,并确定所设机构的成员和职能等。

3. 国际劳工局。国际劳工局是国际劳工组织的常设机构,也是大会的理事会及其他会议的秘书处,对理事会负责。国际劳工局的主要职责是:起草公约、建议书及有关文件和报告,以作为大会和专门会议所必需的背景材料,并执行大会和理事会的决议;征聘和指导国际劳工组织在世界各地进行技术合作的专家;发行各种专门性出版物和期刊;与各国政府有关部门、工人和雇主组织保持联系并进行合作;促进公约的有效实施。国际劳工局设在日内瓦,设局长总管其事,并派国际公务员和技术援助专家在世界各国工作。

除上述机构外,国际劳工组织还设有一些技术性委员会来协助国际劳工局进行工作。

三、国际劳动立法的原则与内容

严格来讲,国际劳动立法,既来源于国际劳工组织,也有来源于联合国和区域性组织(尤其是欧盟)的文件以及有关的双边条约。例如,国际劳工组织的八项国际劳工公约所涉及的“核心劳动标准”,在联合国《经济、社会、文化权利国际公约》中的第三部分第6、7、8、9、10、11条做了规定;在《劳动者权利和政治权利国际公约》的第8条和第22条中都做了规定。

重点提示

国际劳工组织的劳动立法是国际劳动立法最主要的来源。

(一)国际劳工组织的立法原则

国际劳工组织进行国际劳动立法所遵循的原则,在第二次世界大战以前是1919年《国际劳动宪章》中所列的九项原则;二战后主要是1944年通过的《费城宣言》中提出的十项原则。

《国际劳动宪章》提出的九项原则是:(1)在法律上、事实上,人的劳动不应视为商品;(2)工人和雇主都有结社的权利,其宗旨必须合法;(3)工人应该得到足以维持适当生活程度的工资;(4)工厂的工作时间以每日8小时或者每周48小时为标准;(5)工人每周至少有24小时的休息,并尽量把星期日作为休息日;(6)工商业不得雇佣14岁以下的童工,保护14岁至18岁男女未成年工的劳动;(7)男女工做同等的工作应得到同等的报酬;(8)各国法律规定的劳动标准,适用于合法居住该国的外籍工人,以做到待遇平等;(9)各国设立监察制度(监察人员应有妇女参加),以保证劳动法的实施。这些原则在战前制定的国际劳工公约和建议书中大部分得到了实现。

《费城宣言》,即《关于国际劳工组织的目标和宗旨的宣言》提出的十项原则是:(1)充分就业和提高生活标准;(2)保证工人有最充分发挥技能与成就的职业;(3)提供训练和包括易地就业、移地居住在内的迁移以及调动工作的方便;(4)工资、收入、工作时间和其他劳动条件方面的政策,应能保证将进步的成果公平地分配给一切人,将维持最低生活的工资给予一切就业的并需要此种保护的人;(5)承认集体谈判,发展劳资双方合作;(6)扩大社会保障措施;(7)充分保护各业工人的安全和健康;(8)保护儿童福利和妇女的劳动;(9)提供充分营养、居住条件和文化娱乐设施;(10)提供教育和保证职业机会均等。《费城宣言》规定的目标和原则,是国际劳工组织战后各项活动的主要依据,特别是制定国际劳工公约和建议书所应遵循的基本原则。

（二）国际劳动立法的形式与内容

1. 国际劳工组织国际劳动立法的形式

（1）国际劳工组织章程。国际劳工组织的成员有义务遵守国际劳工组织章程。该章程在其序言和不可分割的附件《费城宣言》里，确认了处理劳动问题的总的原则。

（2）国际劳工公约和建议书。国际劳工组织和建议书与其他公约相比，有其独特之处，主要表现在：第一，公约和建议书都是经国际劳工大会以主席代表2/3多数票通过，而不要求一致通过，并且国际劳工大会是按三方原则成立的，亦即国际劳工大会中的政府代表、雇主代表和工人代表都有独立的表决权。第二，公约和建议书的法律效力不同，公约一经成员国批准，便在该国产生法律效力，批准国应承担相应的法律义务。至于建议书，仅供成员国立法时或采取其他措施时参考，不需要批准，也没有遵守和执行的义务，不过这种间接影响的作用越来越大。第三，对公约的解释权，由国际法院裁决。《国际劳工组织章程》第37条第1款规定，对章程本身和任何公约"在解释上发生任何问题或争执，应提交国际法院裁决"。

重点提示

国际劳工公约和建议书是国际劳动立法的最主要形式。

（3）国际劳工组织的决议和会议结论。这里指的是对那些目前尚不宜制定公约或建议书的劳动关系问题，或者对一些技术性问题，采用的是决议和会议结论形式，其权威性不如公约和建议书。但因其对问题深入详细的分析，并指出解决问题的切实可行的意见，因而受到成员国的重视。

（4）对《国际劳工组织章程》以及公约的解释和"判例法"。这些都是国际劳工组织立法的辅助形式。

2. 其他国际劳动立法的形式

主要包括有：联合国文件尤其是联合国关于人权问题的某些文件、区域性组织的文件、双边条约等。

3. 国际劳动立法的内容

国际劳动立法的主要内容包括：关于劳动者基本权利的规定；关于就业政策、职业介绍、职业保障方面的规定；关于最低工资、工资保障的规定；关于工作时间和休息时间的规定；关于各类职业安全与卫生的规定；关于童工和未成年工保护的规定；关于疾病、年老、失业及综合性社会保障方面的规定；关于集体谈判与集体合同的规定；关于劳动争议调解与仲裁的规定；关于劳动检查与劳动行政方面的规定等。此外，还有关于移民工人、土著工人、非本土工人、海员、渔民、内河航运工人等特殊问题的规定。目前，已经形成了一个相当完整的国际劳工组织法律体系。其中涉及劳动者基本人权方面的内容,被称为"核心劳动标准",包括结社自由权、集体谈判权、平等就业权、反对强迫劳动、禁止使用童工及男女同工同酬等。这些"核心劳动标准"主要体现在以下四大类的八项国际劳工公约中:第一类是关于自由结社与集体谈判的公约,第二类是关于废除强迫劳动的公约,第三类是关于平等权方面的公约,第四类是关于禁止使用童工方面的公约,具体见下表:

表1 核心劳动标准种类

	内容	公约名称	颁布年
1	关于结社自由与集体谈判	《结社自由与保护组织权公约》	1948 年(第 87 号公约)
		《组织权与集体谈判权公约》	1949 年(第 98 号公约)
2	关于废除强迫劳动	《强迫劳动公约》	1930 年(第 29 号公约)
		《废除强迫劳动公约》	1957 年(第 105 号公约)
3	关于平等权	《(就业与职业)歧视公约》	1958 年(第 111 号公约)
		《同工同酬公约》	1951 年(第 100 号公约)
4	关于禁止使用童工	《最低就业年龄公约》	1973 年(第 138 号公约)
		《禁止和立即行动消除最恶劣形式的童工劳动公约》	1999 年(第 182 号公约)

中国自 1983 年第 69 届国际劳工大会开始,参加了国际劳工组织的活动并陆续批准了 26 个国际劳工公约。这包括 1984 年中国政府对旧中国时期的 14 个公约予以重新承认。1983 年以后中国恢复国际劳工组织的活动后至 2015 年 10 月底,新批准的 12 个公约是:(1)《残疾人职业康复与就业公约》(1987 年批准);(2)《男女工人同工同酬公约》(1990 年批准);(3)《三方协商促进贯彻国际劳工标准公约》(1990 年批准);(4)《作业场所安全使用化学品公约》(1994 年批准);(5)《就业政策公约》(1997 年批准);(6)《准予就业最低年龄公约》(1998 年批准);(7)《劳动行政管理公约》(2001 年批准);(8)《建筑业安全卫生公约》(2001 年批准);(9)《禁止和立即行动消除最恶劣形式的童工劳动公约》(2002 年批准);(10)《消除就业和职业歧视公约》(2005 年批准);(11)《职业安全和卫生公约》(2006 年批准);(12)《2006 年海事劳工公约》(2015 年批准)。[7]

截至 2015 年底,上述八大国际劳工公约中,我国批准了其中四个,即 1951 年

〔7〕《2006 年海事劳工公约》是我国最新批准的国际劳工公约。2015 年 11 月 17 日,中国驻联合国日内瓦代表团大使代表中国政府正式向国际劳工组织递交《2006 年海事劳工公约》批准文书,完成了中国政府批约环节的登记注册,标志着中国正式批准加入《2006 年海事劳工公约》。2016 年 11 月 12 日该公约将正式对中国生效。

《同工同酬公约》(第 100 号公约)、1973 年《最低就业年龄公约》(第 138 号公约)、1999 年《禁止和立即行动消除最恶劣形式的童工劳动公约》(第 182 号公约)和《消除就业和职业歧视公约》(第 111 号公约)。这说明我国现行的劳动标准与"核心劳动标准"还有一定差距,这与我国作为国际劳工组织的创始国和国际劳工组织的常任理事国的地位很不相称,我国加入 WTO 后使这一工作更具紧迫性。我们应一方面参照国际"核心劳工标准",不断发展和完善中国劳动立法,从而使我国劳动者的合法权益得到进一步保护;另一方面,我们应当从我国国情出发,采取切实适合我国国情的具体做法。

课后实训

一、关键词解释

劳工法规　　工厂立法　　国际劳动立法

二、选择题

1. 一般认为,劳动法成为独立法律部门的时间是(　　)。

A. 18 世纪

B. 19 世纪上半叶

C. 19 世纪下半叶

D. 20 世纪初

2. 国际劳工组织正式宣告成立于(　　)。

A. 1900 年　　B. 1906 年　　C. 1918 年　　D. 1919 年

三、思考题

1. 劳动法产生的原因是什么?

2. 初期劳动法和现代劳动法的特点分别是什么?

3. 新中国劳动法制建设的成就如何? 还存在哪些不足?

4. 国际劳工组织的机构、任务是什么?

第三章　劳动者的权利与义务

内容提要

本章主要介绍劳动者的权利与义务的概念、特征及其具体内容。本章共分为两节:第一节为劳动权,对劳动权的概念、性质及其义务主体进行了分析,特别强调了作为人权的劳动权与劳动法上的劳动权利的区别及其各自的意义。第二节为劳动者的权利义务,通过对劳动者所享有的具体权利和所承担的具体义务进行逐一分析,强调劳动者在享有劳动权利的同时,还应当承担相应的义务。

第一节　劳　动　权

一、劳动权的概念

劳动权也称工作权,是公民的一项重要的宪法权利。20世纪以来,劳动作为公民的一项重要社会权,日益受到国际社会和各国政府的重视,并相继载入宪法。我国宪法也明确规定了公民享有劳动权。国内学者对劳动权的理解不尽相同,主要有“一权说”、“二权说”和“多权说”。

“一权说”认为,劳动权就是就业权,是指公民能正常“享受平等的就业机会权和选择职业的自主权”,[1]是要求“国家或社会提供劳动机会的权利”。[2]“二权说”认为劳动权包括就业权与获得劳动报酬权,这是国内的主流观点。中国大百科全书(法学卷1984)将劳动权界定为:“具有劳动能力的公民能够得到有保障并有适当报酬的工作的权利。”“多权说”认为劳动权是一项综合性权利,就业权是其核心和基础,同时又包括自由择业权、职业培训权、获得最低工资标准权、享有安全和卫生工作条件权、工作时合理限制权、休息权等。

---

〔1〕 李景森、贾俊玲主编:《劳动法学》,北京大学出版社1995年版,第20页。

〔2〕 董保华:《社会法原论》,中国政法大学出版社2001年版,第312页。

我们认为,劳动权是指人们享有从事社会劳动及其劳动保障以获得生存和发展的权利。理解劳动权的内涵应该注意以下几点:

首先,劳动权是实现生存权的一项重要的手段性权利。“劳动对于身体健康犹如吃饭对于生命那样必要……劳动给生命之灯添油,而思想把灯点燃。”[3]生存权的内容和发展方向规定着劳动权的内容和发展方向;生存权作为“目的”规定着劳动权作为“手段”的性质。它的实现,不仅是解决权利主体的经济生存问题,而且还能促进社会的稳定和世界和平,促进社会正义的实现。同时,劳动权还要置于人的价值、自我实现与人的个性发展的高度来认识,更加关注劳动与人的全面发展问题。因此,劳动权也是发展权的要求。正如马克思指出的:“生产劳动给每一人提供全面发展和表现自己全部的即体力和脑力的能力的机会。”[4]

其次,劳动权是一项宪法权利或母体权利,能够派生出诸多子权利及其孙权利(employment-derivative rights)。劳动权在法律层面上反映的不是某一个法律条文,而是体现着一系列的法律规定,是一个复杂的规范体系,既包括国际人权法的规定,又包括一国国内的宪法、法律的规定。有些法律条文直接体现的是母体性权利,如《世界人权宣言》第 23 条第 1 款规定的“人人有权工作”,我国《宪法》第 42 条第 1 款规定的“中华人民共和国公民有劳动的权利和义务”;有的法律规范体现的母体权利派生出来的子权利以及子权利派生出来的孙权利。因而劳动权体现的是一个复杂的规范集合体(a complex normative aggregate)。从世界各国的立宪实践来看,世界 142 个国家中约有 55% 的国家在宪法中规定了劳动权。[5] 我国宪法也将劳动作为公民的一项权利规定在公民的基本权利条款中。

最后,劳动权是指要求从事社会劳动的一项权利,公民的非社会劳动不是劳动权宗旨所及。同时,要将劳动权(the right to work)与劳动中的权利(right in work)区别开来。

最早提出有关劳动权思想的是 16 世纪初期英国著名的政治家和思想家托马斯·莫尔(Thomas More)。莫尔认为人人都要参加劳动,“每一座城及其附近地区中凡年龄体力适合于劳动男女都要参加劳动”。[6] 这既是每一个人的权利,又是每个人都必须履行的义务。19 世纪空想社会主义者傅立叶,从人的情欲[7]出发,设计了建立在“情欲”基础上的“和谐制度”,并得出劳动权是人的“最主要的天赋

[3] 马克思:《资本论》(第 1 卷),人民出版社 1975 年版,第 535 页。
[4] 《马克思恩格斯选集》(第 3 卷),人民出版社 1972 年版,第 333 页。
[5] [荷]亨利·范·马尔赛文等:《成文宪法的比较研究》,陈云生译,华夏出版社 1987 年版,第 155 页。
[6] [英]托马斯·莫尔:《乌托邦》,商务印书馆 1982 年版,第 58 页。
[7] 他把人的情欲分为三类:物质的或感觉的情欲,依恋的、感应的情欲,以及高尚的、分配的情欲。

人权”[8]的结论。恩格斯对傅立叶关于劳动权的思想给予了极高的评价,他指出:“劳动权是傅立叶发明的。”[9]

探讨 公民的劳动究竟是公民的权利还是义务?

对此认识概括起来大致有如下观点:第一种,劳动既是公民法律权利,又是公民法律义务,二者具有统一性;第二种,劳动是公民法律权利或道德权利,劳动义务在特定之时为法律义务或道德义务;第三种,劳动是公民的一种绝对的法律义务。

第一种观点将会产生难以克服的矛盾。公民的劳动无论是自由权还是受益权,都是公民实现某种利益的一种资格。作为权利主体的公民既可作出一定行为,也可不作出一定的行为,甚至还可以放弃权利本身。劳动权作为自由权,公民有劳动和不劳动的自由,有选择这种职业或那种职业的自由,国家应保障公民拥有这个自由,不得强制公民劳动。劳动权作为受益权,是一种可以请求国家积极行为的宪法权利。如果劳动既是公民的权利,又是义务,则公民一方面有劳动或放弃劳动的自由;另一方面,劳动作为义务,又必须履行,不能放弃。

对于第二种观点,无论是将劳动义务视为一种道德义务,或将劳动权视为“抽象的权利”,都是否认劳动权作为公民的基本权利,具有直接的法律效力。在我国司法实践中,就有过直接援引《宪法》第42条的规定给当事人以救济的案例。[10]

第三种观点认为从事社会劳动是先在义务,履行义务后才能分得一份社会劳动产品的权利,这种权利称为“后生的权利”。一个人获得劳动产品的权利的大小,取决于他履行劳动义务的多少;不劳动者,则“不得食”。[11]这种观点与劳动道德义务观点不同,它把劳动义务推向了另一个极端。既然义务都“绝对了”,劳动权存在的空间已不复存在;同时,在这种不附带任何免除条件的绝对义务中,劳动者毫无自由可言,国家有绝对的权力强迫公民履行义务。这又构成强迫职工劳动罪之嫌,也与国际人权法不相容。

---

〔8〕《傅立叶选集》(第3卷)(第2版),商务印书馆1982年版,第135页。

〔9〕《马克思恩格斯选集》(第4卷),人民出版社1972年版,第444页。

〔10〕1988年,最高人民法院在(88)民字第1号《关于雇工合同“工伤”概不负责是否有效的批复》中指出:对劳动者实行劳动保护,在我国宪法中已有明文规定,这是劳动者所享有的权利。用人单位理应给予劳动保护,但却在“招工登记表中注明‘工伤概不负责’”。这种行为既不符合宪法和有关法律的规定,也严重违反了社会主义公德,应属无效民事行为。显然,该解释直接适用宪法上的基本权利,即劳动权,作为认定民事行为是否具有合法性的依据。

〔11〕张恒山:《义务先定论》,山东人民出版社1999年版,第77页。

探讨　外国人的劳动权利主体问题

20世纪后半期以来,随着交通的发达,互联网的发展和信息传播的便捷,国际交往愈来愈频繁,劳动力流动的规模日益庞大,外国人的劳动权保障也成为国际社会关注的焦点。这里的外国人是指不具有进入国国籍的人,包括具有他国的单一国籍、多重国籍或者无国籍者。根据我国宪法的规定,只有具有中国国籍者,才是劳动权的权利主体。那么,不具有进入国国籍的人在进入国内是否享有同样的劳动权呢?

外国人是否具有劳动权的主体资格,在理论上有以下几种观点:

1. 否定说。此说主张,宪法以本国公民为规范对象,外国人并不当然拥有进入国宪法保障的基本权利。[12] 我国台湾地区的学者也有持此主张者,如林纪东就认为,不仅参政权外国人不得享有,诸如生存权、工作权及受教育权等受益权亦非外国人所必享的权利。因为此类权利之保障,为个人所属国家之责任,外国人虽亦享有此类权利,然其保障之责任,在于其所属之国家,即此类权利的保障,与国家的责任,有不可分离之关系,为其所属国家之责任,他国并无责任。[13]

2. 区别说,包括主体区别说和权利性质区别说两种。主体区别说主张,宪法已有区分"国民"与"任何人"等字义,规定"国民"者,应当只以本国国民为限,如有"任何人"的字义,则应当包括外国人。[14] 权利性质区别说认为,受宪法保障的权利性质,可分为只保障本国人与外国人也得保障的权利两种。如选举权和被选举权等参政权,外国人不得享有,而宪法规定的经济自由权、财产权、职业选择自由权等,可由外国人享有。[15]

3. 肯定说。该说认为,一切泛称人民的基本权规定,原则上以解释为包括外国人为宜,但这里的外国人原则上以本国国境内的外国人为限。境外的外国人如要享有本国基本权之保障,就必须具有一定的"本国联系"。[16] 不具有任何联系的外国人,单纯基于旅游、访问或寻求商务机会等动机者,不能主张救济。该说还认为,本国中的外国人享有基本权是基于国际和睦友好精神,但确立外国人的基本权的主体地位,并不表示亲疏不能有别,国家可对外国人的基本权的地位作差别待遇,立法者也可得

---

〔12〕 参见[日]佐佐木忽一:《改定日本宪法论》,第469页。转引自谢瑞智:《宪法新论》,台湾文笙书局1999年版,第154页。

〔13〕 林纪东:《中华民国宪法逐条释义》,第66页。转引自许宗力:《基本权主体》,月旦法学教室2003年第4期,第81页。

〔14〕 参见[日]浅井清著:《日本国宪法讲话》,第78页。转引自谢瑞智:《宪法新论》,台湾文笙书局1999年版,第154页。

〔15〕 参见[日]宫迟俊义:《宪法Ⅱ》,第241页。转引自谢瑞智:《宪法新论》,台湾文笙书局1999年版,第154页。

〔16〕 这里的"本国联系",如作者所言,既可能是国境外的外国人在本国境内有财产,并因此而建立起来的空间联系,也可能是与本国人有亲属关系。

正当理由对外国人的基本权利作必要限制。[17]

在我国,根据《宪法》第 33 ~ 50 条的规定,似乎排除了外国人作为基本权利的权利主体。但根据《宪法》第 32 条的规定,外国人的合法权利和利益应得到保障。这里所指的"合法权利和利益",当然包括我国宪法在内的法律和中国加入的各种人权公约所确认的权利和利益。[18] 我国宪法学界也认为,"宪法有关基本权利保障的规定,虽然原则上适用于外国人,然而其适用的范围则视各种基本权利的性质而定"。[19]

就劳动权而言,根据国际人权法的规定,非公民也应该是劳动权的权利主体,尤其是已经获得非暂时居住权的人应与公民享有同样的劳动权,在平等就业、同工同酬、安全健康、参加工会等方面应与公民享有同样的待遇。禁止任何基于国籍的歧视,即禁止在就业、劳动报酬和劳动条件等方面的基于国籍的一切歧视待遇。但这一原则从理论上看也并非是绝对的,国家可以基于公共秩序、公共安全和健康的需要禁止非该国公民流入国内;基于国家安全的需要,行政部门的职位禁止非本国公民担任。国家也有权禁止暂进入该国的人(如来该国旅游的人或短暂学习的人)在短暂逗留期间从事任何职业的工作。

我国对外国人就业采取的是就业许可制度。为了加强外国人在中国就业的管理,规范与此相关的就业和聘用行为,依法保护在中国就业的外国人及聘用外国人的单位的合法权益,1996 年,劳动部、公安部、外交部、对外贸易经济合作部联合制定了《外国人在中国就业管理规定》,对外国人在中国的就业进行了全面的规范。外国人在中国就业,是指没有取得定居权的外国人在中国境内依法从事社会劳动并获取劳动报酬的行为。雇主聘用外国人须为该外国人申请就业许可,经获准并取得《中华人民共和国外国人就业许可证书》后方可聘用。

但凡符合下列条件之一的外国人可免办就业许可和就业证;(1)由我政府直接出资聘请的外籍专业技术和管理人员,或由国家机关和事业单位出资聘请,具有本国或国际权威技术管理部门或行业协会确认的高级技术职称或特殊技能资格证书的外籍专业技术和管理人员,并持有外国专家局签发的《外国专家证》的外国人;(2)持有《外国人在中华人民共和国从事海上石油作业工作准证》,从事海上石油作业、不需登陆、有特殊技能的外籍劳务人员;(3)经文化部批准持《临时营业演出许可证》进行营业性文艺演出的外国人。

我们认为,我国对外国人的就业实行许可制度是合理的。我国是发展中国家,财力有限,应首先保障我国公民的就业权的实现。但外国人也是社会中的一员,其生存

---

〔17〕 许宗力:《基本权主体》,月旦法学教室 2003 年第 4 期,第 80 ~ 81 页。

〔18〕 参见全国人大常委会办公厅研究室政治组编:《中国宪法精释》,中国法制出版社 1997 年版,第 141 页。

〔19〕 许崇德主编:《宪法》,中国人民大学出版社 1999 年版,第 143 页。

权应得到同等的保障。“在国家有限财政资源下，就积极履行社会保障上，理应以本国人为优先，但涉及对人的生存权之保障，并非不得经由立法扩及于具有一定要件之外国人。”〔20〕

探讨　世界各国宪法对劳动权的具体规定怎样？

各国宪法有关劳动权的具体规定大约有如下四种：

1. 劳动是公民的一项权利。如此规定的国家有意大利、希腊、塔吉克斯坦、阿塞拜疆、朝鲜、吉尔吉斯斯坦、黎巴嫩、科威特、塞浦路斯、土库曼斯坦、乌兹别克斯坦、白俄罗斯、保加利亚、克罗地亚、罗马尼亚、马耳他、马其顿、摩尔多瓦、斯洛伐克、乌克兰、匈牙利、秘鲁、洪都拉斯、墨西哥、委内瑞拉等大多数国家。

2. 劳动是公民的自由。一些国家侧重强调劳动是一种自由权。这些国家包括俄罗斯、格鲁吉亚、哈萨克斯坦、爱沙尼亚、克罗地亚、立陶宛、斯洛文尼亚、多米尼加等国家。如德意志联邦共和国基本法(1949 年)将公民的生存权放到自由的权利的条款中，并在第 12 条规定：“所有德国人都有自由选择他们的营业、职业或专业，工作地点和受培训地点的权利。”俄罗斯联邦宪法(1993 年)第 37 条规定：“劳动自由。每个人都有自由支配其劳动能力、选择活动种类和职业的权利。”

3. 公民有劳动的权利，同时公民有履行具体的劳动义务。这样规定的国家一般是分款规定，避免将劳动同时规定为公民的权利和义务所带来的矛盾，且对劳动义务也作了限定。如韩国、伊拉克、多米尼加、海地等国家。

4. 公民有劳动的权利和义务。这样规定的有西班牙、越南、孟加拉国、土耳其、秘鲁、厄瓜多尔、危地马拉等国家。中国也属于这一类。

第一种立法方式强调公民的劳动权是一种社会基本权利；第二种方式则侧重对劳动自由权的保护，认为劳动权是一种自由基本权利，一般列在基本自由人权条款内。第三种、第四种方式侧重权利义务相统一的立法方式。

二、劳动权的性质

公民劳动权的基本人权性质突出表现为所有人权主体普遍享有的、体现人获得生存和追求发展的一项基础性权利。劳动权作为一项基本权利具有以下特征：

1. 权利主体的普遍性。任何一项基本人权在本质上是所有社会主体所应该享有的人权，即基本人权应体现权利主体的普遍性。部分主体或特殊主体所享有的人权不是一项基本人权。任何人，不分种族、肤色、性别、语言、宗教、民族本源等任何区别，都应平等地享有劳动权，不受任何歧视。《经济、社会、文化权利国际公

〔20〕　李震山：《人性尊严与人权保障》，元照出版社 2002 年版，第 13 页。

约》第三部分规定:“人人应有凭其自由选择和接受的工作来谋生的权利”,“人人有权享受公正和良好的工作条件”,“人人有权组织工会和参加他选择的工会”。这里的权利主体是“人人”,体现了权利主体的普遍性。

2. 不可转让性。劳动权作为人权,是人类社会最普遍的权利,是人区别于动物的基本标准,是“人作为人的权利”。劳动权对于“人”具有不可或缺性。人的本质离不开人的劳动,人的劳动过程就是人的本质不断展现和丰富的过程。人是劳动的人,劳动是作为人的基本条件。人只有获得这种权利,才能实现在对自然改造基础上的保持自身存在的交往、生存和发展。

3. 地位的基础性。劳动权是一项实现人的生存与发展的必要手段性权利,集中体现权利主体参与社会生活的深度和广度。它的实现,制约着其他人权的实现,因为劳动权首先是一种物质形态的权利,旨在为权利主体和社会提供维持生存和促进发展所需的物质生活资料。“社会则应该努力解放劳动并营造更加轻松和痛苦更少的劳动条件,应该承认劳动的权利,即承认获得食物的权利,也就是生命的权利。”〔21〕无此,其他人权诸如选举权、言论、出版、集会、宗教信仰自由、文化教育权、平等权等权利就难以顺利实现。同时,劳动权在实现人的价值、促进人的全面发展及个人与社会的协调统一方面具有重要的作用。人只有在社会的劳动中才能不断丰富和发展自己的个性,才能不断实现自身的价值。

作为人权的劳动权是与劳动者在劳动中所享有的具体权利相区别的,但也不能简单地以“资格要素”、“利益要素”来作区别,这样容易导致理论上的不必要的混乱。我们认为,“资格”和“利益”是任何一项权利得以成立不可或缺的因素。“资格”是指获得权利的资格,是权利中的人格因素;“利益”是指从劳动中获得的利益,是权利中的物的因素。作为基本人权的劳动权和劳动法上的劳动权利都包括这两个因素,但各有侧重。作为基本人权的劳动权是一种与人身紧密关联的资格,往往比劳动法上的劳动权利更加注重人格因素,侧重保障公民个人的独立、平等的人格,一个人并不因为暂时没有劳动而失去劳动的资格;劳动法上的劳动权利是以物为中介的人与人的关系表现,有明确、具体的权利客体,对于一个没有劳动的人来说,劳动法上的劳动权利无法实现,但却可以享受作为基本人权的劳动权。当然,二者又紧密联系,作为基本人权的劳动权是劳动法上的劳动权利的源头和基础,一个没有获得劳动资格的人就不可能在某国从事劳动;同时,作为一项母体权利,劳动权是宪法权利,但其子权利就可能是劳动法上的劳动权利了。其实,从立法的角度来看,劳动法上的劳动权利是立法机关履行宪法义务而对宪法上的劳动权的具体化,是为宪法的实施提供的法制条件,“立法机关所制定的法律中所规定的公民权利实质上是宪法所规定的公民权利的实现权,是使宪法权利从主观权利

〔21〕 [俄]别尔嘉耶夫:《论人的使命》,张百春译,学术出版社2000年版,第284页。

状态转变成客观中为公民所实际享有的权利的辅助条件”。[22] 即使立法机关没有及时履行立法义务，宪法上的劳动权仍然为公民所实际享有；公民享有宪法上的劳动权并不因为没有立法而遭到否定。

| 思考 | 宪法上的劳动权与劳动法上的劳动权利有什么区别？

三、劳动权的义务主体

（一）国家的义务

劳动权是在人权体系中诞生历史较短且发展较快的一种基本人权，正在成为社会生活、国家生活是否具备正当性的判断标准，是衡量一个国家保障人的生存权是否全面的标准之一。劳动权作为一项基本人权，不仅要求国家消极被动地不予侵害，更需要国家采取积极措施加以促进和保障。国家应采取积极的措施保证在其领土内和受其管辖的一切人的劳动权不受到任何社会主体的侵害；国家有义务为充分实现公民劳动权而积极采取包括立法、行政、司法在内的各种措施；国家有责任利用一切可利用的资源，采取一切可能的措施扩充就业渠道、改善劳动条件、防止劳动灾害。在国际人权法下，国家作为义务者(Duty-holders)有一个多层次义务结构，主要有承认、尊重、保护和实现的义务。

（二）公司的义务

国家所拥有的资源是有限的，只强调国家的义务还远远不够，这从福利国家出现的财政危机中可以得到印证。公司作为一个存在于社会中的经济实体，从它产生的第一天起，就必然面对着双重责任：既要满足自身生存和发展的经济利益，又要对社会的稳定和发展负责。公司是社会中的公司，公司是一定生产关系的产物，公司不能脱离社会而孤立地存在。公司在扩张的市场竞争中从社会中谋取了丰厚的经济利益，就应该给社会予以回报。

对公司是否承担保护劳动者劳动权等社会义务，有“赞成说”和“反对说”两种观点：[23]

“赞成说”认为，公司应负社会义务，其理由有：第一，现代社会对公司组织的期待，已由纯经济性组织转变为兼具有社会性使命。既然社会对公司的期待已不同，公司就应该调整其角色，负起社会责任。第二，公司应着眼于长期利益。因为公司负担起社会义务后，就可以改善公司所处的社会环境，从而有利于公司长期的

---

〔22〕 莫纪宏：《现代宪法的逻辑基础》，法律出版社 2001 年版，第 438 页。

〔23〕 刘连煜：《公司治理与公司社会责任》，中国政法大学出版社 2001 年版，第 3 ~ 7 页。

发展,最终可为公司带来利益。第三,公司有道德上的义务,以帮助社会处理社会上的问题。因为,社会上的问题很多是公司直接造成的。第四,公司本身拥有很多资源来解决社会问题。第五,公司如若承担了社会义务,则有利于其形象的提升,从而有利于公司的发展。

"反对说"认为,公司无须负担所谓的社会义务,其理由如下:第一,公司唯一负责任的对象是其股东,因此,公司经营者应严格遵守为股东谋求利益最大化的法则。第二,由于公司的经营者为少数经理人员,如若由他们决定公共政策,则偏差就可能会发生。第三,公司的社会义务,是一种道德上的责任,公司在落实时很难把握它的内涵。"盖道德之内涵,人言言殊,因观点之不同,而会有不同的看法。"[24]第四,如果责令公司承担社会义务,则将有损自由企业体制(free enterprise system)所确定的基本原则。

从公司法的产生和发展来看,现代意义上的公司法源于17世纪的马车时代和殖民掠夺时代,成熟于蒸汽机时代,经受了两次世界大战的洗礼,虽然经过各国的多次修正,但其基本理念依旧,即公司的目的就是要为股东最大限度地赚钱,因而公司也就是理所当然的营利法人。但20世纪下半叶以来,公司的力量开始变得越来越强大,社会财富越来越向公司聚集,尤其通过公司的兼并和收购,使得经营规模和市场份额在一夜之间得以迅速扩大。日益强大的公司力量逐步获得了类似国家权力的组织力量、经济力量、社会力量,对一个国家的经济、政治、文化等方面都产生了重大的影响。它们决定着市场上重要商品和服务的种类、数量和质量,控制着产品市场、资本市场和服务市场,左右着成千上万劳动者的就业机会和生存条件,公司的发展日益国际化、全球化、现代化,与过去公司法存在的经济基础已大不相同。从实力来看,日益强大的公司在实现人们的劳动权,促进全民幸福方面更有物质基础,为实现企业的社会义务提供了可能性。与此同时,公司也是诸多社会问题的制造者,如歧视女性就业者、污染环境、工厂爆炸、垄断价格等。这种以牺牲社会利益、转嫁经济成本于社会的行为是公司为股东追逐最大利益的结果,是公司滥用其经济力量的表现。公司利益的绝对化并不能导致对劳动者权益的最大保护,不受约束的公司力量可以威胁到由福利国家保障的劳动权,常潜伏着对社会公共利益的侵害,因此,苛以公司必要的义务是合理的。

公司利害关系人理论为公司的社会义务提供了理论依据。公司利害关系人理论认为,不仅股东,而且雇员、顾客和广大公众都在公司有一种利益,而公司有义务保护这种利益。该理论强调股东并非公司利益的唯一利害关系人,非股东利益团体有权影响公司决策,有权分享公司的利益。因为长期的利益关系,也使得工人能够获得财产权利。

---

〔24〕 刘连煜:《公司治理与公司社会责任》,中国政法大学出版社2001年版,第5页。

第二节　劳动者的权利与义务

一、劳动者的权利和义务

“权利是人类文明社会所具有的一种实质性要素。它既是人的基本价值追求，也是社会文明演化进取的不可少的力量。”〔25〕一般认为，法律权利是指法律关系主体在法律规定的范围内为了满足其特定的利益而能够做出某种行为的自由（或资格）。从效力来源而言，法律权利是以国家强制力为后盾的人们谋取合法利益的能力范围。

义务是与权利相对应的概念，它是指主体为实现他人的权利，必须为一定行为或不为一定行为的约束，是从利他的角度来实现权利主体的利益的一种方式。法律上的义务是指义务主体必须作出某种作为或作出某种不作为的拘束，是不能选择的行为，并且“具有不可放弃性”。〔26〕从行为的效力角度来看，义务对主体来说是具有法律约束力的，若主体不履行或不适当履行义务，将会给其带来一些不利的法律后果。义务与责任相联系，不履行义务就必须承担相应的责任。

劳动者的权利与义务是指劳动者在劳动法规定和劳动合同约定的范围内所享有的权利和所应当履行的义务，是劳动者在劳动法律关系中所拥有的具体权利和所承担的具体义务的统称。在劳动中，劳动者除了具有法定的权利和义务以外，合法的劳动合同所确认的劳动权利和义务是劳动者具体劳动权利和义务的书面依据。

二、劳动者的权利

（一）工作平等权

工作平等权是指所有劳动者在就业、劳动过程中，都享有获得平等就业和平等待遇的权利，体现的是人与人之间的同等对待的社会关系。平等工作权是人格平等权的重要内容。任何一个人，无论民族、职业、政治地位等社会因素的不同，还是性别、外貌、身高、属相、基因等自然因素的差别，都平等地享有工作平等权，即不会因主体自身的差异而不同，凡为法律视为相同的人，都应当以法律所确定的方式同样对待。

---

〔25〕　程燎原、王人博：《权利及其救济》，山东人民出版社1998年版，第1页。

〔26〕　张恒山：《义务先定论》，山东人民出版社1999年版，第72页。

工作平等权从基本内容来看,可分为平等的就业权利和平等的劳动待遇权利。

第一,平等的就业权利。所有劳动者一样均享有平等的就业机会,除能力、技术等限制外,不得有其他限制。用人单位的招聘启事或任何形式的公开招工广告中都不得指明招聘对象的身份、性别、身高等,尤其是性别不能成为被拒绝招聘的合法理由。

第二,平等的劳动待遇权利。劳动者在劳动报酬、晋升机会、职业培训及其他利益等方面享有同等的权利。这里的"劳动报酬",根据《同工同酬公约》规定,是反映因工人就业而由雇佣者直接或间接以现金、实物向其支付的常规的基本或最低的工资或薪金,以及任何附加报酬。劳动报酬涉及的范围很广,除了基本工资以外,还包括以非工资形式支付的各种利益。在支付报酬时,允许有差别,但这种差别应遵循"同值同酬原则",〔27〕只要所涉劳动对雇佣者而言,具有大体平等价值(relatively equal value to),就应给予大致相同的报酬。禁止以性别等歧视为基础而确定的报酬标准。平等的晋升机会,强调的是劳动者在相同的晋升标准下有相同的晋升权利。由于男性优先的传统意识根深蒂固,升职方面依然是男女有别。〔28〕《经济、社会、文化权利国际公约》第7条规定:"人人在其行业中有适当的提级的同等机会,除资历和能力的考虑外,不受其他考虑的限制。"同等的职业培训权利是指劳动者都有平等接受职业训练和再训练,包括实习训练、高等职业训练和经常训练的权利。女性的职业培训权利尤为重要,既是实现就业权的重要途径,也是获得平等待遇实现同值同酬的重要条件。

劳动者是人,诸如身高歧视、性别歧视、血型歧视等各类歧视劳动者的行为,都是对劳动者工作平等权的侵犯。从歧视的方式来看,可以分为直接歧视和间接歧视。

直接歧视是一种显在性歧视,是指雇佣者直接而故意的歧视情形,最典型的是基于求职者的性别等因素而给予差别待遇。构成直接歧视须包括以下两个要素:一是女性与可比较的男性相比获得了较少利益的对待;二是这种对待是基于她或

---

〔27〕 关于同等报酬问题,《世界人权宣言》确立的原则是"同工同酬"(equal pay for equal work),在《经济、社会、文化权利国际公约》中确定的是"同值工作同酬"(equal remuneration for work of equal value)。"同工同酬"远比"同值工作同酬"的范围狭小。前者主要是针对两性不同的工资制度,这种不同的工资制度产生的理由是:丈夫是家庭的主要养家糊口者,因此,该原则实际上是根据需要支付(payment in accordance with need)原则;后者的目的是避免间接违反同酬原则。

〔28〕 从世界范围来看,女性升迁到高职位的情况较少,高层管理职位对女性来说是高不可攀的"玻璃天花板",为此美国于1991年特别制定了玻璃天花板法(Glass Ceiling Act),并成立了玻璃天花板委员会(Glass Ceiling Commission)来扫除女性晋升到经理及决策层的人为障碍,以增进女性晋升之机会。

她们的性别。[29] 直接歧视在美国称为“差别对待”(disparate treatment),在加拿大称为“明确歧视”(express discrimination),是对形式平等的一种否定。[30] 差别对待又有两种情形,一种是“个体的差别对待”(individual disparate treatment),是指某一职工或求职者基于性别而得到的不同的对待。另一种是“制度性的差别对待”(systematic disparate treatment),是指雇佣者的雇佣政策从整体上对某一性别的职工或求职者给予不同的对待,如某制度明确规定不招收女性求职者,这就构成了对女性的歧视。[31]

间接歧视为隐蔽性歧视,是指某一表面看起来是中立,而实质上对某一高比例性别成员造成不利影响的条款、标准及其他雇佣行为。间接歧视在美国称为“差别影响”(disparate impact),在加拿大称为不利效果歧视(adverse effect),是对实质平等的否定。[32] 差别影响的概念始于这种假定:任何差别影响对某一群体都会产生平等与歧视的问题。一个表面上看起来对两性并无歧视的中立政策,在对两性同样适用的过程中,很有可能对女性产生不利影响的客观效果。如对求职者以身高或体重为标准,从形式上看,对两性都是平等的,并不构成歧视;无论男女,只要符合条件,就有获得工作的可能。但从实质上来看,如此标准必然会导致更多的妇女排除在某项职业之外,因而构成歧视。

间接歧视理论克服了直接歧视理论主张的而又难以证明的主观歧视意图的局限性,有助于消除身体方面的差异给女性就业者带来的歧视。根据间接歧视理论,工作经历与年龄限制也构成间接歧视。如果雇主在雇佣时考虑工作经历,则构成性别间接歧视,因为不利于女性经过一段生育与照护时间后重新进入劳动力市场。同样,由于女性比男性通常有一个更多的离开劳动力市场的时间去履行家庭责任,因此,年龄限制也会对女性产生差别影响,如果没有充足客观的正当理由被提出,就构成基于性别的间接歧视。[33]

无论直接歧视,还是间接歧视,如果雇佣者能够证明其雇佣行为具有正当性,是企业经营所必须的雇佣行为,即符合“真实职业资格”(Bona fide occupational

---

〔29〕 See David Pannick, Sex Discrimination Law, Clarendon Press. Oxford,1985, pp. 25 – 26.

〔30〕 Robert Wintemute, Sexual Orientation and Human Right: the United States Constitution, the European Convention, and the Canadian Charter,Oxford University Press Inc. , 1995, p. 10.

〔31〕 Fred Witney, Benjamin J. Taylor, Labor Relations Law, Englewood Cliffs New Jersey: Prentice Hall, 1996, p. 398.

〔32〕 Robert Wintemute, Sexual Orientation and Human Right: the United States Constitution, the European Convention, and the Canadian Charter. Oxford University Press Inc. , 1995, p. 10.

〔33〕 Titia Loenen, Indirect Discrimination: Oscillating Between Containment and Revolution. SeeNon—Discrimination Law: Comparative Perspective, Edited by Titia Loenen and Peter R. Rodrigues, The Hague; Boton: Kluwer Law International, 1999, p. 198.

qualification),则可免去因歧视而承担的责任。“真实职业资格”须符合以下两个要件:其一,雇佣歧视行为须与雇员所从事的工作相关联(job relatedness)。如果雇佣者的歧视行为与雇员的工作无关而与性别有关,则不能免除责任。其二,雇佣歧视行为须是“经营必需”(Business necessity)。“经营必需”所强调的是雇佣者经营上本身的特殊性而产生的对某一雇佣行为的必要性,如招聘某一特性演员。检验是否符合“BFOQ”标准的步骤有两个:一是某一特定的工作仅仅需要某一性别的员工,即强调性别的唯一性。某一工作对特定性别的需求是必要的,以至于另一性别的成员不能完成此项相同的工作。二是这种必要程度是否达到了雇佣者经营的“实质”(essence),即某种性别的人员对雇佣者的经营是如此重要以致如果另一性别的雇员被雇佣则整个经营将会被毁灭。〔34〕

(二)劳动安全权

劳动者的身体健康和生命安全得不到有效保障,任何劳动报酬都没有意义。劳动安全权是指劳动者在劳动过程中,享有身体健康和生命安全,免遭职业伤害的权利。劳动安全权是保护劳动者生命安全和身体健康的重要权利,国家有义务确保劳动者这一权利的实现,用人单位有义务为劳动者提供一个免于已知危险的工作场所,〔35〕提供一个合乎安全与卫生的工作环境,建立、健全劳动安全卫生管理制度,严格执行国家劳动安全卫生规程和标准,防止各类职业危害的发生。

为了保护劳动者的生命与健康不受侵害,劳动者应享有如下由劳动安全权派生出来的子权利:

第一,参与用人单位安全卫生决策之权。劳动者有参与判别和解决他们所面临的劳动安全卫生问题的权利。国际劳工组织在第 155 号公约中规定:劳工代表应在企业内与用人单位合作改善劳工安全卫生;并进一步强调,企业内劳资应充分合作才能达成该公约所追求的目标。欧盟颁布的有关安全卫生指令也强调,用人单位应与劳工或其代表咨商,并使其有机会参与讨论劳工安全卫生有关决策。目前,大多数国家的立法都规定设立劳资的安全卫生代表机构来负责监督实施,小型企业则由工会代表或全体员工选出的员工代表来负责监督实施,并参与有关决策。我国也特别强调职工的参与权。《职业病防治法》第 41 条第 1 款规定:“工会组织应当督促并协助用人单位开展职业卫生宣传教育和培训,有权对用人单位的职业

---

〔34〕 See Mark A. Rothstein, Andria S. Knapp & Lance Liebman, Case and Materials on Employment Law, The Foundation Press Inc., 1991, p. 263.

〔35〕 这里的已知危险是指一个已被认识的危险,其判断标准既不必是每个单项都存在危险,也不必证明用人单位是否实际知道该危险;只需根据行业标准和一般常识来证明用人单位能够知道或应该知道该危险就足够了。See Patrick J. Cihon and James Ottavio Castagnern, Employment and Labor Law, West Educational Publishing Company, 1999, p. 242.

病防治工作提出意见和建议,依法代表劳动者与用人单位签订劳动安全卫生专项集体合同,与用人单位就劳动者反映的有关职业病防治的问题进行协调并督促解决。”

第二,知情的权利(Right to Know)。劳动者有知晓他们可能面临的任何潜在危险的权利,并接受必要的职业培训,以具备对工作环境、生产过程、机械设备和危险物质等方面的安全卫生知识。用人单位有关安全卫生及工作环境的内容应让劳动者充分知晓。劳动者在不泄露商业秘密的情况下,可将用人单位的有关资讯进行讨论。诸多国家均通过立法苛以用人单位给予劳动者这类资讯的义务,如美国现行《劳工安全卫生法》就规定,由工会依法选派的劳工安全卫生代表,有权要求用人单位提供一切必要的资讯。用人单位需要提供的信息包括:材料的安全数据,包括材料的物理和化学性质、该材料对健康的危险性、注意事项及施救技术;工作场所的容器上应贴上警告标志;员工训练计划等。[36]

第三,拒绝危险工作的权利。劳动者在确认自己或其他人的安全健康受到威胁的情况下,有拒绝劳动的权利。国际劳工组织155号公约特别规定,劳工在工作场所中,遇有安全或健康上立即危害之虞的情况,应向其直接上级主管报告后停止工作,除非用人单位已采取防止危害的有效措施,否则不得要求该劳工复工。美国《职业安全卫生法》亦规定,劳工在工作场所中,遇到可能遭到危害之虞时,得拒绝进行工作。

第四,安全卫生代表的处置权。由劳动者选出来的安全卫生代表,在用人单位遇到特殊危险状况时,具有特别的处置权限,即有权决定停止工作或撤离现场的权利。[37]

这里的安全和健康的工作条件,不仅包括工作场所,而且还包括用人单位所提供的运输工具和住所等。美国在1983年的Frank Diehl Farms v. Secretary of Labor案中,[38]利用与雇佣直接相关的判断标准(Directly related to employment),认定工人的住所与工作条件或工作环境有内在的不可分割的关系,因而用人单位要承担保障的义务。

| 思考 | 职业健康监护制度与民法的监护制度有什么区别,与健康体检有什么不同?

---

〔36〕 See Bruce D. may, “Hazardous Substance: OSHA Mandates the Right to Know”, Personnel Journal GS, No. 8 (August 1986), pp. 128 – 130.

〔37〕 黄越钦:《劳动法新论》,中国政法大学出版社2003年版,第435页。

〔38〕 See Mark A. Rothstein, Andria S. Knapp & Lance Liebman, “Case and Materials on Employment Law”, the Foundation Press Inc., 1991, pp. 586 – 589.

(三)劳动报酬权

劳动报酬权是劳动者在劳动关系中因付出劳动而向用人单位领取一定数量货币的权利。劳动报酬是劳动者用汗水换来的劳动果实,是其在社会中赖以生存和发展的经济基础,是劳动者生存权得以实现的物质保障,也是劳动者付出劳动的合理对价。劳动报酬以工资为基本的存在形式,但奖金和津贴也是劳动报酬的组成部分。奖金是用人单位对劳动者超额劳动的奖励,津贴是用人单位按照规定对劳动者额外劳动消耗的补偿。

劳动报酬权主要包含三方面的内容,即报酬协商权、报酬请求权和报酬支配权。报酬协商权是劳动者在订立劳动合同时或劳动关系存续期间与用人单位协商劳动报酬的支付数额及支付方式的权利,这是实现按劳分配的基础。报酬请求权是劳动者在与用人单位建立劳动关系后,要求用人单位按时、足额地支付劳动报酬的权利。而报酬支配权,是劳动者对所获得的劳动报酬有自由支配的权利。

获得最低工资标准权是劳动报酬权的核心部分,是法律保障的重点,是指劳动者有根据自己在法定工作时间内提供的正常劳动,向所在用人单位要求支付法律法规规定的最低劳动报酬的权利。因此,获得最低工资标准权属于法定之权。劳动者拥有的最低工资标准权,是保护劳动者个人及其家庭成员基本生活的重要权益,尤其是在目前劳动力市场供大于求和私营企业兴起的情况下,该项权利的实现更有着重要的现实意义。由于劳动力供大于求,使得劳动力的价格向无限低廉下滑,生存问题常成为劳动者的无奈的选择。国家必须介入劳动力市场,规定劳动力的“最低限价”,以确保劳动者在付出艰辛劳动之后,获得维持生存和谋求发展的基本报酬。

最低工资标准是对责任主体的最低要求,要求国家所保障的最低标准和用人单位所提供的最低标准不得低于维持劳动者生存和发展所需要的报酬,即维持劳动者作为一个“人”体面生活的报酬。这个最低要求并不鼓励责任主体以此为满足,更不禁止劳动者为争取更高的报酬而努力,对有利于劳动者的工资条件的劳动合同仍然有效。

| 思考 |　供给侧改革要以劳动者劳动报酬权的牺牲为代价吗?

(四)休息权

休息是劳动者在工作之余所应获得的自我放松与自我调节,是人的劳动周期与生理周期必然的合理的要求。劳动者的休息权是指劳动者所享有的休息和休养的权利。休息权通常是作为劳动权的一部分来规定的,但由于休息权在劳动权中的地位，加之休息权本身的特点，一些国家的宪法又专门加以规定。最早对休息权作出规定的是《魏玛宪法》，在其第139条规定："星期日及由国家所认许之休假日为工作休息日及精神休养日，以法律保护之。"

劳动者是休息权的权利主体，主要体现为劳动者可自由支配其劳动时间之外的其他时间，不受用人单位的限制与控制。用人单位不得非法占用劳动者的休息时间，如需依法占用，应当给予特别补偿。

工作时间无论是对劳动者还是用人单位，都是非常关键的问题。从用人单位来看，工作时间就是用人单位的生产时间，生产时间愈大，用人单位赢利就愈多，因此，用人单位总是希望工作时间越长越好，让工人休息的目的只是让其恢复体力，以便第二天继续工作。对劳动者而言，劳动时间是支出劳动力的量化形式，休息时间是恢复和增强劳动力的必要时间。劳动时间过长，不仅限制了劳动者的家庭生活、社会生活的范围，而且更为重要的是对劳动者的生命安全和身体健康构成严重的威胁。

劳动者的休息权包括：[39] 第一，工作日内和工作日间的休息权。工作日内的休息权是指劳动者在一个工作日内享有适当休息时间的权利。一个工作日内的劳动时间为8小时，但这8小时是非完全连续性的，劳动者享有工间休息和用餐时间。工作日间的休息权，是指在两个工作日之间，劳动者所享有的休息权。在工作日之间，应当保证劳动者有充分的休息时间，以恢复体力和劳动能力，促进劳动者的身心健康。第二，公休假日权。它是指劳动者工作满一周后所享有的休息权利。每周公休假日的时间为2天，一般应安排在周六和周日，但用人单位也可根据工作性质和生产特点安排公休时间。第三，法定节假日休息权，是根据国家、民族的传统习俗而由法律规定的，由劳动者所享有的节假日休息的权利。在我国，这些节假日包括元旦、春节、国际劳动节、国庆节以及其他由法律、法规规定的休假节日。第四，年休假权。年休假是指职工每年享有保留职务和工资的一定期限连续休息的假期。我国法律规定："劳动者连续工作一年以上的，享受带薪年休假。"许多国家的劳动法都明确规定，享有年休假是劳动者的一项重要的休息权，不能以经济补偿来代替年休假。1970年，国际劳工组织的第132号公约确定的年休假不应少于3个工作周。世界上大多数国家规定的年休假时间为20天左右，与国际公约相符。第五，探亲假，是指法定给予家属分居两地的劳动者，在一定时期内（通常是一年）与父母或配偶相聚的假期。第六，其他假期，如女职工产假、职工婚丧假等。

休息是劳动者恢复劳动能力和享有人性化生活的必要条件，休息权是劳动权

---

〔39〕 目前，世界各国通过立法制定了以下几种休息时间制度：(1) 日休制度，包括工作日内休息时间和工作日间的休息时间；(2) 周休制度，即每周休息1～2天的制度；(3) 法定节日休息制度，这是根据各国、各民族的风俗习惯而制定的；(4) 探亲假制度；(5) 年休假制度。

中不可缺少的内容。正如有学者所言:"休息权既是劳动权存在的一个前提条件,也是劳动权的一个派生形态。而从宽泛的意义上说,在劳动权概念的内部结构之中,尤其是在劳动条件受保障的具体内容之中,就已经内在地蕴含了休息权的内涵。"〔40〕休息权是劳动者所享有的特定权利,国家及用人单位作为义务主体应采取有效措施来保障该权利的实现。具体来说,从休息权所具有的消极权利的性质来看,国家不能通过立法或行政行为来侵犯该权利,用人单位也不能制定内部劳动规则或通过使用劳动力的行为来限制甚至剥夺劳动者的休息权。从休息权所具有的积极权利的性质来看,国家必须根据宪法的要求,通过立法机关的立法和行政机关的严格执法来以国家强制力保障劳动者休息权的实现,同时,还要不断增加财政投入,不断修建劳动者休息和休养的设施。用人单位应积极按照宪法和法律的规定,来实施生产和经营行为,并采取相应的有效措施具体实现劳动者的休息权利。用人单位侵犯劳动者休息权的行为通常有三种:以劳动者自愿为名,延长劳动时间;强迫劳动者延长劳动时间;拒绝支付延长劳动时间的法定高额报酬。

最早的工时立法,存在于工厂立法之中,以限制童工、女工最高工时为主要目的,随后才扩展到对成年男工工时的限制。但当时限定的工时还比较长,且主要是出于健康理由。如1848年法国规定的工时不得超过12小时,1877年瑞士规定不得超过11小时。8小时工作制是空想社会主义者罗伯特·欧文在1817年设想的"理想社会"的重要内容。1866年第一届国际日内瓦代表大会,根据马克思的倡议,提出了"8小时工作、8小时自己支配、8小时休息"的口号,要求各国制定法律予以确认,由此看来,"正常工作日的规定,是几个世纪以来资本家和工人之间斗争的结果"。〔41〕

当前,随着劳动者"社会人"观念的确立,在工时和休息休假的时间配置上开始从人的价值角度来进行整体化的顶层设计,并呈现以下发展趋势:一是缩短工时已成为世界各国的普遍做法。从一战以前的10小时缩短为8小时,20世纪70年代,欧美开始实行5日工作周即40小时工作制,有的国家后又缩短为35小时制,且部分工时、弹性工时等多样化的工时制度开始建立,体现了工时制度的社会进步性。二是普遍实行带薪年休假制度。年休假从20天到30天不等,而且休假时间有逐步延长的趋势,劳动者作为社会人的价值逐渐得以体现,也是平衡工作和社会生活的又一重要制度措施。

---

〔40〕 林来梵:《从宪法规范到规范宪法:规范宪法学的一种前言》,法律出版社2001年版,第219页。

〔41〕 《马克思恩格斯全集》(第23卷),人民出版社1972年版,第300页。

案例　白领请探亲假出国游丢月薪5万元的工作，法院称判有违诚信构成旷工

外企白领宋先生向单位申请探亲假并获批准，但他并没有回家探亲而是远赴欧洲旅游。公司得知情况后将其解雇，宋先生认为自己的做法并无不当，单位的解雇行为违法。上海市黄浦区人民法院认定公司解除劳动合同合法，无需支付其他工资款。宋先生不服提出上诉，二审法院维持了一审判决。

2014年7月，宋先生向他的上级主管提出休探亲假，休假时间从7月28日至8月4日，上司批准了其休假申请。然而，在此期间，宋先生并没有回北京探亲，而是在7月28日从上海离境前往意大利，并于8月4日返回。其后，公司对宋先生的做法提出了异议，认为其行为构成了虚假陈述、欺骗公司及旷工。不久后，公司在与宋先生面谈并通知工会，向他发出解除劳动合同通知函，称其违反员工手册的规定，公司决定解除劳动合同，且不给予任何经济补偿。

2014年11月，宋先生申请劳动仲裁，仲裁委作出裁决，公司应支付2014年10月至劳动合同期满的工资及未休年假工资。此后，公司因不服仲裁结果向法院提起诉讼，要求不支付2014年10月至2015年1月期间的工资和未休年假工资。

法院审理后认为，宋先生申请享受探亲假期出国旅游而没有上班工作，属于无正当理由的缺勤行为，构成旷工。公司与宋先生解约有事实依据及法律依据，双方劳动合同于2014年9月解除，公司无需支付2014年10月至2015年1月期间的工资。根据现有证据，宋先生尚有5天补充年休假未休，基于双方确认的公司补充年休假工资的折算标准为每天100元，因此公司尚须支付宋先生补充年假工资500元。

请问：未按照探亲假的要求探亲，构成旷工吗？

（五）职业培训权

职业培训权是指劳动者可以根据自己的择业需要和工作需要，有接受职业培训以培养和提高职业能力的权利。职业培训对于提高劳动者的素质和技能，促进社会生产力的发展具有重要的现实意义。职业培训权的实现，主要是通过学徒培训、就业训练、在职培训等途径来完成的。学徒培训，是指劳动者直接在师傅的指导下，不断熟练、掌握某种生产技能和业务知识的培训形式。就业训练，是指求职者经过就业训练中心和其他就业训练的培训，以达到就业或再就业或转业的职业技能水平的培训形式。在职培训，是指为了使职工的知识、技能得到提高或更新，根据用人单位的需要对职工进行培训的形式，包括在岗业余培训和离岗专门培训。由于职业培训是惠及全社会的公益事业，国家应加大职业培训的财政经费支出，对各类培训给予必要的财政支持，对社会特需人才和特困职工实行公费培训；用人单位应当有偿吸收、使用培训人员。就业前的培训应当由国家承担基本投资。用人单位必须坚持先培训后上岗的原则，并对在岗人员的培训承担投资责任。未经培训，劳动者不得技术要领，无法认识操作程序的重要性，容易导致重特大事故的

发生。

就用人单位而言,劳动者的职业培训权包含有两层的含义:一是指劳动者有权要求用人单位对其所从事的工作进行培训,使其了解和掌握所从事的岗位和业务的基本技能;二是指对劳动者进行职业技能培训是用人单位的义务。用人单位不能以提供职业技能培训为由向劳动者收取额外的费用,也不能因对劳动者进行劳动技能培训的缘故在培训期间无故降低劳动者的工资标准。

职业培训权是劳动权的重要子权利,性质上属于劳动权而不宜归入受教育权。尽管职业培训与普通教育都是为了培养和提高人的才能和文化技术水平,但二者毕竟还是有区别的:从权利主体来看,职业培训的权利主体是社会劳动者,而普通教育的权利主体主要是青少年。从权利内容来看,劳动者享有的是职业能力的提高,主要是提高劳动技能,后者所要达到的目的是全面素质提高。从权利实现的方式来看,职业培训权的实现方式是灵活多样的,没有固定的形式;而普通教育的实现方式主要是固定学制的学校教育。既然职业培训权与通常意义的受教育权有重大的区别,而且又与劳动者的就业、报酬等权利紧密相关,因而视为劳动权中的一项重要内容也是合理的。我国宪法在劳动权条款中,就将职业培训权视为劳动权的一个组成部分,而将受教育权的权利主体限为"青年、少年、儿童"。

(六)社会保险和福利权

社会保险权,是指劳动者因年老、疾病、失业、伤残、生育等原因暂时或永久丧失劳动能力,依法享有的物质帮助的权利。社会保险制度是实现社会保险权的制度保障,在传统上又被称为劳动保险制度,是由国家立法加以确认,并强制实施。被保险人及其所在用人单位,必须依据国家法律规定的保险金额缴纳保险费。我国《劳动法》第72条规定:"社会保险基金按照保险类型确定资金来源,逐步实行社会统筹。用人单位和劳动者必须依法参加社会保险,缴纳社会保险费。"社会保险作为劳动者的一项重要权利,是现代经济社会发展的客观要求和社会进步的标志,也是社会公平价值在社会立法中的具体体现。一部分劳动者或由于经济衰退而失业;或由于年老而退休;或由于疾病、工伤而丧失劳动力,对于这部分无法实现劳动权的社会困难群体,必须要通过社会保险制度来保障其生存的权利。

社会福利是社会保障制度的重要组成部分,它是一种更高形态的公共利益的实现形式。社会福利权,是指劳动者依据国家制定的社会福利制度所享有的权利。[42] 进入20世纪以后,社会福利才成为一种社会化的行为并走向制度化。社会福利不再是局部的、有限的慈善活动,而是一项面向全体国民的社会权利;它的组织与实施不再单纯是民间的互助互济,而是由政府直接干预并承担责任;它的内

---

〔42〕 黎建飞:《劳动法的理论与实践》,中国人民公安大学出版社2004年版,第172页。

容不再是满足国民因生存而需要的单纯的物质生活保障,而是增进了精神生活和个人全面发展的需要;它的理论不再是积德行善的教义或儒学思想,而是日益丰富的福利国家、福利经济、福利社会等学说。[43]

社会保险和福利权充分体现了文明社会进步的内在要求。法律从人文关怀的角度出发,用社会保障的强制手段保障弱势群体的生存权,对弱势群体实行帮扶,预防和控制社会风险,阻却用人单位将正常的商业风险转嫁为社会风险,以保证社会实质公平与正义的实现。

(七)提请劳动争议处理权

提请劳动争议处理权是指劳动者在与用人单位关于劳动的权利与义务引起争议时,有权提请有关部门对争议进行处理的权利。法律对劳动者提请劳动争议处理的权利的确认,一方面是提醒劳动者其拥有劳动诉权,引导劳动者通过正确合法的途径来解决劳动过程中与用人单位发生的种种争议与纠纷,有利于培养劳动者的法律意识;另一方面也是对用人单位的警醒,有利于促进用人单位认真履行劳动义务,并为劳动者依法行使劳动权利提供必要的条件和保障。提请劳动争议处理的权利是劳动者的诉权在劳动法中的具体体现,其具体内容可包括以下几个方面:第一,争议处理方式选择权。当发生劳动争议时,劳动者可以依法申请调解、仲裁、提起诉讼,也可以协商解决。第二,请求依法受理权。劳动争议处理机构应当自收到申诉书之日起,在法定时间内做出受理或者不予受理的决定。决定不予受理的,应当说明理由,以充分保障劳动者的诉权得以实现。第三,控告权。当劳动者的合法权益遭受不法侵害,当相关侵权主体不停止侵害或相关责任主体,尤其是相关行政责任主体不作为时,劳动者有权检举和控告。

(八)法律规定的其他劳动权利

除了以上权利以外,劳动者依法还应当享有以下的劳动权利:

1. 参加工会和组织工会的权利。《劳动法》第 7 条第 1 款规定:“劳动者有权依法参加和组织工会。”这项方针在我国修改前与修改后的《工会法》中都得到了贯彻。《工会法》第 3 条规定:“在中国境内的企业、事业单位、机关中以工资收入为主要生活来源的体力劳动者和脑力劳动者,不分民族、种族、性别、职业、宗教信仰、教育程度,都有依法参加和组织工会的权利。任何组织和个人不得阻挠和限制。”

2. 参加企业民主管理的权利。劳动者参加企业民主管理的权利是由《劳动

[43] 郑功成:“中国社会福利发展论纲——从传统福利模式到新型福利制度”,载《社会保障制度》2001 年第 1 期。

法》第 8 条规定的:“劳动者依照法律规定,通过职工大会、职工代表大会或者其他形式,参与民主管理……”该规定表明:无论是国有企业,还是非国有企业,劳动者均有权参加企业的民主管理;劳动者参加企业的民主管理主要是通过职工大会、职工代表大会或其他形式来实现的。

3. 与用人单位进行集体协商的权利。这是指劳动者可以以集体的方式同用人单位就双方的权利义务关系进行协商,订立集体合同。我国《劳动法》第 33 条第 1 款规定:“企业职工一方与企业可以就劳动报酬、工作时间、休息休假、劳动安全卫生、保险福利等事项,签订集体合同……”《劳动合同法》中有专节对集体合同订立的程序、方式和内容进行细化的规定。

当然,劳动者享有的劳动权利不仅仅限于这些,这里不再一一赘述。

三、劳动者的义务

(一)积极完成劳动任务

当劳动者与用人单位建立劳动关系后,就要积极履行劳动合同约定的劳动义务。我国《劳动法》第 3 条明确规定“劳动者应当完成劳动任务”。

劳动者积极完成劳动任务的义务,首先,要求劳动者必须按照劳动合同所规定的方式进行劳动,约定方式的更改必须经过用人单位的同意,并不得违反工作方式中的本质性要求。其次,劳动者必须亲自履行劳动的义务,不得随意转让劳动的义务,也不得随意找他人代替劳动。最后,劳动者积极完成劳动任务的义务要求劳动者应当按时完成劳动合同规定的劳动内容。法律鼓励劳动者在劳动合同限定的时间范围内积极地超额完成劳动任务,提高劳动生产效率,为社会创造更多的财富。劳动者在超额完成任务的时候,用人单位应当给予适当奖励与补偿,作为劳动者辛勤劳动的回报及积极劳动的鼓励。

(二)不断提高劳动技能

劳动者要从事生产经营活动还应当具备相应的劳动技能。劳动技能是指岗位在生产过程中对劳动者素质方面的要求,主要包括生产岗位知识文化水平和技术等级要求、处理生产岗位作业复杂程度的技能要求、管理设备所需的经验和技术知识要求、产品品质质量的技能要求、迅速处理和预防事故所应具备的能力水平等。除用人单位应当对劳动者进行职业技能培训外,作为劳动者本身应不断学习,不断提高劳动技能。这就要求每一劳动者不仅要在接受劳动培训过程中积极学习本职工作的劳动技能,而且在日常的劳动过程中,也要努力钻研,不断探索提高劳动效率的新方法、新思路。《劳动法》第 3 条规定,劳动者应当提高职业技能。

（三）认真执行劳动安全卫生规程

劳动生产活动的安全卫生一向是我国政府和社会关注的焦点。劳动安全卫生的保障既是国家和用人单位的责任，也是劳动者的义务。

劳动者的劳动安全卫生生产的义务便是认真执行劳动安全卫生规程。《劳动法》第56条第1款明确规定："劳动者在劳动过程中必须严格遵守安全操作规程。"劳动安全卫生规程可包括两部分——劳动安全技术规程和劳动卫生规程。劳动安全技术规程包括法律规定的劳动安全技术规范与行业协定的劳动安全操作规程。法律规定的劳动安全技术规范是国家为了防止和消除在生产过程中的伤亡事故，防止生产设备遭到破坏，保障劳动者的生命安全和身体健康而规定的有关组织和技术措施方面的各种法律规范。行业协定的安全操作规程，是各行业协会根据各自行业的生产性和技术性设备的特点，为保护设备设施和劳动者的劳动安全，根据不同的工种工序，制定出切实可行的规定劳动者在操作和使用设备设施时应遵守的制度。目前，我国有关劳动安全方面的法律法规包括《矿山安全法》、《工厂安全卫生规程》、《建筑安装工程安全技术规程》等。劳动卫生规程包括各种工业卫生、医疗预防、健康检查等措施的规定，如《工厂安全卫生规程》、《关于防止沥青中毒的方法》、《关于加强防尘防毒工作的决定》、《工业企业设计卫生标准》、《工业企业噪声标准》等。

（四）严格遵守劳动纪律和职业道德

遵守劳动纪律和职业道德是我国劳动者应尽的义务。《劳动法》第3条规定，劳动者必须遵守劳动纪律和职业道德。

劳动纪律是社会劳动的基础，是共同工作必要的制度。它要求劳动者在共同劳动过程中遵守一定的规则和秩序，按照规定的时间、质量、程序和方法完成自己所承担的生产任务或工作任务。职业道德，是同劳动者的职业活动紧密联系的符合职业特点所要求的道德准则、道德情操与道德品质的总和。每种职业都担负着一种特定的职业责任和职业义务。由于各种职业的职业责任和义务不同，因此，职业道德总是要鲜明地具体体现职业义务、职业责任以及职业行为上的道德准则，从而形成了各职业特有的职业道德规范，反映了职业、行业以至产业特殊利益的要求，体现某一职业的劳动者所特有的道德心理和道德品质。遵守职业道德要求劳动者在从事劳动的过程中应本着对国家、对社会、对其生产服务对象、对用人单位以及对其他劳动者负责的态度，在认真履行其他劳动义务的同时，还应当遵守与其行业密切相关的道德规范和道德准则。

(五)法律规定的其他义务

除了上述的义务之外,我国法律其实还规定了劳动者应履行的其他义务,如《劳动法》第72条规定的劳动者有参加社会保险的义务;第22条规定的劳动者有保守用人单位商业秘密的义务以及在《劳动合同法》第3条中规定劳动者应当履行劳动合同约定的义务等等。这些义务有的是与劳动者基本劳动权利相互呼应的,有的是与劳动者所应承担的前述的劳动义务紧密联系的,这里就不再展开论述。

|思考|　通过调查研究,了解现实生活中劳动者的劳动权利的实现过程,发现劳动权利实现过程中的成功做法及存在的问题,思考有效的劳动权利的实现途径。

课后实训

一、关键词解释

劳动权　　劳动权利　　平等工作权　　劳动安全权

二、选择题

1. 最早明确提出劳动权是最主要的天赋人权的思想家为(　　)。

A. 莫尔　　B. 傅立叶　　C. 欧文　　D. 圣西门

2. 职业培训权的性质属于(　　)。

A. 劳动权　　B. 受教育权　　C. 经济权利　　D. 自由权

三、思考题

1. 为什么说劳动权是一项基本人权?
2. 公司成为劳动权的义务主体的理由有哪些?
3. 为什么要禁止就业歧视?
4. 如何理解真实或善意的职业资格标准?

第四章　劳动法中的法律关系

内容提要

本章主要介绍了劳动法中各个法律关系的概念、特征、构成要素及相互之间的联系与区别，其中重点介绍了劳动法律关系的概念及相关知识。本章分为三节：第一节为劳动法律关系，主要讲述了劳动法律关系的概念、特征、种类、构成要素及其运行机制；第二节为劳动行政法律关系，介绍了劳动行政法律关系的概念、特征、性质、构成要素及与劳动法律关系的区别；第三节为劳动服务法律关系，主要在介绍劳动服务法律关系的概念、特征、种类的基础上，对劳动服务法律关系的构成要素及与相关概念的联系与区别进行了阐述。

第一节　劳动法律关系

劳动法中的法律关系是由劳动法律关系与劳动行政法律关系、劳动服务法律关系等附随法律关系构成的法律关系体系。其中，劳动法律关系是基础法律关系，也称第一性法律关系，居于核心层次；劳动行政法律关系、劳动服务法律关系等附随法律关系处于辅助层次，也称第二性法律关系，为劳动法律关系的健康发展提供保障、服务。

一、劳动法律关系的概念与特征

（一）劳动法律关系的概念

一般认为，劳动法律关系是指劳动关系当事人之间在实现劳动过程中依据劳动法律规范而形成的劳动权利和劳动义务关系。它是劳动关系在法律上的表现，是劳动关系为劳动法调整的结果。

劳动法律关系与劳动关系是不同的，二者之间既有联系又有区别：

劳动法律关系与劳动关系之间的联系主要表现在：（1）劳动关系是劳动法律

关系的现实基础,是劳动法律关系存在的客观依据和内容本身;劳动法律关系是劳动关系的法律表现形式,是劳动法律规范调整劳动关系的结果。(2)经劳动法律规范实际调整后所形成的劳动法律关系构成了劳动法律规范与实际劳动关系之间的中介形态。(3)劳动法律关系是劳动法律规范在指引、调整劳动关系的过程中所形成的权利义务关系,是社会内容和法的形式的统一,也是拟制的社会关系在现实中的具体表现。

劳动法律关系与劳动关系的区别,主要有以下几个方面:(1)劳动法律关系就其主观形式特征而言,具有思想意志关系的属性;就其社会内容来看,属于物质社会关系的部分。劳动关系则属于现实的社会关系。(2)劳动法律关系是凝结着国家意志的法律规范作用于劳动关系的过程和结果,是法的价值得以表现和实现的方式,是法律秩序的存在形态;劳动关系则是劳动法调整的对象,其现实本身的价值需要劳动法律来衡量。(3)劳动法律关系是由国家强制力保障的社会秩序,是社会建设的法律手段;一般而言,劳动关系属于经济领域,劳动关系的形成要遵循市场规律,本身并不具有国家强力保护的效力。所以,劳动关系的范围大于劳动法律关系的范围,即并非所有的劳动关系都能成为劳动法律关系。也就是说,劳动关系是劳动法律规范要“加工”即调整的对象,与调整过程和调整结果所体现的社会关系的范围是不一样的,且这种调整既有选择和侧重,还有调整的程度或幅度的规制。当前供给侧的改革涉及的劳动关系主要体现在经济领域方面,供给与需求的动态平衡尊重的是市场规律,促进二者的平衡也只能采用经济手段。劳动法并不直接调整这方面的社会关系。(4)劳动法律关系的成立以法律规定的形式和条件为构成要件,即劳动者适格、用人单位适格、劳动合同不违法等。而劳动关系的成立条件以主体双方的劳动合意及劳动者的实际劳动为成立要件。

(二)劳动法律关系的特征

劳动法律关系除了具有法律关系的共同特征以外,还具有自己独有的特征:(1)劳动法律关系主体的特定性。劳动法律关系的主体一方是劳动者,另一方是用人单位,即主体是特定的。劳动者是指达到法定年龄、具有劳动能力并自愿参加社会劳动的自然人。用人单位一般包括企业、民办非企业单位、个体经济组织等,也包括国家机关、事业单位和社会团体。(2)劳动法律关系的主体双方具有平等性和隶属性。在劳动法律关系建立前,劳动者与用人单位是平等的主体,双方是否建立劳动关系以及建立劳动关系的条件由其按照平等自愿、协商一致的原则依法确定。劳动法律关系建立后,劳动者是用人单位的职工,处于提供劳动力的被领导地位;用人单位则成为劳动力使用者,处于管理劳动者的领导地位,双方形成领导与被领导的隶属关系。[1]（3）劳动法律关系的内容具有较强的国家干预性。劳动法律关系是双方当事人之间在平等自愿、协商一致的基础上建立的，因此，劳动法律关系的内容主要体现了双方当事人的意志，但是由于劳动法律关系的特殊性，双方当事人在确定其劳动权利和劳动义务时，不能违反国家法律的强行性规定，否则不能产生双方预期的法律后果。（4）劳动法律关系具有在社会劳动过程中形成和实现的特点。劳动法律关系的现实基础就是劳动关系，它与社会劳动过程密不可分。从劳动法律关系的形成看，只有劳动者与用人单位提供的生产资料相结合，进行社会劳动，劳动法律关系才能得以形成；从劳动法律关系的实现看，社会劳动的实现过程，也是劳动权利义务的实现和履行的过程。可见，劳动法律关系离不开社会劳动过程。（5）劳动法律关系是围绕劳动者的保护与劳动力的使用而展开的。在劳动者参加劳动法律关系后，劳动力的所有权与使用权发生了分离，由于劳动力的发挥是以劳动者的人身健康为基础，劳动报酬的获得及用人单位的经营利益都要以劳动者的生命安全和身体健康为前提，因此，在劳动法律关系中，对劳动者的人身保护是处于核心和基础地位的。

二、劳动法律关系的要素

劳动法律关系的要素是指构成劳动法律关系不可或缺的组成部分。任何一种劳动法律关系都存在构成劳动法律关系的三要素：劳动法律关系的主体、劳动法律关系的内容、劳动法律关系的客体，这三个要素缺一不可。

（一）劳动法律关系的主体

劳动法律关系的主体是指在实现社会劳动过程中依照劳动法律享有权利和承担义务的人。享有权利的一方称为权利人，承担义务的一方称为义务人。劳动法律关系主体是构成劳动法律关系的第一要素，包括劳动者和用人单位。

1. 劳动者

一般认为，劳动法中劳动者，是指达到法定年龄、具有劳动能力，以从事某种社会劳动获取收入为主要生活来源的自然人，主要指本国公民。

从社会学的角度，劳动者是指在社会生产领域从事劳动、获得一定职业角色的社会人。[2] 因而只要是具有劳动能力并且通过自身的劳动获得合法收入作为生活资料来源的自然人均可称为劳动者。这是不分劳动内容、劳动对象、劳动方式、劳动性质及其在劳动关系中的地位和身份，所以在社会学意义上，劳动者的含义最

---

〔1〕 李瑛："浅议劳动法律关系与雇佣法律关系"，载《黑河学刊》2002 年第 4 期。

〔2〕《中国劳动人事百科全书》编写委员会编：《中国劳动人事百科全书》，经济日报出版社 1989 年版，第 741 页。

为宽泛。而劳动法意义上的劳动者,是专指为谋生而从事劳动,与劳动力使用者相对应的一方当事人,其劳动属于履行劳动法规、劳动合同所规定义务的集体劳动。

(1)劳动者的劳动权利能力和劳动行为能力的概念

劳动者的劳动权利能力与劳动行为能力,是劳动者(即自然人)参与劳动法律关系必须具备的基本资格或者说一般资格,不具备这一资格的劳动者则不允许参加劳动法律关系成为合法主体。劳动权利能力,是指劳动者依法享受劳动权利和承担劳动义务的资格,它是劳动者参与劳动法律关系成为主体的前提条件。[3] 劳动行为能力是指劳动者能以自己的行为参与劳动法律关系,实际享受权利和履行义务的能力。它是劳动者作为劳动法律关系主体的基本条件。不具备劳动行为能力的劳动者,就不能够实际参与劳动法律关系享受权利和承担义务。

(2)劳动者具有劳动权利能力和劳动行为能力的条件

根据我国法律规定,劳动者要具有劳动权利能力与劳动行为能力应当具有如下条件:

第一,达到法定年龄。关于劳动者的就业年龄世界各国的劳动法都有规定,一般规定在14周岁到16周岁之间。我国劳动法将就业年龄规定为16周岁,禁止招用未满16周岁的未成年人;某些特殊职业如文艺、体育和特种工艺单位确需招用未满16周岁的人(如演员、运动员)时,须报县以上劳动行政部门批准。

第二,具有劳动能力。劳动者的劳动能力属于自身生理因素,而不是由法律规定的。根据自然人的生理状况,劳动者的劳动能力一般表现为三种情况,即有完全劳动能力、有部分劳动能力和无劳动能力。具体来讲,因生理状况不能劳动的,视为无劳动能力的人;因生理状况不能提供正常劳动,但又没有完全丧失劳动能力的,视为有部分劳动能力的人;而身体健康、智力健全的人则是有完全劳动能力的人。

只有达到法定年龄,具有完全劳动能力或部分劳动能力的劳动者,法律才赋予其劳动权利能力和劳动行为能力。反之,达不到法定年龄,即使具有劳动能力,也不能参与劳动法律关系而成为主体。同时,无劳动能力的人,无论是生来就没有,还是后来因丧失劳动能力而离开劳动岗位,都不具备主体资格。也就是说,实然的劳动能力是法律推定的应然劳动行为能力的基础。

劳动者的劳动权利能力与劳动权利是两个不同的概念。劳动权利能力只是界定公民能够参与哪些劳动法律关系和享有哪些权利、承担哪些义务的范围;劳动权利则主要是公民参与劳动法律关系之后实际享有的各项具体权利。公民的劳动权

---

〔3〕 劳动者的劳动权利能力应当具有平等性,这是现代市场经济的必然要求,更是社会文明的标志。基于此,劳动者的劳动权利能力不应该因种族、肤色、性别、宗教、血统、社会出身、城乡、地域等的不同而有所区别。

利能力应当具有平等性,而公民实际取得劳动权利的大小则要与其劳动的量与质而定。劳动权利能力直接以劳动法律法规为依据,劳动权利主要以劳动合同为依据。

劳动行为能力与劳动能力的意义也不同。劳动能力只是表明公民身体中所存在的体力和脑力实然状态,具有自然属性;劳动行为能力则是国家对公民一定劳动能力的法律认可,要表明的是法律对公民在体力和脑力上所要求的应然状态,具有法律属性。

(3)劳动者劳动权利能力与劳动行为能力的特点

劳动者的劳动权利能力与劳动行为能力,与其民事权利能力与民事行为能力不同,具体表现在以下四个方面:

第一,劳动者的劳动权利能力和劳动行为能力是统一的。劳动者达到法定就业年龄并具有劳动能力,就同时享有劳动权利能力和劳动行为能力,一旦完全丧失了劳动能力,就不再享有劳动权利能力与劳动行为能力。因此,劳动者的劳动权利能力与劳动行为能力同时产生,同时消灭。而劳动者的民事权利能力从出生之日起即开始享有,直到死亡之日方告终止,不受任何条件限制,劳动者的民事行为能力则受年龄与健康条件的限制。

第二,劳动者的劳动权利能力与劳动行为能力具有不可分割性。劳动者的劳动权利能力和劳动行为能力只能由劳动者本人亲自实施。法律不允许他人代理。而在民事法律关系中,年满10周岁未满18周岁的智力正常未成年人是限制行为能力人,10周岁以下的人以及精神病人为完全无民事行为能力人,但是他们却仍然享有民事权利能力,可以由他们的法定代理人代理或协助其参与民事法律关系;即使是年满18周岁的劳动者也可以委托他人代理自己行使民事行为能力,参与民事法律关系。

第三,劳动者劳动权利能力与劳动行为能力的运用要受到劳动能力所表现出来的各种因素差别的限制,如文化水平、劳动技能、健康状况及年龄、性别、人身自由等。正因为如此,对女职工和未成年工的特殊劳动保护制度才成为劳动法的重要内容。这一特征也决定了劳动者必须不断提高自身的劳动素质,以适应劳动过程的客观要求,这样才能实现宪法与劳动法赋予劳动者的各项权利。

第四,劳动者在运用劳动权利能力和劳动行为能力实现劳动权利时,已经参加了某一种劳动法律关系,一般就没有条件再参加另一种劳动法律关系。即使可以参加,条件也是十分严格的。例如,劳动者在退休后,如果继续从事有偿社会劳动,其形成的关系不属于劳动法调整范围内的劳动关系,目前在我国一般视为民事劳务关系;而劳动者的民事权利能力与民事行为能力并不限定在一种民事法律关系中行使,一个劳动者可以同时参加法律允许的各种民事法律关系。

思考 1. 劳务派遣关系是什么性质的法律关系?

2. 职业学校学生在认识实习、跟岗实习和顶岗实习期间并获得合法报酬的,法律关系如何认定?

案例

王某为某公司的工程师,年满六十周岁后办理了退休手续。因公司技术改造的需要,王某被返聘原工作岗位,和一般员工一样,经常加班,但未安排王某带薪年休假。

请问:

1. 王某是否有权利请求该公司继续缴纳五险一金?

2. 王某是否有权利请求该公司支付平日延时加班工资和带薪年休假?

3. 如出现工伤,能否享有工伤保险待遇?

2. 用人单位

(1)用人单位的概念和种类

用人单位是我国对劳动法律关系中与劳动者相对的一方主体的独特的称呼,在许多国家里通常将之称为雇主或雇用人。用人单位是指依法招用和管理劳动者,并按法律的规定或劳动合同的约定向劳动者提供劳动条件,进行劳动保护,并支付劳动报酬的劳动组织。既包括中国境内的企业、个体经济组织、民办非企业单位,也包括与劳动者建立劳动关系的国家机关、社会团体,还包括与劳动者建立劳动关系或聘用关系的事业单位。

(2)用人单位雇用权利能力和雇用行为能力的概念

用人单位作为劳动法律关系的一方当事人,也必须具备一定的条件,并取得行为能力和权利能力。用人单位雇用权利能力,是指用人单位依法享有用人权和承担用人义务的资格。它是用人单位参与劳动关系成为合法主体的前提条件。用人单位不同,其雇用权利能力的范围也不同。这种制约因素通常表现为国家允许用人单位使用劳动力的限度和要求用人单位提供劳动条件和劳动待遇的限度。

用人单位的雇用行为能力,是指用人单位依法能够以自己的行为实际行使用人权利和履行用人义务的资格。它是用人单位依法参与劳动法律关系、享受权利和履行义务的基本条件。

用人单位的雇用行为能力,主要表现为为职工提供劳动条件和劳动待遇的能力。为此要求用人单位:首先,要有必要的独立支配的财产,其中最主要的是生产资料,单位占有一定的生产资料是吸收劳动力的先决条件;其次,要有一定的工作场所和组织机构。这样才能将劳动力在一定分工和协作的条件下与生产资料相结合,并遵循统一的劳动规则,顺利实现劳动过程。

与劳动者的劳动权利能力和劳动行为能力一样，用人单位的雇用权利能力和雇用行为能力也是同时产生、同时消灭的。

(3)用人单位雇用权利能力与行为能力的特点

用人单位的雇用权利能力、雇用行为能力与其民事权利能力、民事行为能力相比较，有受国家的干预较严格的特点。这是由于劳动力市场的特殊性和用人行为的社会性决定的。法律虽然赋予了单位用人自主权，但这种自主权必须在服从国家意志的前提下行使，包括录用、辞退、提供劳动条件和劳动待遇等，均须按照法律规定行使。而单位的民事权利能力与民事行为能力，相对来讲意思自治成分较大。

(二)劳动法律关系的内容

劳动法律关系的内容是指劳动法律关系主体双方依法享有的劳动权利和承担的劳动义务。它是劳动法律关系的基础和核心，没有劳动法律关系的内容，劳动法律关系就失去实际意义。

劳动法律关系内容中的劳动权利是指劳动法主体依法能够为一定行为和不为一定行为或要求他人为一定行为和不为一定行为，以实现其意志或利益的可能性。劳动法律关系内容中的劳动义务是指劳动法主体根据法律的规定，为满足权利主体的要求，劳动过程中履行某种行为的必要性。劳动权利与劳动义务是相互对应的，即劳动法律关系主体双方既享有一定的权利，又承担一定的义务。

1. 劳动者的劳动权利和劳动义务

劳动者的劳动权利是指劳动者享有的、以就业权为核心的诸多权利的总和。具体包括劳动就业权、劳动报酬权、休息权、休假权、劳动安全卫生保护权、社会保险和福利权、接受职业技能培训权、结社权与集体协商权等。

根据我国《劳动法》规定，劳动者的基本劳动义务有完成劳动任务、提高劳动技能、执行劳动安全卫生规程、遵守劳动纪律和职业道德以及法律规定的其他义务等。

2. 用人单位的权利和义务

用人单位有通过与就业者的双向选择自主招录的权利，有了解劳动者与订立和履行劳动合同直接相关的年龄、身体状况、工作经历、知识技能以及就业现状等情况的权利，享有在经营范围内依法经营的权利，有保护自己的商业秘密等知识产权的权利等。

用人单位的义务主要包括：应当如实告知劳动者工作内容、工作条件、工作地点、职业危害、安全生产状况、劳动报酬，以及劳动者希望了解的其他与订立和履行劳动合同直接相关的情况，支付劳动报酬，提供约定的劳动条件，提供符合法定标准的安全卫生条件，安排劳动者休息休假，提供必要的职业培训，依法交纳社会保险费用等。

(三)劳动法律关系的客体

劳动法律关系的客体是指劳动法律关系主体双方的权利和义务所共同指向的对象。它既是劳动法律关系产生和存在的前提,又是劳动法律关系主体之间得以形成权利义务关系的中介,是权利和义务的承载体。

关于劳动法律关系的客体,劳动法学界有不同见解。一种观点认为,劳动法律关系的客体是劳动活动。[4] 另一种观点认为,劳动法律关系客体是劳动力,[5] “作为被雇佣一方的公民的一定的体力和脑力,在雇佣法律关系存续期间,就会成为雇主的权利客体。”[6]还有一种观点认为,不只是劳动行为或劳动力,认为劳动法律关系的客体按照其在劳动法律关系中的地位和作用,可以分为基本客体和辅助客体两大类,其中基本客体是指劳动行为,辅助客体是指劳动待遇和劳动条件。[7]

我们认为,劳动法律关系是复合法律关系,其客体既有层次性,如劳动者的生命安全和身体健康是最高层次,劳动报酬是中间层次;又有主次之分,如劳动行为和劳动报酬是主要客体,劳动条件是次要客体。主要客体决定着次要客体,次要客体补充说明主要客体。无论是主要客体还是次要客体,它们在劳动法律关系中都是不可缺少的构成要素。“那种认为每一具体的法律关系只有一个客体的看法是错误的。在分析法律关系客体时,我们必须根据法律关系的结构来判断其客体的性质和数量。”[8]

1.劳动行为和劳动报酬

作为劳动法律关系客体的劳动行为及其行为结果是特定的,即劳动者完成其劳动行为所产生的能够满足用人单位利益要求的结果,用人单位支付的劳动报酬也能满足劳动者维持生存和追求发展的需要。劳动行为结果一般表现为两种状态:一是物化状态,即劳动已凝结于一定的生产资料之中,表现为一定的物化产品;二是行为过程状态,即劳动行为没有转化为物化实体,仅表现为一定行为的持续过程。在劳动法律关系中,劳动行为及其结果的质量和数量都具有重要的法律意义。

劳动报酬是指劳动者因实施劳动行为而有权获得的、用人单位因支配劳动行为而有义务提供的待遇,具体包括工资、社会保险和福利等。值得注意的是,劳动报酬是与劳动行为居于同等地位的客体。劳动行为是劳动者的义务和用人单位的

---

〔4〕 关怀:《劳动法》,中国人民大学出版社2000年版,第82页。

〔5〕 董保华:《劳动关系调整的法律机制》,上海交通大学出版社2000年版,第284~286页。

〔6〕 张志铭:“中国社会主义法律关系初探”,载《法学》1988年第10期。

〔7〕 王全兴:《劳动法学》,高等教育出版社2004年版,第83~84页。

〔8〕 王勇飞、张贵成主编:《中国法理学研究综述与评价》,中国政法大学出版社1992年版,第545页。

用人权利共同指向的对象，而劳动报酬是劳动者的权利和用人单位的义务共同指向的对象。将劳动者权利所指向的对象矮化为次要客体或者辅助客体，不利于劳动者权利的保护。

2. 劳动条件

劳动条件是指生产过程中有关劳动者的安全、卫生和劳动强度等方面的条件，具体包括用人单位提供的各种劳动工具、劳动保护设施、技术资料等。劳动条件作为劳动法律关系中的客体，从劳动过程所要完成的任务来看，尽管居于次要或辅助地位，但并不意味着它所承载的利益也是居于次要地位。

三、劳动法律关系的产生、变更和消灭

（一）劳动法律关系的建立、变更和消灭的条件

劳动法律关系的建立、变更和消灭需要具备的主要条件有：一是劳动法律规范；二是法律事实。劳动法律规范是劳动法律关系建立、变更和消灭的法律依据，但劳动法律规范只是对主体权利和义务关系的一般设计，只是表明劳动法律关系主体依法享受权利和承担义务的资格和可能性，并不是现实劳动法律关系本身。劳动法律规范、劳动法律事实和劳动法律关系之间的关系是：劳动法律规范是确认法律事实的依据；劳动法律事实是劳动法律关系的建立、变更和消灭的直接前提条件，是劳动法律规范与劳动法律关系联系的中介；劳动法律关系是劳动法律事实引起的结果。[9]

所谓劳动法律事实，就是劳动法律规范所规定的、能够引起劳动法律关系建立、变更和消灭的客观情况或现象。劳动法律关系的建立是指劳动者同用人单位依据劳动法律规范，明确相互间的权利义务，形成劳动法律关系的行为。劳动者和用人单位要实现自身的劳动权利和劳动义务，就必须通过协商达成一致，建立劳动法律关系。用人单位的实际用工即可视为双方达成一致，因此，用人单位自用工之日起即与劳动者建立劳动关系。可见，用人单位的实际用工，就是引起劳动法律关系建立的法律事实。

劳动法律关系的变更是指劳动者同用人单位根据劳动法律规范，变更原来劳动合同中确定的权利义务的内容。引起变更劳动法律关系的客观情况，一般是劳动法律关系主体双方意思表示一致的合法行为。劳动法律关系的消灭是指劳动者同用人单位根据劳动法律规范，终止其相互间的劳动权利义务关系。消灭劳动法律关系的客观情况，一般包括行为人的合法行为和违法行为及事件。在实践中，劳动法律关系消灭的情形有：因有效期限届满或目的实现而终止；因主体消灭或丧失

〔9〕 李景森、贾俊玲：《劳动法学》，北京大学出版社 2000 年版，第 51 页。

一定资格而消灭等。例如,经过双方协商或单方依法解除劳动合同,以及劳动合同期限届满,均可以引起劳动法律关系的消灭;因劳动者触犯刑法被监禁,从而引起劳动法律关系的消灭;劳动者完全丧失劳动行为能力或者死亡,也会引起劳动法律关系的消灭。

(二)劳动法律事实的种类

根据我国劳动法的规定,能够引起劳动法律关系产生、变更和消灭的劳动法律事实是多种多样的。按照其发生是否以行为人的意志为转移来划分,可以将其分为行为和事件两大类。

1. 行为

劳动法律事实的行为是指劳动法规定的,能够引起劳动法律关系产生、变更和消灭的人的有意识的活动。按照行为是否符合法律规定,可以将行为分为合法行为和违法行为。按照行为人所处的地位和实施行为的目的、性质和职责,可以将其分为劳动法律行为、劳动行政管理行为、劳动仲裁行为和劳动司法行为四类。

2. 事件

劳动法律事实的事件是指不以行为人的意志为转移的客观现象。事件包括自然现象和社会现象。自然现象如地震、洪水以及劳动者的人身伤残、疾病、死亡等。如《劳动合同法》第44条规定,劳动者死亡,或者被人民法院宣告死亡或者宣告失踪的,劳动合同终止。社会现象如战争、动乱等。这些事件虽然不以人的意志为转移,但在一定条件下,能够引起劳动法律关系的产生、变更和消灭。

| 思考 |　1. 劳动法律关系消灭后劳动者与用人单位之间是否还存在权利义务关系?
2. 若存在,这些权利义务关系该如何认定?

第二节　劳动行政法律关系

一、劳动行政法律关系概述

劳动行政法律关系是指劳动行政主体和劳动行政相对人之间,为实现劳动法律关系而依据有关劳动行政法规而形成的权力(或权利)义务关系。劳动行政法律关系的实质是一种行政法律关系。它具有行政法律关系的特征,如其主体一方必须是行政主体、劳动行政主体之间的地位不平等、行政权力的不可处分性等。劳动行政法律关系是作为社会管理者的国家对劳动法律关系所进行的调整。它不是指政府加入到劳动法律关系中来，而是国家为了使劳动法律关系更好地运行，使劳动法律规范能够得到有效的实施而加以行政上的监督与引导。

由于劳动行政法律关系所调整的劳动关系的特殊性及其行政相对人的特定性，劳动行政法律关系还具有一般行政法律关系所不具有的特征：

第一，劳动行政法律关系以保障劳动法律关系的顺利运行为目的。一般的行政法律关系都是以控制行政主体的行政权力、实现政府的行政职能为目的的。劳动行政法律关系作为一类特殊的行政法律关系，是劳动法与行政法共同调整劳动关系的产物，它指向的是劳动者与用人单位之间的权利义务关系。也就是说，劳动行政主体在行使行政职权的时候都是以劳动法律关系的顺利运行为出发点的。促进劳动就业、对用人单位及劳动者遵守劳动法的情况进行行政监督、维持劳动力市场的秩序是劳动行政主体的主要目的。而对于劳动行政相对人，特别是对于劳动者来说，合理的行政权的介入是其劳动权益能够有效得到保障的重要因素。

第二，劳动行政法律关系以保护公平兼顾效率为价值取向。公平与效率是法的两个基本价值，但是这两个基本价值在法律上往往很难得到同等保护，法律在对某个法律关系进行调整时常常要在两者之间进行抉择，要么以效率优先兼顾公平，要么以公平优先兼顾效率。行政法也不例外，在行政法律关系中，要使行政主体实现管理社会的职能，相关的行政法律就得从价值选择的角度赋予行政主体相应的行政权力。劳动关系属于市场经济关系的范畴，在劳动力市场中，市场机制自发地倾向于效率而难以顾及公平。这种情况往往会使处于弱势方的劳动者的合法权益难以得到保障。劳动行政法律关系就是从首先保障公平的角度来对劳动关系进行调整，在保障公平的前提下兼顾效率，弥补市场机制的调整缺陷。

第三，劳动行政法律关系是以宏观的劳动管理为基本内容。在调整劳动关系的过程中，劳动行政主体并不是以加入劳动关系的方式，成为劳动关系的一方当事人来对劳动关系进行调整，而是独立于劳动法律关系之外，通过行政的手段对劳动法律关系进行宏观上的把握，保证劳动法律关系及相关的劳动服务关系的各方当事人在法律的规定范围内活动。劳动行政法律关系所要调整的劳动关系涉及多个方面，如社会保险关系、劳动合同关系、劳动安全卫生关系等，但是对这些劳动关系的调整，行政主体都是站在劳动法律关系之外的角度，即第三人的角度从宏观领域来进行的。

二、劳动行政法律关系的要素

（一）劳动行政法律关系的主体

劳动行政法律关系的主体是指劳动行政法律关系的参加者，它包括劳动行政主体和劳动行政相对人。

1.劳动行政主体

劳动行政主体是指依法享有相关劳动行政职权,从事劳动行政管理活动,独立承担法律后果的行政组织。劳动行政主体的法律资格要件主要有三:第一,劳动行政主体必须是享有相关劳动管理职权的组织;第二,劳动行政主体是能够以自己的名义实施相关劳动行政活动的组织;第三,劳动行政主体能够独立承担行政责任。根据我国法律的规定,劳动行政主体主要可以分为三类:

(1)专门行使劳动行政职权的国家劳动行政机关,即劳动行政主管机关。我国《劳动法》第9条规定:"国务院劳动行政部门主管全国劳动工作。县级以上地方人民政府劳动行政部门主管本行政区域内的劳动工作。"中央的劳动行政机关即国务院下设的人力资源和社会保障部(即原劳动与社会保障部),其主要职责是在国务院的领导下,起草有关的劳动行政法规,制定劳动行政规章和基本标准;对劳动法律、法规、规章的实施情况进行监督检查;拟定促进城乡就业的基本政策和措施,规划劳动力市场的发展,组织建立、健全就业服务体系;拟定劳动和社会保障工作的基本方针、政策及劳动和社会保障制度改革的总体方案,组织实施国家的劳动和社会保障政策及措施等。

地方的劳动行政机关是指设于各地方省、市、县的人力资源和社会保障厅、局。地方的劳动行政机关的主要工作便是在劳动法及行政法所规定的职权范围内主管本辖区内的劳动工作。在行使劳动行政职权的过程中,地方劳动行政机关不仅要受人力资源和社会保障部的业务领导,而且要受地方政府的领导。

(2)兼有劳动行政管理职能的其他行政机关,如卫生行政部门、安全生产监督管理部门、行业主管行政机关等。由于劳动行政职权所涉及的业务范围广,行政对象多,根据专业化的要求,其他行政机关也行使相关的劳动管理职权。对于这种情况,我国法律赋予了其他行政机关在其各自职权的范围内可以对劳动行政相对人实行劳动行政行为的权力。例如,财政、审计部门可依法对工伤保险基金的征收管理情况进行监督;卫生行政部门可依法对用人单位进行卫生行政检查;安全生产监督管理部门可依法对劳动生产过程进行安全生产的监督与检查等。

(3)经过授权而具有一定的劳动行政职能的职业介绍机构、社会保险经办机构和劳动安全卫生检测机构等社会机构。其在法律授权的范围内作为行政主体行使职权,也具有劳动行政主体的资格。劳动关系是一个涉及劳动者和用人单位的类型和数量都较多的社会关系。国家要实现对劳动力市场的宏观管理,引导劳动力市场合理运行,促进劳动就业和社会稳定,单靠政府内的劳动行政机关是很难实现的,还应当通过社会各种类型的组织机构对劳动力市场进行规范化管理。在我国,享有劳动行政职权的社会机构主要包括社会保险经办机构、劳动安全卫生检测机构等。这些社会机构的劳动行政职权来源于政府的授权,其在授权范围内行使的行政行为是具有法律效力的,如社会保险经办机构对社会保险费的征缴行为，便具有法律的效力。

2. 劳动行政相对人

劳动行政法律关系的另一方当事人，即劳动行政法律关系的行政相对人，是劳动行政法律关系中负有接受劳动行政义务的一方当事人。与劳动法律关系不同，在这里，劳动者与用人单位是处于行政法律关系的同一方当事人。

劳动行政法律的相对人主要包括：(1)劳动者与用人单位；(2)劳动者团体与用人单位团体；(3)劳动服务主体。劳动服务主体是在劳动服务法律关系中处于提供服务一方的主体，由于其对劳动法律关系的重要影响作用，将其纳入行政相对人的范围是必要的。

| 思考 |　*劳动行政法律关系的主体与劳动行政主体的区别是什么？*

(二)劳动行政法律关系的内容

劳动法律关系的内容是指劳动行政主体与劳动行政相对人在劳动行政法律关系中所享有的权利(权力)与所应承担的义务。

1. 劳动行政主体的行政职权

劳动行政主体应该在法律规定的范围内行使行政职权。从行政权的性质角度看，我国劳动行政机关的行政职权主要包括以下几个方面：

(1)对相对人执行劳动法律法规的情况进行监督和检查的权力。这是劳动行政主管机关的主要劳动行政职权之一，也是劳动行政主体维护劳动法律法规的权威、促进劳动力市场稳定的重要职责。劳动行政组织在其法律职权的范围内，通过对劳动行政相对人的执法行为进行监督和检查，实现行政目的。例如，劳动行政机关对用人单位的用工条件进行的检查；安全生产监督部门对用人单位的安全生产设施实施的突击检查；劳动行政机关对劳动服务主体的服务资格进行的监督检查等都属于劳动行政主体的行政监督检查行为。

(2)组织制定、拟定和实施相关劳动政策、规章、标准及措施的权力。劳动行政主管机关还拥有制定、拟定和实施相关劳动政策、规章、标准及措施的权力。由于社会情况的多变性，法律不可能事无巨细地进行规定，这就要求有关的主管行政机关根据社会的需要，在法律的框架内对其管辖事项做出较为明细的实施标准和政策。对劳动行政机关而言，拥有对国家的社会保险制度、就业服务制度、职业资格认证体系、最低工资标准等制度体系的完善，根据社会的需要，组织制定相关的政策、规章和标准，并加以实施。

(3)对劳动相对人申请的有关事项进行行政确认的权力。行政确认权是行政机关依法对行政相对人的法律地位、法律关系及法律事实做出甄别，并给予确认的权力。劳动行政主体的行政确认权是劳动行政主体行政职权的重要组成部分,也是行政相对人的合法权益得到有效保障的基础。例如,对工伤事故中伤亡的原因、责任的确认;对锅炉压力容器事故原因和责任的确认;对特别重大事故的技术鉴定等都属于劳动行政确认的范围。

(4)劳动行政许可。劳动行政许可是指劳动行政机关根据公民、法人或者其他组织的申请,经依法审查,准予其从事特定活动的行为,是劳动行政机关允许相对人从事某种活动,授予相对人具有某种权利的行为。具体包括:企业实行特殊工时制度的许可、技工学校设立许可、职业技能鉴定机构设立许可、中外合作职业培训机构的许可、外国人入境就业许可等。

(5)对违反劳动法律法规的行为进行劳动行政处罚的权力。劳动行政处罚权是国家劳动行政部门或者相关行政主体依法对违反劳动法律法规的行为给予制裁的权力。

(6)法律授予的其他职权。除了以上的行政职权外,劳动行政机关还拥有法律法规所授予的其他职权,如对相关劳动数据进行统计的职权等。

2. 劳动行政相对人的权利

(1)获得相关行政服务的权利。劳动行政相对人在劳动行政法律关系中有获得行政服务的权利。行政主体应当及时为劳动行政相对人提供相应的劳动行政服务,使各劳动行政相对人能够及时获得所需的信息和服务,从而促进劳动法律关系顺利地进行。现代社会政府的职能已经发生了很大的改变,建立服务型政府是世界各国行政体制改革的主要目标,因此,为行政相对人提供公共行政服务乃是各行政机关的职责所在。

(2)获得资格认证的权利。获得资格认证的权利是指劳动行政相对人在达到国家法律所规定的标准和条件时,有权要求国家行政机关对其进行相关的资格认证。这种资格认证的权利主要包含两个方面:一方面指劳动者获得相关职业资格认证的权利,如职业技能认证、劳动力能力鉴定等;另一方面指用人单位和劳动服务机构获得相关主体资格认证权利。

(3)要求行政机关依法行政的权利。有法可依、有法必依是我国法制建设的基本原则,任何单位和个人都应该在法律规定的范围内进行活动,劳动行政机关亦是如此。在劳动行政执法过程中,劳动行政相对人有要求劳动行政机关根据法律规定、程序和内容进行执法的权利,如要求劳动行政执法人员出示工作证、要求劳动行政行为按法定程序进行等。

(4)控诉权。控诉权是指劳动行政相对人对劳动行政主体及其工作人员作出的行政行为有权向其上级机关或其他行政监督机关申诉、控告、检举,同时也有权向人民法院提起行政诉讼,寻求司法机关予以救助的权利。控诉权是由劳动行政相对人主动提起要求国家纠正不法行政行为的权利。

(5)法律赋予劳动行政相对人的其他权利。劳动行政相对人的权利是相当广泛的,除了以上的权利外,劳动行政相对人还拥有劳动行政信息的参与权,对劳动行政主体的不当行为进行批评、建议的权利等。

(三)劳动行政法律关系的客体

劳动行政法律关系的客体是体现一定利益的载体,既可以包括物,也可以包括行为(作为和不作为)。由于行政相对人较为多样,既包括劳动者,也包括用人单位,还包括劳动服务机构等,因此劳动行政法律关系的客体也相对来说比较复杂,具体来说可以分为两类:一类是基于劳动关系而形成的劳动者与用人单位的行为和财产,如劳动者与用人单位签订、变更、续订、解除劳动合同的行为;用人单位在劳动过程中使用劳动力的行为;用人单位的劳动用工条件,劳动安全设施等。另一类是基于劳动服务关系而形成的劳动服务主体的行为和财产,如相关机构申请成为劳动服务主体的行为;社会保险机构向劳动者与用人单位征缴社会保险金的行为等。

资料链接　转型时期政府在劳资关系中的角色

和谐社会需要各种社会关系的和谐与稳定。劳资关系是最基本的社会关系,它的稳定和谐直接关乎和谐社会的建设。正如恩格斯指出的,“资本和劳动的关系,是我们现代全部社会体系所依以旋转的轴心”。这迫切要求政府及时找准自身在劳资关系中的角色,对劳资关系实行政府干预。

国内有学者对海内外专家的研究成果作了系统的梳理,将政府在劳资关系中扮演着的角色概括为五种,简称为“五P”角色,即第一,劳动者基本权利的保护者(Protector);第二,集体谈判与雇员参与的促进者(Promoter);第三,劳动争议的调停者(Peace-maker);第四,就业保障与人力资源的规划者(Planner);第五,公共部门的雇佣者(Public sector employer)。

从劳资关系发展的历史来看,政府的角色在不同经济发展时期也不一样。资本主义原始积累阶段,资产阶级为了巩固和发展资本主义生产关系,公开使用国家暴力颁布了一系列血腥恐怖的“劳工法规”,其行政职能在劳资关系上的表现就是政治统治职能的极端强化,用鞭打、烙印、酷刑等手段强迫劳工劳动,对劳工进行敲骨吸髓的压榨。自由资本主义时期受“夜警”理论的影响,政府在劳资关系上的角色是“守夜人”,反对对劳资关系进行干预,依靠市场这只“无形的手”来调节和引导劳资关系。进入垄断资本主义时期以后,资本主义所固有的矛盾日益尖锐,形成了干预主义的政府职能论,强调政府对劳资关系进行全面干预,来保证劳动市场秩序和劳动者的合法权利,并在收入及分配领域采取一系列福利措施。当代西方国家的行政职能在劳资关系上呈现出如下发展趋势:通过吸收工人参与管理,以缓和劳资矛盾、改善劳资关系,即政治职能中保持社会稳定的调节职能趋于加强,政府的综合协调劳资关系职能的强化与行政职能的社会化同步进行。

从国别来看,由于不同国家的历史背景和传统文化不同,其政府在劳资关系中扮演的角色亦有差别。在执法问题上,美国突出的特点就是利用政府的力量,通过政府采购的方式,来影响和制约雇主的雇佣行为。德国通过劳动者的参与制,促进经济民主来达到对劳工权利的保障。欧盟及其成员国常将保障劳工权利的理念化作为开发与援助项目政策,如职业开发项目、生活援助项目等,通过社会化的方式来推动劳动法制的实现。

在中国,随着市场经济体制的逐步确立,行政化的劳资关系已为新型的市场化的劳资关系所取代,过去处于"主人翁"地位的劳动者开始以劳动力的所有者身份进入劳动力市场。但市场经济下的劳动者,在这特定的社会转换时期,尚未享有与资本权利相对应的权利,导致劳资关系矛盾凸显。政府应积极采取包括立法、执法、司法在内的各种措施来保障劳动者的各项权益以实现社会和谐稳定,应利用一切可利用的资源扩充就业渠道,改善劳动条件,防止劳动灾害。

具体来说,当前政府在劳资关系中应扮演如下九种角色:

一是劳工政策的制定者。政府依照法定的权限和程序制定劳动行政法规及规章以规范劳资关系,使劳资双方和各项劳动事务都有法可依,具体表现在对工资、工时、职业培训、保险福利、女职工和未成年人特殊保护和劳动者安全卫生等方面。政府以劳工政策为主要内容的行政立法及其他抽象行政行为对于完善我国的劳动法律体系是不可或缺的。

二是劳工权利的保护者。劳动者在劳资关系中相对于强大的用人单位或资方处于弱势地位,这往往会导致劳动者的合法利益得不到保护。作为社会公共利益保护者和社会公正代表者的政府有责任将劳资关系建立在尊重劳动者基本人权和各项劳动权利的基础上,使广大劳动者都能够分享社会进步和经济发展的成果,从而达到整个经济和社会的协调与和谐发展。温家宝总理作为政府首脑亲自为农民工维权,得到了整个社会的称赞和认同,也推动了全国各地形成治理欠薪的社会合力。随着科学发展观统领经济社会发展全局,政府保障劳工权利的手段必将得到进一步加强。

三是劳工就业促进者。社会稳定在很大程度上取决于良好的就业状态,也决定了政府在就业问题上负有重大责任。就业已不是个人的私事,要求政府依靠公共权力以积极作为的方式来促进、保障就业权的实现,并采取积极步骤推动市场由放任的"自由市场"(free market)向有控制的"社会市场"(social market)发展。建立健全公共就业服务体系,提高公共就业服务的质量和效率;完善经济结构,避免低劣性就业;维护劳动市场秩序,营造公平竞争的就业环境;促进残疾人员的职业康复,扶助特殊社会群体就业等已成为各国政府在就业促进中的重要责任。

四是劳动法制的践行人。根据我国劳动法的规定,国家机关、事业组织、社会团体和劳动者以劳动合同形成的劳动关系,由劳动法来调整。因此,政府本身也是用人单位，使用着大量的劳动力。虽然作为劳动法的特别法——《国家公务员法》专门调整国家公务员的劳动关系，但劳动法仍然有着直接重大的影响。处于这个角色中的政府即是雇主，是劳资关系的一方当事人，作为法治的推行者，理应恪守现行劳动法律法规，自觉接受劳动法律规范的调整。

五是劳动安全的守护神。为劳动者提供劳动安全保护是法治社会对政府的必然要求，也是政府维护社会稳定和发展的现实需要。代表劳动者利益的劳动权与代表雇主利益的产权构成了市场经济的现代企业的基本权利结构，由于流动性差的劳动力对流动性强的资本的依附性，使得用人单位的谈判能力相对于劳动者来说居于强势地位，导致"骄傲"的资本经常肆无忌惮地将劳动者视为获取利润的工具，视劳动者为非人、下人或物质，吞噬劳动者的各项权益。在这里，国家首先应当突出和保护的是劳动、劳动者，保护劳动者的生命安全和身体健康。因为"劳动是生产的真正灵魂"。

六是人力资源的开发管理者。人力资源的开发是国家竞争优势的关键，也是实现再就业的重要一环。因此，人力资源的开发与管理又成为政府的一项突出职能，政府应该以挑战的眼光来回应这个问题。目前，我国企业迫切需要扩大企业规模，尽快形成和发展一批拥有自主知识产权、主业突出、核心能力强、具有国际竞争力的大企业和企业集团。而这一切，全体社会成员整体素质的提高是前提，人才是关键。各级政府只有实现人力资源的有序开发、科学管理，才能避免低劣性就业的恶性循环，促进高质性就业，才能建立起我国的人力资源竞争优势，为社会发展和经济建设提供人才保证。

七是劳动基准实施的监督者。政府对劳动基准的实施进行监督、监察是国家公权介入，平衡和补救强弱主体内在矛盾而建立起来的一项法律制度，是为了保障劳动者而实施的强制性手段。因此，劳动与社会保障部的主要职责就是代表国家行使劳动的监督检查职权，对劳动基本标准组织实施和监督检查，并监督地方劳动和社会保障部门的监督工作。

八是劳动争议的调停者。劳动行政部门不仅行使自身的行政权，而且还享有一定的司法权。劳动行政司法行为是一种按照准司法程序建立起来的特殊具体行政行为，通过审理和裁处劳动争议或纠纷，以影响劳动者和用人单位之间的权利、义务关系，如劳动仲裁、调解行为等。劳动行政司法行为能够及时、便捷、专业化地解决纠纷，能有效防止矛盾激化，化解劳资矛盾，保持社会稳定，促进社会和谐。

九是劳资和谐的倡导人。构建和谐社会，就是要理顺、优化社会主义市场经济中的各种社会关系。劳资关系作为一种核心的社会关系，对政治、经济、文化所体现的社会关系具有直接的对应性影响。党和政府已充分认识到构建和谐劳资关系对构建和谐社会的意义，根据时代的发展、社会的进步、改革的深化，以创新的理论推动劳动领域工作的创新、发展，并不断提出新的要求，以引领劳资关系的发展方向。在实践上正在努力建立规范有序、公正合理、互利共赢、和谐稳定的新型劳资关系，不断增进生产者、经营者与劳动者的理解与合作,努力实现劳资关系双方共赢,形成共谋发展、共创美好生活的良好局面。

(摘自《党政干部论坛》2007 年第 6 期)

三、劳动行政法律关系与劳动法律关系的区别

劳动行政法律关系与劳动法律关系都是为使劳动关系合法、有序、安全地运行而成立的法律关系,在内容上相互协调、相互促进。劳动法律关系是调整劳动关系的基础法律关系,是劳动行政法律关系发挥作用的前提;而劳动行政法律关系则为劳动法律关系提供国家保护,是劳动法律关系正常运行的保障。虽然劳动行政法律关系与劳动法律关系有紧密的联系,但二者的区别也是很明显的,主要体现在:

首先,两者主体的构成和主体之间的关系是有区别的。劳动法律关系的双方主体是用人单位与劳动者,劳动者在用人单位的指挥下从事劳动,它们之间的关系是具有一定人身隶属性质的平权关系,在诉讼中可以互为原被告。劳动行政法律关系的双方主体是劳动行政主体和劳动行政相对人,劳动行政主体与劳动行政相对人之间是一种行政隶属关系,劳动行政主体具有法定性,且在行政诉讼中主体是恒定的,被告只能是行政主体。

其次,劳动法律关系贯彻自由协商原则,劳动者与用人单位在不违反法律规定的前提下,可以自由协商,可以建立、变更甚至解除劳动法律关系。而劳动行政法律关系在意思表示上具有单方性,其成立、变更和消灭一般不以双方当事人的意思表示合意为要件,主体双方的权利义务都是法定或者依法确定的。

最后,在权利义务结构方面,劳动法律关系中的权利义务结构是对等的,总体呈现平衡特征,双方均不能互为强制。劳动行政法律关系主体双方的权利义务结构呈现为不对等性的特征,相对人应当履行劳动行政主体为其依法设定的义务,否则,可以依法采取强制措施。

第三节　劳动服务法律关系

一、劳动服务法律关系的概念和分类

劳动服务法律关系是指劳动服务主体与劳动者和用人单位之间,在劳动服务过程中依据相关的劳动法律规范和民事法律规范而形成的权利义务关系。劳动服务法律关系是劳动关系的辅助关系,劳动服务主体通过为劳动者与用人单位提供相应的服务来获取相关的利益或实现促进劳动关系发展的目的。劳动服务法律关

系受到劳动法与民法有关内容的共同调整，是一种交叉型的法律关系，它具有民事法律关系的一般属性，但与一般的民事法律关系相比，又具有一些较为突出的特征，主要表现在：

第一，劳动服务法律关系的双方当事人是特殊主体，而不是一般主体。其主体为劳动服务主体和劳动服务对象两方。劳动服务主体是获得劳动服务资格的有关机构，劳动服务对象是用人单位和劳动者。

第二，劳动服务法律关系的目的较为明确。从宏观上来说，劳动服务法律关系的目的是通过为劳动服务对象提供劳动服务从而实现为劳动关系的正常运行提供条件的目的。

第三，劳动服务法律关系的内容是营利性与非营利性的结合。劳动服务是促进社会经济加快运行的一种手段，它是市场经济的组成内容，因而具有营利性的特点，但同时劳动服务也是国家进行宏观调控，促进劳动力的合理配置的一个途径，因此具有公益性的特点。所以劳动服务法律关系是营利性与非营利性的统一。

劳动服务法律关系根据不同的标准，可以分为不同的种类。如根据服务的内容不同，劳动服务法律关系可以分为就业服务法律关系、职业培训服务法律关系、劳动保护服务法律关系、社会保险服务法律关系等；根据劳动服务是否具有营利性，可以将劳动服务法律关系分为有偿性劳动服务法律关系与无偿性劳动服务法律关系；根据提供劳动服务的目的不同，可以分为管理性劳动服务法律关系与经营性劳动服务法律关系；根据劳动服务性质的不同，可以将劳动服务法律关系分为技术型劳动服务法律关系与财产型劳动服务法律关系。

| 思考 |　职业介绍公司与劳动派遣公司的区别有哪些？

二、劳动服务法律关系的构成

（一）劳动服务法律关系的主体

劳动服务法律关系的主体，即劳动服务法律关系的参加者，是指劳动服务法律关系中发生权利义务关系的双方当事人。劳动服务法律关系包括劳动服务主体与劳动服务对象两类。劳动服务主体是为劳动者和用人单位提供劳动服务的一方当事人。劳动服务主体必须是法律规定的具备劳动服务权利能力和劳动服务行为能力的单位。它既要符合民法所规定的法人等民事主体的必备条件，又要具备劳动法所规定的与特定劳动服务项目相对应的专职人员、设施设备、规章制度、信息、技术等方面的特殊条件，并且还必须履行劳动法所规定的特殊程序。劳动服务主体的主体资格一般是经由国家行政机关认可的，能够在法律规定的范围内从事特定劳动服务的资格。

劳动服务对象就是劳动者与用人单位,它们都可以从劳动服务主体那里获得相应的服务,只是服务的内容可能有所不同。作为劳动服务的接受者,劳动者与用人单位根据各自的需求与劳动服务主体发生权利义务关系。

(二)劳动服务法律关系的内容

劳动服务法律关系的内容是指劳动服务主体与劳动服务对象之间因劳动服务的提供与接受而产生的各种权利与义务。这些权利与义务一般情况下均是由国家的法律规范进行规定的,但在法律规定不明确的情况下,劳动服务法律关系双方主体也可以在不违反法律与社会公共利益的前提下通过订立合同的方式形成服务权利与义务。在有偿服务的情况下,劳动服务主体的权利主要是通过向用人单位和劳动者提供服务,收取一定费用的权利。在无偿服务的情况下,劳动服务主体不能向劳动者或用人单位收取服务费用。另外,劳动服务主体的服务范围是经由国家行政机关核准确认的,当其依法成立后便不能随意更改或扩大服务范围,也不得拒绝提供服务范围内的相关服务。

劳动服务对象在劳动服务法律关系中的主要权利是获得劳动服务。用人单位与劳动者分别根据自己的需要从劳动服务主体那里获得相应的劳动服务。劳动者所需的劳动服务一般是与职业获得和职业安全相关,如职业技能培训、就业信息获得、社会保险取得等。用人单位所需的劳动服务则与其用工需求相关,如职工招募服务、职工技能培训服务等。

(三)劳动服务法律关系的客体

劳动服务法律关系的客体,即劳动服务行为。首先,劳动服务行为是劳动服务法律关系的核心内容,任何一个劳动服务法律关系都离不开一定的劳动服务行为。劳动服务主体与劳动服务对象的权利与义务均是以劳动服务行为为指向的,没有劳动服务行为,便没有相关的权利与义务,也就不会产生劳动服务法律关系。其次,劳动服务行为是劳动服务主体与劳动服务对象的权利与义务的承载体。任何劳动法律服务关系中的权利与义务都是从劳动服务行为引申出来的,如在有偿劳动服务关系中,劳动服务行为除了承载劳动服务对象的权利义务之外,还承载着劳动服务主体有获得相关服务费用的权利。

三、劳动服务法律关系与相关法律关系的区别与联系

(一)劳动服务法律关系与劳动法律关系的联系与区别

劳动服务法律关系与劳动法律关系具有紧密的联系。劳动服务法律关系是为了促进劳动关系的成立与顺利运行而成立的法律关系,劳动法律关系的存在是劳

动服务法律关系存在的前提，劳动服务法律关系对劳动法律关系具有促进作用。这种作用具体表现在：劳动服务主体中的就业服务机构通常是劳动者与用人单位缔结劳动法律关系的纽带；而当劳动法律关系成立后，相关的劳动服务主体又促进劳动法律关系不断向前发展。

虽然劳动服务法律关系与劳动法律关系之间有较为密切的联系，但两者的区别也是比较明显的：首先，两者受到不同法律部门的调整。劳动服务法律关系主要受民法的调整，而劳动法律关系主要受劳动法调整。其次，两者的内容和客体不同。从内容来看，劳动服务法律关系的内容是主体双方基于劳动服务而产生的权利和义务，而劳动法律关系的内容是主体双方基于劳动力的使用和保护而成立的权利义务；从客体来看，劳动服务法律关系的客体是劳动服务行为，而劳动法律关系的客体较为复杂，其基本客体是劳动行为和劳动报酬。最后，两者的表现形式不同。劳动法律关系的表现形式是劳动合同，适用专门的劳动合同法，而劳动服务法律关系以劳动服务合同为表现形式，适用一般的合同法。

（二）劳动服务法律关系与劳动行政法律关系的联系与区别

劳动服务法律关系与劳动行政法律关系都是以促进劳动关系的实现与发展为目的的法律关系，它们都以劳动关系的存在为前提。两者的区别主要体现在：第一，劳动行政法律关系的本质是行政法律关系，而劳动服务法律关系的本质是民事法律关系，两者的构成要件分别符合一般的行政法律关系和民事法律关系的构成特征。第二，劳动行政法律关系是一种隶属型的法律关系，强调主体间的服从管理，而劳动服务法律关系是一种平权型的法律关系，强调主体间的意思自治。第三，劳动行政法律关系中的“服务”，具体体现为依法行政，是全心全意为人民服务的理念在劳动行政执法中的体现；在有偿的劳动服务法律关系中，是为了获得一定的对价并根据一定的对价而提供的服务。

课后实训

一、关键词解释

劳动法律关系的客体　　劳动行政法律关系　　劳动服务法律关系

二、选择题

1. 劳动法律关系与劳动关系的区别，主要有（　　）。

A. 劳动法律关系就其主观形式特征而言，具有思想意志关系的属性；劳动关系则属于社会的现实

B. 劳动法律关系是凝结着国家意志的法律规范作用于社会生活的过程和结果；劳动关

系则是劳动法调整的对象,其现实本身的价值需要劳动法律来衡量

C. 劳动法律关系是由国家强制力保障的社会秩序;一般而言,劳动关系则不具有这一强力保护的效力

D. 劳动关系的范围大,劳动法律关系的范围相对小

2. 下列属于劳动法律事实的有(　　)。

A. 合法行为　　B. 违法行为　　C. 劳动者死亡　　D. 地震

三、思考题

1. 劳动法律关系的性质是什么?

2. 劳动行政法律关系的功能有哪些?

3. 劳动服务法律关系构成要件有哪些?

第五章　就业促进制度

内容提要

本章为就业促进制度，共分为三节，主要围绕就业与就业促进、就业促进主体、政府就业促进的主要措施展开。本章的重点是就业的内涵、就业促进方针、就业促进的责任主体、我国政府就业促进的法定职责和主要措施。难点是对就业促进目标和政府是就业促进的最主要责任主体的深刻理解。

第一节　就业与就业促进

一、就业

(一)就业的内涵

学习就业促进，首先要正确地界定就业的内涵。就业是一个十分复杂的社会经济问题，在不同的学科中有不同的解释：从劳动经济学的角度看，就业指的是劳动力与生产资料相结合，生产社会物质财富并进行社会分配的过程；从社会学的角度看，就业是劳动者个人的谋生手段，对全社会而言则指劳动力和生产资料两大资源得到合理利用的过程；在法律上尤其是劳动法上，“就业是指具有劳动能力的劳动者在法定劳动年龄内自愿从事某种具有一定劳动报酬或经营收入的社会劳动”；[1]从劳动者的权利角度而言，劳动者依法享有的劳动权，只有通过就业才能实现。在就业之前，劳动权利仅仅是一种主观权利，通过就业，促使劳动者与生产资料结合，劳动权才成为客观现实。

---

〔1〕 关怀主编：《劳动法》，中国人民大学出版社2001年版，第102页。

探讨

本书认为,就业主体不单纯指劳动法上的劳动者,就业主体应包括需要通过建立劳动关系以获得劳动报酬为目的的劳动者和并不需要通过建立劳动关系以获得经营收入为目的的自主创业者、自谋职业者。只不过就业主体主要是劳动者,自主创业者、自谋职业者相对而言只是少数。

从法律上把握就业含义应明确下述要点:

1. 就业的主体必须符合法定的就业年龄。劳动年龄,是法律确认公民享有就业的主体资格的基本标志。国际劳工组织、世界各国都对劳动者就业最低年龄和就业最高年龄作了严格规定,只有在法律规定的年龄段内,劳动者才具备就业的条件,否则便不能就业。

资料链接

1973 年国际劳工组织《最低就业年龄公约》(第 138 号公约)规定的准予就业最低年龄为 15 周岁,在不发达国家可暂定为 14 周岁。[2] 德国、瑞士等国为 14 岁,日本为 15 岁,巴林、卢旺达、菲律宾等许多发展中国家为 14 岁,朝鲜、英国以及美国的大多数州都为 16 岁。我国就业最低年龄高于国际劳工组织标准,劳动法规定,年满 16 周岁的公民才具有就业的资格。劳动年龄的上限即为退休年龄。我国规定,男性为 60 岁,女性为 55 岁。某些法定特殊情况下,劳动年龄可依照法定程序提前或推后。《劳动法》第 15 条规定:"禁止用人单位招用未满十六周岁的未成年人。""文艺、体育和特种工艺单位招用未满十六周岁的未成年人,必须依照国家有关规定,履行审批手续,并保障其接受义务教育的权利。"第 58 条第 2 款规定:"未成年工是指年满十六周岁未满十八周岁的劳动者。"

2. 就业的主体必须具有劳动能力。劳动能力属于自身生理因素,而不是由法律规定的。根据自然人的生理状况就业的主体的劳动能力一般表现为三种情况,即有完全劳动能力、有部分劳动能力和无劳动能力。具体来讲,因生理状况不能劳动的,视为无劳动能力的人;因生理状况不能提供正常劳动,但又没有完全丧失劳动能力的,视为有部分劳动能力的人;而身体健康、智力健全的人则是有完全劳动能力的人。只有达到法定年龄,具有完全劳动能力或部分劳动能力者,才能成为就业的主体。反之,达不到法定年龄,即使是具有劳动能力的人,也不能成为就业的主体。同时,无劳动能力的人,无论是生来就没有,还是后来因丧失劳动能力而离

---

〔2〕《最低就业年龄公约》(第 138 号公约)第 2 条。

开劳动岗位，都不具备就业主体资格。

3. 就业必须是出自就业的主体的自愿。劳动是公民的一种基本权利，因为是权利，故他可以行使也可以放弃，这完全取决于公民自己的意志。1930 年国际劳工组织第 29 号《强迫劳动公约》和 1957 年第 105 号《废除强迫劳动公约》要求批准国有义务在尽可能短的时间内，做到禁止所有形式的强迫或强制性劳动。

资料链接

第 29 号公约规定了强迫劳动的定义："以任何处罚相威胁强迫任何人从事非本人自愿的一切劳动或服务"，但义务兵役制、履行公民义务、监狱劳动、紧急情况下要求的劳动以及小型村镇工程不属于公约所指强迫劳动范围。第 105 号将强迫或强制性劳动的范围进一步扩大，特别是延伸到禁止为政治和经济目的的强迫或强制性劳动。公约规定，禁止为以下目的使用任何形式的强迫或强制劳动：作为政治强制或教育对不同政见者惩罚的措施；作为动员和使用劳动力用于经济发展目的的方法；作为劳动纪律措施；作为对参加罢工的惩罚；作为实行种族、社会、民族或宗教歧视的措施。

4. 就业必须是一种能够为社会创造财富或有益于社会的劳动。就业要求就业的主体必须从事法律允许的有益于社会的社会劳动。这是就业的主体的劳动是否得到社会承认和法律保护的客观依据。违反法律规定和社会公共利益的，不能作为就业的内容。

| 思考 |　从事卖淫、贩毒、打手、聚众赌博等活动是"就业"吗？

5. 就业必须使就业主体能够获得一定的劳动报酬或经营收入。参加社会劳动和取得相应报酬或经营收入用以维持劳动者本人及其赡养一定的家庭人口的基本生活需要是就业不可偏废的两个方面。

| 思考 |　公民为自己洗衣服等家务劳动、参加社会义务劳动、刑事罪犯从事改造性质的强制劳动，是"就业"吗？

6. 社会必须有劳动需求。就业是将处于相对分离的劳动力与生产资料有效地结合在一起，以实现劳动过程。就业并非就业的主体自身所能完成的，还必须要有劳动需求存在。经济学原理表明："就业是将生产的三个基本要素——自然（土地、物质要素）、劳动、资本放在一起，进行有效的结合。没有这三要素的结合，生产就不能进行。"[3]当劳动力资源供给数量大于社会对它的需求数量时，必定在社会中出现失业。就业的主体即便满足了上列全部要件也仍然找不到工作，甚至一些已就业的就业主体会失去工作。所以当劳动力资源总量过剩时，必然造成一部分劳动力不能利用，这部分就业的主体也就不能实现就业。这一因素为政府在就业的主体就业中承担社会责任提供了依据。[4]

(二)就业主体范围的界定

国际劳工组织规定的通用就业标准，是在日内瓦召开的两次国际劳工统计学会(分别在1954年和1957年)上规定的，根据这个标准，凡是在规定的年龄之上具有下列情形的，都属于就业人员：(1)正在工作中，即在规定的时间内正在从事有报酬或者收入职业的人；(2)有职业但临时没有工作的人，如由于疾病、事故、劳动争议、休假、旷工或气候不良、机件损坏、故障等原因而临时停工的人；(3)雇主和个体经营者，或者正在家庭经营企业或农场而不领取报酬的家庭成员，在规定的时间内从事正常工作时间的1/3以上的人。就业的范围一般只包括国民经济各部门所使用的劳动力，从事家务劳动、参加义务劳动或以工代赈劳动、进行生产自救的人员，以及在军队服役的军人、在学校学习的学生等，不包括在就业人员的范围内。

1982年10月召开的第13届国际劳工统计大会通过的《关于经济活动人口、就业、失业和不充分就业统计的决议》规定，就业包括有薪就业和自主就业两种形式。有薪就业是指在统计期内从事某种有酬工作的，无论该劳动报酬是采取现金还是实物的形式。如果劳动者在统计期内暂时不在工作岗位上，但是和该工作岗位有一种正式的附属关系，在临时状态结束后可以回去工作的，同样属于就业统计范围之内。自主就业是指人们在统计期内从事为赢得利润或者家庭利益的某种工作。雇主、个体经营者、生产合作社成员、不领取报酬的家庭工人以及为家庭消费而从事生产的人都属于自主就业的范围。[5]

从上可见，就业主体应包括需要通过建立劳动关系以获得劳动报酬为目的的劳动者和并不需要通过建立劳动关系以获得经营收入为目的的自主创业者、自谋职业者。只不过就业主体主要是劳动者，自主创业者、自谋职业者只是少数，但自主创业的连锁就业效应不可忽视。

所以我国应打破只有在公有制企业工作才算就业的传统观念，大力发展多种所有制形式的就业以及灵活就业；大力加强自主就业；对于有薪就业的统计，要突

---

[3]　姚裕群：《市场经济下的就业理论与就业促进》，中国劳动出版社1996年版，第70页。

[4]　黎建飞：《劳动法的理论与实践》，中国人民公安大学出版社2004年版，第204页。

[5]　周长征：《劳动法原理》，科学出版社2004年版，第235页。

破仅在国家机关、事业单位、社会团体及各类企业中从业人员的统计,[6]加强对于个体经济组织雇用的人员的统计,现阶段以及可预见的将来,要大力发展个体经济组织。[7]

二、就业促进

就业促进是指国家采取的帮助公民实现就业的一系列措施的总称。

(一)就业促进的目标

就业促进的目标是实现充分就业,但充分就业绝不是完全消除失业。

重点提示

失业是就业的对称,衡量就业状况的最基本的指标是失业率,研究失业问题出现的根本原因及解决失业问题的妥善办法是创立就业理论的根本动因。1982 年,在国际劳工组织召开的国际劳工统计大会上,给失业下了标准定义,失业是指在调查期内达到一定年龄(通常指 16 周岁)并满足以下条件者:(1)没有工作,即未被雇用也未自谋职业者;(2)目前可以工作,即可被雇用或自谋职业者;(3)正在寻找工作,即在最近特定时期(一般为 1 个月)已经采取明确步骤寻找工作或自谋职业者。当前,世界上绝大多数国家将失业定义为:在进行调查之前的 4 个星期内寻找过工作或期待着工作,并且能在两个星期内开始工作但现在(本星期)没有工作的人。只有同时具备"有劳动能力"、"有就业要求"和"目前没有工作"三个条件的人才能成为失业者。

充分就业这个概念自 20 世纪 30 年代的大萧条以后,在经济学中逐渐被普遍使用。凯恩斯于 1936 年出版了《就业、利息和货币通论》一书,作者自己宣称,此书说的是"我的充分就业学说"。按照凯恩斯的就业理论,充分就业并不是意味着完全消除失业,在充分就业状态下,摩擦性失业和自愿失业仍将存在。此后,在不到十年之中,英国战时联合政府在著名的白皮书中已把维持"高的和稳定的就业水平"作为政府"基本的目标和责任之一"。其他国家的政府,如澳大利亚、加拿大和瑞典,也确认了相似的承诺。作为公共政策上显著变化,联合国宪章第 55 条号召各成员国提倡较高的生活、充分就业、经济和社会进步与发展条件的标准。20 世纪 70 年代以来,按照现代经济学理论,根据失业的具体原因和特点,失业一般包括自愿失业和非自愿失业,且非自愿失业是失业的绝对主流。非自愿失业一般包括摩擦性失业、结构性失业、周期性失业(凯恩斯失业)、市场分割性失业(以二元

---

[6] 国家统计局:《1998 年年报劳动统计新增指标解释及问题解答》(国统办字[1998]120 号)。

[7] 《关于进一步加强创业培训推进创业促就业工作的通知》(劳社部发[2007]30 号)。

劳动力市场型为代表)等,把充分就业理解为消灭了周期性失业、市场分割性失业的就业状态。在这种状态下,摩擦性失业、结构性失业和自愿失业仍将存在,换言之,充分就业就是指消灭了周期性失业、市场分割性失业而存在摩擦性失业、结构性失业和自愿失业的就业状态。

|思考| 如果是自愿失业,还存在促进就业问题吗?

资料链接

摩擦性失业产生的原因是人们因为职业市场的信息是不完全的以及有职位空缺的雇主和寻找工作的人互相之间都要花时间去寻找产生的在工作和进出劳动力之间的持续流动过程。结构性失业是由于工作类型与寻找工作的人的不匹配所产生的。这种不匹配可能与个人的技能、学历、地理位置或年龄相关。这种情况下的失业不是由于信息不完全,而是由于劳动市场的流动性障碍,这种障碍阻止了失业者与求职者的匹配。在结构性失业情况下,市场上同时存在着工作空缺和失业者。周期性失业(有时叫需求不足失业)。这种失业产生的基本原因是经济中总需求不足以为求职者创造足够的工作。[8]

现代经济学家把主要由摩擦性失业、结构性失业引起的失业率称为自然失业率。我们在运用自然失业率概念时,必须明确:自然失业率绝不是一个固定的永远不变的常数,自然失业率并不是最优失业率。自然失业率有不断提高的趋势,自然失业率很可能高于最优失业率。所以,我们应采取措施使自然失业率降到最优的自然失业率的水平。

正因为如此,我们应把充分就业理解为消灭了周期性失业、市场分割性失业而存在最优的自然失业率和自愿失业的就业状态。所以,我国政府就业促进的主要任务就是:(1)通过反周期的扩张性宏观经济政策来提高有效需求,扩大就业机会,以就业促进来消灭周期性失业;(2)通过实行城乡统筹的就业政策,建立健全城乡劳动者平等就业的制度,引导农业富余劳动力有序转移就业来消灭市场分割性失业;(3)通过采取有效的就业服务、职业教育和培训措施来使摩擦性失业、结构性失业降到最优的水平(达到最优的自然失业率的水平)。

|思考| 我国《就业促进法》中各种就业促进措施的主要法理基础是什么?

---

〔8〕 曾湘泉主编:《劳动经济学》,中国劳动社会保障出版社、复旦大学出版社 2005 年版,第 342 ~ 348 页;[美]萨缪尔森、诺德豪斯:《经济学》,杜月升等译,中国发展出版社 1992 年版,第 349 ~ 350 页。

就业促进也是国际组织尤其是国际劳工组织关注的核心问题。联合国宪章第55条号召各成员国提倡较高的生活、充分就业、经济和社会进步与发展条件的标准，1995年10月又专门成立了联合国充分就业和生活水平工作组。主要任务是对有关国家进行就业政策调查，包括对有关国家就业政策的分析、总结这些国家就业促进的经验和问题、提出联合国关于促进充分就业和减少贫困的政策建议。国际劳工组织的《1964年就业政策公约》（第122号公约）和建议书中，明确指出："每一个会员国都应当为了鼓励经济增长和发展、提高生活水平、满足对劳动力的需求以及克服失业与就业不足而宣布和执行一项积极的政策，促进充分的、生产性的和自由选择的就业，并把它作为一个重大的奋斗目标。这项政策的目的是要确保所有可以工作并在寻找工作的人都有工作可做，而且这样的工作应当尽可能是生产性的；还要保证人人享有选择职业的自由，并且有尽可能充分的机会获得为了做适合于他的工作而需要的资格以及得以实现人尽其才，而不论他是什么种族、肤色、性别、宗教、政治观点、民族血统或社会出身。"20世纪70年代中期，举行了世界就业、收入分配和社会进步以及国际劳动分工会议。会议宣言指出就业促进和满足每一个国家人民的基本需要应当是国家发展计划和发展政策的优先目标，呼吁各国政府要检查和变动各自的发展政策，以确保人民的充分就业和获得最低限度的食物、住房等基本生活需要。1995年，在哥本哈根召开的联合国世界社会发展首脑会议上，就业促进和消除贫困成为与会各国领导人最为关注的问题。会议承诺："把促进全球充分就业作为各国经济和社会政策的基础，尽最大努力使所有的劳动者通过自由选择的、生产性的就业和工作而获得有保证的、可持续的生活条件。"各国政府首脑在会议通过的《宣言》中达成以下共识："我们承诺将促进充分就业作为经济和社会政策的一个基本优先目标"；"提倡能够最大限度创造就业机会的经济增长模式"。1999年第87届劳工大会的《体面的劳动》报告中指出："就业是劳工组织职权的核心。没有生产性就业、体面的生活标准，社会和经济发展以及个人成功等目标都将是幻影。"2001年国际劳工组织召开的"全球就业论坛"，会议通过《全球就业议程》，《议程》强调："使经济增长和繁荣的潜力得以发挥的基本条件是，生产性就业被置于经济和社会政策的核心位置，使充分的、生产性的和自由选择的就业成为宏观经济战略和国家政策的总目标。"近年来，国际劳工组织每年发表《全球就业趋势报告》（从2015年起，报告名称改为《世界就业和社会展望报告》），针对全球性就业困境，呼吁各国采取具有积极的就业促进措施。国际劳工组织于2015年1月20日发表了《世界就业和社会展望——2015年趋势》，该报告指出，全球劳动力市场在经过连续几年的危机状况之后，除美国、日本等国有所好转外，总体上还没有明显的复苏迹象，欧元区以及拉丁美洲，甚至中国、俄罗斯等新兴经济体的就业形势还有所恶化。2014年的失业人数为2.01亿，2015年失业人数预计将增加300万，更令人忧心的是，世界失业率在未来五年仍然攀升，这一数字在2019年将达到2.12亿,在2019年将需要创建2.8亿个工作岗位才能应对全球就业缺口。青年、特别是青年妇女继续不成比例地遭受失业的影响,年龄在15—24岁的人比其他成年人的失业可能性高出三倍,这些人群的失业率占13%。报告呼吁各国采取积极劳动力市场改革措施,大力促进就业,解决就业问题,特别是青年和妇女等弱势就业人群的失业问题。[9]

(二)就业促进方针

新中国成立以后至今,中国的就业机制经历了两次本质性的转型:第一次是在1949年新中国成立至1956年社会主义改造基本完成,建立了公有制的计划经济体制,由此形成了政府统包统配的计划型就业机制。它曾经为解决旧中国遗留下来的严重失业问题发挥过重要的作用。但是在这种劳动就业制度中,劳动者的劳动权不属于自己所有,没有择业的自由,而是完全由国家运用行政手段,实行统一分配和安排,被动地依赖和接受国家的安置就业。用人单位也无用工自主权,只是被动地服从国家的统一调配,安置劳动者就业。同时,城乡隔绝的就业制度导致大量的农村剩余劳动力滞留农村,劳动力资源不能得到充分利用。这种单一集权式的劳动就业机制,严重影响了劳动者及用人单位的创造性和积极性,既没有实现充分就业,又造成了经济社会的巨大损失。在这种情况下,劳动就业制度及就业政策的调整和改革已势在必行。第二次是1978年改革开放至20世纪末社会主义市场经济体制的初步建立,完成了由单一的公有制基础上的计划经济体制到以公有制为主体的多种所有制经济共同发展的社会主义市场经济体制的转变,由此形成了由"在国家统筹规划和指导下,实行劳动部门介绍就业、自愿组织起来就业和自谋职业相结合"的"三结合"的就业机制,到"劳动者自主择业、市场调节就业、政府就业促进"的新型的市场导向就业机制,形成了相应的新时期就业促进方针,以便于应对日益严峻的就业形势,使社会经济发展走向良性轨道。

| 思考 |　"在国家统筹规划和指导下,实行劳动部门介绍就业、自愿组织起来就业和自谋职业相结合"的就业机制和"劳动者自主择业、市场调节就业、政府就业促进"的就业机制的区别与联系。

2007年8月30日颁布的《就业促进法》总则第2条进一步确立了"劳动者自主择业、市场调节就业、政府就业促进"这一就业促进方针:一是明确"劳动者自主择业",充分调动劳动者就业的主动性和能动性,促进他们发挥就业潜能和提高职业技能,依靠自身努力,自谋职业和自主创业,尽快实现就业;二是明确"市场调节

---

[9] "劳工组织报告:未来五年全球失业率将会继续攀升",载中国新闻网,2015年1月21日。

就业”，充分发挥人力资源市场在就业促进中的基础性作用；三是明确“政府就业促进”，充分发挥政府在就业促进中的重要职责。

（三）就业促进的意义及地位

就业促进的意义。就业是民生之本，是每一位劳动者生存的经济基础和基本保障，是每一位劳动者融入社会、共享社会经济发展成果的基本条件；就业是安国之策，就业促进关系到亿万劳动者及其家庭的切身利益，是社会和谐发展、长治久安的重要基础。就业问题历来是各国经济和社会发展的核心问题之一。

就业促进的地位。就我国而言，长期以来，中国经济增长模式一直是以追求经济增长为第一目标，但随着向市场经济转型、经济结构变革、失业问题日益严重，正在向“就业优先论”转变。党的十六大报告明确提出，就业是民生之本，扩大就业是我国当前和今后长时期重大而艰巨的任务，必须把就业促进作为关系改革发展稳定全局的重大战略任务。国家实行就业促进的长期战略和政策，各级党委和政府必须把改善创业环境和增加就业岗位作为重要职责。2003 年“国民经济和社会发展计划”首次将创造就业岗位作为年度经济宏观调控第二大目标。党的十六大文件中已经明确指出，“国家实行就业促进的长期战略和政策”。中共中央《关于制定国民经济和社会发展第十一个五年规划的建议》指出：“千方百计扩大就业。要把扩大就业摆在经济社会发展更加突出位置，坚持实施积极的就业政策。”国务院《关于进一步加强就业再就业工作的通知》（国发［2005］36 号）又进一步提出落实国民经济和社会发展第十一个五年规划，将扩大就业摆在经济社会发展更加突出位置。党的十六届六中全会把实现比较充分就业作为构建和谐社会的重要目标。《就业促进法》总则第 2 条又以法律形式规定“国家把扩大就业放在经济社会发展的突出位置”。根据十八大报告和十八届三中全会《决定》精神，“十三五”期间我国就业发展总体目标是实现更加充分的、更高质量的就业。包括以下四个方面的目标：第一，创造城镇就业，每年城镇新增就业 900 万人，包括从农业转移、从农村迁移的劳动力；第二，继续转移农业劳动力，每年大约 900 万人，加大农民的培训力度，培养成千上万的职业农民；第三，控制城镇失业，促进就业与再就业，城镇登记失业率低于 5%，调查失业率低于 7%；第四，实现更高质量、更加体面和更高报酬的就业，构建和谐劳动关系。企业劳动合同签订率不低于 95%，最低工资标准年均增幅（扣除价格因素）不低于 13%，劳动人事争议仲裁结案率不低于 97%。[10] 这些都标志着过去几年中国政府宏观经济政策目标已逐渐从以追求经济增长率为主，转向以创造就业为主的目标上来。

---

〔10〕 清华大学国情研究院：“就业发展‘十三五’基本思路与目标”，载光明网，2015 年 4 月 3 日。

第二节 就业促进主体

一、就业促进的责任主体

(一)政府

就业促进是政府的基本职责,政府是就业促进的最主要责任主体。理由如下:

1. 就业促进是劳动市场健康运行的必然要求。劳动力市场理论和实践表明,利用市场机制来配置劳动力资源是高效的,正是市场这只“看不见的手”的作用,才使就业关系基本上处于正常运转之中。然而市场又并非是万能的。纯粹的市场机制调节存在着自身固有的弱点和消极作用,具有自发性、盲目性和滞后性等明显的缺陷,它往往不能从整体上实现社会资源的合理配置。由于市场调节机制的缺陷和失灵,劳动力作为一种社会资源出现供求动态性不平衡是一种必然的市场现象。历史的经验教训已使得世界上大部分国家的政府在治理“失业”问题时,都倾向于采用“两手(市场和政府)都要硬”的办法来解决,合理地寻找就业政策与劳动力市场运行之间的最佳结合点。

2. 就业促进是控制失业率、维护社会安全的需要。失业一般包括自愿失业和非自愿失业,且非自愿失业是失业的绝对主流。如果是自愿失业,就不存在就业促进问题。但是无论是何种类型的非自愿失业,都会对个人和家庭、对经济增长和社会发展带来很大程度的负面影响。这是因为,对个人和家庭来讲,就业是保障劳动者实现其生存权的根本途径,失业的代价就是收入的减少和生活水平的下降,劳动者的身心健康受到摧残,成为劳动者的人生痛苦。工作不仅对劳动者个人重要,而且是解决社会贫困问题的主要手段。如果政府和社会不能为这些劳动者提供更多的就业机会,他们的家庭将会不可避免地陷入贫困之中。对于社会来讲,过高的失业率还会对社会的稳定产生极为不利的影响,包括将会产生各种病态或畸形的社会现象,诸如赤贫、失业者自信心、自尊心丧失、家庭破裂、自杀、对政府不满、犯罪乃至暴乱、社会政治动荡等。从整个经济来看,失业在经济上的最大代价就是实际国民生产总值的减少。失业表明劳动力资源没有得到充分利用且无法弥补,愿意工作并且有能力工作的人没有被用于生产,结果造成宏观经济效率损失。所以,为了防止和解决失业问题,政府应予以积极的关注,采取积极的措施。

资料链接

1. 国际劳工组织题为《全球就业议程》的报告的开篇语:"工作是人们生活的核心。不仅是因为世界上很多人依靠工作而生存,它还是人们融入社会、实现自我以及为后代带来希望的手段。这使得工作成为社会和政治稳定的一个关键因素。"

2. 美国经济学家阿瑟·奥肯于1971年在《繁荣的政治经济学》中提出:"超出自然失业率1%的失业率将产生2%的GDP缺口,从而严重影响经济发展。"

重点提示

奥肯定理是根据美国20世纪60年代的统计资料得出的,是一个经验统计公式,不一定适用于其他国家,也不一定适用于美国的其他时期。但它指出的失业率与实际GDP增长率反方向变动的关系是普遍存在的。

3. 就业促进是解决我国人口大国严峻就业形势的必然要求。我国的就业问题总量之大、矛盾之复杂,是任何国家都未曾遇到过的。我国政府就业促进任务十分艰巨。就业问题主要有以下六个方面:一是劳动力供大于求的基本格局长期存在。二是下岗失业人员再就业的压力依然很大。三是就业的结构性矛盾十分突出。一方面,中西部地区和老工业基地、困难行业、资源枯竭城市出现大批下岗失业人员,解决的难度很大;另一方面,新兴的产业、行业和技术性职业所需素质较高的人员又供不应求。劳动力总体素质偏低的问题更加突出,技能人才短缺的现象尤其严重,已成为制约经济发展、阻碍产业升级、提高创新能力的"瓶颈"。同时,国际贸易摩擦、人民币升值压力等国际和国内宏观经济的变数,也将对一些地区和行业的就业产生影响。四是来自新成长劳动力和农业劳动力向城镇及非农领域转移的就业压力越来越大。五是劳动力市场不规范。一些非法中介机构提供虚假信息,损害劳动者权益现象突出;一些职业中介机构、用人单位因劳动者性别、年龄、身体残疾等原因侵害劳动者合法权益的现象时有发生。六是职业教育和培训工作相对滞后。随着中国的经济发展和市场国际化趋势,对劳动者的职业能力和素质提出了更高要求,进一步建立完善以就业为导向的职业教育和培训,加强就业前培训、在职职工培训以及对进城就业农村劳动者的技能培训等十分迫切。此外,退役军人就业、残疾人就业问题等也给我国的就业问题带来了挑战。这就要求政府应切实履行自己就业促进的基本职责。

资料链接

"就实现工作权利而言,国家提供就业机会和培训劳动者并不是它的慈善义举,而是它的义务。因此,在一定的条件下,我们应该理直气壮地要求国家为我们服务,而不是国家履行自己的义务也感恩戴德。”[11]

(二)用人单位、人力资源市场中介机构、职业教育和培训机构以及相关社会团体

就业促进是用人单位、人力资源市场中介机构、职业教育和培训机构以及相关社会团体应承担的社会责任。从这几年我国开展就业工作的情况看,企业、社会团体、社会志愿者、社会中介组织等发挥了积极作用,许多事情政府做不了或解决不了的,但依靠企业、社会团体以及各类社会组织的支持帮助和履行社会义务就能做到和解决。

按照《就业促进法》规定:(1)“人力资源市场”是全国人大法工委协调各方面意见后确定的表述,是对现有的劳动力市场、人才市场、毕业生就业市场等各类市场的总概括。(2)人力资源市场中介机构包括公共就业服务机构、职业中介机构。(3)职业教育和培训机构包括职业教育和培训各类职业院校、职业技能培训机构和用人单位等。(4)相关的社会团体包括工会、共产主义青年团、妇女联合会、残疾人联合会以及其他社会组织。它们协助人民政府开展就业促进工作。

二、就业促进的权利主体

(一)就业促进的权利主体范围的界定

就业促进的权利主体不单纯指劳动法上的劳动者,就业主体应包括需要通过建立劳动关系以获得劳动报酬为目的的劳动者和并不需要通过建立劳动关系以获得经营收入为目的的自主创业者、自谋职业者。只不过就业主体主要是劳动者,自主创业者、自谋职业者相对而言只是少数,但自主创业的连锁就业效应不可忽视。

|思考| 上海从2007年5月1日起在部分路段对马路设摊试行“解禁”。根据上海市容环卫部门研究制定的《城市设摊导则》,今后监管部门对于马路设摊将不再一律封杀。如何看待上海的做法?

(二)就业促进的权利主体的条件

就业促进的权利主体应满足以下条件:(1)其就业必须符合法定的就业年龄;(2)其就业必须具有劳动能力;(3)其就业必须是自愿;(4)其就业必须是一种能够

---

〔11〕 吴玉章:“工作权的内容和实现”,载刘海年主编:《〈经济、社会和文化权利国际公约〉研究》,中国法制出版社2000年版,第40~41页。

为社会创造财富或有益于社会的劳动;(5)其就业直接目的是获得一定的劳动报酬或经营收入;(6)其就业必须有社会劳动需求。[12]

(三)就业促进的权利主体的义务

"劳动者自主择业、市场调节就业、政府就业促进"的方针,表明在就业问题上劳动者有义务也有责任。

就业关系本质上是一种市场关系(私法关系),应首先适用民法上的"意思自治"原则。这也就决定了在市场经济前提下,就业机会的提供与取得都是按市场机制的要求进行的。换言之,劳动者首先应该以个人的手段与方法通过个人自主性努力来在用人单位获得就业机会。只有在具有就业意欲和能力的劳动者不能通过个人自主努力自由获得工作的情况下,国家和社会才承担相应责任。

这就要求,劳动者要努力改变计划经济遗留下来的等、靠、要的思想观念,首先应该以个人的手段与方法通过个人自主性努力来在用人单位获得就业机会。

三、我国政府就业促进的法定职责

《就业促进法》从法律的高度规定了政府在就业促进工作中的职责。《就业促进法》共分九章,从政策支持、公平就业、就业服务和管理、职业教育和培训、就业援助、监督检查及法律责任几大方面,全方位锁定政府就业促进的法定职责,包括九点:

1. 建立就业促进工作协调机制。我国的就业任务十分繁重,就业群体多种多样,就业促进工作涉及社会方方面面,需要多个部门齐抓共管。为了加强对就业工作的领导和统筹协调,国务院建立了由十几个成员单位组成的就业工作部际联席会议制度,各地也建立了相应的协调机制,对合力推进就业工作发挥了积极作用。《就业促进法》在总结实践的基础上,通过法律形式进一步明确了这一协调机制的工作任务和作用。(1)国务院建立全国就业促进工作协调机制,研究就业工作中的重大问题,协调推动全国的就业促进工作,并明确由国务院劳动行政部门具体负责全国的就业促进工作;(2)省、自治区、直辖市人民政府根据就业促进工作的需要,建立就业促进工作协调机制,协调解决本行政区域就业工作中的重大问题;(3)县级以上人民政府有关部门按照各自的职责分工,共同做好就业促进工作。

2. 建立就业工作目标责任制度。县级以上人民政府把扩大就业作为经济和社会发展的重要目标,纳入国民经济和社会发展规划,并制定就业促进的中长期规划和年度工作计划。各级人民政府和有关部门应当建立就业促进的目标责任制。县级以上人民政府按照就业促进目标责任制的要求,对所属有关部门和下一级人民

---

〔12〕 具体参见上文从法律上把握就业含义应明确的要点部分。

政府进行考核和监督。

3. 制定实施有利于就业的经济和社会政策。县级以上人民政府通过发展经济和调整产业结构,实行有利于就业促进的产业政策、财政政策、税收政策等各项经济和社会政策,多渠道扩大就业、增加就业岗位。

4. 推进公平就业。各级人民政府依法保证劳动者享有平等就业和自主择业的权利,创造公平的就业环境,消除就业歧视。

5. 加强就业服务和管理。县级以上人民政府应当培育和完善统一开放、竞争有序的人力资源市场,促进劳动力供给与需求的有效匹配;建立健全公共就业服务体系,为劳动者就业提供服务;制定政策并采取措施,建立健全就业援助制度,对困难人员给予扶持和帮助。

6. 大力开展职业培训。国家依法发展职业教育,鼓励开展职业培训,并通过制定实施职业能力开发计划,鼓励和支持培训机构和用人单位开展就业前培训、在职培训、再就业培训、职业技能培训和创业培训,以及建立健全劳动预备制度和实行职业资格证书制度等措施,促进劳动者提高职业技能,增强就业能力和创业能力。

7. 建立健全失业保险制度。国家建立健全失业保险制度,依法确保失业人员的基本生活,并促进其实现就业。

8. 开展就业和失业调查统计工作。国家建立劳动力调查统计制度和就业登记、失业登记制度,开展劳动力资源和就业、失业状况调查统计,并公布调查统计结果,以加强就业的基础管理工作。

9. 发挥社会各方面就业促进的作用。各级人民政府和有关部门应当对在就业促进工作中做出显著成绩的单位和个人,给予表彰和奖励,发挥工会、共青团、妇联、残联、用人单位以及其他社会组织在就业促进工作中的作用。

第三节　政府就业促进的主要措施

就业促进是指国家采取的帮助公民实现就业的一系列措施的总称。《劳动法》将这些措施概括为,“国家通过促进经济和社会发展,创造就业条件,扩大就业机会”。[13]《就业促进法》将这些措施进一步概括为“县级以上人民政府通过发展经济和调整产业结构、规范人力资源市场、完善就业服务、加强职业教育和培训、提供就业援助等措施,创造就业条件,扩大就业。”[14]2007 年 11 月 5 日,劳动保障部

〔13〕《劳动法》第 10 条。

〔14〕《就业促进法》第 5 条。

颁布了《就业服务与就业管理规定》(劳动和社会保障部令第 28 号)。对《就业促进法》中就业服务与管理、就业援助的相关制度做了进一步细化和完善。[15] 2015 年以来,国务院和人社部又出台了一系列就业促进的重要文件,主要有:国务院《关于进一步做好新形势下就业创业工作的意见》(国发〔2015〕23 号)、国务院《关于大力推进大众创业万众创新若干政策措施的意见》(国发〔2015〕32 号)、人社部《关于进一步推进创业培训工作的指导意见》(人社厅发[2015]197 号)等。

一、建立较完整的就业促进的政策支持体系

产业政策、财政政策、税收政策、金融政策等政策支持体系的建立,对就业促进具有举足轻重的作用。现代西方政府无不利用政策支持体系促进就业。为了建立就业促进的长效机制,《就业促进法》将经过实践检验行之有效的积极的就业政策上升为法律规范,并按照就业促进的工作要求,第二章以专章的形式规定了较完整的政策支持体系。包括七个方面:

1. 实行有利于就业促进的产业政策。县级以上人民政府应当把扩大就业作为重要职责,统筹协调产业政策与就业政策。鼓励各类企业在法律、法规规定的范围内,通过兴办产业或者拓展经营,增加就业岗位。国家鼓励发展劳动密集型产业、服务业,扶持中小企业,鼓励、支持、引导非公有制经济发展,扩大就业机会,增加就业岗位。在安排政府投资和确定重大建设项目时,应当发挥投资和重大建设项目带动就业的作用,增加就业岗位。国家发展国内外贸易和国际经济合作,拓宽就业渠道。

资料链接

我国政府政策支持下的中小企业、服务业的促进就业的主阵地地位日益凸显或大有潜力可挖。[16] 国际经验和我国发展证明,从增加就业的效果来看,扶持中小企业、服务业发展是最为有效的政策。在 2016 年 3 月 10 日早间的全国人大新闻中心举办的发布会上,全国人大财经委副主任委员乌日图表示,目前《中小企业促进法》的修订草案已经形成,按照全国人大常委会立法工作计划,准备 2016 年 10 月提请全国人大常委会第二十三次会议审议。乌日图表示,修改《中小企业促进法》已经列入了十二届全国人大常委会五年立法规划,也列入了今年的立法计划。这部法律由财

---

〔15〕《就业服务与就业管理规定》自 2008 年 1 月 1 日起施行。劳动部 1994 年 10 月 27 日颁布的《职业指导办法》、劳动和社会保障部 2000 年 12 月 8 日颁布的《劳动力市场管理规定》同时废止。

〔16〕由于政绩考核导向等方面的原因,我们的一些地方政府把最能拉动 GDP 增长的大项目作为发展的重点,对于能够更多吸纳劳动力的第三产业和中小企业的发展并未给予应有的重视。2006 年,我国第三产业增加值占 GDP 的比重仅为 39.5%,而类似发展水平的其他国家该比重在 50% 以上。

经委员会从2013年开始会同有关部门开展了修法工作。修法的内容主要是针对目前中小企业面临的融资难、负担重、技术研发能力弱以及维权难、公共服务机制不健全等这样一些问题,对现行法律做一次比较全面的细化和补充。[17] 西方国家从事第三产业的人员已成为就业结构中的主体。这种情况自20世纪90年代末以来更为明显。

2012年以来,我国服务业保持平稳较快增长,对经济增长的贡献越来越大。2015年得到大幅提升,达到了60.7%,成为国民经济中最大的产业,不过,我国服务业具有较强的不可持续性,增速下行的可能性正在明显增加。2014年以来,部分行业、部分城市服务业已经形成增速下行趋势;因此,要注意培育多元化、可持续、可接续的服务业增长动力,比如积极引导养老服务、文化旅游、休闲农业等发展,形成新的消费和带动就业的热点。[18]

2.实行有利于就业促进的财政政策。国家实行有利于就业促进的财政政策,加大资金投入,改善就业环境,扩大就业。县级以上人民政府应当根据就业状况和就业工作目标,在财政预算中安排就业专项资金用于就业促进工作。就业专项资金用于职业介绍、职业培训、公益性岗位、职业技能鉴定、特定就业政策和社会保险等的补贴,小额贷款担保基金和微利项目的小额担保贷款贴息,以及扶持公共就业服务等。审计机关、财政部门应当依法对就业专项资金的管理和使用情况进行监督检查。

3.实行有利于就业促进的税收政策。国家鼓励企业增加就业岗位,扶持失业人员和残疾人就业,对符合法定条件的企业和人员依法给予税收优惠。具体包括:吸纳符合国家规定条件的失业人员达到规定要求的企业;失业人员创办的中小企业;安置残疾人员达到规定比例或者集中使用残疾人的企业;从事个体经营的符合国家规定条件的失业人员;从事个体经营的残疾人;国务院规定给予税收优惠的其他企业、人员。同时,对从事个体经营的失业人员和残疾人免除行政事业性收费。

4.实行有利于就业促进的金融政策。国家实行有利于就业促进的金融政策。增加中小企业的融资渠道;鼓励金融机构改进金融服务;加大对中小企业的信贷支持,并对自主创业人员在一定期限内给予小额信贷等扶持。

5.实行统筹就业政策。

(1)实行城乡统筹的就业政策。国家实行城乡统筹的就业政策,建立健全城乡劳动者平等就业的制度,引导农业富余劳动力有序转移就业。县级以上地方人

---

〔17〕 “乌日图:中小企业促进法修订草案已成,拟10月份提请审议”,载中国中小企业协会网站,2016年3月10日。

〔18〕 “《中国产业发展报告2016》发布服务业占据半壁江山”,载央广网,2016年5月27日。

民政府推进小城镇建设和加快县域经济发展，引导农业富余劳动力就地就近转移就业；在制定小城镇规划时，将本地区农业富余劳动力转移就业作为重要内容。县级以上地方人民政府引导农业富余劳动力有序向城市异地转移就业；劳动力输出地和输入地人民政府应当互相配合，改善农村劳动者进城就业的环境和条件。

| 思考 |　实行城乡统筹的就业政策和解决城乡差别政策的联系是什么？

（2）实行区域统筹的就业政策。国家支持区域经济发展，鼓励区域协作，统筹协调不同地区就业的均衡增长；支持民族地区发展经济，扩大就业。

重点提示

区域经济发展遭遇的最大障碍是省际壁垒。

（3）实行群体统筹的就业政策。各级人民政府统筹做好城镇新增劳动力、农业富余劳动力转移就业和失业人员就业工作。当前，要统筹做好下岗失业人员、大学生、复转军人、残疾人、农民工等群体的就业工作。

6. 实行有利于灵活就业的劳动和社会保险政策。各级人民政府采取措施，逐步完善和实施与非全日制用工等灵活就业相适应的劳动和社会保险政策，为灵活就业人员提供帮助和服务。

7. 实行失业保险就业促进政策。国家建立健全失业保险制度，依法确保失业人员的基本生活，并促进其实现就业。

| 思考 |　《就业促进法》“政策支持”全章的14条中，一大半属于政策宣示性的，能直接感受到的具体条款只有5条。如何看待这一问题？

二、维护公平就业

就业歧视影响了劳动者的公平竞争，使一部分劳动者因此失去了很多职业发展的机会，也使很多单位自我限制了选才的视野，就业歧视极大地浪费了宝贵的人才资源，也违背了市场的供求规律和竞争规律，它已经远远不是单位的用人自主权问题了，而是已经涉及社会公正问题。

资料链接

1958年国际劳工组织通过了《关于就业及职业的歧视公约》，该公约对就业歧视问题规定得比较详细。该公约第1条把“歧视”界定为：基于种族、肤色、性别、宗教、政治见解、民族血统、社会出身或者其他任何区别、排斥或特惠,其后果为取消或损害就业或职业方面的机会平等或待遇平等。但基于特殊工作本身要求的任何区别、排斥或特惠,不能视为歧视。

为了维护劳动者的平等就业权,反对就业歧视,《就业促进法》对公平就业以第三章专章的形式作出了规定,包括八个方面:

1. 政府维护公平就业的责任。各级人民政府应当创造公平就业的环境,消除就业歧视,并制定政策和采取措施对就业困难人员给予扶持和援助。

2. 规范用人单位和职业中介机构的行为。在人力资源市场中,用人单位和职业中介机构的行为,往往影响和决定着劳动者的就业机会和就业权利的实现。依法规范他们的行为,对维护劳动者平等就业权至关重要。因此,《就业促进法》规定:用人单位招用人员、职业中介机构从事职业中介活动,应当向劳动者提供平等的就业机会和公平的就业条件,不得实施就业歧视。

3. 保障妇女享有与男子平等的劳动权利。国家保障妇女享有与男子平等的劳动权利。用人单位招用人员,除国家规定的不适合妇女的工种或者岗位外,不得以性别为由拒绝录用妇女或者提高对妇女的录用标准。用人单位录用女职工,不得在劳动合同中规定限制女职工结婚、生育的内容。

资料链接

2011 年 2 月全国妇联发布的《女大学生就业创业状况调查报告》显示,91.9%的被访女大学生感受到用人单位的性别歧视。2015 年 1 月,中共中央宣传部委托新华通讯社主办的半月谈网调查表明,95%被访者希望出台《反就业歧视法》。[19]

4. 保障各民族劳动者享有平等的劳动权利。各民族劳动者享有平等的劳动权利。用人单位招用人员,应当依法对少数民族劳动者给予适当照顾。

资料链接

宁夏回族自治区人民政府规定:“今后招工,少数民族比例不得低于 25%,城市招收不到比例时,可到农村招收回乡知识青年。”新疆维吾尔自治区劳动局规定:“招工中的民族比例应当参照当地城镇待业人员中的民族人数,并考虑当地民族人口自然比例。”有的地方还放宽录取少数民族职工的条件等,使少数民族职工队伍不断壮大。

〔19〕“95%被访者希望出台反就业歧视法”,载半月谈网,2015 年 1 月 15 日。

5. 保障残疾人的劳动权利。国家保障残疾人的劳动权利。各级人民政府应当对残疾人就业统筹规划，为残疾人创造就业条件。用人单位招用人员，不得歧视残疾人。

资料链接

目前，中国约有8500万残疾人。[20] 2015年，我国残疾人就业规模总体保持稳定。城镇新就业残疾人26.3万，其中，集中就业残疾人6.8万，按比例安排残疾人就业6.6万，公益性岗位就业1.2万，个体就业及其他形式灵活就业10.4万，辅助性就业1.3万。全国城镇就业人数430.2万；1678.0万农村残疾人在业，其中1323.2万残疾人从事农业生产劳动。39.3万人次城镇残疾人接受了职业培训。盲人按摩事业稳定发展，按摩机构迅速增长。2015年度培训盲人保健按摩人员19979名、盲人医疗按摩人员5165名；保健按摩机构达到17171个，医疗按摩机构达到1025个；在专业技术职务资格评审中，分别有219人和781人通过医疗按摩人员中级和初级职称评审。[21]

6. 保障传染病病原携带者的平等就业权。用人单位招用人员，不得以是传染病病原携带者为由拒绝录用。但是，经医学鉴定传染病病原携带者在治愈前或者排除传染嫌疑前，不得从事法律、行政法规和国务院卫生行政部门规定禁止从事的易使传染病扩散的工作。

资料链接

1. 传染病病原携带者，指感染传染病病原体无临床症状但能排出病原体的人。

2.《食品安全法》第45条：食品生产经营者应当建立并执行从业人员健康管理制度。患有国务院卫生行政部门规定的有碍食品安全疾病的人员，不得从事接触直接入口食品的工作。从事接触直接入口食品工作的食品生产经营人员应当每年进行健康检查，取得健康证明后方可上岗工作。

3.《公共场所卫生管理条例》第7条：公共场所直接为顾客服务的人员，持有"健康合格证"方能从事本职工作。患有痢疾、伤寒、病毒性肝炎、活动期肺结核、化脓性或者渗出性皮肤病以及其他有碍公共卫生的疾病的，治愈前不得从事直接为顾客服务的工作。

4.《就业服务与就业管理规定》第19条第2款：用人单位招用人员，除国家法律、行政法规和国务院卫生行政部门规定禁止乙肝病原携带者从事的工作外，不得强行

---

〔20〕"2016年中国将全面实施残疾人两项补贴制度"，载新华网，2015年9月18日。

〔21〕《2015年中国残疾人事业发展统计公报》残联发（2016）14号。

将乙肝病毒血清学指标作为体检标准。

7. 保障进城就业的农村劳动者的平等就业权。农村劳动者进城就业享有与城镇劳动者平等的劳动权利,不得对农村劳动者进城就业设置歧视性限制。

资料链接

现在有超过1亿的农民工在城市就业,可以说已经成为各大城市的劳动力主力大军,例如2015年,深圳全市年末常住人口1137.89万人,比上年末增加60万人,增长5.6%。其中户籍人口354.99万人,占常住人口比重31.2%;非户籍人口782.90万人,占比重68.8%。[22]

8. 劳动者受到就业歧视时的法律救济途径。劳动行政部门应当对《就业促进法》实施情况进行监督检查,建立举报制度,受理对违反本法行为的举报,并及时予以核实处理(当然包括就业歧视处理);违反《就业促进法》规定,实施就业歧视的,劳动者可以向人民法院提起诉讼。

重点提示

《就业促进法》在反对就业歧视规定方面尚待完善的一些问题:(1)对于就业歧视没有明确的定义和范围界定;(2)忽略了对政府歧视行为作禁止性规定;(3)没有规定对受歧视者的赔偿标准、赔偿的方式等;(4)没有规定举证责任倒置;(5)如何应对、打击隐性歧视。

三、加强就业服务和管理

从世界各国的实践看,就业服务在促进劳动力供求均衡、减少劳动力市场摩擦、降低劳动力交易成本等方面发挥着重要功能,其中的公共就业服务更能起到提高劳动力市场透明度、保证平等就业和帮助就业困难群体就业的重要作用。各国都将建立并不断完善就业服务体系作为政府的重要职责。[23] 我国把建立并不断完善就业服务和管理体系作为政府的重要责任,随着积极就业政策的实施,已经形成了一个初步的体系。《就业促进法》第四章以专章的形式明确规定,政府应当加强就业服务和管理工作,逐步完善覆盖城乡的就业服务体系。《就业服务与就业管理规定》又对《就业促进法》第四章进一步细化和完善,2012年1月,国务院发布

---

〔22〕《2015年深圳国民经济和社会发展统计公报》。

〔23〕莫荣:“完善我国促进就业的法律制度”,载《人民日报》2007年4月2日,第9版。

了《国务院关于批转促进就业规划(2011—2015 年)的通知(国发〔2012〕6 号)》,2015 年以来,国务院又出台了《关于进一步做好新形势下就业创业工作的意见》(国发〔2015〕23 号)、国务院《关于大力推进大众创业万众创新若干政策措施的意见》(国发〔2015〕32 号)等重要文件,这些法律法规、政策明确规定,建立并不断完善就业服务和管理体系是政府的重要责任,总体而言,主要包括五个方面:

(一)县级以上人民政府在发展人力资源市场方面的职责

1. 县级以上人民政府培育和完善统一开放、竞争有序的人力资源市场,为劳动者就业提供服务。县级以上人民政府鼓励社会各方面依法开展就业服务活动,加强对公共就业服务和职业中介服务的指导和监督,逐步完善覆盖城乡的就业服务体系。

2. 县级以上人民政府加强人力资源市场信息网络及相关设施建设,建立健全人力资源市场信息服务体系,完善市场信息发布制度。

3. 县级以上地方人民政府对职业中介机构提供公益性就业服务的,按照规定给予补贴。国家鼓励社会各界为公益性就业服务提供捐赠、资助。

4. 县级以上人民政府和有关部门加强对职业中介机构的管理,鼓励其提高服务质量,发挥其在就业促进中的作用。

资料链接

1. 国外职业介绍机构一般可分为两类:一类为隶属于劳动部门的“公立”职业介绍所,为所有劳动者免费服务,为企业也基本是免费的。公立职业介绍所经费有稳定的来源,一般来自国家财政拨款、失业保险基金、社会保险税等,许多国家公立职业介绍机构的工作人员属于国家公务员,需要通过公务员统一考试,合格后才能上岗,在发达国家,公共就业服务部门已成为执行政府就业政策和劳动力市场调整计划的主体。另一类为“私营”职业介绍所,各国都比较谨慎地限制其开办,如日本,规定私营职业介绍所允许从事的职业介绍只限于 29 种专业性很强的职业,美国要经过州政府批准。

2. 我国《劳动力市场管理规定》将职业介绍机构分为非营利性职业介绍机构和营利性职业介绍机构两类。非营利性职业介绍机构包括公共职业介绍机构和其他非营利性职业介绍机构。非营利性机构的条件是,机构按照其章程规定开展活动取得的合法收入,必须全部用于其章程规定的业务活动,不得在会员中分配;机构注销后的剩余财产,必须按照国家的有关规定处理,不得转移或私分。公共职业介绍机构是指各级劳动保障行政部门举办,承担公共就业服务职能的公益性服务机构。公共职业介绍机构使用全国统一标识。其他非营利性职业介绍机构是指劳动保障部门以外的其他政府部门、企事业单位、社会团体和其他社会力量举办的从事非营利性职业介绍活动的机构。营利性职业介绍机构是指由法人、其他组织和公民个人举办,从事营利性职业介绍活动的服务机构。《就业服务与就业管理规定》作了较大修改,明确规定:本规定所称职业中介机构是指由法人、其他组织和公民个人举办,为用人单位招用人员和劳动者求职提供中介服务以及其他相关服务的经营性组织。

(二)建立健全公共就业服务体系

公共就业服务是政府公共服务的重要内容。发展公共就业服务是政府的重要职责,对促进劳动力供求均衡、建立灵活有效的人力资源市场,促进求职人员,特别是帮助就业困难群体就业具有重要作用。针对目前存在的问题,并按照公共就业服务发展方向,《就业促进法》明确了公共就业服务机构的性质和职责。

1. 县级以上人民政府建立健全公共就业服务体系,设立公共就业服务机构,为劳动者免费提供就业服务,包括就业政策法规咨询,职业供求信息、市场工资指导价位信息和职业培训信息发布,职业指导和职业介绍,对就业困难人员实施就业援助,办理就业登记、失业登记以及其他公共就业服务。街道、乡镇、社区公共就业服务机构建立基层服务窗口,开展以就业援助为重点的公共就业服务。

资料链接

近年来,宁波市劳动保障部门不断加大基层平台建设力度,推进城乡统筹就业。目前,基层劳动保障服务机构已覆盖全市城乡,建立起三级机构四级服务网络体系,为劳动保障服务提供了有力的保证;全市62个街道、90个乡镇、456个社区已全部建立了基层劳动保障服务站(室),行政村的建室率达到68.7%,劳动保障基础服务全面延伸到社区乡村。[24] 这里的宁波市基层劳动保障服务机构就属于街道、乡镇、社区公共就业服务机构建立基层服务窗口。

2. 公共就业服务经费纳入同级财政预算,从而明确了公共就业服务机构的经费保障。

3. 为了区别经营性服务,地方各级人民政府和有关部门不得举办或者与他人联合举办经营性的职业中介机构。地方各级人民政府和有关部门、公共就业服务机构举办的招聘会,不得向劳动者收取费用。

| 思考 | 如何看待招聘会收取门票?

---

〔24〕“为建设最具幸福感城市添砖加瓦——浙江省宁波市劳动保障工作亮点展示”,载《中国劳动保障报》2010年9月25日。

资料链接

《就业服务与就业管理规定》重点强调了职业指导的地位、内容：公共就业服务机构应当加强职业指导工作，配备专(兼)职职业指导工作人员，向劳动者和用人单位提供职业指导服务，职业指导工作人员经过专业资格培训并考核合格，获得相应的国家职业资格证书方可上岗。公共就业服务机构应当为职业指导工作提供相应的设施和条件，推动职业指导工作的开展，加强对职业指导工作的宣传。职业指导工作包括以下内容：(1)向劳动者和用人单位提供国家有关劳动保障的法律法规和政策、人力资源市场状况咨询；(2)帮助劳动者了解职业状况，掌握求职方法，确定择业方向，增强择业能力；(3)向劳动者提出培训建议，为其提供职业培训相关信息；(4)开展对劳动者个人职业素质和特点的测试，并对其职业能力进行评价；(5)对妇女、残疾人、少数民族人员及退出现役的军人等就业群体提供专门的职业指导服务；(6)对大中专学校、职业院校、技工学校学生的职业指导工作提供咨询和服务；(7)对准备从事个体劳动或开办私营企业的劳动者提供创业咨询服务；(8)为用人单位提供选择招聘方法、确定用人条件和标准等方面的招聘用人指导；(9)为职业培训机构确立培训方向和专业设置等提供咨询参考。

(三)规范对职业中介机构的管理

1. 加强对职业中介机构的管理，鼓励其按照诚实信用、公平、公开的原则提高服务质量，发挥其在就业促进中的作用。

2. 设立职业中介机构，应当依法办理行政许可，经许可的职业中介机构，应当向工商行政部门办理登记；未经依法许可和登记的机构，不得从事职业中介活动。

3. 设立职业中介机构的条件，从事职业中介活动的原则，职业中介机构的禁止性行为。[25]

4. 地方各级人民政府和有关部门不得举办或者与他人联合举办经营性的职业中介机构。

5. 国家对外商投资职业中介机构和向劳动者提供境外就业服务的职业中介机构另有规定的，依照其规定。

资料链接

境外就业是指中国公民与境外雇主签订劳动合同，在境外提供劳动并获取劳动报酬的就业行为。境外就业中介是指为中国公民境外就业或者为境外雇主在中国境内招聘中国公民到境外就业提供相关服务的活动。经批准，从事该项活动的机构为

〔25〕《就业促进法》第40～41条、《就业服务与就业管理规定》第45～60条。

境外就业中介机构。

(四)建立失业预警制度

针对我国当前就业结构性矛盾加剧、规模性失业风险逐步增大的挑战,政府应当建立失业动态监测、预警监测和预防调控的三位一体的失业预警制度。《就业促进法》规定:县级以上人民政府建立失业预警制度,对可能出现的较大规模的失业,实施预防、调节和控制。2016 年 4 月,山东省出台了全国首个省级失业预警制度。[26]

(五)开展就业和失业调查统计工作

国家建立劳动力调查统计制度和就业登记、失业登记制度,开展劳动力资源和就业、失业状况调查统计,并公布调查统计结果。统计部门和劳动行政部门进行劳动力调查统计和就业、失业登记时,用人单位和个人应当如实提供调查统计和登记所需要的情况。

四、大力发展职业教育和开展职业培训

教育水平的高低与就业率呈正相关关系,教育水平越高,则就业率就越高。教育分为普通教育和职业教育及培训,普通教育是基础教育,普通教育是按照科学体系的内在逻辑来发展的,侧重于理论知识的完整和严谨,服务指向是推动科学进步,从而深化人类对外部世界的认识。就就业而言,职业教育及培训的作用更为直接。在整个教育事业中,职业教育、职业培训是和经济基础、生产活动、生产力发展的需要贴得最近最紧的部门,侧重于生产和操作的实际需要,服务指向是推动科学转化为现实的生产力。[27] 发展职业教育和职业培训,不仅是适应我国产业结构优化升级、提升自主创新能力的需要,将人口压力转变为人力资源优势,从而提升企业乃至整个国民经济的创新能力和竞争力的重要途径,更是提高劳动者的就业能力,从而扩大就业、提高就业质量的必由之路。

资料链接

《国家中长期教育改革和发展规划纲要(2010—2020 年)》第 14 条明确指出:大力发展职业教育。发展职业教育是推动经济发展、促进就业、改善民生、解决“三农”问题的重要途径,是缓解劳动力供求结构矛盾的关键环节,必须摆在更加突出的位

---

〔26〕 “山东建立失业监测预警机制”,载新华网,2016 年 4 月 13 日。

〔27〕 中国就业促进会副会长陈宇教授专访:“破解‘就业难’的现实选择——陈宇谈职业教育”,载《四川日报》2007 年 1 月 29 日。

置。职业教育要面向人人、面向社会,着力培养学生的职业道德、职业技能和就业创业能力。到2020年,形成适应发展方式转变和经济结构调整要求、体现终身教育理念、中等和高等职业教育协调发展的现代职业教育体系,满足人民群众接受职业教育的需求,满足经济社会对高素质劳动者和技能型人才的需要。政府切实履行发展职业教育的职责。把职业教育纳入经济社会发展和产业发展规划,促使职业教育规模、专业设置与经济社会发展需求相适应。统筹中等职业教育与高等职业教育发展。健全多渠道投入机制,加大职业教育投入。把提高质量作为重点。以服务为宗旨,以就业为导向,推进教育教学改革。实行工学结合、校企合作、顶岗实习的人才培养模式。坚持学校教育与职业培训并举,全日制与非全日制并重。加强"双师型"教师队伍和实训基地建设,提升职业教育基础能力。制定职业学校基本办学标准。完善符合职业教育特点的教师资格标准和专业技术职务(职称)评聘办法。建立健全职业教育质量保障体系,吸收企业参加教育质量评估。开展职业技能竞赛。

《就业促进法》第五章以专章的形式明确了国家、企业、劳动者和各类职业培训机构在职业教育和培训中的职责及作用,通过职业技能培训提高劳动者的素质,以适应人力资源市场的需求,从而促进其实现就业和稳定就业。

(一)职业教育和培训的总方针

国家依法发展职业教育,鼓励开展职业培训,促进劳动者提高职业技能,增强就业能力和创业能力。

(二)各级人民政府在加强职业教育和培训方面的职责

2012年1月,国务院出台了《关于批转促进就业规划(2011—2015年)的通知(国发〔2012〕6号)》,2015年以来,国务院和人社部又出台了《关于进一步做好新形势下就业创业工作的意见》(国发〔2015〕23号)、国务院《关于大力推进大众创业万众创新若干政策措施的意见》(国发〔2015〕32号)、人社部《关于进一步推进创业培训工作的指导意见》(人社厅发〔2015〕197号)等重要文件,这些法律法规、政策明确规定大力发展职业教育和开展职业培训是政府的重要责任,总体而言,包括六个方面:

1. 县级以上人民政府应当根据经济社会发展和市场需求,制订并实施职业能力开发计划。

2. 县级以上人民政府应当加强统筹协调,鼓励和支持各类职业院校、职业技能培训机构和用人单位依法开展就业前培训、在职培训、再就业培训和创业培训,鼓励劳动者参加各种形式的培训。

3. 县级以上地方人民政府和有关部门应当根据市场需求和产业发展方向,鼓励、指导企业加强职业教育和培训。

4. 国家采取措施建立健全劳动预备制度,县级以上地方人民政府应当对有就业要求的初高中毕业生实行一定期限的职业教育和培训,使其取得相应的职业资格或者掌握一定的职业技能。

5. 地方各级人民政府应当鼓励和支持开展就业培训,帮助失业人员提高职业技能,增强其就业能力和创业能力。失业人员参加就业培训的,按照有关规定享受政府培训补贴。

6. 地方各级人民政府应当采取有效措施,组织和引导进城就业的农村劳动者参加技能培训,鼓励各类培训机构为进城就业的农村劳动者提供技能培训,增强其就业能力和创业能力。

(三)企业在加强职业教育和培训方面的职责

企业应当按照国家有关规定提取职工教育经费,对劳动者进行职业技能培训和继续教育培训。企业违反本法规定,未提取或未足额提取职工教育经费,或者挪用职工教育经费的,由劳动行政部门责令改正,并依法给予处罚。

(四)职业教育和培训机构在加强职业教育和培训方面的职责

职业院校、职业技能培训机构应当与企业密切联系,实行产教结合,为经济建设服务,培养实用人才和熟练劳动者。

资料链接

《中华人民共和国国民经济和社会发展第十三个五年规划纲要》提出:完善现代职业教育体系,加强职业教育基础能力建设。推动具备条件的普通本科高校向应用型转变。推行产教融合、校企合作的应用型人才和技术技能人才培养模式,促进职业学校教师和企业技术人才双向交流。推动专业设置、课程内容、教学方式与生产实践对接。促进职业教育与普通教育双向互认、纵向流动。逐步分类推进中等职业教育免除学杂费,实行国家基本职业培训包制度。

(五)建立职业资格证书制度

国家对从事涉及公共安全、人身健康、生命财产安全等特殊工种的劳动者,实行职业资格证书制度。具体办法由国务院规定。

五、实施就业援助

对就业困难人员实施优先扶持和重点帮助的就业援助,是构建社会主义和谐社会的基础工作之一,充分体现国家政府对就业困难人员的关怀。《就业促进法》第六章以专章的形式明确规定各级人民政府建立健全就业援助制度。包括四个方面:

(一)就业援助的对象

就业援助的对象是指因身体状况、技能水平、家庭因素、失去土地等原因难以实现就业,以及连续失业一定时间仍未能实现就业的就业困难人员。就业困难人员的具体范围,由省、自治区、直辖市人民政府根据本行政区域的实际情况规定。

资料链接

2012 年 7 月 12 日陕西省第十一届人民代表大会常务委员会第 30 次会议修正的《陕西省就业促进条例》规定的就业困难人员的具体范围为:(1)法定劳动年龄内的家庭人员均处于失业状况的城市居民家庭成员;(2)距法定退休年龄十年以内的登记失业人员;(3)连续失业一年以上的登记失业人员;(4)毕业后超过半年未实现首次就业的大中专院校毕业生;(5)失去土地的被征地农民;(6)失业的残疾人;(7)未就业的城镇退役军人和军烈属;(8)需要抚养未成年人的单亲家庭失业人员;(9)省人民政府确定的其他就业困难人员。

(二)就业援助的措施

1. 各级人民政府建立健全就业援助制度,采取税费减免、贷款贴息、社会保险补贴、岗位补贴等办法,通过公益性岗位安置等途径,对就业困难人员实行优先扶持和重点帮助。

资料链接

劳动保障部《关于开展下岗失业人员再就业统计的通知》(劳社厅发[2003]4号)对公益性岗位的解释为:"主要由政府出资扶持或社会筹集资金开发的,符合公共利益的管理和服务类岗位。"概括起来有三类:一是社区管理岗位,包括社区劳动保障协管员、交通执勤、市场管理、环境管理、物业管理等;二是社区服务岗位,包括社区保安、卫生保洁、环境绿化、停车场管理、公用设施维护、报刊亭、电话亭、社区文化、教育体育、保健、托老、托幼服务等;三是社区内单位的后勤岗位,包括机关事业单位的门卫、收发、后勤服务等临时用工岗位。

2. 地方各级人民政府加强基层就业援助服务工作,对就业困难人员实施重点帮助,提供有针对性的就业服务和公益性岗位援助;鼓励和支持社会各方面为就业困难人员提供技能培训、岗位信息等服务。

3. 政府投资开发的公益性岗位,应当优先安排符合岗位要求的就业困难人员。被安排在社区公益性岗位工作的,按照国家规定给予岗位补贴。

4. 各级人民政府采取特别扶助措施,促进残疾人就业,并要求用人单位应当按照国家规定安排残疾人就业。[28]

(三)对城市零就业家庭的就业援助

1. 县级以上地方人民政府采取多种就业形式,拓宽公益性岗位范围,开发就业岗位,确保城市有就业需求的家庭至少有一人实现就业。

2. 街道、社区公共就业服务机构在就业援助中的具体职责。法定劳动年龄内的家庭人员均处于失业状况的城市居民家庭,可以向住所地街道、社区公共就业服务机构申请就业援助。街道、社区公共就业服务机构经确认属实的,应当为该家庭中至少一人提供适当的就业岗位。

(四)对就业压力大的特定地区的扶持

国家鼓励资源开采型城市和独立工矿区发展与市场需求相适应的产业,引导劳动者转移就业。对因资源枯竭或者经济结构调整等原因造成就业困难人员集中的地区,上级人民政府应当给予必要的扶持和帮助。

重点提示

独立工矿区是在矿产资源开发利用的基础上形成和发展起来的独立的工业区。

除上述政府就业促进的主要措施外,其他就业促进的措施也应加强。例如,强化上级政府对下一级政府就业促进目标责任实施监督和考核,审计机关、财政部门对就业专项基金的管理和使用进行监督检查等等。

课后实训

一、关键词解释

就业　　就业促进　　公共就业服务　　失业预警制度

---

〔28〕 具体参见自2007年5月1日起施行的《残疾人就业条例》。

二、思考题

1. 我国就业促进的目标、方针是什么？

2. 我国就业促进的责任主体是什么？

3. 我国就业促进政策支持体系是什么？

4. 如何保障公平就业？

5. 如何加强就业服务和管理？

6. 如何加强职业教育和培训？

7. 如何加强就业援助？

三、案例

1. 老刘今年52岁了，之前在一家革制品厂从事了二十多年的胶粘工工作，几年前单位倒闭，他也下了岗。老刘的家庭负担很重，孩子小，母亲年岁已高需要有人照看，爱人为了照顾家里也一直没有工作，家庭的重担全落在了老刘一个人的肩上。由于年龄偏大，学历不高，缺少技能，老刘一直没找到合适的工作，许多岗位他都不能胜任。〔29〕

请问：如何扶持、帮助老刘？

2. 2013年4月，安徽女孩江亚萍报考南京市人社局，却只因不是南京户籍而被拒之门外，当年5月，她将南京市人社局告上了法庭。经过15个月的努力后，在南京市鼓楼区法院调解下，江亚萍与被告南京市鼓楼人力资源服务中心达成调解协议，“由被告于七日内一次性支付原告1.1万元。”至此，这起备受关注的全国首例户籍就业歧视案终有结果。〔30〕

请问：如何看待这一就业歧视案达成的调解协议？

---

〔29〕“就业困难人员的求职困境”，载中国公共招聘网，2015年1月12日。

〔30〕“全国首例户籍就业歧视案：安徽女孩获赔1.1万元”，载新华网，2014年8月5日。

第六章　劳动合同

内容提要

在市场经济下，劳动者和用人单位通过签订劳动合同建立劳动关系，但由于供求关系、竞争能力、社会经济状况等因素，劳动者和用人单位在劳动市场中所处的地位是不同的。一般来说，相对于用人单位劳动者处于弱势地位。为了更好地保护劳动者合法权益，构建和发展和谐稳定的劳动关系，促进社会主义和谐社会建设，我国专门制定了《劳动合同法》。本章主要讲解：劳动合同的起源、概念、特征和种类；劳动合同制度与劳务合同的区别；劳动合同的订立、内容和效力；劳动合同的履行和变更；劳动合同的解除和终止等相关内容。

第一节　劳动合同概述

一、劳动合同的起源、概念、特征和种类

（一）劳动合同的起源

在资本主义早期阶段，劳动条件是通过市场机制决定的，劳动合同在本质上是属于私法上的契约，当时并没有把劳动合同看作一种特殊的契约形式。劳动合同与买卖合同并无本质差别，所不同的是劳动者提供的劳动力是靠人的血肉之躯提供。那时候，雇佣关系的基础是契约自由，是否订立合同、与谁订立合同以及缔结劳动合同的条件皆由双方当事人确定。在19世纪，能自由订立劳动合同，与封建国家对人身的束缚相比，已经是一个很大的进步。

然而完全的契约自由在劳动市场的规制中被证明是不适当的。美国学者麦克尼尔说，雇用条件由双方同意决定，而这种同意大多数采取雇主作出决定而雇工默

许的方式，尽管当时人们并非不知道个人也可以讨价还价。[1] 但是雇员对工作的竞争导致工作条件的恶化，所谓的劳动关系中的“契约自由”，只不过是雇主单方规制权的法律伪装罢了。[2] 劳动者的供过于求和资本趋利的本性导致劳动者待遇过低，继而引起劳动者抗争和社会动荡。

为了改变这种状态，各国逐渐制定规范，对劳动关系中的不平等进行干预，从这一点来看，劳动法的历史可以看作为克服契约自由观念的不断的尝试。[3] 具体到劳动合同立法中，这种对契约自由的抑制表现为对雇主签订、履行和终止劳动合同的过程中优势地位的抑制。

工业化国家纷纷以强行法律干预劳动关系。例如，在日本许多关于劳动合同制度的内容是制定在《劳动标准法》之中。在国家法令的干预下，形成了现代社会下劳动合同本质的改变：现代劳动合同在本质上已经不属于私法上的契约关系，而是兼有公法和私法两种性质。除了缔约规则以外，劳动合同本身也受到国家法律的广泛干预，如工资、工时、劳动安全卫生、社会保险等条款，均受到法定强制性标准的干预。

（二）劳动合同的概念和特征

劳动合同是劳动者与用人单位确立劳动关系、明确双方权利和义务的协议。所谓确立劳动关系是指在劳动者为用人单位提供劳动，用人单位支付劳动者报酬的基础上形成的一种相对稳定的社会关系。劳动合同的特征是：

第一，劳动合同在主体上具有固定性。劳动关系的一方为用人单位，另一方为劳动者。根据我国《劳动合同法》第2条的规定，用人单位是指国家机关、事业单位、社会团体、企业、个体经济组织、民办非企业单位等组织，另根据《中华人民共和国劳动合同法实施条例》第3条的规定，依法成立的会计师事务所、律师事务所等合伙组织和基金会，也属于劳动合同法规定的用人单位。劳动者是指依法与用人单位建立劳动关系的自然人。

第二，劳动合同主体在双方地位上具有从属性。在市场中劳动者是弱者，在建立劳动关系后，劳动者要进入用人单位劳动，成为用人单位组织体的一员，有遵守用人单位劳动规章制度的义务，应按用人单位的要求提供劳动。台湾地区学者认为，这种从属性体现在两个方面：人格的从属性和经济的从属性。[4] 人格的从属

---

〔1〕［美］麦克尼尔：《新社会契约论》，雷喜宁、潘勤译，中国政法大学出版社1994年版，第80页。

〔2〕Manfred Weiss and Marlene Schmidt, Labour Law and Industrial Relations in Germany, 2000, Kluwer Law International, The Hague London Boston, p. 71.

〔3〕Manfred Weiss and Marlene Schmidt, Labour Law and Industrial Relations in Germany, 2000, Kluwer Law International, The Hague London Boston, p. 49.

〔4〕黄越钦：《劳动法新论》，中国政法大学出版社2003年版，第96页。

性指劳动者需服从工作规则、单位指令;经济的从属性是指劳动者并不是为自己之营业劳动,而是从属于他人,为该他人目的而劳动,经济上不具有独立性。

第三,劳动合同时间上具有继续性。一般来说,通过劳动合同建立的劳动关系是长期和稳定的。劳动者一般来说期望得到稳定的工作,用人单位需要掌握专业技术和操作熟练的劳动者。此外,国家也通过立法加强劳动合同的稳定性,希望在稳定劳动关系的基础上,促进社会和谐。因此,劳动合同一般时间持续较长,续订也比较常见。

(三)劳动合同的种类

从广义上说,劳动合同是用人单位和劳动者之间就双方劳动关系问题而签订的关于双方之间权利义务关系的协议,从不同的角度可以将劳动合同分为不同的种类。

劳动合同按照其表现是否为常态,可以分为一般的劳动合同和特殊的劳动合同。一般的劳动合同是指劳动者和用人单位之间在正常情况下,按照一般的劳动时间和劳动条件所达成的双方权利义务关系的协议,它是通常情形下的劳动合同。特殊劳动合同是指在非正常情况下,依照《劳动合同法》的特别规定而订立的劳动合同,它形成的条件和一般的劳动合同不同。

我国的特殊劳动合同包括两种:劳务派遣合同和非全日制劳动合同。本章的主体部分主要讲解一般的劳动合同,特殊劳动合同的问题在本章最后一节讲解。

二、劳动合同制度与劳务合同的区别

1. 主体不同。从劳动主体来看,在劳务合同中,劳务的提供方既可以是自然人,也可以是法人或其他组织。前者如个人家庭请人装修住宅、制作家具等,后者如某银行和某清洁公司之间关于清洁服务的协议;而在劳动合同中劳动者只能是自然人。

从雇用主体来看,在劳动合同中,用人单位应当具有法律上的用人资格,即用人单位须是企业、事业单位、国家机关、社会团体、个体经济组织之一。因此,家庭保姆、为家庭提供劳务的钟点工与其雇主之间的合同是劳务合同,而不是劳动合同。

2. 内容不同。劳动合同一般要求劳动者提供的是劳动的过程,典型例子是在工厂的流水线上工作的职工,每个劳动者提供的劳动只是劳动的过程,一般不要求劳动者提供劳动成果,只要付出了劳动就应当获得劳动报酬;而劳务合同一般要求提供的是劳动的成果,如前面所述的家庭装修、家具制作等,家庭装修者或家具制作者要按照约定提供装修效果或制作出家具,不能因提供了劳动而没有劳动成果,而获得劳务费用。

3. 地位不同。劳务合同的主体双方的地位是平等的，双方在签订时和签订后都是平等的民事法律关系；而劳动合同的主体双方在签订合同时是平等的，双方可以就合同的内容进行平等协商，任何一方不得将意志强加给对方。但合同签订后就和用人单位产生了一定的隶属性，在劳动合同执行的过程中，用人单位和劳动者之间是管理与被管理的关系，劳动者要遵守用人单位的劳动纪律，接受用人单位在劳动过程中的管理。

4. 费用计算不同。在劳务合同中双方的权利义务受民法规范的约束，劳务费用的计算应当遵循商品的定价规则，即成本加合理的利润；而劳动者的工资分配原则适用的是按劳分配的原则。具体的工资标准受到国家强制法干预，工资不得违反最低工资规定，具体数额劳动者可以和用人单位协商确定。

5. 适用法律不同。在劳动合同上建立的劳动关系，适用劳动法律、法规调整，双方的权利义务关系要依据劳动法律、法规确定。比如，如果形成了劳动关系，用人单位就有为劳动者缴纳法定的社会保险费的义务。形成了劳动关系，劳动者在劳动过程中受到了伤害，有权享受工伤待遇等。在劳动关系运行中产生劳动争议，要先申请劳动仲裁，然后才进入诉讼程序。

案例

农村青年钱某来到城市打工，2007 年 7 月，经一位同乡介绍来到一建筑工地工作，该工地项目组负责人（个人承包者）赵某和钱某签订了书面劳动合同，合同约定：工资每天 50 元，医疗费用自己负担，在工作过程中，如果出现了工伤事故，也由钱某自己负责任。钱某虽觉得工资低，风险大，但考虑到找工作实在不容易，也就在劳动合同上签了字。

2008 年元月，在劳动过程中，铺预制板时，钱某的左脚不幸被压伤。被送到医院治疗，项目组负责人赵某在为钱某垫付了 3000 元医疗费后，对钱某不再过问。钱某为治疗脚伤花费了 8000 元的医疗费，左脚还落下了残疾。

钱某脚伤治疗终结后，找到项目组负责人赵某要求报销 8000 元的医疗费，并要求工伤待遇，遭到拒绝。于是钱某向当地的劳动争议仲裁委员会提出了仲裁申请。请问：

1. 钱某和谁形成了劳动关系？赵某、发包的建筑公司或者赵某和发包公司？

2. 钱某和项目组负责人的约定是否有效？谁应当对其受伤承担法律上的责任，钱某应享有哪些权利？

第二节　劳动合同的订立、内容和效力

一、劳动合同的主体

(一)用人单位

关于我国用人单位的范围,上节已经作了介绍,这里不赘述。在我国只有用人单位才能成为劳动关系中的雇用主体,这一点与其他国家和地区的规定不尽相同。例如,在德国、英国和日本,均是以雇主和雇员之间是否存从属性,来作为判定是否具有劳动关系的本质标准。而我国采取列举的方式,限定只有法律认可的用人单位才能是劳动关系的中的雇主,由此也排除了一些主体成为劳动关系中用工主体的可能,例如,个人、家庭、农村集体经济组织等,均不能成为劳动关系中的雇主。

此外,需要注意的是,有的用人单位未依法成立或者应该成立用人单位然后才从事经营活动,违反法律的规定,没有成立用人单位,这种情况下,虽然没有用人单位的资格,但并不是不承担用人单位的责任。例如,我国《工伤保险条例》(2010年12月20日修订)第66条规定:无营业执照或者未经依法登记、备案的单位以及被依法吊销营业执照或者撤销登记、备案的单位的职工受到事故伤害或者患职业病的,由该单位向伤残职工或者死亡职工的近亲属给予一次性赔偿,赔偿标准不得低于本条例规定的工伤保险待遇;用人单位不得使用童工,用人单位使用童工造成童工伤残、死亡的,由该单位向童工或者童工的近亲属给予一次性赔偿,赔偿标准不得低于本条例规定的工伤保险待遇。对于这类案件的处理程序,也是按照劳动争议来解决的,伤残职工或者死亡职工的近亲属就赔偿数额与单位发生争议的,以及前款规定的童工或者童工的近亲属就赔偿数额与单位发生争议的,按照处理劳动争议的有关规定处理。

(二)劳动者

我国《劳动合同法》没有就劳动者的条件作出规定,综合其他相关的规定,我们总结出在我国一个合格的劳动者应当包括以下几个方面的要求:

1. 年龄的要求

我国《劳动法》第15条将公民的就业年龄规定为年满16周岁,禁止招用未满16周岁的人。我国《民法通则》第11条规定,18周岁以上的公民是成年人,是完全民事行为能力人。根据《未成年人保护法》第2条的规定,未成年人是指未满18周

岁的公民。因此,16 周岁至 18 周岁的劳动者为未成年工,18 周岁以上为成年工,16 周岁以下则为童工。一般来说,禁止招用童工,但是某些特殊职业如文艺、体育和特种工艺单位确需招用未满 16 周岁的人时,如招用演员、运动员、艺徒等,必须依照国家有关规定,履行审批手续,并保障其接受义务教育的权利。

此外,目前的现实生活中,有不少超过退休年龄的劳动者仍从事社会劳动,有的是受雇于用人单位。超过退休年龄的劳动者是否仍可以是劳动法意义上的劳动者,是值得重视的问题。最高人民法院《关于审理劳动争议案件适用法律若干问题的解释》(三)(2010)(以下简称《解释(三)》)规定,用人单位与其招用的已经依法享受养老保险待遇或领取退休金的人员发生用工争议,向人民法院提起诉讼的,人民法院应当按劳务关系处理(第 7 条)。从理论上来看,这一规定忽视了劳动关系的本质标准,而以是否领取退休金作为判定劳动关系和劳务关系的标准,会给审判实践带来一些难题,特别是在工伤案件中,会对劳动者带来不利的影响。

2. 劳动能力的要求

自然人的劳动能力可以分为三种:具有完全劳动能力的人、具有部分劳动能力的人以及无劳动能力的人。只有达到法定年龄,具有完全劳动能力的人,法律才赋予其为完全的劳动者主体资格;身体有残疾,不能正常地提供劳动,又没有完全丧失劳动能力的人,为具有部分劳动权利能力的人,根据我国残疾人就业的有关规定,法律赋予残疾人劳动者权利能力和行为能力。反之,未达到法定年龄,即使具有劳动能力,也不能成为劳动法意义上的劳动者,成为劳动关系的主体,参加具有劳动关系的劳动。同时,无劳动能力的人,无论是其先天没有劳动能力或者后天丧失劳动能力,均不具有劳动者的资格,成为劳动法意义上的劳动者主体。

3. 国籍和地区身份的要求

各国法律均注重对其国内公民就业机会的保护,对于外国人在本国就业,往往加以各种限制,我国亦是如此。我国专门制定了《外国人在中国就业管理规定》(1996),对外国人在中国就业进行管理。所谓外国人在中国就业,指没有取得定居权的外国人在中国境内依法从事社会劳动并获取劳动报酬的行为(第 2 条)。我国对外国人在中国就业采取就业许可管理制度,用人单位聘用外国人须为该外国人申请就业许可,经获准并取得《中华人民共和国外国人就业许可证书》(以下简称许可证书)后方可聘用(第 5 条)。用人单位聘用外国人从事的岗位应是有特殊需要,国内暂缺适当人选,且不违反国家有关规定的岗位(第 6 条)。外国人在中国就业须具备下列条件:(1)年满 18 周岁,身体健康;(2)具有从事其工作所必需的专业技能和相应的工作经历;(3)无犯罪记录;(4)有确定的聘用单位;(5)持有有效护照或能代替护照的其他国际旅行证件(第 7 条)。

此外,对于我国台、港、澳地区的居民在大陆就业,我国也实行专门的管理,劳动部专门发布了《台湾和香港、澳门居民在内地就业管理规定》(1994)。所谓的台、港、澳地区人员在内地就业是指,台、港、澳地区人员依法应聘受雇于内地用人单位从事一定社会劳动并取得劳动报酬或经营收入的行为。但是该规定不适用于经国家外国专家局聘请的台湾、香港、澳门地区的专家,台湾、香港、澳门在内地设立的商务办事机构的法人代表,在内地开办的外资企业中具有法人资格的投资者(第4条)。台、港、澳地区人员在内地就业实行就业证制度。持有就业证的台、港、澳地区人员可在内地就业并受法律保护(第5条)。台、港、澳地区人员在内地就业须具备下列条件:(1)年满18周岁,身体健康,持有内地主管机关签发的有效旅行证件;(2)具有所要从事工作的技能资格证明或相应的学历证明及从事本专业实际工作经历(第8条)。在内地开办的外资企业中合同确认的由台、港、澳地区人员担任的总经理、副总经理,应免除就业审批手续(第10条)。

此外,内地用人单位聘雇台、港、澳地区人员须符合下列条件:(1)需聘雇的台、港、澳地区人员从事的岗位是用人单位有特殊需要,且内地暂缺适当人选的岗位;(2)有劳动部门所属职业介绍机构开具的,在辖区内招聘不到所需人员的证明,或在劳动部门指导下进行公开招聘三周以上,仍招聘不到所需人员(第9条)。经审批同意在内地就业的台、港、澳地区人员,由各省、自治区、直辖市劳动部门及其授权的地、市级劳动部门发给《台港澳人员就业证》(第11条)。

4. 劳动关系的要求

一个劳动者是否可以存在两个或两个以上的劳动关系?这里首先应当区分全日制劳动关系和非全日制劳动关系。从理论上来说,一个劳动者仅能建立一个全日制的劳动关系,这样一是有利于就业总量控制,尽可能多地提供社会就业岗位;二是有利于保护劳动者的休息权,有利于劳动者的身体健康,避免劳动者过于劳累。然而,我国目前并未禁止全日制劳动者再与其他用人单位建立劳动关系,而是让用人单位根据具体情况来做出决定。我国《劳动合同法》第39条第4项规定,劳动者同时与其他用人单位建立劳动关系,对完成本单位的工作任务造成严重影响,或者经用人单位提出,拒不改正的,用人单位可以解除该劳动者的劳动关系。

对非全日制用工来说,劳动者可以从事两个或者两个以上的非全日制工作。根据我国《劳动合同法》的规定,非全日制用工,是指以小时计酬为主,劳动者在同一用人单位一般平均每日工作时间不超过4小时,每周工作时间累计不超过24小时的用工形式(第68条),因此,从这个意义上说,劳动者可以建立多个劳动关系,而不受到限制。但是,我国非全日制劳动者的劳动时间还没有上限的规定。这样的状况和其他国家的规定不同,例如《法国劳动法典》规定,非全日制劳动者的总的劳动时间不得超过44小时。

二、劳动合同的订立

(一)劳动合同签订过程中的义务

1. 用人单位的告知义务。用人单位招用劳动者时,应当如实告知劳动者工作内容、工作条件、工作地点、职业危害、安全生产状况、劳动报酬,以及劳动者要求了解的其他情况;用人单位有权了解劳动者与劳动合同直接相关的基本情况,劳动者应当如实说明。用人单位应当将直接涉及劳动者切身利益的规章制度和重大事项决定公示,或者告知劳动者。

2. 劳动者的如实告知义务。我国《劳动合同法》第 8 条规定,用人单位有权了解劳动者与劳动合同直接相关的基本情况,劳动者应当如实说明。与劳动合同直接相关的信息,包括两个方面:一是劳动者在求职时的受雇状况,以及以往的受雇经历;二是与本人业务能力相关的信息,如受教育和培训的情况,职业技术等级等。然而,对于与劳动合同不直接相关的内容,用人单位则无权询问。尽管《劳动合同法》第 3 条规定,订立劳动合同时,劳动者和用人单位要遵循诚实信用原则。但对于用人单位不应当询问的情况,劳动者可以避而不答,不受这一原则的约束。其他国家也有类似规定,德国劳动法认为,求职者仅需要回答雇主因建立劳动关系需要而要了解的问题。雇主如果问不该问的问题,求职者可以撒谎。具体到哪些问题可以问,每个职业的要求会有不同。例如,如果雇佣会计或者出纳,雇主有权询问其是否因财产刑而被定罪;如果是出于保护妇女或胎儿的目的,也可以问应聘妇女是否怀孕。

3. 用人单位滥用优势地位的禁止。用人单位招用劳动者,不得扣押劳动者的居民身份证和其他证件,不得要求劳动者提供担保或者以其他名义向劳动者收取财物。除了扣押物品之外,有的用人单位要求劳动者提供保证人,对劳动者为用人单位劳动期间的劳动行为提供担保,我们认为,实质上这也是用人单位滥用优势地位的表现,因此,人的担保也是不允许的。

(二)劳动合同的形式

我国《劳动合同法》第 10 条第 1 款规定,建立劳动关系,应当订立书面劳动合同。因此,在我国订立书面的劳动合同,是法律的强制性要求。但是,实践中存在劳动者和用人单位建立了劳动关系却没有订立劳动合同的情况,在法律规定的期限内,存在这样的情况是法律允许的。《劳动合同法》第 10 条第 2 款规定,已建立劳动关系,未同时订立书面劳动合同的,应当自用工之日起 1 个月内订立书面劳动合同。如果超过 1 个月未订立书面劳动合同,用人单位需要承担法律责任,用人单位自用工之日起超过 1 个月不满 1 年未与劳动者订立书面劳动合同的,应当向劳动者每月支付两倍的工资。劳动者和用人单位存在的事实劳动关系是有效的,受到法律的保护。如果用人单位自用工之日起满1年不与劳动者订立书面劳动合同,依照《劳动合同法》第82条的规定,视为用人单位与劳动者已订立无固定期限劳动合同。

实践中常有用人单位抱怨,不是用人单位不愿意签订书面劳动合同,而是劳动者不愿意签订劳动合同。根据这种情况,《中华人民共和国劳动合同法实施条例》(以下简称《实施条例》)专门做出了解释,《实施条例》规定,自用工之日起1个月内,经用人单位书面通知后,劳动者不与用人单位订立书面劳动合同的,用人单位应当书面通知劳动者终止劳动关系,无须向劳动者支付经济补偿,但是应当依法向劳动者支付其实际工作时间的劳动报酬(第5条)。如果用人单位自用工之日起超过1个月不满1年未与劳动者订立书面劳动合同的,应当依照《劳动合同法》第82条的规定向劳动者每月支付两倍的工资,并与劳动者补订书面劳动合同;劳动者不与用人单位订立书面劳动合同的,用人单位应当书面通知劳动者终止劳动关系,并依照《劳动合同法》第47条的规定支付经济补偿。这里所说的用人单位向劳动者每月支付两倍工资的起算时间为用工之日起满1个月的次日,截止时间为补订书面劳动合同的前一日(第6条)。用人单位自用工之日起满一年未与劳动者订立书面劳动合同的,自用工之日起满1个月的次日至满一年的前一日应当依照《劳动合同法》第82条的规定向劳动者每月支付两倍的工资,并视为自用工之日起满一年的当日已经与劳动者订立无固定期限劳动合同,应当立即与劳动者补订书面劳动合同(第7条)。

一般来说,劳动合同是由用人单位和劳动者来签订,但是鉴于实际生活中,用人单位主体差异过大,有的用人单位是大规模的全国性的公司,有的公司雇用人数较多,有的可能达到几十万人之多,均由统一的主体与劳动者签订劳动合同会有困难,因此,《实施条例》第4条规定,用人单位设立的分支机构,依法取得营业执照或者登记证书的,可以作为用人单位与劳动者订立劳动合同;未依法取得营业执照或者登记证书的,受用人单位委托可以与劳动者订立劳动合同。

在签订劳动合同的基础上,用人单位应按照《劳动合同法》第7条的规定,应当建立职工名册备查。根据《实施条例》第8条的规定,职工名册应当包括劳动者姓名、性别、公民身份号码、户籍地址及现住址、联系方式、用工形式、用工起始时间、劳动合同期限等内容。

(三)劳动关系建立和劳动合同的签订

劳动关系建立是指用人单位和劳动者建立了真实的劳动服务法律关系,劳动者开始为用人单位提供劳动,劳动者的劳动力与用人单位的生产资料相结合。劳动合同的签订和劳动关系的建立往往不是同步进行。有时是先签订书面合同,后提供劳动;有时是先提供劳动,后签订劳动合同。我国《劳动合同法》规定,用人单位自用工之日起即与劳动者建立劳动关系。建立劳动关系,应当订立书面劳动合同。用人单位与劳动者在用工前订立劳动合同的,劳动关系自用工之日起建立。已建立劳动关系,未同时订立书面劳动合同的,应当自用工之日起1个月内订立书面劳动合同。

案例

某灯箱广告有限公司(以下简称"广告公司"),系两自然人投资设立,业务范围为灯箱广告的设计、制作和安装。平时,投资人负责拉订单和设计灯箱,灯箱的制作委托一些从事铝合金加工的小作坊完成,悬挂灯箱由公司一位投资人的表弟王某完成,安装工具由广告公司提供,按件计价,每月结算一次。王某系无业人员,其妻子也无业,在安装难度较大时,其妻子也随王某同去,帮忙扶梯子、递工具等。王某无其他职业,其在广告公司安装所得基本能维持全家生活。一日,王某在安装过程中,不慎从梯子摔下,造成重伤,双方对于是否为工伤的问题产生了争议。

在王某和广告公司之间的关系上,有两种意见,主要原因是对王某是否是广告公司的内部成员有不同意见:一种意见认为,王某不是广告公司的内部成员,双方是劳务关系,应按照一般民事关系对待;另一种意见认为,王某是该公司的劳动者,双方存在事实劳动关系,应按照工伤处理。请问:

1. 劳动关系和劳务关系的判断标准是什么?

2. 本案件中引起判断争议的疑难点在什么地方?

三、劳动合同的内容

(一)劳动合同条款的分类

1. 必备条款。劳动合同的必备条款是指法律规定的劳动合同必须具备的内容。根据《劳动合同法》第17条的规定,劳动合同的必备条款包括:(1)用人单位的名称、住所和法定代表人或者主要负责人;(2)劳动者的姓名、住址和居民身份证或者其他有效身份证件号码;(3)劳动合同期限;(4)工作内容和工作地点;(5)工作时间和休息休假;(6)劳动报酬;(7)社会保险;(8)劳动保护、劳动条件和职业危害防护;(9)法律、法规规定应当纳入劳动合同的其他事项。

然而,缺少了必备条款劳动合同并不影响劳动关系的成立。缺乏必要的条款是可以通过一定规则加以补充,如缺少工资的约定,实际上是可以通过相关的规定,确定劳动者的工资水平,缺少了社会保险条款,仅需要按照社会保险法的相关具体规定,直接将社会保险条款适用于劳动关系双方即可。因此,如果缺少了法定的必备条款并不导致合同的无效或者不成立,也不会因此导致劳动关系无效。

2. 选择条款。除必备条款外,劳动合同中可约定选择条款,由当事人根据意愿选择是否在合同中约定。《劳动合同法》第17条第2款规定,试用期、培训、保守商业秘密、补充保险和福利待遇等则属于选择条款。需要说明的是,如果超越了这些条款的规定,就劳动法律法规没有禁止的事项,用人单位与劳动者约定选择性的条款也是可以的,如果不违反法律和劳动合同的基本原则,也应当是有效的。

(二)试用期条款

劳动合同是继续性合同,劳动关系的存续期间多是长期性的。为了使得双方建立的劳动关系稳固,法律特设立了相互的考察期间,即试用期。在试用期间,双方的劳动关系是不稳定的。用人单位在试用期解除劳动合同的,应当向劳动者说明理由。在试用期中,除劳动者有《劳动合同法》第39条和第40条第1项、第2项规定的情形外,用人单位不得解除劳动合同。劳动者如果不愿意继续在用人单位工作,仅需提前3日告知用人单位,然后就可以离开。

为了防止用人单位滥用其在市场中的优势地位,《劳动合同法》对试用期间的长短及待遇做了具体的限制。劳动合同期限3个月以上不满1年的,试用期不得超过1个月;劳动合同期限1年以上不满3年的,试用期不得超过2个月;3年以上固定期限和无固定期限的劳动合同,试用期不得超过6个月。同一用人单位与同一劳动者只能约定一次试用期。以完成一定工作任务为期限的劳动合同或者劳动合同期限不满3个月的,不得约定试用期。试用期包含在劳动合同期限内。劳动合同仅约定试用期的,试用期不成立,该期限为劳动合同期限。劳动者在试用期的工资不得低于本单位相同岗位最低档工资或者劳动合同约定工资的80%,并不得低于用人单位所在地的最低工资标准。

(三)期限条款

从期限上分,劳动合同的期限可以分为三类:固定期限劳动合同、无固定期限劳动合同和以完成一定工作任务为期限的劳动合同。

固定期限劳动合同是指用人单位与劳动者约定合同终止时间的劳动合同。用人单位与劳动者协商一致,可以订立固定期限劳动合同。

无固定期限劳动合同是指用人单位与劳动者约定无确定终止时间的劳动合同。

以完成一定工作任务为期限的劳动合同是指用人单位与劳动者约定以某项工作的完成为合同期限的劳动合同。

为了稳定劳动者的劳动关系,拟制用人单位在劳动力市场中的优势,我国《劳动合同法》第14条规定,用人单位与劳动者协商一致,可以订立无固定期限劳动合同。有下列情形之一，劳动者提出或者同意续订、订立劳动合同的，除劳动者提出订立固定期限劳动合同外，应当订立无固定期限劳动合同：(1)劳动者在该用人单位连续工作满10年的；[5] (2)用人单位初次实行劳动合同制度或者国有企业改制重新订立劳动合同时，劳动者在该用人单位连续工作满10年且距法定退休年龄不足10年的；(3)连续订立两次固定期限劳动合同，且劳动者没有《劳动合同法》第39条和第40条[6]第1项、第2项规定的情形，续订劳动合同的。用人单位自用工之日起满1年不与劳动者订立书面劳动合同的，视为用人单位与劳动者已订立无固定期限劳动合同。[7]

案例

1995年12月，邹某来到某机关食堂工作，在工作期间，邹某认真履行自己的工作职责，恪尽职守，严格遵循单位的各项规章制度，并得到领导和同事的一致好评。2002年1月1日，邹某与单位依法签订劳动合同，合同期限自2002年8月1日至2003年12月31日止。该合同期满后，双方虽未续签书面劳动合同，但邹某继续在该单位食堂工作。该单位也按时向其发放工资、福利(过年和过节的补助)等。其劳动关系中间从未中断。2007年2月，邹某向单位提出签订无固定期限劳动合同的要求，但其单位不同意续签劳动合同，对邹某的上述要求未予答复。之后，邹某一直坚

---

[5] 根据《中华人民共和国劳动合同法实施条例》(以下简称《实施条例》)第9条的规定，这里规定的连续工作满10年的起始时间，应当自用人单位用工之日起计算，包括劳动合同法施行前的工作年限。根据《实施条例》第10条的规定，劳动者非因本人原因从原用人单位被安排到新用人单位工作的，劳动者在原用人单位的工作年限合并计算为新用人单位的工作年限。原用人单位已经向劳动者支付经济补偿的，新用人单位在依法解除、终止劳动合同计算支付经济补偿的工作年限时，不再计算劳动者在原用人单位的工作年限。此外，《实施条例》第11条规定，除劳动者与用人单位协商一致的情形外，劳动者依照劳动合同法第14条第2款的规定，提出订立无固定期限劳动合同的，用人单位应当与其订立无固定期限劳动合同。

[6] 《劳动合同法》第39条规定劳动者有下列情形之一的，用人单位可以解除劳动合同：(1)在试用期间被证明不符合录用条件的；(2)严重违反用人单位的规章制度的；(3)严重失职，营私舞弊，给用人单位造成重大损害的；(4)劳动者同时与其他用人单位建立劳动关系，对完成本单位的工作任务造成严重影响，或者经用人单位提出，拒不改正的；(5)因本法第26条第1款第(1)项规定的情形致使劳动合同无效的；(6)被依法追究刑事责任的。《劳动合同法》第40条规定有下列情形之一的，用人单位提前30日以书面形式通知劳动者本人或者额外支付劳动者1个月工资后，可以解除劳动合同：(1)劳动者患病或者非因工负伤，在规定的医疗期满后不能从事原工作，也不能从事由用人单位另行安排的工作的；(2)劳动者不能胜任工作，经过培训或者调整工作岗位，仍不能胜任工作的。

[7] 需要注意的是，根据《实施条例》第12条的规定，地方各级人民政府及县级以上地方人民政府有关部门为安置就业困难人员提供的给予岗位补贴和社会保险补贴的公益性岗位，其劳动合同不适用劳动合同法有关无固定期限劳动合同的规定以及支付经济补偿的规定。

持此项合法合理的要求,但该单位始终不予同意。在协商未果的情况下,邹某向劳动争议仲裁委员会提请劳动争议仲裁。要求:(1)确认自己与用人单位之间的无固定期限合同关系;(2)用人单位为其补办社会保险。请问:

1. 邹某是否和该机关形成劳动关系,其连续工龄是多长?

2. 邹某的要求是否应该得到支持?为什么?

(四)劳动报酬条款

劳动报酬是劳动者为用人单位依靠劳动而获得的收入,是劳动者的生活来源,也是劳动者的价值体现。劳动者的报酬约定应该是明确的,如果约定不明确,按照《劳动合同法》第18条的规定,用人单位与劳动者可以重新协商;协商不成的,适用集体合同规定;没有集体合同或者集体合同未规定劳动报酬的,实行同工同酬;没有集体合同或者集体合同未规定劳动条件等标准的,适用国家有关规定。

(五)违约金条款

《劳动合同法》第25条明确规定,依照《劳动合同法》第22条和第23条规定的情形外,用人单位不得与劳动者约定由劳动者承担的违约金。第22条规定的违约金适用情形为:(1)用人单位为劳动者提供专项培训费用,[8]对其进行专业技术培训的,可以与该劳动者订立协议,约定服务期。[9] (2)劳动者违反服务期约定的,应当按照约定向用人单位支付违约金。违约金的数额不得超过用人单位提供的培训费用。用人单位要求劳动者支付的违约金不得超过服务期尚未履行部分所应分摊的培训费用。(3)用人单位与劳动者约定服务期的,不影响按照正常的工资调整机制提高劳动者在服务期期间的劳动报酬。

第23条规定可适用违约金的条件为:(1)用人单位与劳动者可以在劳动合同中约定保守用人单位的商业秘密和与知识产权相关的保密事项。(2)对负有保密义务的劳动者,用人单位可以在劳动合同或者保密协议中与劳动者约定竞业限制条款,并约定在解除或者终止劳动合同后,在竞业限制期限内按月给予劳动者经济补偿。劳动者违反竞业限制约定的,应当按照约定向用人单位支付违约金。

对劳动合同中违约责任进行限制的主要理由有以下几个方面:(1)违约金实

---

[8] 这里说的培训费,是指用人单位为了对劳动者进行专业技术培训而支付的有凭证的培训费用、培训期间的差旅费用以及因培训产生的用于该劳动者的其他直接费用。参见《实施条例》第16条的规定。

[9] 实践中常发生服务期超出劳动合同期限的情形,根据《实施条例》第17条的规定,如果劳动合同期满,但用人单位与劳动者依照《劳动合同法》第22条的规定约定的服务期尚未到期的,劳动合同应当续延至服务期满;双方另有约定的,从其约定。

际上是用人单位施加在劳动合同中的条款，以前的实践中，用人单位往往用高昂的违约金约束人才的流动，不利于劳动力资源的优化配置；(2)我国《劳动法》第3条规定，劳动者有选择职业的权利，高昂的超过用人单位实际的直接损失的违约金限制了劳动者择业的权利，在性质上是违法的；(3)劳动合同中劳动者提供劳动力的义务是和劳动者的人身紧密相连、不可分割的，劳动者基于人身自由有权选择用人单位。因此，我们认为我国《劳动合同法》中关于违约金约定的限制性规定有着重大的积极意义。

此外，《实施条例》对《劳动合同法》中的违约金问题作了补充规定，主要涉及两个方面：一是用人单位与劳动者约定了服务期，劳动者依照《劳动合同法》第38条的规定解除劳动合同的，不属于违反服务期的约定，用人单位不得要求劳动者支付违约金(《实施条例》第26条)。二是如果有下列情形之一，用人单位与劳动者解除约定服务期的劳动合同的，劳动者应当按照劳动合同的约定向用人单位支付违约金：其一，劳动者严重违反用人单位的规章制度的；其二，劳动者严重失职，营私舞弊，给用人单位造成重大损害的；其三，劳动者同时与其他用人单位建立劳动关系，对完成本单位的工作任务造成严重影响，或者经用人单位提出，拒不改正的；其四，劳动者以欺诈、胁迫的手段或者乘人之危，使用人单位在违背真实意思的情况下订立或者变更劳动合同的；其五，劳动者被依法追究刑事责任的。

案例

1998年，张某硕士毕业后和某证券公司建立了劳动关系，在该公司任业务员。2004年中国证券业协会发出《中国证券业协会关于首次保荐代表人胜任能力考试的通知》，要求从2004年2月2日起至2月15日(以收到时间为准)，符合中国证监会相关规定具有投资银行专业经历的报考人通过所任职的证券公司报名，参加保荐代表人胜任能力考试。该次考试由中国证券业协会统一向申报机构发放准考证，并委托申报机构转送报考人。由于本人任职于申诉人单位，按规定应由申诉人单位代为办理报名手续。张某于是向其所在的证券公司提出要求参加考试。2004年2月10日晚10时左右，张某接单位电话通知，要求去单位签《服务协议》。

在协议签署现场，用人单位表示，为保证报名成功，2月11日必须将报名材料报送中国证券业协会，所有符合考试报名条件的员工必须当场签订《服务协议》。此前，被申诉人对协议内容一无所知。该服务协议约定，劳动者如果提前解除约定，每提前一年解除劳动合同即要支付50万元的所谓违约金，但对用人单位解除合同却未作出任何约定。在服务协议签订之时，被申诉人的年收入只有5万元~6万元。但鉴于不签署该《服务协议》，被申诉人将不能顺利报名获取准考证及参加考试，张某还是在该份协议上签了字。该《服务协议》一式两份，应由被申诉人保留一份，但被申诉人辞职前一直未能获得《服务协议》的原件及复印件。

张某顺利通过了考试,后成为该公司的保荐代表人。2008 年 3 月江某向单位提出要求解除劳动关系,并要求将其保荐代表人资格转移到异地一家证券公司。用人单位认为江某的要求违反了双方 2004 年的协议,于是提起仲裁请求,要求江某支付违约金 150 万元。请问:

1. 在《劳动合同法》生效前约定的违约金条款,于《劳动合同法》生效后是否依然有约束力?

2. 本案中的违约金条款如果按照《劳动合同法》的规定是否仍有约束力?

3.《劳动合同法》中违约金条款的性质是什么?是惩罚性还是补偿性的?

(六)竞业禁止条款

我国法律规定的竞业禁止可以分为两种:法定的竞业禁止和约定的竞业禁止。

法定的竞业禁止是指劳动者在受雇于用人单位的过程中,由于受到法定的限制,不得从事和其所服务的用人单位相竞争的业务。其对象是特定的人员,期限为在用人单位约定的合同期限内。我国《公司法》第 21 条规定,公司的控股股东、实际控制人、董事、监事、高级管理人员不得利用其关联关系损害公司利益。第 70 条规定,国有独资公司的董事长、副董事长、董事、高级管理人员,未经国有资产监督管理机构同意,不得在其他有限责任公司、股份有限公司或者其他经济组织兼职。

约定的竞业禁止可以存在于两种情况:一是用人单位对不受法定竞业禁止约束的劳动者在服务的合同期内,用合同约定的方式,限制劳动者从事竞争性的职业;二是在劳动者的合同期满后,用人单位通过合同中设定的竞业禁止条款,限制劳动者的择业。

法定的竞业禁止由于只存在于特定人员在用人单位的服务期间,因此用人单位不需要给予竞业禁止补偿,不在法定竞业禁止范围内的劳动者,在合同期内通过合同和用人单位约定的,由于约定的范围仅限于劳动者在用人单位工作期间,没有对其择业权构成妨碍,因此也可以不予补偿。如果劳动合同终止后,用人单位继续限定劳动者的职业范围,就应按照《劳动合同法》的规定,支付劳动者补偿,因实质上限制了劳动者的择业权。

《劳动合同法》对限制的条件和范围均作了详细的规定,第 23 条规定,用人单位与劳动者可以在劳动合同中约定保守用人单位的商业秘密和与知识产权相关的保密事项。对负有保密义务的劳动者,用人单位可以在劳动合同或者保密协议中与劳动者约定竞业限制条款,并约定在解除或者终止劳动合同后,在竞业限制期限内按月给予劳动者经济补偿。劳动者违反竞业限制约定的,应当按照约定向用人单位支付违约金。第 24 条规定,竞业限制的人员限于用人单位的高级管理人员、高级技术人员和其他负有保密义务的人员。竞业限制的范围、地域、期限由用人单位与劳动者约定,竞业限制的约定不得违反法律、法规的规定。在解除或者终止劳动合同后，前款规定的人员到与本单位生产或者经营同类产品、从事同类业务的有竞争关系的其他用人单位，或者自己开业生产或者经营同类产品、从事同类业务的竞业限制期限，不得超过二年。[10]

《最高人民法院关于审理劳动争议案件适用法律若干问题的解释（四）》对竞业禁止实务中的疑难问题作了进一步解释：当事人在劳动合同或者保密协议中约定了竞业限制，但未约定解除或者终止劳动合同后给予劳动者经济补偿，劳动者履行了竞业限制义务，有权要求用人单位按照前十二个月平均工资的30%按月支付经济补偿的；当事人在劳动合同或者保密协议中约定了竞业限制和经济补偿，当事人解除劳动合同时，除另有约定外，用人单位有权要求劳动者履行竞业限制义务，或者劳动者履行了竞业限制义务后要求用人单位支付经济补偿；当事人在劳动合同或者保密协议中约定了竞业限制和经济补偿，劳动合同解除或者终止后，因用人单位的原因导致三个月未支付经济补偿，劳动者有权请求解除竞业限制约定；在竞业限制期限内，用人单位有权请求解除竞业限制协议，在解除竞业限制协议时，劳动者有权请求用人单位额外支付劳动者三个月的竞业限制经济补偿；劳动者违反竞业限制约定，向用人单位支付违约金后，用人单位有权要求劳动者按照约定继续履行竞业限制义务。[11]

（七）保守商业秘密条款

根据《反不正当竞争法》第10条的规定，商业秘密是指不为公众所熟悉，能为用人单位带来经济利益，具有实用性，并经用人单位采取保密措施的技术信息和经营信息。商业秘密包括技术信息和商业信息，前者如产品的配方及其他技术机密，后者如客户的状况、企业的购销渠道、购销状况等。

构成商业秘密还必须具备一个基本条件，即用人单位采取了一定的保密措施，如果用人单位未采取任何保密措施，劳动者把其信息泄露出去就不构成对其商业秘密的侵犯。用人单位可以与劳动者约定保密条款，具体约定要考虑劳动者所从事的工作内容的性质和具体情况，由用人单位和劳动者通过协商来确定。

需要特别说明的是，保守商业秘密是劳动者的法定义务，知悉用人单位商业秘密的劳动者不仅在用人单位工作期间要履行这一义务，而且在离开用人单位以后仍然要履行这一法定义务。这一点和竞业禁止义务一个本质的区别是，竞业禁止义务在劳动者不再为用人单位工作期间是约定的义务，且用人单位需要支付劳动

---

〔10〕《最高人民法院关于审理劳动争议案件适用法律若干问题的解释（四）》明确规定：未约定经济补偿的竞业限制协议的法律效力；明确了竞业限制经济补偿可以自由约定；明确了竞业限制协议履行期间用人单位享有单方解除权；明确了劳动者支付违约金后仍应履行竞业限制义务。

〔11〕参见《最高人民法院关于审理劳动争议案件适用法律若干问题的解释（四）》第6～10条。

者补偿。法定的保守用人单位商业秘密的义务,无论劳动者是否在用人单位处工作,均是法定义务,用人单位无法定义务给予知悉其商业秘密的劳动者以补偿。

四、劳动合同的效力

(一)劳动合同的成立和生效

就合同理论而言,合同产生于其订立主体之间的合意,合同签订方就合同内容达成了一致意见,并自愿受其约束,合同即成立。故此我国《合同法》第25条规定,合同自承诺生效时成立。

《劳动法》第16条规定:“劳动合同是劳动者与用人单位确立劳动关系、明确双方权利和义务的协议。建立劳动关系应当订立劳动合同。”第19条规定“劳动合同应当以书面形式订立”。有人将之理解为,劳动合同成立是劳动关系建立的前提,没有书面劳动合同,劳动合同不成立,即使建立了劳动关系也是无效的。这种理解已被《劳动合同法》纠正。

实践中劳动合同的订立和劳动关系的建立可以有三种情况:一是先签订书面劳动合同,后建立劳动关系;二是签订书面劳动合同和建立劳动关系同时发生;三是先建立劳动关系,后订立书面劳动合同。

第一种情况中,在订立合同和开始履行劳动义务之间一般来说有一个时间间隔,这种情况下,劳动合同已经成立,劳动关系尚未建立;第二种情况虽然是理想化的,在签订劳动合同后,劳动者立即上岗工作,但实践中这种情况却是不多见的;第三种情况虽然有失规范,因为劳动法规定建立劳动关系应当订立劳动合同。但是实践中这种情况却是常见的。

为了使劳动合同规范更具有操作性,《劳动合同法》第7条规定,用人单位自用工之日起与劳动者建立劳动关系。第10条规定,建立劳动关系,应当订立书面劳动合同。已经建立劳动关系,未同时订立书面劳动合同的,应当自用工之日起一个月内订立书面劳动合同。用人单位与劳动者在用工之前订立劳动合同的,劳动关系自用工之日起建立。

《劳动合同法》将劳动关系的建立和劳动合同的签订相分离,强调用人单位和劳动者自用工之日起建立劳动关系,体现了对于劳动关系本质的关注,劳动关系的本质就应该是劳动者的劳动力和用人单位的生产资料相结合,这两个要素结合之日,即为劳动关系的建立之日。正如有研究者总结,劳动关系以劳动力使用和被使用为成立标志,劳动合同以合意为成立标志。[12]

如果先签订书面劳动合同,而后履行约定的劳动权利义务,“签合同”和“上

---

〔12〕 侯玲玲:“劳动合同的法律效力”,载《劳动合同法十二讲》,中国法制出版社2007年版。

班”之间有时间差。有学者认为，该合同是附始期劳动合同，在此期间，主要权利义务并未发生，如工资、劳动力给付、工伤等。[13] 这种附始期劳动合同又存在两种观点：一是效力附始期的劳动合同。劳动合同已成立，但是其效力发生附有始期，即自实际用工之日，劳动合同生效。二是就劳附始期劳动合同。劳动合同成立生效，但其相关的权利义务关系附有始期，即自实际用工之日，双方才发生主要权利义务关系。我国《劳动合同法》采纳了第二种观点，该条规定用人单位与劳动者在用工之前订立劳动合同的，劳动关系自用工之日起建立。用人单位和劳动者发生了劳动力的使用和被使用的事实，劳动关系才成立。

（二）劳动合同的无效

劳动合同的无效是指劳动合同因缺乏法律规定的条件而不具备约束力，劳动合同的无效可以分为全部无效和部分无效。

我国《劳动合同法》第26条规定，下列劳动合同无效或者部分无效：（1）以欺诈、胁迫的手段或者乘人之危，使对方在违背真实意思的情况下订立或者变更劳动合同的；（2）用人单位免除自己的法定责任、排除劳动者权利的；（3）违反法律、行政法规强制性规定的。

对劳动合同的无效或者部分无效有争议的，由劳动争议仲裁机构或者人民法院确认。劳动合同部分无效，不影响其他部分效力的，其他部分仍然有效。

由于在劳动关系中，劳动者一方以提供劳动作为合同的给付内容，劳动一旦付出后，无法回复到原状。因此，《劳动合同法》规定，劳动合同被确认无效，劳动者已付出劳动的，用人单位应当向劳动者支付劳动报酬。劳动报酬的数额，参照本单位相同或者相近岗位劳动者的劳动报酬确定。

案例

员工丁菊香在工作中发生工伤，在双方处理工伤待遇的过程中，用人单位发现丁菊香年龄有假。通过调查进而发现丁菊香身份完全虚假，其真名叫“张小梅”。张小梅为了获得工作机会，向他人借了身份证应聘。据此，用人单位拒绝给予张小梅工伤待遇。用人单位认为，张小梅假冒他人身份，属于欺诈行为，双方订立的劳动合同无效，张小梅和用人单位之间没有合法的劳动关系，因此不能认定为工伤。

但是最终上海市某劳动和社会保障局受理了张小梅提出的申请，并且做出了存在工伤的认定。[14] 请问：

---

〔13〕 黄越钦：《劳动法新论》，中国政法大学出版社2003年版，第131页。

〔14〕 陆胤、唐婵凤：“劳动合同无效的司法实践”，载董保华主编：《劳动合同研究》，中国劳动社会保障出版社2005年版，第224～225页。

1. 虚假的身份是否导致劳动合同无效?
2. 对无效劳动合同应当如何处置?

第三节　劳动合同的履行和变更

一、劳动合同的履行

(一)劳动合同履行的概念和原则

劳动合同的履行是指劳动合同的双方当事人依照劳动合同规定,完成自己所承担的义务的行为。劳动合同履行应当遵循以下原则:

一是亲自履行原则。劳动合同当事人双方必须以自己的行为履行自己应承担的义务。劳动者应该以自己的劳动行为履行劳动义务,不能由其他人的劳动来替代。用人单位也应当直接雇用劳动者,如果和其他的用人单位达成劳动者外借协议,应当征求劳动者的意见,不得单方面决定将劳动者派往其他用人单位工作。

二是全面履行原则。即劳动合同当事人按照合同的约定全面履行合同中确定的权利和义务,不能割裂合同条款之间的内在联系。我国《劳动合同法》第 3 条第 2 款规定,依法订立的劳动合同具有约束力,用人单位与劳动者应当履行劳动合同约定的义务。第 29 条规定,用人单位与劳动者应当按照劳动合同的约定,全面履行各自的义务。

三是协作履行原则。劳动关系是一种需要用人单位和劳动者合作才能够顺利实现的社会关系,劳动关系和谐是劳动合同双方顺利履行合同义务的前提。因此,在劳动合同履行过程中,当事人双方应当相互理解,为对方履行劳动合同创造条件。

(二)特殊情形下劳动合同的履行

一般来说,劳动合同的履行是在劳动者和用人单位之间。但是由于社会经济情况复杂多变,在劳动合同的履行过程中,可能会因为各种原因,用人单位需要做一定的改变,比较常见的是:一是用人单位变更名称、法定代表人、主要负责人或者投资人等事项;二是用人单位发生合并或者分立等情况。为了保障劳动者的劳动关系稳定,我国《劳动合同法》规定,用人单位变更名称、法定代表人、主要负责人或者投资人等事项,不影响劳动合同的履行;用人单位发生合并或者分立等情况,原劳动合同继续有效,劳动合同由承继其权利义务的用人单位继续履行。

但是,如果用人单位变更名称、法定代表人、主要负责人,或者用人单位发生合并、分立等情况时，原来劳动合同必备条款中的用人单位名称、法定代表人、主要负责人等内容发生了变更，新用人单位虽然与劳动者没有书面的劳动合同，却是依法承继了原来用人单位的权利和义务，应当和劳动者履行原劳动合同。此外，需要特别说明的是，因为这种法律承继关系的存在，我们认为，劳动者在新用人单位的劳动关系存续的期限应是连续计算。如果达到了法律规定的时间，用人单位有和劳动者签订无固定期限劳动合同的义务。

（三）劳动合同履行过程中的劳动者权益保障

在劳动合同的履行过程中，劳动者居于从属地位，受到用人单位的管理和约束，为此其合法权益需要特别的保障，《劳动合同法》对于劳动合同履行中的劳动者的权益保障做了特别的规定，主要体现在两个方面：

1. 劳动报酬权保障

劳动者为用人单位提供劳动，一方面是为了体现自己的人生和社会价值，另一方面是获得工资的收入，并借此实现自己及家庭成员的生存权。在劳动合同中，用人单位和劳动者之间的权利义务关系，主要是围绕着劳动者提供劳动、用人单位支付报酬展开。劳动报酬的确定和支付是劳动合同的核心内容之一。

《劳动法》第3条规定，劳动者有取得报酬的权利，但是由于在劳动关系的运行中，劳动者处于弱者的地位，为了保障劳动者获得报酬权的实现，《劳动合同法》第30条规定，用人单位应当按照劳动合同约定和国家规定，向劳动者及时足额支付劳动报酬。所谓及时是指用人单位应当按照法律规定的周期支付劳动报酬，对于全日制劳动者而言，用人单位应该按至少每月支付一次报酬，对于非全日制劳动者来说，用人单位工资支付周期不得超过15天。

如果用人单位拖欠或者未足额支付劳动报酬的，依照《劳动合同法》的规定，劳动者可以依法向当地人民法院申请支付令，人民法院应当依法发出支付令。依照《民事诉讼法》的相关规定，申请书应当写明请求给付工资的数量和所根据的事实、证据，并向有管辖权的基层人民法院申请支付令。债权人提出申请后，人民法院应当在五日内通知债权人是否受理。人民法院受理申请后，经审查债权人提供的事实、证据，对债权债务关系明确、合法的，应当在受理之日起15日内向债务人发出支付令；申请不成立的，裁定予以驳回。债务人应当自收到支付令之日起15日内清偿债务，或者向人民法院提出书面异议。债务人在前款规定的期间不提出异议又不履行支付令的，债权人可以向人民法院申请执行。人民法院收到债务人提出的书面异议后，应当裁定终结督促程序，支付令自行失效，债权人可以起诉。

2. 安全健康权保障

劳动者的安全健康问题历来是国家立法关注的问题，除了专门的安全生产方面的法律法规规章外，《劳动合同法》对劳动者在劳动义务履行过程中的安全健康

问题也专门加以关注。主要规定了以下两方面的权利:

一是《劳动合同法》要求用人单位应当严格执行劳动定额标准,不得强迫或者变相强迫劳动者加班。用人单位安排加班的,应当按照国家有关规定向劳动者支付加班费。如果用人单位劳动定额标准过高,正常情况下劳动者无法在8小时的工作时间内完成的,用人单位应当调整劳动定额,否则即是单方面强迫劳动者加班。

二是《劳动合同法》赋予劳动者拒绝用人单位管理人员违章指挥、强令劳动者冒险作业的权利,劳动者在这些情况下拒绝劳动的,不视为违反劳动合同。如果工作场所的劳动条件危害生命安全和身体健康的,劳动者有权对用人单位提出批评、检举和控告。

此外,《实施条例》专门就劳动合同的异地履行做出了规定。《实施条例》第14条规定,劳动合同履行地与用人单位注册地不一致的,有关劳动者的最低工资标准、劳动保护、劳动条件、职业危害防护和本地区上年度职工月平均工资标准等事项,按照劳动合同履行地的有关规定执行;用人单位注册地的有关标准高于劳动合同履行地的有关标准,且用人单位与劳动者约定按照用人单位注册地的有关规定执行的,从其约定。

二、劳动合同的变更

(一)劳动合同变更的概念

劳动合同变更是指合同当事人双方或单方依法或按照双方的意愿,修改或补充劳动合同条款的行为。它发生于劳动合同生效后尚未履行或尚未全部履行期间,是对劳动合同所约定的权利和义务的改变。劳动合同变更主要可以分为两类:法定的变更和约定的变更。法定的变更是指基于法律法规的规定而作出的变更;约定的变更是指基于劳动合同一方的提议,双方在协商一致的基础上变更原来的合同的条款。

劳动合同是继续性合同,由于劳动合同持续时间长,各种情况可能会导致变更劳动合同的客观需要,比较常见的原因有以下三个方面:

1. 劳动者的原因。如按照《劳动合同法》第40条第1款第2项的要求,用人单位应当变更其工作岗位,再给予劳动者一次工作机会;另如,女性劳动者在怀孕期间对于某些劳动不能再适应,也可能会产生变更岗位的客观需求;再如,劳动者身体健康状况发生变化,身体机能的下降,也可能导致劳动者不适应职业要求,也会产生劳动者变更的客观要求。

2. 用人单位的原因。如用人单位根据市场的情况,转产、调整生产任务或生产经营项目、重新进行劳动组合,就会涉及劳动合同内容的变化。如果用人单位扩大生产经营项目、进行业务拓展,也往往会派一些有经验的劳动者去新开办的分公司工作,这也会涉及劳动者的劳动合同的变更问题。

3. 客观方面的原因。如法规和政策发生变化,如工时休假、劳动保护规定,最低工资规定,劳动保险待遇的规定发生变化;另如,发生社会动乱、自然灾害等不可预测的情况,也会引起用人单位或劳动者变更劳动合同的需求。

(二)劳动合同变更的程序

劳动合同的变更实质是对原合同条款的修改,是改变原来约定的部分内容,为了保障劳动合同双方的合法权益,确定双方协商变更的内容,劳动合同法对变更的形式作了专门的规定。依照《劳动合同法》第35条的规定,变更劳动合同,应当采用书面形式。在一方提出变更要求,经过双方协商同意后,应签订书面的协议,变更后的劳动合同文本由用人单位和劳动者各执一份。

根据司法解释,如果变更劳动合同未采用书面形式,但已经实际履行了口头变更的劳动合同超过一个月,且变更后的劳动合同内容不违反法律、行政法规、国家政策以及公序良俗,当事人以未采用书面形式为由主张劳动合同变更无效的,人民法院不予支持。[15]

此外,需要注意的是,对于工会主席、副主席的岗位,用人单位不能随意调动,我国《工会法》(2001)规定,工会主席、副主席任期未满时,不得随意调动其工作。因工作需要调动时,应当征得本级工会委员会和上一级工会的同意(第17条)。

第四节 劳动合同的解除和终止

有效成立的合同,对于合同双方当事人具有法律约束力,任何一方均无权随意变更解除。但是劳动合同中,由于双方地位的特殊以及劳动合同履行的人身性,《劳动合同法》对合同的解除规则做了不同于民事解除的特别规定,需要特别关注。

一、劳动合同的解除

(一)劳动合同解除的含义和法律特征

合同的解除是指合同约束力结束。解除可分为两种:约定解除和法定解除。

---

〔15〕 参见《解释(四)》第11条。

约定的解除权是指合同当事人在合同订立之时或订立之后约定,如果发生某种情形时,一方或者双方解除合同权发生的情形。法定的解除权是指合同的解除权来自法律的规定,是当事人行使法定解除权而使合同效力消灭。在我国的《合同法》中,解除是终止合同约束力的方式之一。在《劳动合同法》中,基于劳动合同的继续性的特征,将解除和终止分别规定。我国台湾地区也是如此,在民法适用之外,劳动合同的终止已经形成了另一套复杂制度。[16]

劳动合同的解除是指劳动合同签订后,在尚未履行完毕之前,劳动合同的主体基于单方或者双方的意愿,提前结束劳动合同效力的法律行为。劳动合同解除的法律特征为:

第一,劳动合同的解除是劳动合同效力的提前终止。劳动合同被解除仍具有法律的约束力,解除的目的就是提前结束劳动合同的法律效力。

第二,用人单位解除劳动合同受到严格限制。由于劳动合同是继续性合同,为了稳定劳动者的劳动关系,我国《劳动法》和《劳动合同法》对用人单位解除劳动合同的条件和程序做了比较详细的规定。

第三,劳动者解除劳动合同的条件比较宽松。为了保护劳动者的合法权益和优化市场人力资源配置,《劳动合同法》对劳动者解除劳动合同条件和程序,相较于用人单位的解除条件做了比较宽松的规定。

第四,劳动合同法定的解除条件一般是基于客观情况的基础,而由劳动者和用人单位所做出的主观选择。

(二)劳动合同的解除条件

1. 用人单位和劳动者协议解除劳动合同

合同基于双方的协议而产生,也当然可以基于双方的协议而解除。劳动合同经双方当事人协商一致解除原来的劳动合同。在实践中这种情况主要是指合同当事人在任何一方均无单方解除权的情况下,通过一方的提议,在经过双方协议的基础上,就解除合同达成一致意见。我国《劳动合同法》第36条规定,用人单位与劳动者协商一致,可以解除劳动合同。立法对这种解除方式一般不规定条件,只要求解除合同的合意在内容、形式、程序上合法即可。

2. 劳动者单方面解除劳动合同

(1)劳动者对劳动合同的预告解除。所谓的预告解除是指劳动者需要提前通知用人单位,按照法律规定的要求和程序解除合同。劳动者的预告解除包括两种:

首先,是试用期间劳动者对劳动合同的解除。试用期间是劳动者和用人单位互相考察和适应的期间,这段时间内劳动关系处于不稳定状态,特别是对劳动者而

---

〔16〕 黄越钦:《劳动法新论》,中国政法大学出版社2003年版,第153页。

言,如果不愿意在用人单位继续工作,只要提前3日通知用人单位,就可以解除劳动合同。这种解除方式没有法定的理由限制,因此劳动者也不需要说明理由。提前3天通知用人单位是为了给予用人单位时间招聘替代劳动者,而不是用人单位的审批时间。

其次,是正式合同期内劳动者对劳动合同的解除。劳动者单方面解除劳动合同的权利常被称为辞职权,如果劳动者不愿意在用人单位继续工作,无论是签订了固定期限合同,还是签订的无固定期限合同,劳动者均可以依照《劳动合同法》第37条的规定,提前30日以书面形式通知用人单位,以解除劳动合同。法律这样规定主要基于两个方面的理由:一是劳动者提供的劳动义务,依附于其人身,如果劳动者不愿意为某用人单位工作实际上也无法强制其劳动;二是这样的规定有利于劳动者的流动,有利于社会人力资源的优化配置,发挥人力资源的最大效应,对于社会发展和和谐稳定均是有益的。

(2)劳动者对劳动合同的即时解除。所谓即时解除是指劳动者在法律规定的条件下,不提前通知用人单位就可以单方面解除劳动合同,终止劳动合同的法定约束力。之所以这样规定,是因为这种解除权下的情况是用人单位违反了法律法规对劳动者权益的保护,有违法的事实存在。根据《劳动合同法》第38条的规定,用人单位有下列情形之一的,劳动者可以解除劳动合同:①未按照劳动合同约定提供劳动保护或者劳动条件的;②未及时足额支付劳动报酬的;③未依法为劳动者缴纳社会保费的;④用人单位的规章制度违反法律、法规的规定,损害劳动者权益的;⑤因本法第26条第1款规定的情形致使劳动合同无效的;⑥法律、行政法规规定劳动者可以解除劳动合同的其他情形;⑦用人单位以暴力、威胁或者非法限制人身自由的手段强迫劳动者劳动的;⑧用人单位违章指挥、强令冒险作业危及劳动者人身安全的,劳动者可以立即解除劳动合同,不需事先告知用人单位。

需要特别说明的是,以上①至⑥项的解除,虽然劳动者有单方面的解除权,但是在其行使这一权利时,有通知用人单位的义务,即明确告知用人单位其基于以上的理由解除劳动合同。如果劳动者不履行告知义务,会给用人单位组织劳动和正常的生产经营带来困难。只有对符合⑦、⑧项条件的,依照《劳动合同法》的明确规定,劳动者才可以不辞而别。

3. 用人单位单方面解除劳动合同

(1)用人单位对劳动合同的即时解除。此种解除权的适用范围主要是针对劳动者有过错的情况,用人单位不提前预告劳动者就解除与其之间的劳动关系,《劳动合同法》第39条规定,劳动者有下列情形之一的,用人单位可以解除劳动合同:①在试用期间被证明不符合录用条件的;②严重违反用人单位的规章制度的;③严重失职,营私舞弊,给用人单位造成重大损害的;④劳动者同时与其他用人单位建立劳动关系,对完成本单位的工作任务造成严重影响,或者经用人单位提出,拒不改正的;⑤以欺诈、胁迫的手段或者乘人之危,使用人单位在违背真实意思的情况下订立或者变更劳动合同的,致使劳动合同无效的;⑥被依法追究刑事责任的。

(2)用人单位对劳动合同的预告解除。所谓预告解除是指用人单位按照法律规定的期限预告劳动者,或者以额外支付劳动者工资的代替方式来解除劳动合同,适用于此种情形的主要原因是劳动过程中劳动者劳动能力发生变化或者是合同订立时所依据的客观情况发生变化所致。《劳动合同法》第40条规定,有下列情形之一的,用人单位提前30日以书面形式通知劳动者本人或者额外支付劳动者1个月工资后,可以解除劳动合同,额外支付的工资应当按照该劳动者上1个月的工资标准确定(《实施条例》第20条):①劳动者患病或者非因工负伤,在规定的医疗期满后不能从事原工作,也不能从事由用人单位另行安排的工作的;②劳动者不能胜任工作,经过培训或者调整工作岗位,仍不能胜任工作的;③劳动合同订立时所依据的客观情况发生重大变化,致使劳动合同无法履行,经用人单位与劳动者协商,未能就变更劳动合同内容达成协议的。

(3)用人单位的经济性裁员。一般来说,劳动者以为用人单位提供劳动作为安身立命的根本。稳定的工作对劳动者个人和家庭是至关重要的,为此,《劳动合同法》对劳动关系的稳定性比较关注。但另外,用人单位在经营过程中可能由于多种原因需要调解用人方案,为了平衡劳动者和用人单位的利益冲突,《劳动合同法》对大规模的经济裁员做了程序、范围和政策上的限定。

依据《劳动合同法》第41条的规定,大规模的经济性裁员是指用人单位需要裁减人员20人以上或者裁减不足20人但占企业职工总数10%以上的情况,符合这种情况的,裁员需要按照下列程序进行:用人单位提前30日向工会或者全体职工说明情况,听取工会或者职工意见;用人单位将裁减人员方案经向劳动行政部门报告,可以裁减人员。需要注意的是,这两个程序规定不是实质性的要件,而仅是程序性规范。听取意见和行政报告程序,并不是让工会、全体职工或者劳动行政部门来决定,用人单位在履行上述程序规范后,是可以单方面决定大规模裁员的。但是这种程序仍需要履行,纳入这种程序的有以下几种情况:①依照企业破产法规定进行重整的;②生产经营发生严重困难的;③企业转产、重大技术革新或者经营方式调整,经变更劳动合同后,仍需裁减人员的;④其他因劳动合同订立时所依据的客观经济情况发生重大变化,致使劳动合同无法履行的。

需要特别注意的是,对于达不到此比例也可以适用经济性裁员,即用人单位裁减人员不足20人且占企业职工总数不足10%的,无须按照以上规定的程序执行。

(三)对用人单位劳动合同解除权的法定限制

1. 预告性裁员和经济性裁员的限制

依照《劳动合同法》第42条的规定,劳动者有下列情形之一的,用人单位不得依照本法第 40 条、第 41 条的规定解除劳动合同:(1)从事接触职业病危害作业的劳动者未进行离岗前职业健康检查,或者疑似职业病病人在诊断或者医学观察期间的;(2)在本单位患职业病或者因工负伤并被确认丧失或者部分丧失劳动能力的;(3)患病或者非因工负伤,在规定的医疗期内的;(4)女职工在孕期、产期、哺乳期的;(5)在本单位连续工作满 15 年,且距法定退休年龄不足 5 年的;(6)法律、行政法规规定的其他情形。

2. 经济性裁员中裁员范围的限制

在裁员中为了保障特殊人员的利益,《劳动合同法》专门规定了优先留用人员的范围以及企业重整后优先雇用的范围,依照规定,用人单位裁减人员时,应当优先留用下列人员:(1)与本单位订立较长期限的固定期限劳动合同的;(2)与本单位订立无固定期限劳动合同的;(3)家庭无其他就业人员,有需要扶养的老人或者未成年人的。

用人单位依照第 41 条第 1 款规定裁减人员,在 6 个月内重新招用人员的,应当通知被裁减的人员,并在同等条件下优先招用被裁减的人员。

(四)用人单位解除劳动合同的程序

用人单位解除劳动合同对劳动者有很大影响,对于社会影响也较大,因此,劳动法律法规除了对用人单位施加实质性限制外,也施加了程序性限制。

《劳动合同法》第 43 条规定,用人单位单方解除劳动合同,应当事先将理由通知工会。用人单位违反法律、行政法规规定或者劳动合同约定的,工会有权要求用人单位纠正。用人单位应当研究工会的意见,并将处理结果书面通知工会。[17]

《工会法》第 21 条也规定,企业、事业单位处分职工,工会认为不适当的,有权提出意见。企业单方面解除职工劳动合同时,应当事先将理由通知工会,工会认为企业违反法律、法规和有关合同,要求重新研究处理时,企业应当研究工会的意见,并将处理结果书面通知工会。职工认为企业侵犯其劳动权益而申请劳动争议仲裁或者向人民法院提起诉讼的,工会应当给予支持和帮助。

案例

某航空公司在《劳动合同法》施行后,新招聘了一批空中服务员,并和他们每人签订了 8 年的劳动合同,如果 8 年的合同到期后,航空公司不再继续和他们续订劳动

[17] 《解释(四)》进一步规定:建立了工会组织的用人单位解除劳动合同符合《劳动合同法》第 39 条、第 40 条规定,但未事先通知工会,劳动者可以用人单位违法解除为由要求用人单位支付赔偿金,但是在起诉前用人单位补正的除外。

合同,而是依法给予他们终止补偿金,然后另外雇用一批年轻的空中服务员,请问:

1. 公司这样做合法吗?

2. 如何加强对此类员工的保护?

(五)解除劳动合同的经济补偿和赔偿

1. 经济补偿支付条件

依照《劳动合同法》第46条的规定,有下列情形之一的,用人单位应当向劳动者支付经济补偿:(1)劳动者依照本法第38条规定解除劳动合同的;(2)用人单位依照本法第36条规定向劳动者提出解除劳动合同并与劳动者协商一致解除劳动合同的;(3)用人单位依照本法第40条规定解除劳动合同的;(4)用人单位依照本法第41条第1款规定解除劳动合同的;(5)除用人单位维持或者提高劳动合同约定条件续订劳动合同,劳动者不同意续订的情形外,依照本法第44条第1项规定终止固定期限劳动合同的;(6)依照本法第44条第4项、第5项规定终止劳动合同的;(7)法律、行政法规规定的其他情形。

2. 经济补偿的计算

《劳动合同法》第47条规定,经济补偿按劳动者在本单位工作的年限,每满1年支付1个月工资的标准向劳动者支付。6个月以上不满1年的,按1年计算;不满6个月的,向劳动者支付半个月工资的经济补偿。

劳动者月工资高于用人单位所在直辖市、设区的市级人民政府公布的本地区上年度职工月平均工资三倍的,向其支付经济补偿的标准按职工月平均工资三倍的数额支付,向其支付经济补偿的年限最高不超过12年。

补偿金所依据的月工资是指劳动者在劳动合同解除或者终止前12个月的平均工资。平均工资的计算,包括计时工资或者计件工资以及奖金、津贴和补贴等货币性收入。劳动者在劳动合同解除或者终止前12个月的平均工资低于当地最低工资标准的,按照当地最低工资标准计算。劳动者工作不满12个月的,按照实际工作的月数计算平均工资(《实施条例》第27条)。值得注意的是,《实施条例》仅将货币性收入纳入计算的范围内,将非货币性收入排除在外,从实际情况看计算的范围偏窄。

3. 解除劳动合同的赔偿

依照《劳动合同法》第48条规定,用人单位违反劳动合同法规定的条件解除或者终止劳动合同,劳动者享有选择权,可以要求用人单位继续履行劳动合同,如果用人单位能够履行的,应当继续履行;如果劳动者不要求继续履行劳动合同或者劳动合同已经不能继续履行的,用人单位应当依照本法第87条规定支付赔偿金,即应当依照本法第47条规定的经济补偿标准的两倍向劳动者支付赔偿金。但是,根据《实施条例》第25条的规定,用人单位违反劳动合同法的规定解除或者终止劳动合同,依照劳动合同法第 87 条的规定支付了赔偿金的,不再支付经济补偿。赔偿金的计算年限自用工之日起计算。[18]

二、劳动合同的终止

(一)劳动合同的终止

合同的终止是合同效力约束力的丧失。在民事合同中,合同双方当事人可以约定合同的终止条件,在《劳动法》中也有同样的规定。但在实施中发现,一些用人单位随意与劳动者约定劳动合同终止条件,并据此终止劳动合同,使无固定期限劳动合同提前消灭,不能真正起到维护劳动者就业稳定权益的作用;同时,对于劳动者退休、死亡或者用人单位破产等情形下,劳动合同如何处理,法律没有作出规定。为了更好地维护劳动者合法权益,《劳动合同法》调整了《劳动法》关于劳动合同终止的规定内容:一是取消了劳动合同的约定终止,规定劳动合同只能因法定情形出现而终止。劳动合同当事人不得约定劳动合同终止条件;即使约定了终止条件,该约定也无效。二是增加了劳动合同法定终止的情形。依照《劳动合同法》第 44 条的规定,有下列情形之一的,劳动合同终止:一是劳动合同期满的。依照《劳动合同法》第 45 条的规定,劳动合同期满,有本法第 42 条规定情形之一的,劳动合同应当续延至相应的情形消失时终止。但是,本法第 42 条第 2 项规定丧失或者部分丧失劳动能力劳动者的劳动合同的终止,按照国家有关工伤保险的规定执行。二是劳动者开始依法享受基本养老保险待遇的。达到退休年龄的劳动者依法按照规定可以享受社会保险待遇的,劳动者应该退出工作岗位。但是生活中不少劳动者属于返聘人员,其和用人单位之间的法律关系性质,法律上没有明确的说法。我们认为,本质上这些人员和用人单位之间存在劳动关系,不同的是,其年龄已到,社会保险已经开始,除去这个差别外,本质上和用人单位存在从属性的关系。三是劳动者死亡,或者被人民法院宣告死亡或者宣告失踪的。这时候,劳动者的主体资格消灭或者视同为消灭,劳动合同约定的权利义务无法执行,合同终止。四是用人单位被依法宣告破产的。五是用人单位被吊销营业执照、责令关闭、撤销或者用人单位决定提前解散的。六是法律、行政法规规定的其他情形。

(二)劳动合同终止的经济补偿

在《劳动合同法》实施以前,劳动合同的终止没有补偿金,劳动合同的解除有

---

〔18〕 根据《解释(四)》规定,劳动者依法解除劳动合同或者新用人单位提出解除、终止劳动合同时,劳动者领取经济补偿(或赔偿金)的工作年限应连续计算,即为原用人单位工作年限加上新用人单位工作年限。

补偿金。然而《劳动合同法》的实施改变了这一情况,《劳动合同法》第 46 条第 5 项规定,在劳动合同因期满而终止时,除用人单位维持或者提高劳动合同约定条件续订劳动合同,劳动者不同意续订的情形外,如果用人单位依据《劳动合同法》第 44 条第 1 项规定终止固定期限劳动合同的,用人单位就应当按照劳动者每工作 1 年支付 1 个月工资的标准,向劳动者支付终止劳动合同经济补偿金。需要强调的有两点:一是这里的工作年限计算是自 2008 年 1 月 1 日起算(《劳动合同法》第 97 条);二是以完成一定工作任务为期限的劳动合同因任务完成而终止的,用人单位也应当依照《劳动合同法》第 47 条的规定向劳动者支付经济补偿(《实施条例》第 22 条)。

《劳动合同法》关于终止劳动合同经济补偿金的规定,主要的作用是平衡了用人单位在解除和终止劳动关系方面的成本。例如,如果一个用人单位对于一个岗位劳动者,每五年更换一个劳动者,那么每次在 5 年合同终止后,则要向劳动者支付 5 个月工资的经济补偿金,如果连续雇用一个劳动者满 15 年,因客观情况发生重大变化,要解除劳动合同则要支付 15 个月的经济补偿金。在这种情况下,用人单位 15 年雇用同一个劳动者和雇用 3 个不同的劳动者的成本是相同的,不会因终止合同而省却用工成本。因此,这一规定对于鼓励用人单位签订无固定期限劳动合同是相当重要的。

此外,用人单位依法终止工伤职工劳动合同的,除依照《劳动合同法》第 47 条的规定支付经济补偿外,还应当依照国家有关工伤保险的规定支付一次性工伤医疗补助金和伤残就业补助金(《实施条例》第 23 条)。

(三)劳动合同期满后劳动关系的法定延长

一般情况下,劳动合同约定期满后,劳动关系自然终止。但有两种情况例外:

一是在合同期满时,劳动者在用人单位连续工作满 10 年,此时,劳动者基于《劳动合同法》的规定有了单方面要求用人单位签订无固定期限劳动合同的权利,用人单位也有和劳动者签订无固定期限劳动合同的义务。

二是在法律的特别规定下,劳动关系可以继续顺延一段时间。这种情形主要包括:其一,《工会法》规定,基层工会专职主席、副主席或者委员自任职之日起,其劳动合同期限自动延长,延长期限相当于其任职期间;非专职主席、副主席或者委员自任职之日起,其尚未履行的劳动合同期限短于任期的,劳动合同期限自动延长至任期期满。但是,任职期间个人严重过失或者达到法定退休年龄的除外。其二,原劳动部《关于贯彻执行〈劳动法〉若干问题的意见》(劳部发〔1995〕309 号)规定,除《劳动法》第 25 条规定的情形(即在试用期间被证明不符合录用条件的;严重违反劳动纪律或者用人单位规章制度的;严重失职,营私舞弊,对用人单位利益造成重大损害的;被依法追究刑事责任的)外,劳动者在医疗期、孕期、产期和哺乳期内，劳动合同期限届满时，用人单位不得终止劳动合同。劳动合同的期限应自动延续至医疗期、孕期、产期和哺乳期期满为止。

三、解除和终止程序及后合同义务

（一）解除劳动关系后手续的办理

在解除劳动关系后，劳动者和用人单位应当按照双方的约定，本着协作的原则顺利办理交接手续。劳动者应当交还用人单位所有的劳动工具以及有关的证件。用人单位依照《劳动合同法》的有关规定，应当向劳动者支付经济补偿的，补偿金在办结工作交接时支付。用人单位应当在解除或者终止劳动合同时，出具解除或者终止劳动合同的证明，并在 15 日内为劳动者办理档案和社会保险关系转移手续。用人单位对已经解除或者终止的劳动合同的文本，至少保存二年备查。用人单位出具的解除、终止劳动合同的证明，应当写明劳动合同期限、解除或者终止劳动合同的日期、工作岗位、在本单位的工作年限（《实施条例》第 24 条）。

（二）劳动合同的后合同义务

在劳动合同解除或者终止，双方办理交接完毕之后，双方之间不再存在劳动关系。这并不意味着双方之间不再有权利义务关系。如果劳动者和用人单位之间签订了保护商业秘密或竞业禁止协议，双方应当按照协议履行，如果违反协议则应当按照约定承担责任。需要说明的是，保守用人单位的商业秘密，是劳动者的法定义务，即使劳动者和用人单位之间没有签订保密协议或者在劳动合同中约定保密条款，劳动者在劳动合同结束后，也应当保守用人单位的商业秘密。

第五节 劳务派遣合同和非全日制劳动合同

一、劳务派遣合同

（一）劳务派遣机构

劳务派遣合同是指劳务派遣单位（用人单位）和派遣劳动者签订劳动合同后，将派遣劳动者派遣至劳务派遣接受单位（用工单位）。我国对劳动派遣单位的资格作了专门规定，《劳动合同法》规定，经营劳务派遣业务应当具备下列条件：（1）注册资本不得少于人民币二百万元；（2）有与开展业务相适应的固定的经营场所和设施；（3）有符合法律、行政法规规定的劳务派遣管理制度；（4）法律、行政法规规定的其他条件。经营劳务派遣业务,应当向劳动行政部门依法申请行政许可;经许可的,依法办理相应的公司登记。未经许可,任何单位和个人不得经营劳务派遣业务。劳务派遣单位作为用人单位,应当履行用人单位对劳动者的义务。劳务派遣单位与被派遣劳动者订立的劳动合同,除应当载明《劳动合同法》第 17 条规定的劳动合同条款外,还应当载明被派遣劳动者的用工单位以及派遣期限、工作岗位等情况。劳务派遣单位应当与被派遣劳动者订立二年以上的固定期限劳动合同,按月支付劳动报酬;被派遣劳动者在无工作期间,劳务派遣单位应当按照所在地人民政府规定的最低工资标准,向其按月支付报酬。

(二)劳务派遣的适用范围

从《劳动合同法》对劳务派遣的规制目的来看,是限制劳务派遣的适用范围。《劳动合同法》规定,劳务派遣用工是补充形式,只能在临时性、辅助性或者替代性的工作岗位上实施。临时性工作岗位是指存续时间不超过六个月的岗位;辅助性工作岗位是指为主营业务岗位提供服务的非主营业务岗位;替代性工作岗位是指用工单位的劳动者因脱产学习、休假等原因无法工作的一定期间内,可以由其他劳动者替代工作的岗位。用工单位应当严格控制劳务派遣用工数量,不得超过其用工总量的 10%。[19] 除了对于范围的限定外,为了避免一些用人单位自设派遣机构,自己给自己派遣劳动者,将劳务派遣作为逃避劳动合同法责任的工具,《实施条例》第 28 条规定,用人单位或者其所属单位出资或者合伙设立的劳务派遣单位,向本单位或者所属单位派遣劳动者的,属于劳动合同法规定的不得设立的劳务派遣单位。

(三)劳务派遣法律关系

在劳务派遣关系中,有三个主体:劳务派遣机构(用人单位)、客户单位(用工单位)、受派遣劳动者(劳动者)。依照我国《劳动合同法》的规定,受派遣劳动者和劳务派遣单位签订劳动合同,劳务派遣单位和实际用工单位签订劳务派遣协议。在这三者的关系之中,受派遣劳动者和劳务派遣机构之间是劳动关系,派遣机构为用人单位,受派遣劳动者是劳务派遣机构的雇员;劳务派遣机构和客户公司之间应当订立派遣合同,它们之前的关系是平等的民事主体之间的关系,所签订的派遣合同也是民事合同的性质;至于受派遣劳动者和用工单位之间的关系,目前劳动合同法没有给其以准确的定位,在美国是将用工单位和劳务派遣机构作为共同雇主对待,而我国的劳动合同法却没有直接将用工单位作为共同雇主,但不可否认的是受派遣劳动者在用工单位中提供劳动,接受用工单位的指挥和命令,本质上是具有劳

---

〔19〕 参见《劳务派遣暂行规定》第 3 条和第 4 条。

动关系的属性。我国《劳动合同法》第92条规定,劳务派遣单位违反本法规定,给被派遣劳动者造成损害的,劳务派遣单位与用工单位承担连带赔偿责任。这种连带责任的规定说明,我国《劳动合同法》实质上是将用人单位和用工单位作为共同雇主对待的。

二、非全日制劳动合同

(一)非全日制劳动合同的界定

非全日制劳动合同是指劳动者和用人单位签订的,以小时计酬为主,劳动者在同一用人单位一般平均每日工作时间不超过4小时,每周工作时间累计不超过24小时的特殊形式的劳动合同。需要注意的是,各国对于非全日制工作的界定是不同的,例如,法国2000年1月19日实行的非全日制劳动。法律对于非全日制工的定义是:其工作时间短于法定工作时间,或者关于行业/企业集体合同确定的工作时间,或者短于法定工作时间的劳动者,都被认定为非全日制工。从2002年以来,法国全面实行35小时工作周,只要周工时短于法定的每周35小时的,或者月工时短于法定的月工时的,或者年工时短于法定的年工时的劳动者,在法国都是非全日制工。[20]

(二)非全日制劳动合同的特殊规定

非全日制合同适用一些特殊规定,如:(1)非全日制用工双方当事人可以订立口头协议;(2)从事非全日制用工的劳动者可以与一个或者一个以上用人单位订立劳动合同,但后订立的劳动合同不得影响先订立的劳动合同的履行;(3)非全日制用工双方当事人不得约定试用期,非全日制用工双方当事人任何一方都可以随时通知对方终止用工;(4)终止用工时,用人单位不向劳动者支付经济补偿;(5)非全日制用工小时计酬标准不得低于用人单位所在地人民政府规定的最低小时工资标准;(6)非全日制用工劳动报酬结算支付周期最长不得超过15日等等。

课后实训

一、关键词解释

劳动合同　试用期　劳动合同的无效　劳动合同的变更　劳动合同的解除

---

〔20〕 郑爱青:《法国劳动法概要》,光明日报出版社2010年版,第75页。

二、选择题

1. 中华人民共和国境内的(　　)等组织与劳动者建立劳动关系,订立、履行、变更、解除或者终止劳动合同,适用《劳动合同法》。

A. 企业

B. 个体经济组织

C. 农村集体经济组织

D. 民办非企业单位

2. 用人单位在制定、修改或者决定有关(　　)等直接涉及劳动者切身利益的规章制度或者重大事项时,应当经职工代表大会或者全体职工讨论,提出方案和意见,与工会或者职工代表平等协商确定。

A. 劳动报酬、工作时间

B. 休息休假、劳动安全卫生

C. 保险福利、职工培训、劳动纪律

D. 劳动定额管理

3. 已建立劳动关系,未同时订立书面劳动合同的,应当自用工之日起( )内订立书面劳动合同。

A. 十天

B. 十五天

C. 一个月

D. 两个月

三、案例

周某 1999 年 4 月 5 日到某用人单位工作,但是一直没有签订书面劳动合同,用人单位也没有给周某办理社会保险手续。2007 年 7 月 5 日用人单位和周某签订书面劳动合同,将以前的待遇用书面形式固定下来,并约定合同期限为一年,但仍没有给周某办理社会保险,缴纳社会保险费用。2008 年 7 月 4 日,用人单位通知周某劳动合同到期,第二天不要再来上班。请问:

1. 用人单位是否应当支付给周某经济补偿金?如果应当支付,应支付多少?

2. 周某是否有权要求与用人单位签订无固定期限合同?

3. 周某是否可以要求用人单位赔偿因未交纳社会保险而造成的损失?

四、思考题

1. 劳动合同与劳务合同的区别是什么?

2. 我国《劳动合同法》中按照合同的期限不同将劳动合同分为几类?

3. 劳动合同的必备条款包括哪些?

4. 在哪些情况下用人单位和劳动者之间可以约定违约金条款?

5. 劳动合同无效的法律后果是什么?

第七章　集 体 合 同

内容提要

集体谈判是指劳动者通过自己的组织或代表与相应的雇主、雇主组织或者其代表为签订集体合同进行商谈的行为。本章主要讲述集体谈判和集体合同的含义和特点、集体合同与劳动合同的区别、集体合同制度的产生和发展、集体谈判的结构、我国集体合同制度的主要内容、不当劳动行为的概念和种类、不当劳动行为的规制等主要内容。

第一节　集体谈判和集体合同概述

一、集体谈判[1]和集体合同的含义和特点

（一）集体谈判和集体合同的含义

集体谈判是指劳动者通过自己的组织或代表与相应的雇主、雇主组织或者其代表为签订集体合同进行商谈的行为。集体合同，也称团体协约或团体合同，国际劳工组织在《关于团体协约的建议书》中将团体协约界定为："个别或多数雇主或雇主团体，与代表工人的团体或者由工人依照国家法令选举并授权的代表缔结的关于规定工作条件及雇佣条件的书面契约。"集体谈判与集体合同密切相关，集体谈判是集体合同签订的前提，集体合同是集体谈判的结果。

"集体谈判"一词最早出现在1891年英国泼特（Beatrice Potter）所著的《英国合作运动》一书中，[2]20世纪以来，集体谈判已经成为劳工运动的重要内容之一。我国台湾地区黄越钦教授认为，一国之内劳资双方透过何种方式来形成其劳动条

〔1〕 我国将集体谈判称作"集体协商"。

〔2〕 卫民、许继峰：《劳资关系与争议问题》，国立空中大学印行，第190页。

件,各国各有不同模式(斗争模式、多元放任模式、协约资质模式、统合模式等)。然而大部分产业发达国家,都留下相当大的空间让劳资双方发挥社会伙伴功能,以团体协约模式来形成劳动条件,只有落后国家,才会采取或者维持高度的国家统合模式,以国家之公权力直接介入劳资事务,并且对劳资双方采取控制之态度,以具有公法性质的劳动基准法,排挤劳资双方以团体协约形成劳动条件之机能。[3]

学者们对于集体谈判的含义理解基本相同。英国学者认为,集体谈判是利用劳资双方代表谈判和协议过程以决定雇佣条件的一种方法。美国学者认为,集体谈判是雇主和受雇者组织的代表建立与执行工作规则、工作条件、工时和工资的活动。从狭义上说,集体谈判是劳资双方之间在界定特定劳动条件方面进行的定期性的谈判制度;广义上而言,集体谈判包括雇主和公职之间的一切互动过程。

(二)集体合同制度的特点

从本质意义上而言,集体谈判是通过制度的安排,使得劳资双方在力量平等的基础上,就劳动条件和劳动待遇进行磋商,以达到劳资和谐的目的。它有以下三个方面的特点:

第一,集体谈判的过程是劳资双方共同参与的过程。这个过程包括通过集体谈判签订集体合同和执行集体合同的过程。这个制度的目的是改变以往劳动者在签订单个劳动合同中的不利局面,通过力量的平衡,让劳资双方自己寻找利益的平衡点,并以此规范双方的关系。

第二,在集体谈判的过程中,劳资双方必须本着诚实信用的原则履行谈判义务。具体表现为,资方有接受谈判的义务,不得拒绝劳方的谈判要求。此外,在谈判的过程中,劳资双方必须诚实信用地完成签订合约的目的。

第三,集体谈判是劳资双方共同议定劳动条件的过程,雇佣条件的主要内容包括三个方面:一是工资,这是雇主所支付的劳动力价格,也是雇员提供劳动所换取的对价;二是雇主和雇员之间的权利关系问题,包括工会的地位以及雇主经营权的范围;三是集体合同的执行问题,包括工资的计算方式、劳动纪律、惩罚与申诉、劳动安全卫生等。

(三)集体合同与劳动合同的区别

1. 合同的主体不同。劳动合同是单个的劳动者和用人单位之间的合同;集体合同是劳动者集体与用人单位之间的合同,故又称为团体协约或团体合同。

2. 合同的目的不同。签订劳动合同的目的是为了建立劳动关系;签订集体合同的目的是在劳动关系已经建立的基础上改善劳动条件,提高劳动标准和劳动

---

〔3〕 黄越钦:《劳动法新论》,中国政法大学出版社2003年版,第254页。

待遇。

3. 合同的内容不同。单个的劳动合同规定的是单个劳动者和用人单位之间的权利义务关系，一般包括劳动关系的各个方面；集体合同规定的是劳动者全体和用人单位的权利义务关系，主要内容是全体职工普遍关心的劳动条件、劳动标准和劳动待遇等。

4. 合同的形式不同。按照要求，劳动合同应当采用书面形式，同时，对没有书面劳动合同的事实劳动关系也加以保护；而集体合同必须是书面形式，否则不具有任何法律效力。

5. 合同的生效方式不同。劳动者与用人单位就劳动合同的主要条款谈判一致，签字盖章后，劳动合同即成立；而依照我国有关法规的规定，集体合同须报劳动行政部门审查后才能生效。

6. 合同的效力不同。劳动合同只对单个的劳动者和与之相对的用人单位有拘束力；集体合同对全体劳动者和他们所在的用人单位有拘束力。

二、集体合同制度的产生和发展

（一）集体谈判和集体合同制度的产生

在资本主义发展初期，产业革命促进了资本主义国家经济的飞速发展，也导致工人阶级队伍迅速壮大。经济发展并没有使工人阶级得到好处，反而将他们推入深渊。机器使用导致大量的工人失业，工人之间的岗位竞争导致劳动条件和生活条件不断恶化。

在资本主义初期，资产阶级政府奉行自由放任政策，放任资本家自由剥削和任意压榨工人。雇主任意延长劳动时间，无限加大劳动强度，大量雇用童工、女童，尽量压低工人工资，将劳动者压迫到生存的底线。残酷的剥削和压榨也导致了工人的反抗，他们捣毁机器、烧毁厂房，怠工罢工等。在单个反抗之外，他们逐渐开始组织起来，成立了兄弟会、同乡会等，进行集体对抗。但当时资产阶级掌握国家机器，通过立法禁止工会和罢工，对罢工和工会的组织者则处以刑罚。

法律的压迫并没有使得劳动者妥协，他们组织起来，不断要求缩短工时、增加工资、改善劳动保护设施，并就此和雇主进行谈判，谈判不成时就进行罢工。经过谈判、失败、罢工、再谈判的反复较量，最终迫使一些雇主与工会签订了改善劳动者劳动条件和生活条件的协议，这便是早期的集体合同。18 世纪末 19 世纪初，集体协议已经开始在欧美出现。例如，1799 年美国费城制鞋工人曾联合起来与雇主谈判要求增加工资，最终迫使雇主答应工人的要求，签订协议；1850 年英国的纺织、矿山、炼铁业的工人团体也通过谈判，就工人的工资等问题与企业雇主之间达成一些协议。

19 世纪中叶以后,随着社会生产力水平的提高和社会民主化的推进,特别是迫于工人运动的强大压力,更多的雇主被迫开始与工会谈判并签订劳资协议,以避免罢工冲突带来的经济损失。1860 年英国工会创立了一种团体协约;1870 年美国煤矿工人联合与雇主签订了一项协约;1873 年德国印刷和出版业工人与资方签订了德国第一个集体合同;1886 年美国劳工联合会与雇主正式订立了团体协约。面对这种情况,西方各国政府出于缓和劳资关系,稳定社会秩序,巩固自身统治的目的,开始调整和改变劳资关系政策,从过去对劳资关系的放任自由转向积极干预,旨在保护劳工的工厂立法开始出现,随后,业已出现的劳资谈判方式也逐渐得到法律的承认,劳资谈判制度开始建立。1871 年英国的《工会法》首次承认了工人的结社权;1875 年英国颁布《企业主和工人法》允许工人团体与雇主签订契约和合同;德国在 1918 年产生了《集体合同规定》,它对于集体合同的强制性及其影响作出了规定。

(二)集体谈判制度产生的历史条件

从西方工业化市场经济国家集体谈判制度产生发展的历史,可以看出集体谈判制度产生的历史条件:

第一,西方资本主义市场经济体制下劳资双方的经济利益矛盾与斗争,是孕育集体谈判制度并推动其发展的动因。许多国家往往是在劳资矛盾激化、对抗力量势均力敌的情况下,为了改变紧张局面、稳定劳资关系才被迫采取了集体谈判的方式。

第二,集体谈判制度不是自发建立起来的。集体谈判制度的建立和发展,离不开工人阶级及其组织——工会的长期斗争和争取,没有工人阶级和工会的斗争,集体谈判制度的建立是不可想象的。

第三,社会民主政治、法制建设的发展,是集体谈判制度得以建立的必不可少的社会政治条件。西方工业化国家的市场经济从自由放任到走向法制化的过程,同时也是劳资关系由尖锐对立到走向有序调整的过程。集体谈判制度作为调整劳资关系的有效机制,已成为现代市场经济体制的重要组成部分。

第四,市场经济的法制化,其结果不仅为社会政治与经济平稳发展创造了宽松的环境,而且使劳资双方从中受益。因此,有关工会和集体谈判的立法,成为当今各工业化市场经济国家用以调整劳动关系和规范劳动力市场行为的重要法律手段。

第五,国际劳工组织数十年来为保护和促进劳工发展所做的不懈努力,特别是围绕有关工人结社自由和集体谈判制定的一系列国际劳工公约和建议书,为工业化市场经济国家的劳动立法提供了依据和指导原则。1944 年,国际劳工大会在《费城宣言》中提出“切实承认集体谈判权利”的要求。1949 年,国际劳工大会通过第 98 号公约,即《组织权利与集体谈判权利公约》,第 98 号公约规定:“必要时应采取符合国情的措施,鼓励和推动在雇主和雇主组织同工人组织之间最广泛地发展与使用集体协议的自愿谈判程序，以便通过这种方式确定就业条款和条件。”1951年通过第91号建议书，即《集体协议建议书》。在第91号建议书中，更具体地规定了集体谈判和集体合同的定义、程序、效应、延伸、解释、监督等要求。1981年国际劳工大会又通过154号公约和163号建议书，即《促进集体谈判公约》和《促进集体谈判建议书》。国际劳工组织的积极推动，是促进国际劳工组织成员国更切实地开展集体谈判的重要因素。

这些公约和建议书，不仅为西方工业化国家特别是发展中国家提供了立法依据，而且对指导其实践起了重要的作用。应该说，集体合同制度发展到今天，是与国际劳工组织长期以来的不懈努力分不开的。

(三)集体合同制度的发展

20世纪初，以公司制为主要形式的现代企业制度出现，与此同时，集体合同法律制度获得了较大的进展。1904年新西兰制定了有关集体合同的专门法律，成为历史上第一部集体合同专项立法。随后，其他一些资本主义国家也相继通过立法承认了集体谈判权。德国于1921年颁布了《劳动协约法(草案)》，法国于1919年颁布《劳动协约法》，后又将其编入《劳动法典》，美国于1935年颁布《国家劳资关系法》，这些法律均规定劳工有权选举代表与雇主订立团体协约。20世纪30年代中期，国际劳工局的一份报告谈道：“集体协议作为现代工业社会、经济结构的一种现象，其重要性日趋增加。用集体协议的办法来规范工作条件的现象自第一次世界大战以来日益普及。在许多国家，集体协议已成为大众接受的确认工作条件的方法。这一运动最初的基础是雇主和工人愿意确定双方的产业工作条件。然而，它已被证明可用于各种形式的合作、调节和政府控制。集体协议在许多国家广泛建立起来，作为工业制度的一部分，它已发挥了重要作用。从总体上看，它是平稳和有效的。”[4]

第二次世界大战以后，集体合同作为一种劳动法律制度，开始为各工业化市场经济国家法律所普遍认可。以后，随着经济的发展和社会的进步，集体合同制度继续得到发展和完善。

就我国而言，在新中国成立之前已存在集体合同制度。1922年中国劳动组合书记部拟订的《劳动法案大纲》就提出“劳动者有缔结团体契约权”，这是我国涉及集体合同问题的首次立法议案。在工人运动的强大压力下，1930年国民党政府公布了《团体协约法》，尽管由于各种原因该法并未真正实施，但它毕竟是旧中国第一部单项集体合同法规。在中国共产党领导的革命根据地，1931年中华工农兵苏维埃第一次全国代表大会通过《中华苏维埃共和国劳动法》，对集体合同的内容、

[4] 温德姆勒等：《工业化市场经济国家的集体谈判》，何平译，中国劳动出版社1994年版，第6页。

法律效力等作了明确规定。抗战时期,陕甘宁边区总工会于1940年制定了《陕甘宁边区战时工厂集体合同暂行条例》等等。这些法规在保证完成战时生产任务与维护工人阶级合法权益等方面发挥了积极的作用。

我国在成立初期非常重视推行集体合同制度,不仅在《中国人民政治谈判会议共同纲领》和《工会法》等立法中对集体合同作了规定,而且还制定了关于集体合同的专项规章——《关于私营工商企业劳资双方订立集体合同的暂行办法》。目的在于维护私营企业、公私合营企业中雇佣劳动者的合法权益。但到1956年社会主义改造基本完成以后,在认识上出现了偏差,认为社会主义公有制基础上建立的劳动关系,其双方当事人根本利益是一致的,不会发生劳动争议;再加上后来法律虚无主义的影响,集体合同逐渐销声匿迹。1979年党的十一届三中全会以后,随着全国工作重心的转移和社会主义法制的加强,集体合同制度在立法上得到了重新肯定。如1983年中国工会通过的《中国工会章程》,1986年国务院制定的《全民所有制工业企业劳动者代表大会条例》、1988年国务院发布的《私营企业暂行条例》和1992年颁布的《工会法》,均作了有关工会代表劳动者与企业签订集体合同的规定。从而使一度中断的集体合同制度得以恢复。这些规定虽然没有得到充分地实施,但为集体合同制度的推行奠定了基础。《劳动法》适应社会主义市场经济条件下劳动关系法律调整的要求,将集体合同作为一项重要内容加以明确规定。《劳动法》第33条明确规定:“企业劳动者一方与企业可以就劳动报酬、工作时间、休息休假、劳动安全卫生、保险福利等事项,签订集体合同。”把集体合同置于与劳动合同并列的地位。为规范集体谈判和签订集体合同行为,依法维护劳动者和用人单位的合法权益,1994年12月5日原劳动部制定了《集体合同规定》,共5章41条,对集体合同的签订、审查及争议处理等作出比较具体的规定。1995年8月,中华全国总工会制定了《工会参加平等谈判和签订集体合同试行办法》,就工会对集体合同运行各环节的参与,规定了较详细的规则。2001年10月27日九届全国人大常委会24次会议对1992年的《工会法》作了修正,《工会法》更是肯定了集体合同制度,这对普遍推行和健全集体合同制度,具有特别重要的意义。随着我国社会主义市场经济的深入发展,在集体协商领域出现了许多新问题,因此,2004年1月20日劳动和社会保障部发布了新的《集体合同规定》,并于2004年5月1日起正式实施。《集体合同规定》丰富和拓展了集体合同的内容和范围,在原有的劳动报酬、工作时间、休息休假、劳动安全与卫生等内容的基础上,增加了补充保险和福利、女劳动者和未成年工的特殊保护、职业技能培训、劳动合同管理、奖惩、裁员等内容,并逐条加以细化,使集体谈判集体合同的内容更加具体,更具有可操作性。根据集体合同实践的需要,新颁布的《集体合同规定》增加了专项集体合同的规定,明确企业与劳动者可以就劳动关系某一方面的突出问题,进行集体协商,签订专项集体合同。在此基础上,劳动与社会保障部、中华全国总工会、中国企业联合会及中国企业家联合会于2004年5月14日联合发布的《关于贯彻实施〈集体合同规定〉的通知》中要求要在总结经验的基础上,积极探索区域性、行业性集体协商。且区域性、行业性集体协商已在实际工作中做了一些新的尝试,取得了较好的效果。此外《北京市集体合同条例》等地方法规则明确对区域性、行业性集体合同予以认可。2007年6月29日通过的《劳动合同法》第53条规定,在县级以下区域内,建筑业、采矿业、餐饮服务业等行业可以由工会与企业方面代表订立行业性集体合同,或者订立区域性集体合同。所有这一切表明我国集体合同立法得到了进一步的完善。

(四)集体谈判的结构

集体谈判的结构是指集体谈判层次(bargaining level)、权利分配(power distribution)和谈判单位(bargaining unit)。

谈判层次是指集体谈判在哪一级层面进行。具体谈判层面有三个:企业层面(enterprise bargaining)、产业层面(industry bargaining)和全国层面(national bargaining)。

权利分配有集中型(centralized)权利分配和分散型(decentralized)权利分配。集中型的权利分配是指谈判的权利集中在全国性的工会联合组织,企业内的谈判不能违背全国性谈判所签订的团体协约内容。分散型的集体谈判是指各产业、企业有不同的自主权,完全可以自己进行集体谈判。法国、意大利、瑞典和德国的雇主支持多雇主谈判。不仅产业工会是谈判单位,全国雇主协会也参与谈判。日本和美国比较偏向企业独立地与工会交涉,在日本雇主组织很少成为谈判单位。

谈判单位是指集体谈判的双方当事人的形态和数量。从雇主的角度看,可以分为"单一雇主谈判"(single employer bargaining)和"多雇主谈判"(multi-employer bargaining)。以工会的角度分类,有以下几种:一是全国性的集体谈判,由全国性的工会来进行,地方工会的角色有限;二是模式谈判,由地方工会进行谈判,但是由全国性工会协调和控制;三是委员会谈判,由地方工会所组成的委员进行谈判,全国性工会加以督导;四是自主谈判,由地方工会独立进行谈判。

第二节　我国集体合同的订立和内容

一、集体合同的订立

(一)集体谈判的代表

集体谈判代表(以下统称谈判代表)是指按照法定程序产生并有权代表本方

利益进行集体谈判的人员。我国《集体合同规定》规定集体谈判双方的代表人数应当对等,每方至少3人,并各确定1名首席代表。职工一方的谈判代表由本单位工会选派。未建立工会的,由本单位职工民主推荐,并经本单位半数以上职工同意。职工一方的首席代表由本单位工会主席担任。工会主席可以书面委托其他谈判代表代理首席代表。工会主席空缺的,首席代表由工会主要负责人担任。未建立工会的,职工一方的首席代表从谈判代表中民主推举产生。用人单位一方的谈判代表,由用人单位法定代表人指派,首席代表由单位法定代表人担任或由其书面委托的其他管理人员担任。

谈判代表履行职责的期限由被代表方确定。集体谈判双方首席代表可以书面委托本单位以外的专业人员作为本方谈判代表。委托人数不得超过本方代表的1/3。首席代表不得由非本单位人员代理。用人单位谈判代表与职工谈判代表不得相互兼任。

谈判代表应履行下列职责:(1)参加集体谈判;(2)接受本方人员质询,及时向本方人员公布谈判情况并征求意见;(3)提供与集体谈判有关的情况和资料;(4)代表本方参加集体谈判争议的处理;(5)监督集体合同或专项集体合同的履行;(6)法律、法规和规章规定的其他职责。

谈判代表应当维护本单位正常的生产、工作秩序,不得采取威胁、收买、欺骗等行为。谈判代表应当保守在集体谈判过程中知悉的用人单位的商业秘密。企业内部的谈判代表参加集体谈判视为提供了正常劳动。

为了保障谈判代表顺利履行职责,《集体合同规定》确定,职工一方谈判代表在其履行谈判代表职责期间劳动合同期满的,劳动合同期限自动延长至完成履行谈判代表职责之时,除出现下列情形之一的,用人单位不得与其解除劳动合同:(1)严重违反劳动纪律或用人单位依法制定的规章制度的;(2)严重失职、营私舞弊,对用人单位利益造成重大损害的;(3)被依法追究刑事责任的。

职工一方谈判代表履行谈判代表职责期间,用人单位无正当理由不得调整其工作岗位。工会可以更换职工一方谈判代表;未建立工会的,经本单位半数以上职工同意可以更换职工一方谈判代表。

用人单位法定代表人可以更换用人单位一方谈判代表。谈判代表因更换、辞任或遇有不可抗力等情形造成空缺的,应在空缺之日起15日内按照本规定产生新的代表。

(二)集体谈判程序

集体谈判任何一方均可就签订集体合同或专项集体合同以及相关事宜,以书面形式向对方提出进行集体谈判的要求。一方提出进行集体谈判要求的,另一方应当在收到集体谈判要求之日起20日内以书面形式给予回应,无正当理由不得拒绝进行集体谈判。

谈判代表在谈判前应进行下列准备工作:(1)熟悉与集体谈判内容有关的法律、法规、规章和制度;(2)了解与集体谈判内容有关的情况和资料,收集用人单位和职工对谈判意向所持的意见;(3)拟定集体谈判议题,集体谈判议题可由提出谈判一方起草,也可由双方指派代表共同起草;(4)确定集体谈判的时间、地点等事项;(5)共同确定一名非谈判代表担任集体谈判记录员。记录员应保持中立、公正,并为集体谈判双方保密。

集体谈判会议由双方首席代表轮流主持,并按下列程序进行:(1)宣布议程和会议纪律;(2)一方首席代表提出谈判的具体内容和要求,另一方首席代表就对方的要求作出回应;(3)谈判双方就商谈事项发表各自意见,开展充分讨论;(4)双方首席代表归纳意见。达成一致的,应当形成集体合同草案或专项集体合同草案,由双方首席代表签字。

集体谈判未达成一致意见或出现事先未预料的问题时,经双方谈判,可以中止谈判。中止期限及下次谈判时间、地点、内容由双方商定。

经双方谈判代表谈判一致的集体合同草案或专项集体合同草案应当提交职工代表大会或者全体职工讨论。职工代表大会或者全体职工讨论集体合同草案或专项集体合同草案,应当有2/3以上职工代表或者职工出席,且须经全体职工代表半数以上或者全体职工半数以上同意,集体合同草案或专项集体合同草案方获通过。

集体合同或专项集体合同期限一般为1—3年,期满或双方约定的终止条件出现,即行终止。集体合同或专项集体合同期满前3个月内,任何一方均可向对方提出重新签订或续订的要求。

(三)集体谈判争议的协调处理

集体谈判过程中发生争议,双方当事人不能谈判解决的,当事人一方或双方可以书面向劳动保障行政部门提出协调处理申请;未提出申请的,劳动保障行政部门认为必要时也可以进行协调处理。

劳动保障行政部门应当组织同级工会和企业组织等三方面的人员,共同协调处理集体谈判争议。集体谈判争议处理实行属地管辖,具体管辖范围由省级劳动保障行政部门规定。中央管辖的企业以及跨省、自治区、直辖市用人单位因集体谈判发生的争议,由劳动保障部指定的省级劳动保障行政部门组织同级工会和企业组织等三方面的人员协调处理,必要时,劳动保障行政部门也可以组织有关方面协调处理。

协调处理集体谈判争议,应当自受理协调处理申请之日起30日内结束协调处理工作。期满未结束的,可以适当延长协调期限,但延长期限不得超过15日。协调处理集体谈判争议应当按照以下程序进行:(1)受理协调处理申请;(2)调查了解争议的情况;(3)研究制定协调处理争议的方案;(4)对争议进行协调处理;(5)制作《协调处理协议书》。

《协调处理协议书》应当载明协调处理申请、争议的事实和协调结果,双方当事人就某些谈判事项不能达成一致的,应将继续谈判的有关事项予以载明。《协调处理协议书》由集体谈判争议协调处理人员和争议双方首席代表签字盖章后生效。争议双方均应遵守生效后的《协调处理协议书》。

(四)集体合同的审查和生效

集体合同或专项集体合同签订或变更后,应当自双方首席代表签字之日起10日内,由用人单位一方将文本一式三份报送劳动保障行政部门审查。劳动保障行政部门对报送的集体合同或专项集体合同应当办理登记手续。

集体合同或专项集体合同审查实行属地管辖,具体管辖范围由省级劳动保障行政部门规定。中央管辖的企业以及跨省、自治区、直辖市的用人单位的集体合同应当报送劳动保障部或劳动保障部指定的省级劳动保障行政部门。

劳动保障行政部门应当对报送的集体合同或专项集体合同的下列事项进行合法性审查:(1)集体谈判双方的主体资格是否符合法律、法规和规章规定;(2)集体谈判程序是否违反法律、法规和规章规定;(3)集体合同或专项集体合同内容是否与国家规定相抵触。

劳动保障行政部门对集体合同或专项集体合同有异议的,应当自收到文本之日起15日内将《审查意见书》送达双方谈判代表。《审查意见书》应当载明以下内容:(1)集体合同或专项集体合同当事人双方的名称、地址;(2)劳动保障行政部门收到集体合同或专项集体合同的时间;(3)审查意见;(4)作出审查意见的时间。《审查意见书》应当加盖劳动保障行政部门印章。

用人单位与本单位职工就劳动保障行政部门提出异议的事项经集体谈判重新签订集体合同或专项集体合同的,用人单位一方应当根据本规定第42条的规定将文本报送劳动保障行政部门审查。劳动保障行政部门自收到文本之日起15日内未提出异议的,集体合同或专项集体合同即行生效。生效的集体合同或专项集体合同,应当自其生效之日起由谈判代表及时以适当的形式向本方全体人员公布。

二、集体合同的内容

(一)集体合同的内容及其分类

集体合同的内容与范围因国家而异,以美国为例,因其商业发达,其集体合同的内容也相当广泛。美国国家事务局曾搜集了三千多份集体合同,并从中选取四百多份较具有代表性的进行内容分析,发现通常集体合同的基本行使包括17个项目,分别是:(1)合同的期限和合同的修改;(2)解雇、纪律与辞职;(3)保险;(4)退休金;(5)申诉与仲裁;(6)所得维持;(7)工作时间和加班;(8)假期;(9)解雇、再雇用与工作分摊;(10)请假;(11)管理者与工会权利;(12)年资;(13)罢工与锁厂;(14)工会安全;(15)休假;(16)工资;(17)工作环境。[5] 由此可见,集体合同的涵盖面非常广泛,但总体来说,可以将议题分为三个方面:

1. 经济议题。经济议题是集体合同内容的核心,这是雇员和雇主关注集体合同的焦点所在。这部分内容大致包括三类:工资、员工福利和工时。工资是雇主的主要生产成本,也是工人赖以为生的收入来源。雇主希望压低工资,降低成本,工人则希望提高工资,改善生活。员工福利的范围很广,常见的有:带薪休假;各种不同的保险,如健康保险、意外保险、团体寿险等;子女学费补助;年金给付退休方案;设置员工餐厅、托儿服务;等等。工时的议题包括每周的工时总数、每日工时数、弹性上下班、变形工时等。

2. 制度议题。在西方成熟的市场经济国家,劳资双方代表都试图通过谈判过程维系或强化他们的组织,所以谈判中某些议题涉及工会或共同管理制度。这些议题包括:工会安全的安排、工会会费的扣缴、不罢工条款、管理权、共同决定条款等。

3. 行政议题。行政议题是指与非经济性有关的制度议题。当然行政议题也影响双方的经济地位以及生产效率,常见的行政性议题包括:雇员的年资、员工纪律、劳动安全卫生、公司的工作外包、技术改造、生产定额等。

(二)我国集体合同的内容

依照我国目前的规定,我国的集体合同可以包括以下条款:

1. 劳动报酬。主要包括:(1)用人单位工资水平、工资分配制度、工资标准和工资分配形式;(2)工资支付办法;(3)加班、加点工资及津贴、补贴标准和奖金分配办法;(4)工资调整办法;(5)试用期及病、事假等期间的工资待遇;(6)特殊情况下职工工资(生活费)支付办法;(7)其他劳动报酬分配办法。

2. 工作时间。主要包括:(1)工时制度;(2)加班加点办法;(3)特殊工种的工作时间;(4)劳动定额标准。

3. 休息休假。主要包括:(1)日休息时间、周休息日安排、年休假办法;(2)不能实行标准工时职工的休息休假;(3)其他假期。

4. 劳动安全与卫生。主要包括:(1)劳动安全卫生责任制;(2)劳动条件和安全技术措施;(3)安全操作规程;(4)劳保用品发放标准;(5)定期健康检查和职业健康体检。

---

〔5〕 卫民、许继峰:《劳资关系与争议问题》,国立空中大学2004年印行,第193~194页。

5. 补充保险和福利。主要包括:(1)补充保险的种类、范围;(2)基本福利制度和福利设施;(3)医疗期延长及其待遇;(4)职工亲属福利制度。

6. 女职工和未成年工特殊保护。主要包括:(1)女职工和未成年工禁忌从事的劳动;(2)女职工的经期、孕期、产期和哺乳期的劳动保护;(3)女职工、未成年工定期健康检查;(4)未成年工的使用和登记制度。

7. 职业技能培训。主要包括:(1)职业技能培训项目规划及年度计划;(2)职业技能培训费用的提取和使用;(3)保障和改善职业技能培训的措施。

8. 劳动合同管理。主要包括:(1)劳动合同签订时间;(2)确定劳动合同期限的条件;(3)劳动合同变更、解除、续订的一般原则及无固定期限劳动合同的终止条件;(4)试用期的条件和期限。

9. 奖惩。主要包括:(1)劳动纪律;(2)考核奖惩制度;(3)奖惩程序。

10. 裁员。主要包括:(1)裁员的方案;(2)裁员的程序;(3)裁员的实施办法和补偿标准。

11. 其他条款。包括:(1)集体合同期限;(2)变更、解除集体合同的程序;(3)履行集体合同发生争议时的谈判处理办法;(4)违反集体合同的责任;(5)双方认为应当谈判的其他内容。

第三节　集体合同的履行、变更、解除和终止

一、集体合同的履行

集体合同的履行是指集体合同的缔约双方按照约定履行自己的义务。只有完全履行后,集体合同才能实现订立的目的,达到双方当事人订立合同时确立的目标。许多国家的立法对集体合同的履行都非常关注,《法国劳动法典》设定了集体合同执行的专章,对履行中的问题加以详细规定,要求受合同约束的当事人应避免做任何可能有损于双方忠实履行合同的事情。与劳动合同一样,集体合同的履行也要遵守全面履行和协作履行原则。

(一)全面履行原则

全面履行原则是指集体合同当事人应严格按照合同约定的具体条件,全面履行合同约定的义务。例如,企业在集体合同的有效期内,应保证劳动者个人劳动合同的劳动条件和劳动报酬不低于集体合同的约定;工会应敦促劳动者保持和平劳动状态等。为了确保集体合同得到全面履行,双方当事人可以建立集体合同履行

的定期监督检查制度。我国《集体合同规定》第 16 条规定，在集体合同规定的期限内，双方代表可对集体合同履行情况进行检查。

（二）协作履行原则

协作履行原则是指集体合同双方当事人要本着合作、诚实的态度履行合同约定义务。在劳动关系中，劳资双方虽有利益冲突，但在根本利益上有一致性。劳动者决定着企业的质量和效率，对企业的经济效益和长期发展有直接的影响。而劳动者待遇的保障也依赖于企业经济效益，如果企业经营管理不善，效益下降，也会影响劳动者的利益。所以集体合同的协作履行双方有着共同的基础。因此，协作履行原则也是集体合同履行的一个重要原则。

二、集体合同的变更、解除和终止

（一）集体合同的变更和解除

集体合同可以依当事人的合意而订立，也可以因当事人合意而变更或解除。除当事人合意变更和解除外，按照我国《集体合同规定》第 40 条规定了四种可以变更或解除集体合同或专项集体合同的情形。

1. 企业客观情况发生重大变化。用人单位因被兼并、解散、破产等原因，致使集体合同或专项集体合同无法履行的，双方可以变更或者解除集体合同。企业被兼并或者解散，原集体合同主体已经不存在，自然失去效力。企业处于濒临破产进行整顿期间或企业停产、转产，势必要引起企业生产任务和工作计划等方面的变化，使原集体合同当事人丧失或部分丧失了履行集体合同的能力和条件，在此情况下，法律应允许当事人变更或解除集体合同。

2. 不可抗力导致集体合同难以履行。不可抗力是指无法预料或虽能预料但无法避免的情形。例如，战争、地震、瘟疫、水灾、旱灾等。如果在集体合同的履行中，出现上述不可抗力的情形，导致合同一方或双方当事人难以履行集体合同约定义务的，可以变更或解除集体合同。

3. 双方谈判一致变更或者解除。如果经过双方谈判一致变更集体合同相关内容的，在对原集体合同进行变更和修订后，仍应在 7 日内报送劳动行政部门审查。如果是解除集体合同的，也应在 7 日内向审查集体合同的劳动行政部门提交书面说明。

4. 国家法律、法规和政策发生变化。集体合同订立的重要依据之一是国家的劳动法律、法规和政策。例如，国家有关劳动报酬、劳动安全和卫生、休息休假、劳动保险和福利等方面的法规和政策发生了变化，继续执行原集体合同可能导致与现行法律、法规和政策相抵触，必然要引起集体合同的变更或解除。

(二)集体合同的终止

集体合同的终止是指集体合同效力的丧失,集体合同终止的条件通常为:(1)集体合同期满。(2)集体合同因当事人企业一方因故破产、倒闭。如果企业因故破产和倒闭,则企业丧失了履行集体合同的基本前提,集体合同的存在也不具有实际意义。(3)企业发生分立和合并。但此种情况下集体合同效力是否终止我国没有具体规定。有学者认为,如果原企业主体资格丧失,则导致集体合同的终止。如果订立集体合同的企业在保留原企业独立法人资格的条件下,另立一个新企业,则原企业的集体合同继续有效,该集体合同对与新企业订立劳动合同的职工没有约束力。如果两个分别签订集体合同的企业合并成一个新企业,则原集体合同终止。如果一个订立集体合同的企业吞并另一个订立集体合同的企业,则被吞并的企业集体合同终止,执行并入企业的集体合同。[6]

案例

2005年2月1日,某纺织股份有限公司工会代表全体职工与公司签订了集体合同。合同规定:职工工作时间为每日8小时,每周40小时,周六、周日为公休日。如果在周六、周日安排职工加班,便在加班后的一周内安排补休;在上午和下午连续工作4个小时期内安排工间操各一次,每次时间为20分钟,此20分钟计入工作时间之内;职工的工资报酬不低于每月600元,加班加点的工资及其他实物性福利不包括在内;工资于每月5日前支付;合同的有效期自2005年3月5日至2007年3月4日。此合同于2005年4月20日被劳动部门确认。

2005年8月1日,纺织股份公司从人才市场上招聘了一批女工,以充实新建立的一个纺织分厂。2005年8月3日纺织公司与这批女工签订了劳动合同。其内容包括:合同有效期为1年,自2005年8月5日至2006年8月5日;工人工作时间为每周40小时,每天8个小时,上、下午各4个小时,没有工间休息时间;工作实行每月650元的工资制度。

当2005年8月1日招聘的工人上班后,发现车间细尘很多,连续工作4小时头昏脑涨,便向分厂领导提出工作期间休息一会儿,换换空气。分厂领导答复说,在上班时间不休息是劳动合同中已经规定了的,任何人都不能改变。其中一个工人顾某提出在纺织公司工会与公司签订的集体合同中规定了职工在工作时间之内有一次20分钟的工间操,这个规定对全体职工都应当生效。分厂厂长说,集体合同中规定职工的报酬为每月600元,中间休息20分钟是与其报酬数量少相对应,而在公司与此批工人签订的劳动合同中把工资提高到650元,作为提高工资的代价,取消了20

---

〔6〕 沈同仙:《劳动法的理论与实践》,中国人事出版社2003年版。

分钟的工间休息。如果要求20分钟的休息时间,就把工资降低到600元。

顾某等10名工人看问题不能解决,就向公司所在地的县劳动争议仲裁委员会提起仲裁申请,要求纺织分厂按集体合同给予每个工人工间操20分钟的休息时间,同时不减少每月650元的工资。请问:

1. 单个劳动者的劳动合同与集体劳动合同之间的关系是怎样的?

2. 本案中新建分厂新招用的职工是否应当适用以前已经签订的集体劳动合同?

第四节　不当劳动行为

一、不当劳动行为的概念

不当劳动行为(unfair labor practice),又称为不公正劳动行为或不公正劳工措施。作为劳动法律的概念,不当劳动行为是将商法上为维持自由竞争的关于不正当竞争(unfair competition)或不当商业习惯(unfair trade practice)的原理适用于劳动关系而形成的。其含义最初是指雇主凭借其经济上的优势地位,以违反劳动法律原则的手段来对抗工会的措施或行为。但在一些国家,不当劳动行为的内容也涵盖了工会和劳动者在劳资关系中以不法手段来对抗雇主的措施或行为,其不当劳动行为的主体,不仅包括资方,同时也包括劳方。[7]

集体谈判是工会与雇主或雇主团体之间的互动过程。雇主为了抵制集体谈判,可能会采取多种多样的方式,如采取各种措施,不让工会组织形成,阻挠已经成立的工会发挥应有的作用。同样,在工会成立后,也可能会滥用自己的组织优势,采取某些措施胁迫雇主,或者迫使雇主采取一些对非工会成员的不利行动。为了规范这些不当的行为,维持工会和雇主之间的公平的正当关系,国家法律特别规定,某些行为在集体劳动关系中为非法行为,违反这些行为被称为不当劳动行为(unfair labor practice),或称为不公平劳动行为。

二、不当劳动行为的表现形式

(一)雇主的不当劳动行为

1935年美国制定《全国劳动关系法》,正式由政府宣示保障劳工组织工会,并且拥有和雇主集体谈判的权利。该法明确规定了雇主的不当劳动行为,并且要求

〔7〕 常凯:"论不当劳动行为立法",载《中国社会科学》2000年第5期。

设立管理和执行该法的形成机构——全国劳动关系委员会。根据该法规定,雇主的不当劳动行为包括:

第一,干预、限制或强迫受雇者行使团结权、谈判权和结社权。如果雇主询问员工或者调查工会活动就涉及违法,在工会组织成立的活动期间,雇主单方面加薪或增加福利,除非雇主证明通常在每年此时均有加薪,或者证明此项加薪是为了维持市场薪资率,否则也属于不当劳动行为。

第二,控制或者干预任何劳工组织的组成或者日常行政事务,或者提供财务或其他协助。工会要维护劳工的利益,就需要保持其独立性,要保持其独立性,就必须与雇主的利益分隔。因此为了防止雇主的"公司工会"策略,或者提供特别福利收买或者操纵工会,任何的干预行为均为不正当的行为。

第三,在雇用、解雇或者其他雇用条件方面,对员工采取差别待遇,并以此鼓励或者阻止工人加入工会。如果雇主在雇用员工时,要求工人不得加入工会,或者当该名员工已经是工会会员,而雇主要求其必须退出工会,此时雇主的行为就构成不当劳动行为。

第四,因受雇者依《全国劳动关系法》提出控诉或出庭作证而予以解雇或者给予差别待遇,也是不当劳动行为之一,此项规定旨在防止雇主对员工进行报复。

第五,拒绝与依照《全国劳动关系法》选出的受雇者代表进行集体谈判。

日本战后的工会法,将美国此一制度引入,其工会法第7条禁止六种不正当劳动行为,可以分为以下三类:[8]

一是对工会会员给予不利待遇。由于雇员参与组织工会或者是工会会员意图参加工会而给予雇员不利的对待或者进行报复性解雇,或者要求和雇员签订"黄犬契约",可以认定雇主的行为属于不当劳动行为。

二是拒绝进行集体谈判。如果雇主没有正当理由而拒绝和雇员代表谈判则可以认为,该雇主的行为属于不正当劳动行为,大多数学者认为,雇主并不一定要听从雇员的请求,但是必须对于雇员的请求做出相适应的回应。依照情况的不同,雇主需要提供其回应做出的依据或相关的数据。当然,诚信谈判的义务并不是意味着雇主要同意雇员的要求。如果谈判进入僵局,终止了谈判,则并不违反谈判义务。

三是主导和干预工会。控制或者干预工会的组成以及管理或者向工会提供经济支持均为此类被禁止的不当劳动行为。如果雇主批评工会或者其活动,并暗示要对参加工会的人给予不利待遇,解雇或者调换工会积极分子的工作,或者成立由企业主导的工会,就可以被认定为存在不当劳动行为。

我国台湾地区对不正当劳动行为的规范相当有限。首先,对工会会员、干部或

[8] 黄越钦:《劳动法新论》,中国政法大学出版社2003年版,第191~193页。

拟加入工会之劳动者工作不利而言，台湾地区“工会法”第35条规定：雇主“不得因工人担任工会职务，拒绝雇用或解雇及为其他不利之待遇”；第36条规定：雇主“对工人不得以不任工会职务为雇用条件”；至于对筹组工会人士的保护则没有规定。其次，有关控制和干预工会的行为，以及对雇主诚信谈判等问题也无相关规定。

(二)工会的不当劳动行为

美国在《全国劳动关系法》制定后，工会大量成立，劳工势力抬头。第二次世界大战结束后，在1945年至1947年间，集体谈判也迅速增加。为了规管工会的行为，《劳动关系法》加以修订，增订工会的不当劳动行为，以此防止工会的权力滥用，主要内容有以下几个方面：(1)强迫或者限制受雇者行使团结权、谈判权和争议权；强迫或限制雇主选择谈判代表。(2)促使雇主对特定受雇者差别待遇。(3)拒绝与雇主诚信谈判。所谓“诚信谈判”并不是要求谈判双方一定要达成协议，而是要求必须“诚信”地去达成协议，当然对这一问题的判断会相当困难。(4)从事非法怠工、罢工或抵制行动。(5)对新进工人会员超收会费。(6)强迫雇主对未履行劳务之工人给予报酬。(7)用非法纠察迫使雇主或受雇员工接受某一劳工组织为谈判代表。

对于法律是否需要规定工会的不当劳动行为，国际学术界争议很大。日本劳动法学界导向性意见为：就日本现实来看，所谓的工会不当劳动行为并未影响劳资关系和社会安定，在宪法保障团结权的情况下，工会不当劳动行为立法是对团结权的限制；如果确有工会侵害雇主利益的行为，使用民法的侵权原理救济即可。这些观点已被日本立法实践所接受。[9]

我国台湾地区“工会法”第29条对工会不公平劳动行为的规范包括：工会不得有封锁商品或工厂、擅取或毁损商品工厂之货物器具、拘捕或殴击工人或雇主，非依约定不得强迫雇主雇用其介绍之工人、集会或巡行时携带武器之行为，对于工人之勒索、命令会员怠工之行为和擅自抽取佣金或捐款的行为。

---

〔9〕 常凯：“论不当劳动行为立法”，载《中国社会科学》2000年第5期。

课后实训

一、关键词解释

集体谈判　　集体合同　　不当劳动行为

二、选择题

1. 劳动保障行政部门对集体合同或专项集体合同有异议的,应当自收到文本之日起(　　)日内将《审查意见书》送达双方谈判代表。

A. 十天　　B. 十五天

C. 二十天　　D. 三十天

2.《审查意见书》应当载明以下内容:(　　)。

A. 集体合同或专项集体合同当事人双方的名称、地址

B. 劳动保障行政部门收到集体合同或专项集体合同的时间

C. 审查意见、保险福利、职工培训、劳动纪律

D. 作出审查意见的时间、劳动定额管理

3. 已建立劳动关系,未同时订立书面劳动合同的,应当自用工之日起(　　)内订立书面劳动合同。

A. 十天　　B. 十五天

C. 一个月　　D. 两个月

三、案例分析题

某单位成立工会后,多次口头或书面向用人单位要求进行集体谈判,但是该单位置之不理,工会也不知道应该如何面对这种情况,于是到律师事务所咨询。如果你是律师,该如何正确回答以下问题?

1. 用人单位是否必须答应工会的要求,举行集体谈判?

2. 如果用人单位有进行集体谈判的义务,在用人单位采取这样的行为后,工会应如何保护自己的合法权益?

四、思考题

1. 集体合同与劳动合同的区别是什么?

2. 集体合同制度是如何产生和发展的?

3. 集体谈判有几种结构层次?

4. 在我国进行集体谈判,如何确定集体谈判代表?

5. 集体谈判的议题可以分为几个方面?

第八章 工作时间与休息时间基准制度

| 内容提要 |

本章共分为三节，主要围绕工作时间制度、休息时间制度、限制延长工作时间展开。本章的重点是工作时间及休息时间的种类、限制延长工作时间的措施。难点是不定时工作时间、综合计算工作时间、计件工作时间的理解和实际运用以及我国休假制度的完善。

第一节 工作时间制度

一、工作时间概述

（一）工作时间的概念及其特点

工作时间是指依国家法律规定劳动者完成其本职工作的时间，工作时间一般以小时为计算单位，包括一昼夜内工作的小时数（工作日）和一周之内工作的天数和小时数（工作周）。

| 思考 | 在我国，工作时间适用于国家机关、企事业单位、社会团体等的劳动者，不适用农民和个体劳动者。但如果从劳动法角度看，劳动法上的工作时间只适用于哪些劳动者？

工作时间，作为一个法律的范畴，既包括劳动者实际工作的时间，也包括劳动者某些非实际工作时间。非实际工作时间包括：(1)生产或工作前从事必要的准备和工作结束时的整理时间；(2)因用人单位的原因造成的等待工作任务的时间；(3)参加与工作有直接联系并有法定义务性质的职业培训、教育时间；(4)连续性有害于健康工作的间隙时间；(5)女职工哺乳的往返途中时间、孕期检查时间以及未成年工工作中适当的工作休息时间、定期进行健康检查占用的时间等;(6)法律规定的其他属于工作时间的非实际工作时间。例如,劳动者依法参加社会活动的时间。

资料链接

依法参加社会活动是指:行使选举权;当选代表,出席政府、党派、工会、青年团、妇女联合会等组织召开的会议;担任人民法庭的人民陪审员、证明人、辩护人;出席劳动模范、先进工作者大会;《工会法》规定的不脱产工会基层委员会委员因工会活动占用的生产时间等。

劳动法上的工作时间的最显著特点是其具有基准性。“基准”的含义是“最低的标准”。作为法定最低标准的工作时间,具有相对强行法性质,在违反强行法之规定而有利于劳动者时仍然有效,只有在不利于劳动者时为无效。这意味着对于法律所规定的工作时间是最高工作时间,用人单位不得突破上限标准,但用人单位可根据自己生产经营的具体情况,确立低于最高工作时间的工作时间制度。集体合同、劳动合同,以及用人单位规章制度(雇用规则)的有关工作时间规定,凡高于最高工作时间一律无效。这一点很多国家在立法时予以明确规定。

资料链接

日本《劳动基准法》第 1 条第 2 款规定:“鉴于本法所规定的劳动条件为最低标准,劳动关系中的当事人不仅不应以此标准为借口降低劳动条件,而且必须力求高于本标准。”第 13 条、第 93 条又规定,“劳动合同中规定的劳动条件,低于本法所规定的标准的部分应视为无效,在此情况下,失效的部分以本法所规定的标准为依据”。在工时立法中,日本《劳动基准法》规定:“雇主不得使工人在一日内的工作时间超过八小时或一周内工作时间超过四十八小时。”

案例

某公司决定充分利用现有生产能力,最大限度地提高产量,办法就是加倍支付加班加点工资,让工人多加班加点。经与工会协商同意,将该决定向全厂职工公布,允诺凡愿意加班加点的职工可自愿报名,每天工作 12 小时,加班加点期间的工资报酬为每小时 30 元,以后不再安排补休。公告贴出后,许多职工为多挣些钱纷纷报名。

请问:该公司及职工的做法是否符合劳动法规定?为什么?

(二)工作时间立法概况

1. 外国工作时间立法概况

工时立法是劳动立法历史中最古老和最基本的内容之一。1802 年英国颁布的被公认为现代劳动立法开端的《学徒健康与道德法》,就是一项以限制工作时间为基本内容的立法。该法规定纺织童工的最低年龄为 9 岁,纺织厂不得雇用 9 岁以下的学徒;童工每天工作不得超过 12 小时,而且限于清晨 6 时至晚间 9 时之间,禁止童工做夜工。《学徒健康与道德法》是资产阶级“工厂立法”的开端,继英国之后,在其他工业发达的资本主义国家也先后出现了“工厂法”,并把限制工作时间作为其中的一项重要内容。德国于 1839 年颁布了《普鲁士工厂矿山规则》,该法规定禁止未成年工从事每天 10 小时以上的劳动或者夜间劳动。法国于 1841 年和 1879 年分别颁布法律,对限制童工工作时间以及限制女工工作时间和女工的工资等问题作了规定。1848 年加利福尼亚州颁布了一项禁止 9 种工厂使用 12 岁以下儿童的法律。瑞士于 1848 年颁布了第一个限制成年人工作时间的法律。随着人道主义思想在世界范围的广泛传播和工人阶级为了维护自身利益而与资产阶级进行长期尖锐和激烈的斗争,各国不断加强工作时间的立法。例如,1877 年 7 月,美国三条主要铁路线铁路工人就宣布罢工展开了争取 8 小时工作日的斗争,直到 1886 年 5 月 1 日,美国 1 万多企业的 35 万工人为争取 8 小时工作日举行全国性大罢工,迫使资本家承认了 8 小时工作制。第二国际于 1889 年 7 月在巴黎召开国际工人代表大会,把争取以 8 小时工作日为中心的国际劳工保护立法列为议程,并作出了相应的决议,巴黎《决议》以代表大会的名义宣布:“在一个作为永久规定的日子里,组织大规模的国际性游行示威,以便在一切国家和一切城市,劳动者都在同一天里要求执政当局从法律上把工作日限制在 8 小时以内,并实现巴黎国际代表大会的其他一切决议。”从此,5 月 1 日成为国际劳动节。后来世界各国劳动法均承认了 8 小时工作制。国际劳工组织的第一个国际劳工公约《工业工作时间每日限为 8 小时及每周限为 48 小时公约》也主要是对劳动者工作时间的规定,目前,国际劳工组织有关工作时间的公约已达十余个。缩短工作时间已成为一种普遍和长期的趋势。到 20 世纪 70 年代,欧美等国已普遍实行 40 小时工作周。并且缩短工时的进程越来越快,如法国 1981 年将工作周缩短为 39 小时,1999 年又缩短为 35 小时,5 日工作周。工作时间的缩短,不仅仅是对劳动者休息权的一种保护,而且标志着一个国家的物质、政治文明和社会文明的程度。

2. 我国新时期工作时间立法概况

随着我国市场经济体制的建立和完善,我国新时期工作时间立法得到长足发展。1994 年 2 月 7 日国务院公布了《关于职工工作时间的规定》,次日原劳动部、人事部发布了《〈国务院关于职工工作时间的规定〉的实施办法》,确定了国家实行职工每日工作8小时、平均每周工作44小时的工时制度。这项立法，在1994年7月5日通过的《劳动法》中，从劳动基本法的地位予以了肯定，并专门设置第4章“工作时间和休息休假”，对工作时间作了明确的规定。1995年3月25日，国务院发布了《关于修改〈国务院关于职工工作时间的规定〉的规定》，将每周44小时工作制缩短为40小时。为了与这些规定相配套，1995年3月25日原劳动部发布了《〈国务院关于职工工作时间的规定〉的实施办法》，次日人事部发布了《国家机关、事业单位贯彻〈国务院关于职工工作时间的规定〉的实施办法》，原劳动部1994年12月14日还公布了《关于企业实行不定时工作制和综合计算工时工作制的审批办法》等。至此，我国关于工作时间的立法体系形成。

探讨

《劳动法》与《国务院关于职工工作时间的规定》关于工作时间的表述并不完全一致。《劳动法》第36条规定：“国家实行劳动者每日工作时间不超过八小时、平均每周工作时间不超过四十四小时的工时制度”；《国务院关于职工工作时间的规定》第3条规定：“职工每日工作8小时、每周工作40小时。”《劳动法》和《国务院关于职工工作时间的规定》关于工作时间的表述哪个更科学？

二、我国现行工作时间立法的基本内容

关于工作时间的立法，是我国劳动法的重要内容之一。根据我国《劳动法》、《关于修改〈国务院关于职工工作时间的规定〉的规定》和相关法律法规的规定，我国现行的工作时间制度主要分为以下几种：

(一)标准工时

标准工时，是由国家法律规定，在正常情况下，一般职工最高的从事工作的时间。标准工时制是其他特殊工时制度的计算依据和参照标准。《劳动法》第36条和《国务院关于职工工作时间的规定》确定了我国的标准工时制有两项基本内容：(1)劳动者每日工作时间不超过8小时，每周工作时间不超过40小时。这两项标准应同时遵守，即每日既不得超过8小时，每周又不得超过40小时。(2)每周至少休息一日，即用人单位必须保证劳动者每周至少有一次24小时不间断的休息。

我国的标准工时立法随着我国社会经济的发展、就业状况的变化有逐步缩短的趋势。在相当长时期，我国一直实行每日工作8小时，每周工作48小时，即每周工作6天的标准工作时间。《劳动法》颁布以后，根据该法第36条的规定，国家实行劳动者每日工作时间不超过8小时，平均每周工作时间不超过44小时的工时制度。1995年，国务院又发布了《关于修改〈国务院关于职工工作时间的规定〉的规

定》,再次缩短了工时的标准。按照《规定》,我国的标准工时是:日标准工时为8小时,周标准工时为40小时。

资料链接

全年月平均制度工作天数和工资折算办法如下:[1]

1. 制度工作时间的计算:年工作日:365天-104天(休息日)-11天(法定节假日)=250天;季工作日:250天÷4季=62.5天/季;月工作日:250天÷12月=20.83天/月;工作小时数的计算:以月、季、年的工作日乘以每日的8小时。

2. 日工资、小时工资的折算:按照《劳动法》第51条的规定,法定节假日用人单位应当依法支付工资,即折算日工资、小时工资时不剔除国家规定的11天法定节假日。据此,日工资、小时工资的折算为:日工资=月工资收入÷月计薪天数;小时工资=月工资收入÷(月计薪天数×8小时);月计薪天数=(365天-104天)÷12月=21.75天

案例

一名员工于2005年4月到酒店工程部任职,到了2012年因个人原因向酒店提出辞职,双方办理了离职手续。随后,包括这个员工在内的一些员工对在职期间的加班工资发放产生了异议。

从工资表来看,这位员工在职期间的工资包括基本工资920元/月、交通费40元/月、住房补贴300元/月、奖金1000~1500元/月,加班费以920元为基数计算。所有的工资在次月以银行转账的方式发放。在2011年1月,这名员工因为参与了电器的安装又获得了一次性奖励920元。双方对工资结构没有异议,但在加班费的计算基数上出现了分歧。[2]

请问:该案中的加班费基数应当如何确定?

(二)特殊工时

特殊工时是标准工时的对称,指特定工作岗位上的劳动者适用的工时。《劳动法》第39条规定,企业因生产特点不能实行本法第36条规定的工时的,报劳动行政部门批准,可以实行其他工作和休息办法。国务院《关于修改〈国务院关于职工工作时间的规定〉的规定》第4条、第5条有同样规定。特殊工时包括缩短工作

---

〔1〕 根据《关于职工全年月平均工作时间和工资折算问题的通知劳社部发[2008]3号》和《全国年节及纪念日放假办法》(2014年1月1日起施行)。

〔2〕 "2014年度加班费争议案件评析",载 http://info.ceo.hc360.com/2015/01/271347294121.shtml。

日、不定时工作时间、计件工作时间和综合计算工作时间等。

1. 缩短工时

缩短工时是指由法律直接规定对特殊岗位上的劳动者实行的短于标准工时的工作时间。《国务院关于职工工作时间的规定》第 4 条规定:“在特殊条件下从事劳动和有特殊情况,需要适当缩短工作时间的,按照国家有关规定执行。”目前我国缩短工作时间的劳动有以下几种:

(1)从事矿山、井下、高山、高温、低温、有毒有害、特别繁重或过度紧张的劳动的职工,实行每日工作少于 8 小时的工作时间。比如纺织业普遍实行四班三运转制度;矿山井下实行四班 6 小时工作日;化工行业从事有毒作业的工人实行“三工一休”制,即工作 3 天休息 1 天,每天工作时间为 6 ~ 7 小时,并定期轮流脱离接触 1 个半月至 2 个月;还有冶炼、森林采伐和装卸搬运等行业的繁重体力劳动者,根据本行业的特点,实行了各种形式的缩短工时制。

(2)从事夜班工作的劳动者,实行缩短工作时间。夜班工作时间一般是指从本日 22 时至次日 6 时的时间。从事夜班工作的劳动者,夜班工作时间一般应比日班工作时间少 1 小时。

(3)在哺乳期工作的女职工,实行缩短工作时间。根据 1988 年国务院颁布的《女职工劳动保护规定》第 9 条的规定,正在哺乳不满一周岁婴儿的女职工,在每日工作时间内有两次哺乳时间,每次 30 分钟,生育多胞胎的,每多哺乳一个婴儿,每次哺乳时间增加 30 分钟。女职工每班劳动时间内的两次哺乳时间,可以合并使用。哺乳时间和在本单位内哺乳往返途中的时间,算作劳动时间。

(4)未成年工和怀孕女工。未成年人应实行少于 8 小时的工作时间。怀孕七个月以上的女职工,在劳动时间内应当安排一定的休息时间。

(5)其他依法可以缩短工作日工作制的职工。除上述法定的因在特殊条件下从事劳动和特殊情况下的职工可以实行缩短工作时间工作制外,其他需要缩短工时的用人单位,在依法履行审批手续后,也可以实行缩短工作时间制。1995 年 3 月 26 日人事部发布的《国家机关、事业单位贯彻〈国务院关于职工工作时间的规定〉的实施办法》第 4 条规定:“在特殊条件下从事劳动和有特殊情况,需要适当缩短工作时间的,由各省、自治区、直辖市和各主管部门按隶属关系提出意见,报人事部批准。”

| 思考 |　如果将《国务院关于职工工作时间的规定》第 3 条规定“职工每日工作 8 小时、每周工作 40 小时”修改为“职工每日工作 7 小时、每周工作 35 小时”,那么每日工作 7 小时是缩短工时吗?

2. 不定时工作时间

不定时工作时间是指由于生产特点、工作特殊需要或职责范围的关系决定其工作时间无法按标准工作时间衡量的劳动者的工作时间。不定时工作时间的基本特点是劳动者每日没有固定工作时数的限制,有时长于标准工作日,有时短于标准工作日。根据原劳动部《关于企业实行不定时工作制和综合计算工时工作制的审批办法》的规定,不定时工作时间一般适用于以下工作人员:(1)企业中的高级管理人员、外勤人员、推销人员、部分值班人员和其他工作无法按标准工作时间衡量的职工。(2)企业中的长途运输人员、出租汽车司机和铁路、港口、仓库的部分装卸人员及因工作性质特殊,需要机动作业的职工。(3)其他因生产特点、工作特殊需要或职责范围的关系适合实行不定时工作制的职工,如技术工作人员等。

用人单位要实行不定时工作时间,应按程序办理审批手续,未办理审批手续实行不定时工作时间,其行为是不合法的,不能发生不定时工作时间的效力。审批权限是:中央直属企业实行不定时工作制等其他工作和休息办法的,经国务院行业主管部门审核,报国务院劳动行政部门批准。地方企业实行不定时工作制等其他工作和休息办法的审批办法,由各省、自治区、直辖市人民政府劳动行政部门制定,报国务院劳动行政部门备案。

对于实行不定时工作时间的劳动者,不受《劳动法》关于日延长工作时间标准和月延长工作时间标准的限制。实行不定时工作时间的人员的工作时间长于标准工作时间的,超出部分也不算延长工作时间,也不给予报酬,短于标准工作时间的,也不扣发劳动报酬。但是,不定时工作时间并不意味着对工作时间毫无限制。由于其工作的特殊性,用人单位合理确定劳动定额或其他考核标准就显得十分重要。一般而言,用人单位仍应以标准工作时间作为确定依据。鉴于每个用人单位的情况不同,用人单位可依据实际情况进行研究,并按有关法定的审批手续报批后,在保障职工身体健康并充分听取职工意见的基础上,采用集中工作、集中休息、轮休调休、弹性工作时间等适当方式,确保职工的休息休假权利和生产、工作任务的完成。

探讨

《劳动法》(根据2009年8月27日第十一届全国人民代表大会常务委员会第十次会议通过的《全国人民代表大会常务委员会关于修改部分法律的决定》修正)第44条的规定,支付加班费的具体标准是:在标准工作日内安排劳动者延长工作时间的,支付不低于工资的150%的工资报酬;休息日安排劳动者工作又不能安排补休的,支付不低于工资的200%的工资报酬;法定休假日安排劳动者工作的,支付不低于300%的工资报酬。原劳动部的《工资支付暂行规定》第13条规定,实行不定时工时制度的劳动者,不执行《劳动法》第44条规定。据此,实行不定时工作制的员工,无论是正常工作日加点还是休息日、法定休假日加班,均无加班费。

不过,有少数地方规定不定时工时制的法定节假日工作是有加班费的。2016年

8月1日实施的《上海市企业工资支付办法》第13条规定:“经人力资源社会保障行政部门批准实行不定时工时制的用人单位,在法定休假节日安排劳动者工作的,按本条第(三)项(即安排劳动者在法定休假节日工作的,按照不低于劳动者本人日或小时工资标准的300%支付工资)的规定支付工资。也就是说,实行不定时工作制的职工在法定节假日被安排工作,也是有加班费的。与此不同的是,《北京市工资支付规定》第17条:“用人单位经批准实行不定时工作制度的,不适用本规定第十四条的规定。”即在法定休假日工作的,可不按照不低于日或者小时工资基数的300%支付加班工资。

《上海市企业工资支付办法》与《北京市工资支付规定》哪个更符合《关于企业实行不定时工作制和综合计算工时工作制的审批办法》、《工资支付暂行规定》的规定?如何理解此现象?

3. 综合计算工作时间

综合计算工作时间是针对因工作性质特殊、需连续作业或受季节及自然条件限制的企业的部分职工,不以日为基本单位计算劳动时间,而以周、月、季或年为周期综合计算劳动时间。实行综合计算工作时间的,劳动者在综合计算周期内的工作时间应与实行标准工时的劳动者在同一周期内的总工作时间相当,即与标准工时乘以计算周期的天数所得的结果大致相同。根据原劳动部《关于企业实行不定时工作制和综合计算工时工作制的审批办法》的规定,企业对符合下列条件之一的职工,可以实行综合计算工时工作制:(1)交通、铁路、邮电、水运、航空、渔业等行业中因工作性质特殊,需连续作业的职工;(2)地质及资源勘探、建筑、制盐、制糖、旅游等受季节和自然条件限制的行业的部分职工;(3)其他适合实行综合计算工时工作制的职工,如亦工亦农或由于受能源、原材料供应等条件限制难以均衡生产的乡镇企业的职工等;(4)对于那些在市场竞争中,由于外界因素影响,生产任务不均衡的部分职工也可以参照综合计算工时工作制办法实施。

用人单位要实行综合计算工作时间,应按程序办理审批手续,未办理审批手续实行综合计算工作时间,其行为是不合法的,不能发生综合计算工作时间的效力。审批权限是:中央直属企业实行综合计算工时工作制等其他工作和休息办法的,经国务院行业主管部门审核,报国务院劳动行政部门批准。地方企业实行综合计算工时工作制等其他工作和休息办法的审批办法,由各省、自治区、直辖市人民政府劳动行政部门制定,报国务院劳动行政部门备案。

鉴于每个用人单位的情况不同,用人单位可依据实际情况进行研究,并按有关法定的审批手续报批后,在保障职工身体健康并充分听取职工意见的基础上,采用集中工作、集中休息、轮休调休、弹性工作时间等适当方式,确保职工的休息休假权利和生产、工作任务的完成。

实行综合计算工作时间要注意以下两点:(1)对于第三级以上(含第三级)体力劳动强度的工作岗位,劳动者每日连续工作时间不得超过11小时,而且每周至少休息一天。(2)实行综合计算工时工作制的企业,在综合计算周期内,平均日工作时间和平均周工作时间应与法定标准工作时间基本相同。也就是说,在综合计算周期内,某一具体日(或周)的实际工作时间可以超过8小时(或40小时),但综合计算周期的总实际工作时间不应超过总法定标准工作时间,超过部分应视为延长工作时间并按《劳动法》第44条第1款的规定支付工资报酬,其中法定休假日安排劳动者工作的,按《劳动法》第44条第3款的规定支付工资报酬,而且延长工作时间的小时数平均每月不得超过36小时。如果该周期内的实际工作时间总数不超过该周期的法定标准工作时间总数,只是该周期内的某一具体日(或周或月或季)超过法定标准工作时间,其超过部分不应视为延长工作时间。另外,在法定休假节日、休息日轮班工作的,应视为正常工作,企业无须履行《劳动法》第41条所规定的延长工作时间的程序,但在劳动报酬上,法定休假节日轮班工作的应按加班处理。

探讨

深圳市劳动和社会保障局2009年5月13日制定了《深圳市实行不定时工作制和综合计算工时工作制审批管理工作试行办法》,此前深圳已有一千多家单位成功通过劳动部门审批获准实施该工作制,此次一并纳入该范畴的还有此前实行8小时工作制的政府机关、事业单位和社会团体。对此,资深时评作者舒圣祥指出:工时制度要想达到所谓“双赢”的效果,不仅需要一个对企业具体执行的严格监督机制,还需要劳资双方处在一种相对平等的谈判地位。在劳资地位明显不平等,劳动者处在绝对弱势的情况下,必须高度警惕新工时制度带来“强者权益愈强,弱者权益愈弱”的马太效应。因为部分非公企业也有滥用不定时工作制和综合计算工时工作制的逐利倾向,变相侵犯职工的劳动收益权和法定休息权。一方面,对企业老板而言,不定时工作制无疑是增加经营主动权、降低人工成本的大好事。在不定时工作制下,劳动者不工作就没有任何收入,因此没订单时就不用支付工资;订单多时连续加班,却可以不用支付额外加班费,省去了《劳动法》中那部分额外规定的50%直到100%的补偿性报酬。即使综合工时超过了基本工作时长规定,也只需统一支付1.5倍的工资,等于把《劳动法》中“应支付不低于工资的百分之二百的工资报酬”的那一种情况直接删去了。另一方面,对于劳动者而言,不定时工作制相比传统的8小时工作制似乎显得比较自由,可在事实上,这种自由不仅根本不存在,乃至是更加不自由。因为8小时工作制毕竟还有个可预期的上班下班时间,而在不定时工作制下,劳动者的工作时间则只能被动地顺应老板的具体安排。在这种工时制度下,连续上班成为合法,传统的加班概念基本不存在,而长期精确统计自己的工作时间,将成为劳动者的基本生存技能,否则就只能寄望于老板的良知了。相比于简单统计"上了几天班",综合计算劳动者的不定时工作时间,劳动部门当然更加难以监管,相反,企业老板们则拥有了更大的"操作空间"。是故,以月、半年和年为周期来规定基本工作时长,显然无法保证劳动者在繁忙时得到有效休息。[3]

案例

1. 某服装加工厂为赶制一批出口童装,要求职工在2个月内连续每天工作12小时,并称其为实行综合计时工时制度。期间有7次休息日(每次2天)和一个法定节假日(五一节)。请问:该服装加工厂是否有权自行确定实行综合计时工时制度?该案如何处理?

2. 施某在某船舶公司工作,双方签订劳动合同约定期限为自2010年3月24日起至2013年4月23日止,施某在驾驶员岗位工作,每月工资为1200元,实行每周六日工作制和综合计算工时工作制,某船舶公司每月向施某支付的工资中均包括按双方约定标准计算的周六加班工资。某船舶公司制定的《员工守则》第22条规定:当月连续旷工3天或年度内累计旷工达3天者视作自动离职,公司立即解除劳动合同关系,且不支付经济补偿金。第30条规定:月工资按每周6日工作计算,每月发放给员工的工资中均包括当月全部加班加点(含周六)工资。另规定,驾驶员工作岗位实行工时折算,每日上班12小时折算8小时,超过12小时部分,每超过2小时折算0.5小时。该《员工守则》由某船舶公司职工代表大会讨论通过。某船舶公司对施某工作期间的加点、星期日加班和法定节假日加班均进行了详细记载。施某于2010年12月21日以书面形式向某船舶公司提出辞职申请,在未得某船舶公司同意的情况下,施某再未到某船舶公司报到上班,某船舶公司于2010年12月31日以施某连续旷工达11天严重违反用人单位规章制度为由,书面解除与施某的劳动合同。某船舶公司支付给施某的工资均高于合同约定的1200元。施某申请仲裁,请求某船舶公司支付其加班加点工资。仲裁委作出裁决后双方均不服诉至法院。[4]

请问:某船舶公司是否应当支付施某周日及法定节假日的加班工资?

4. 计件工作时间

计件工作时间是指以劳动者完成一定劳动定额为标准的工作时间。根据《劳动法》第37条的规定,对实行计件工作的劳动者,用人单位应当根据本法第36条的工时制度合理确定其劳动定额和计件报酬标准。这一规定意味着,实行计件工

[3] 舒圣祥:"警惕'不定时工作制'的马太效应",载《山西晚报》2009年5月20日。还可参见《工人日报》2011年7月系列文章"不定时工作制的意义、存在问题、成因、对策和建议"。

[4] 《江苏法院2011年度劳动争议十大典型案例之四——综合计算工时工作制的认定和处理》。

作的劳动者,用人单位应当根据一般劳动者在一个标准工作日和一个标准工作周的工作时间内能够完成的计件数量为标准,确定劳动者日或周的劳动定额。这样就使劳动者完成劳动定额的劳动时间与法定的标准工作时间保持一致。由此可见,计件工作时间实际上是标准工作时间的特殊转化形式。实行计件工作时间的劳动者,在8小时工作时间内完成了当日的劳动定额,则可以把剩余时间作为休息时间,也可以多做定额以取得相应的延长时间的劳动报酬,如果劳动者未能在8小时内完成定额,则可以在8小时外完成规定的劳动定额,但不能得到延长时间的劳动报酬。实行计件工时制,劳动定额的确定是关键。所谓劳动定额是指在一定的生产和技术条件下,生产单位产品或完成一定工作量应该消耗的劳动量(一般用劳动或工作时间来表示)标准或在单位时间内生产产品或完成工作量的标准。劳动定额是衡量劳动(工作)效率的标准,是"工时定额"和"产量定额"的合称。工时定额也可称"时间定额",是生产单位产品或完成一定工作量所规定的时间消耗量,如对车工加工一个零件、装配工组装一个部件或一个产品所规定的时间;对宾馆服务员清理一间客房所规定的时间。产量定额也可称"工作定额",是在单位时间内(如小时、工作日或班次)规定的应生产产品的数量或应完成的工作量,如对车工规定一小时应加工的零件数量、对装配工规定一个工作日应装配的部件或产品的数量;对宾馆服务员规定一个班次应清理客房的数量。工时定额和产量定额互为倒数,工时定额越低,产量定额就越高;反之,工时定额越高,产量定额就越低。在制造业里,单件小批生产的组织主要采用"工时定额";大批量生产的组织主要采用"产量定额"。劳动定额对企业而言,是实现劳动管理规范化、提高劳动生产率的重要手段,是科学管理的基础;对劳动者而言,是劳动任务的具体任务落实,是履行劳动义务的计量尺度,是工时制度和劳动报酬制度得以发挥作用的重要条件。劳动定额合理与否,决定着工时制度和劳动报酬制度能否发挥其应有的保护劳动者合法权益的作用。劳动定额的计算,必须有科学的依据,按先进合理的原则来确定。所谓"先进合理",就是制定的定额要在已经达到的实际水平基础上有所提高,在正常生产条件下,经过一定时期的努力,大多数职工可以达到,部分先进职工可以超过,少数后进职工也能够接近以至达到的水平。这样的定额才能保证劳动生产率的提高。制定定额的水平过高或过低都是不对的。

5. 其他工作时间

《劳动法》第39条规定:"企业因生产特点不能实行本法第三十六条、第三十八条规定的,经劳动行政部门批准,可以实行其他工作和休息办法。"《关于修改〈国务院关于职工工作时间的规定〉的规定》也规定,"因工作性质或者生产特点的限制,不能实行8小时工作日或40小时工作周的,按国家有关规定,可以实行其他工作和休息办法"。我们以非全日制工作时间、弹性工作时间为例说明。

(1)非全日制工作时间。非全日制工作时间是与我国近年来发展较快的小时工这种新的用工方式相适应的一种工作时间。2003 年 5 月 30 日劳动和社会保障部发布了《关于非全日制用工若干问题的意见》,其对非全日制用工界定为“以小时计酬,劳动者在同一用人单位平均每日工作时间不超过 5 小时,累计每周工作时间不超过 30 小时的用工形式”。2007 年 6 月 29 日颁布的《劳动合同法》有所变化,《劳动合同法》第 68 条规定:“非全日制用工,是指以小时计酬为主,劳动者在同一用人单位一般平均每日工作时间不超过四小时,每周工作时间累计不超过二十四小时的用工形式。”

非全日制用工与全日制用工的区别主要在于:①非全日制用工的工作时间少于全日制用工;②全日制用工为一般用工形式,非全日制用工为特殊用工形式;③非全日制用工的劳动关系具有临时性,全日制用工的劳动关系多具有稳定性;④全日制用工一般是一重劳动关系,非全日制可以存在双重或多重劳动关系;⑤对非全日制用工需要制定和适用特别法(如以小时计酬为主)。非全日制用工形式突破了传统的全日制用工模式,也打破了传统的以标准工作时间建构的工时制度,适应了用人单位灵活用工和劳动者自主择业的需要,同时也成为我国工时制度领域的新形式。

资料链接

国际劳工组织 175 号公约《非全日制工作公约》第 1 条规定,非全日制劳动,也称部分时间劳动(Part-time Work),是相对于全日制劳动(Full-time Work)而言,是指劳动者可以与多个雇主建立劳动关系的一种就业形式。与全日制用工相对应,非全日制用工是指以小时计酬为主,劳动者在同一用人单位一般只提供非全日工时劳动的用工形式。

(2)弹性工作时间。弹性工作时间起源于 20 世纪 50 年代的联邦德国,其目的是为了吸收更多的家庭妇女就业。其特点为:把一个工作日分为核心时间和弹性时间两部分,在核心时间内,所有职工必须同时按岗上班,其余的弹性时间则由劳动者自由选定上岗工作,只要补足每天规定的标准工作时数即可。近年来,我国有些企业经过劳动行政部门的批准,试行弹性工作制。

资料链接

弹性工作时间(flexible worktime)也称弹性工作制,是要求员工每周工作一定的时数,但在限定范围内可以自由地变更工作时间的一种时间安排方案。

思考 近年来,我国有些企业经过劳动行政部门的批准,试行弹性工作制。问试行弹性工作制必须经过批准吗?

重点提示

弹性工作时间可以使员工更好地根据个人的需要安排他们的工作时间,并使员工在工作时间安排上能行使一定的自主权。其结果是,员工更可能将他们的工作活动调整到最具生产率的时间内进行,同时更好地将工作时间同他们的工作以外的活动安排协调起来。

弹性工作制也是有缺陷的,特别是对管理者工作的影响方面。它会给管理者对核心的共同工作时间以外的下属人员工作进行指导造成困难,并导致工作轮班发生混乱。当某些具有特殊技能或知识的人不在现场时,它还可能造成问题更难以解决。同时使管理人员的计划和控制工作更为麻烦,花费也更大。[5]

第二节　休息时间制度

一、休息时间的概念

休息时间是与工作时间相对而言的,休息时间是劳动者按法律规定不必从事生产和工作,而由自己自由支配的时间。换言之,工作时间之外的时间都属于休息时间(广义的休息时间)。它包括狭义的休息时间(劳动者的工作日内的休息时间、工作日之间的休息时间和工作周之间的休息时间)和休假两种。因此,广义的休息时间又称为“休息休假”。

休息时间的规定主要是最低休息时间的规定,即规定休息时间的下限。以此为基础,用人单位可以自行增加休假时间。

与工作时间一样,劳动法上的休息时间的最显著特点是其具有基准性。这意味着对于法律所规定的休息时间是最低休息时间,用人单位不得突破下限标准,但用人单位可根据自己生产经营的具体情况,自行增加休假时间。集体合同、劳动合同,以及用人单位规章制度(雇用规则)的有关休息时间规定,凡低于最低休息时间一律无效。

二、休息时间的种类

休息时间的种类,可以分为狭义的休息时间和休假两种。

---

〔5〕［美］斯蒂芬·P. 罗宾斯:《管理学》,中国人民大学出版社 2004 年版。

(一)休息时间(狭义)

1. 工作日内的间歇休息时间

工作日内的间歇休息时间是指劳动者用餐和工间休息的时间。依据劳动者生理规律和习惯,劳动者应在工作4小时后有一次间歇休息时间。间歇时间的长短因工作岗位和工作性质的不同而有不同,但最短不得少于半小时,一般1—2小时。有些单位实行工间操制度,即在上午和下午各4小时的工作时间中间规定20分钟的休息时间,一般在工作2小时后开始,这种工间操时间与间歇时间不同,计入工作时间。

2. 工作日之间的休息时间

工作日之间的休息时间是指劳动者在一个工作日结束至下一个工作日开始之间的休息时间。《劳动法》规定了工作日之间的休息时间。这种规定具体表现为劳动者每日工作时间不得超过8小时。实行轮班制的企业,其班次必须平均轮换,并且不得使劳动者连续工作两个工作日。

3. 工作周之间的休息时间

工作周之间的休息时间,又称为公休假,是指劳动者连续工作一周后应当享有的休息时间。国家机关、事业单位实行统一的工作时间,星期六和星期日为周休息日。企业和不能实行统一的工作时间的事业单位,可以根据实际情况灵活安排周休息日。但劳动者在一个工作周内,至少应当有一整日以上的休息时间。

(二)休假

1. 法定节假日

法定节假日是指劳动者用于欢度节日,开展纪念、庆祝活动的休息时间。各国对法定节假日的规定不一,体现了各国政治、经济、文化背景的差异。依据《劳动法》第40条及国务院2013年12月11日修订的《全国年节及纪念日放假办法》,按照享受节假日的劳动者范围不同,我国将法定节假日分为三类:

(1)全体公民放假的节日:

①新年,放假1天(1月1日);②春节,放假3天(农历正月初一、初二、初三);③清明节,放假1天(农历清明当日);④劳动节,放假1天(5月1日);⑤端午节,放假1天(农历端午当日);⑥中秋节,放假1天(农历中秋当日);⑦国庆节,放假3天(10月1日、2日、3日)。

全体公民放假的假日,如果适逢星期六、星期日,应当在工作日补假。

(2)部分公民放假的节日及纪念日:

①妇女节(3月8日),妇女放假半天;②青年节(5月4日),14周岁以上的青年放假半天;③儿童节(6月1日),13周岁以下的少年儿童放假1天;④中国人民

解放军建军纪念日(8 月 1 日),现役军人放假半天。

部分公民放假的假日,如果适逢星期六、星期日,则不补假。

(3)少数民族习惯的节日,由各少数民族聚居地区的地方人民政府按照各该民族习惯规定放假日期。

二七纪念日、五卅纪念日、七七抗战纪念日、九三抗战胜利纪念日、九一八纪念日、教师节、护士节、记者节、植树节等其他纪念日、节日,均不放假。

资料链接

2015 年是中国人民抗日战争暨世界反法西斯战争胜利 70 周年。为使全国人民广泛参与中央及各地区各部门举行的纪念活动,2015 年 9 月 3 日全国放假 1 天。为方便公众安排假日期间生产生活,特作如下调休:9 月 3 日至 5 日调休放假,共 3 天。其中 9 月 3 日(星期四)放假,9 月 4 日(星期五)调休,9 月 6 日(星期日)上班。

台湾地区的节假日为:"中华民国"开国纪念日(1 月 1 日)、和平纪念日(2 月 28 日)、革命先烈纪念日(3 月 29 日,纪念黄花岗 72 烈士)、孔子诞辰纪念日(9 月 28 日)、国庆日(10 月 10 日,纪念武昌起义)、先总统蒋公诞辰纪念日(10 月 31 日)、国父诞辰纪念日(11 月 12 日)、行宪纪念日(12 月 25 日,也称民族复兴节,庆祝蒋中正在这天从西安事变中脱险回京)、劳动节(5 月 1 日)、除夕(农历 12 月 31 日),春节(农历正月初一至初三)、妇女节、儿童节合并假日(4 月 4 日)、民族扫墓节(清明节,4 月 5 日)、端午节(5 月 5 日)、中秋节(8 月 15 日)、台湾光复节(10 月 25 日)。

香港特别行政区的法定节假日为:劳动节(5 月 1 日)、国庆节(10 月 1 日)、元旦(1 月 1 日)、春节(农历正月初一至初三),香港特别行政区成立纪念日(7 月 1 日)、耶稣受难节(3 月 25 日至 26 日)、复活节(3 月 28 日)、圣诞节(12 月 25 日至 27 日)、佛祖诞生日(5 月 15 日)、清明节(4 月 5 日)、端午节(5 月 5 日)、中秋节(8 月 15 日)、重阳节(9 月 9 日)。

2. 年休假

年休假是国家根据劳动者工作年限和劳动的繁重紧张程度每年给予的一定期间的带薪连续休假。

早在 1936 年国际劳工大会就通过了《带薪休假公约》(第 52 号公约)。公约规定,凡在公私工商企业、服务部门、事业单位、机关就业的工作人员,连续服务满 1 年以后,应当至少有 6 天带薪年休假。第 52 号公约规定的休假标准是很低的。1970 年,国际劳工大会通过了一项新的《带薪休假公约》(第 132 号公约)。该公约规定:连续工作 6 个月者,有权享受年休假;连续工作 6 至 12 个月者,有权享有与其工作时间相称的年休假;连续工作一年者,休假不应少于 3 个工作周。

《劳动法》第 45 条对年休假作了明确规定:"国家实行带薪年休假制度。劳动者连续工作一年以上的,享受带薪年休假。具体办法由国务院规定。”然而,《劳动法》虽然规定了年休假制度,但是国务院13年来一直没有根据《劳动法》的授权制定具体的实施办法。实际生活中,仍然按1991年6月15日中共中央、国务院发布的《关于职工休假问题的通知》执行,且除国家机关外,执行效果不理想。

2007年12月7日,国务院颁布了《职工带薪年休假条例》,确立了我国带薪年休假的现行制度,具体包括主体范围、条件与假期、效力与待遇、保障与救济。2008年9月18日人力资源和社会保障部的《企业职工带薪年休假实施办法》又进一步作了实施规定。根据《职工带薪年休假规定》规定,机关、团体、企业、事业单位、民办非企业单位、有雇工的个体工商户的职工在同一单位连续工作1年以上的,享受带薪年休假。单位应当保证职工享受年休假。职工在年休假期间享受与正常工作期间相同的工资收入。

《职工带薪年休假规定》具体规定了年休假天数:职工累计工作已满1年不满10年的,年休假为5天;已满10年不满20年的,年休假为10天;已满20年的,年休假为15天。法定休假日、休息日不计入年休假假期。

职工有下列情形之一的,不享受当年的年休假:职工依法享受寒暑假,其休假天数多于年休假天数的;职工请事假累计20天以上且单位按照规定不扣工资的;累计工作满1年不满10年的职工,请病假累计2个月以上的;累计工作满10年不满20年的职工,请病假累计3个月以上的;累计工作满20年以上的职工,请病假累计4个月以上的。

单位根据生产、工作的具体情况,并考虑职工本人意愿,统筹安排职工年休假。年休假在1个年度内可以集中安排,也可以分段安排,一般不跨年度安排。单位因生产、工作特点确有必要跨年度安排职工年休假的,可以跨1个年度安排。单位确因工作需要不能安排职工休年休假的,经职工本人同意,可以不安排职工休年休假。对职工应休未休的年休假天数,单位应当按照该职工日工资收入的300%支付年休假工资报酬。

资料链接

据新加坡《联合早报》8月25日报道,德国科隆经济研究所(IW)25日称,德国上班族休假为欧盟最多,每年平均有30天带薪假期和10天公众假期。据英国路透社报道,IW为巴伐利亚州雇主协会所做的一项研究发现,德国上班族的年假和带薪假期成本占德国总薪酬支出的16.2%,为欧盟最高水平。

IW高级研究员施罗德(Christoph Schroeder)表示:“德国的带薪假期和公众假期为欧盟最多。”他表示,德国也很可能是全球假期第一大国,但法国也毫不逊色。施罗德称:“尽管假期长,但德国的竞争力仍然非常高。但随着熟练劳动力短缺状况恶化,40天的带薪假期将成为一个问题。”德国是欧洲最大经济体,尽管有2008金融危机和欧元区危机，但德国经济自2010年来取得稳定增长。

在上述研究中排在德法后面的是丹麦，为39天，意大利为37天，捷克、奥地利和瑞典为36天。英国与欧洲平均线相当，为32.8天，相当于有12.6%的薪酬成本用于年假和公众假期。比利时垫底，为29天，假期占薪酬成本7.9%。[6]

3.探亲假

探亲假是指与父母或配偶分居两地的职工，在一定期限内所享受的一定期限的带薪假期。目前我国主要执行的仍然是1981年国务院制定的《关于职工探亲待遇的规定》和1983年劳动人事部、财政部、公安部、中国银行共同发布的《关于台胞职工出境探亲待遇的通知》等法规。主要包括以下具体内容：

（1）享受探亲假的条件

凡在国家机关、人民团体和全民所有制企业、事业单位工作满一年的固定职工，与配偶不住在一起，又不能在公休假日团聚的，可以享受探望配偶的待遇；与父亲、母亲都不住在一起，又不能在公休假日团聚的，可以享受探望父母的待遇。但是，职工与父亲或母亲一方能够在公休假日团聚的，不能享受探望父母的待遇。其中“不能在公休假日团聚”是指不能利用公休假日在家居住一夜和休息半个白天；其中所称“父母”，包括自幼抚养职工长大现在由职工供养的亲属，不包括公婆、岳父母。集体所有制企业、事业单位职工的探亲待遇，由各省、自治区、直辖市人民政府根据地区的实际情况自行规定。

（2）探亲假期

探亲假期是指职工与配偶、父母团聚的时间。具体规定包括：①职工探望配偶，每年给予一方探亲假一次，假期为30天。②未婚职工探望父母，原则上每年给假一次，假期为20天。如果因工作需要，本单位当年不能给予假期，或者职工自愿两年探亲一次的，可以两年给假一次，假期为45天。③已婚职工探望父母，每4年给假一次，假期为20天。④凡实行休假制度的职工，如学校的教职工，应在休假期间探亲；如果休假期较短，可由本单位适当安排，补足其探亲假的天数。⑤探亲假期是指职工与配偶、父、母团聚的时间，另外，根据实际需要给予路程假。上述假期均包括公休假日和法定节日在内。内地进藏职工在藏工作达一年半的，可回内地休假一次，其假期一般干部和工人为3个月，县级干部和八级以上工人为4个月，地级以上干部为5个月。

华侨、侨眷、台胞职工出境探望配偶，4年以上（含4年）一次的给假半年；不足4年的，按每年给假1个月计算。未婚归侨、侨眷、台胞职工出境探望父母，4年以上（含4年）一次的给假4个月；3年一次的给假70天；1年或两年1次的按《国务

---

〔6〕 程君秋：“德国上班族每年假期40天　排名欧洲榜首”，载环球网，2015年8月25日。

院关于职工探亲待遇的规定》给假。已婚华侨、侨眷、台胞职工出境探望父母，每4年给假1次，假期为40天。

(3)探亲假期间待遇

职工在探亲假期间待遇包括以下两项：一是工资待遇。职工在规定的探亲假期和路程假期内，按照本人的标准工资发给工资。二是探亲路费的报销。职工探望配偶和未婚职工探望父母的往返路费，由所在单位负担。已婚职工探望父母的往返路费，在本人月标准工资30%以内的，由本人自理，超过部分由所在单位负担，具体车船费标准和报销项目包括：①乘坐火车的，不分职级，一律报硬席座位费。年满50周岁以上并连续乘车48小时以上的，可报硬席卧铺费。②乘轮船的，报四等舱位(或比该舱高一级舱位)费。③乘长途公共汽车的及其他民用交通工具的，凭据按实报销。④探亲途中的市内交通费，按起止站的直线公共电车、汽车、轮渡费凭据报销。⑤职工探亲不得报销飞机票。因故乘坐飞机的，按直线车船报销。⑥途中转车、转船等，每转一次，可凭据报销一天的普通床位住宿费。汽车夜间停驶或遇到意外交通事故等待恢复需住宿的，可凭据报销住宿费。

探讨

由于《关于职工探亲待遇的规定》颁布的时间是在20世纪80年代初，《规定》、《通知》所体现的计划经济体制色彩很浓。与现在的实际情况有一定差距，应当对其进行修正。就目前的实际情况而言，作为用人单位的企业已经不再按所有制成分划分。一般而言，企业都应当给予劳动者探亲假待遇，但在实践中很多劳动者，特别是一些非国有企业的劳动者，并没有实际享受到这一待遇。另有人提出在完善年休假的基础上取消探亲假。

4. 其他休假

(1)婚丧假

婚丧假是指劳动者本人结婚以及其直系亲属死亡时依法享受的假期。根据国家劳动总局、财政部1980年2月20日颁布的《关于国营企业职工请婚丧假和路程假问题的规定》的规定，职工本人结婚或直系亲属(父母、配偶、子女)死亡时由本单位领导批准，可享受1—3天的婚、丧假。职工在外地的直系亲属死亡时需要职工本人前去料理丧事的，可以根据路程远近，给予路程假。在批准的婚、丧假和路程假期间，职工工资照发。

根据《婚姻法》以及《计划生育条例》的规定，职工结婚可享受以下待遇：婚假。①按法定结婚年龄(女20周岁，男22周岁)结婚的，可享受3天婚假；②符合晚婚年龄(女23周岁，男25周岁)的，可享受晚婚假15天(含3天法定婚假)；③结婚时男女双方不在一地工作的，可视路程远近，另给予路程假；④在探亲假(探父母)期间结婚的，不另给假期；⑤婚假包括公休假和法定假；⑥再婚的可享受法定婚假，不能享受晚婚假。

婚假期间工资待遇：在婚假和路程假期间，工资照发。目前我国的一部分省、自治区和直辖市根据国家的上述规定，结合本地区的实际情况，一般都在国家统一规定的天数之上适当放宽。例如，陕西省规定，职工实行晚婚的，加婚假20天。再如，南京市规定，晚婚婚假15天（含法定婚假3天），夫妻双方晚婚的，双方享受；一方晚婚的，一方享受。

（2）产假

我国《劳动法》第62条规定："女职工生育享受不少于九十天的产假"。从有利于女职工身体恢复和母乳喂养的角度，2012年4月修订的《女职工劳动保护特别规定》参照国际劳工组织有关公约关于"妇女须有权享受不少于14周的产假"的规定，将生育产假假期延长至14周（98天）。即我国女职工生育享受98天产假，其中产前可以休假15天；难产的，增加产假15天；生育多胞胎的，每多生育1个婴儿，增加产假15天。同时为保障流产女职工的权益，该法参照原劳动部《关于女职工生育待遇若干问题的通知》中关于流产假的档次划分，明确了流产产假，规定：怀孕未满4个月流产的，享受15天产假；怀孕满4个月流产的，享受42天（6周）产假。

第三节　限制延长工作时间制度

一、延长工作时间的概念

延长工作时间是指超过法律规定的工作时间长度的工作时间。《工资支付暂行规定》第13条规定，劳动者在完成劳动定额或规定的工作任务后，在法定标准工作时间以外工作的；实行计件工资的劳动者，在完成计件定额任务后，由用人单位安排延长工作时间的，才是延长工作时间。在实践中将延长工作时间称为加班和加点。有时将加班加点统称为加班。劳动者在法定休假日和公休日进行工作，称为加班；超过日标准工作时间进行工作，称为加点，即提前上班或推迟下班。

由于延长工作时间是相对特定的工作时间和休息时间而言的，所以只有标准工作日、缩短工作日才存在延长工作时间，不定时工作日则不存在延长工作时间。在综合计算工时工作制下，如果综合计算的结果是平均日（或周）工作时间超过标准工作时间的，其超出部分应视为延长工作时间；工作日正好是法定节假日的，也应视为延长工作时间。

劳动法对于工作时间和休息时间的规定具有强制效力,在一般情况下不得违反。在法定的特殊情形下可以延长工作时间,但国家对延长工作时间实行严格限制,目的是限制工作时间在休息时间中的延伸。

二、延长工作时间的限制措施

从整体上看,国家有关延长工作时间的规定其立足点在于限制,防止滥用。我国《劳动法》第43条明确规定,"用人单位不得违反本法规定延长劳动者的工作时间"。为了规范和限制用人单位延长工作时间,我国劳动法律、法规规定了如下限制措施:

(一)延长工作时间适用人员的限制

《劳动法》、《女职工劳动保护规定》以及《未成年人保护法》规定,禁止安排未成年工、怀孕7个月以上的女工和哺乳未满周岁婴儿的女工参加加班加点。以上人员不但不参加加班加点,相反还应缩短工作时间。

(二)延长工作时间条件、程序的限制

《劳动法》第41条规定:"用人单位由于生产经营需要,经与工会和劳动者协商后可以延长工作时间。"即用人单位延长工作时间不是随意的,必须符合一定的条件、程序:一是由于生产经营需要。但《劳动法》未明确规定"生产经营需要"的具体情形。实践中,有必要由集体合同约定,或者由用人单位与工会共同确定"生产经营需要"的具体范围。二是必须与工会协商。用人单位认为需要延长工作时间的,必须把延长工作时间的理由、人数、时间长短等向工会说明,征得工会的同意。三是必须与劳动者协商。只有在劳动者同意的情况下才可以进行,用人单位不得强迫劳动者延长工作时间。用人单位未与工会和劳动者协商,强迫劳动者延长工作时间的,依法承担法律责任。

(三)延长工作时间长度上的限制

《劳动法》第41条还规定,用人单位延长工作时间,一般每日不得超过1小时;因特殊原因需要延长工作时间的,在保障劳动者身体健康的条件下延长工作时间每日不得超过3小时,但每月不得超过36小时。否则依法承担法律责任。

(四)延长工作时间报酬上的限制

我国法律法规还通过要求用人单位必须支付劳动者较高的延长工作时间的劳动报酬来限制用人单位延长工作时间。

根据《劳动法》第44条及1994年12月6日劳动部颁布的《工资支付暂行规

定》第13条的规定,用人单位应按下列标准支付延长工作时间的报酬:(1)用人单位依法安排劳动者在日法定标准工作时间以外延长工作时间的,按照不低于劳动合同规定的劳动者本人小时工资标准的150%支付劳动者工资;(2)用人单位依法安排劳动者在休息日工作,而又不能安排补休的,按照不低于劳动合同规定的劳动者本人小时工资标准的200%支付劳动者工资;(3)用人单位依法安排劳动者在法定休假日工作的,按照不低于劳动合同规定的劳动者本人日或小时工资标准的300%支付劳动者工资。

实行计件工资的劳动者,在完成计件定额任务后,由用人单位安排延长工作时间的,应根据上述规定的原则,分别按照不低于其本人法定工作时间计件单价的150%、200%、300%支付其工资。

实行综合计算工时工作制的,综合计算周期内的总实际工作时间不应超过总法定标准工作时间,超过部分视为延长工作时间并按规定支付不低于工资150%的劳动报酬,其中,法定休假日安排职工工作的,要支付不低于职工工资300%的劳动报酬。

重点提示

1.这里150%、200%、300%采用不同计算方法。依照1995年5月12日劳动部发布的《〈对工资支付暂行规定〉有关问题的补充规定》中"二、关于加班加点的工资支付问题"的规定,150%、200%包含作为计算延长工作时间报酬的正常工资;而300%是另外支付,不包含作为计算延长工作时间报酬的正常工资。

2.在这里,作为计算加班加点工资基数的正常工时工资,有日工资和小时工资两种。依照劳动部《关于贯彻执行〈中华人民共和国劳动法〉若干问题的意见》(1995年)第61条规定的精神,实行计时工资制的劳动者的日工资,按其本人月工资标准除以平均每月法定工作天。

三、限制延长工作时间的例外规定

限制延长工作时间的例外规定是指在法定的特殊情况下,用人单位无须与工会和劳动者协商就可以安排延长工作时间,并且加班加点的时间也不受每日不超过1小时或3小时,每月合计不超过36小时的限制。根据《劳动法》和《关于修改〈国务院关于职工工作时间的规定〉的规定》及其《实施办法》的规定,限制延长工作时间的例外规定是:(1)发生自然灾害、事故或者因其他原因,使人民的安全健康和国家资财遭到严重威胁,需要紧急处理的;(2)生产设备、交通运输线路、公共设施发生故障,影响生产和公共利益,必须及时抢修的;(3)必须利用法定节日或公休日的停产期间进行设备检修、保养的;(4)国家机关、事业单位未完成国家紧急任务或完成上级安排的其他紧急任务,以及商业、供销企业在旺季完成收购、运输、加工农副产品紧急任务的;(5)为完成国防紧急任务,或者完成上级在国家计划外安排的其他紧急生产任务的;(6)法律、行政法规规定的其他特殊情况。

资料链接

2015年4月8日,中国政府网公布《中共中央国务院关于构建和谐劳动关系的意见》。该意见指出:

切实保障职工休息休假的权利。完善并落实国家关于职工工作时间、全国年节及纪念日假期、带薪年休假等规定,规范企业实行特殊工时制度的审批管理,督促企业依法安排职工休息休假。企业因生产经营需要安排职工延长工作时间的,应与工会和职工协商,并依法足额支付加班加点工资。加强劳动定额定员标准化工作,推动劳动定额定员国家标准、行业标准的制定修订,指导企业制定实施科学合理的劳动定额定员标准,保障职工的休息权利。

课后实训

一、思考题

1. 工作时间的种类有哪些?

2. 休息时间的种类有哪些?

3. 我国《劳动法》对限制延长工作时间有哪些主要规定?

二、案例

1. 2006年1月,黄女士进入上海某婚庆公司工作,双方签订劳动合同,黄女士担任公司仓库管理员。其中,2007年度约定月工资为1800元,2008年至2009年度约定月工资为1000元。2008年6月3日,黄女士向公司提出辞职,理由为公司在用工方面不规范、其自身利益受到侵害。同月13日,双方劳动关系解除。其间,黄女士向劳动争议仲裁委员会申请仲裁,要求公司支付2008年年休假工资688.5元,2008年8月,仲裁委员会裁决对此不予支持。黄女士不服仲裁裁决,向南汇区法院提起诉讼。在法庭上,黄女士认为,因公司未按相关条例安排其年休假,现要求法院判令公司支付2008年应休未休年休假的工资报酬。公司方称,2008年,黄女士在公司未做满整年,不应该享受年休假,故不同意支付黄女士年休假工资,要求法院驳回黄女士的这一诉讼请求。[7]

---

〔7〕《2008年十大劳动争议案件点评》。进一步的分析可参阅:"一则关于年休假的经典案例",载http://blog.sina.com.cn/s/blog_7c72633f0100uwnf.html。

请问：

(1)上海某婚庆公司应支付黄女士2008年未休年休假工资吗？为什么？

(2)黄女士2008年应休未休年休假为几天？

2. 2014年9月30日，某公司生产部发出通知，要求所有职工"十一"国庆期间加班，理由是黄金周产品好销，节后给补休。当马某提出加班应按《劳动法》的规定支付加班费时，遭到了生产部经理的拒绝。"十一"国庆期间，马某没去加班。10月8日，公司总经理即宣布解除公司和马某的劳动合同。在多次交涉无果的情况下，10月15日，马某向劳动争议仲裁部门申请仲裁，劳动争议仲裁部门认为，马某不服从管理，辱骂公司管理人员，其行为确属违反劳动纪律，裁决维护某公司的处理决定。

马某不服，10月28日又向法院提起民事诉讼。法院受理后，要求该公司提供马某违反劳动纪律的证据。然而，该公司拿不出马某违反劳动纪律的具体证据。鉴于某公司举不出证据，法院遂判决：撤销某公司解除马某劳动合同的决定。请问：

(1)节后给予补休，国庆节加班就可以不给付加班工资了吗？为什么？

(2)在国庆节7天假日里加班，加班工资该如何支付？为什么？

第九章　工资基准制度

内容提要

工资基准制度是劳动法中的劳动基准制度的重要内容之一。它与工时基准、安全卫生基准等构成国家对个别劳动关系干预的核心内容。从我国工资立法的相关制度分析,可将工资基准制度划分为最低工资制度、工资支付保障制度、其他工资基准制度。本章的重点是:工资的基本意义、工资在劳动关系中的重要性、工资基准的内容构成、工资基准立法发展。学习重点是:工资的本质、最低工资基准、工资支付基准、欠薪索赔优先权。

第一节　工资基准制度概述

一、工资及工资基准的概念

工资也称薪金,是指劳动者因履行劳动合同义务获得的,用人单位以法定和约定的标准和形式向劳动者支付的劳动报酬。从劳动法律关系上看,工资是劳动者以劳动行为支出而获得的主要对价。它具有以下几个方面的特征:(1)工资的产生基于劳动者与用人单位之间的劳动合同关系。其他的劳动收入或劳动报酬可能基于自雇劳动、民事劳务关系,而在此的劳动报酬基于以劳动合同而建立的劳动关系。(2)其报酬标准的确定是劳动法规定的或劳动合同约定的。劳动法规定的标准即为工资基准,劳动合同约定的即为双方在工资基准的基础上双方议定的劳动报酬数额或计算办法。(3)工资的形式及支付方式是法定的。国家对工资构成及表现形式作了明确的规定。同时,对工资的支付方式也有相关的基准制度。(4)工资体现了国家与劳动关系主体之间、劳动关系主体之间的双层属性。工资虽然是用人单位基于劳动者劳动义务履行而支付的劳动报酬,体现着私法上的债权债务关系,同时,国家立法对这种私法上的对价关系进行了较为严格的制约,因此,工资又体现着一定程度的立法关系。

工资从本质上分析,是劳动价值的货币表现,即劳动力的价格。劳动者提供雇佣劳动所实现的基本对价方式即为工资。"对社会上绝大多数通过'劳动'来维护其生存的'劳动者'来说,工资的重要性不必赘言。不管社会上对之以'工资'、'薪水'、'薪资'、'薪酬'……或其他名词相称,出卖劳动换得的报酬乃是全部劳动关系核心中之核心。"[1]工资不是用人单位通过劳动者而获得的全部价值,只是维持劳动者生存、发展以及其教育和赡养直系亲属所必需的基本费用。因此,工资关系集中体现着劳动双方的对立与统一。工资基准与工资协商制度的建立,是协调和解决这一矛盾的最基本制度。

工资基准是劳动基准的组成部分。劳动基准是国家立法规定的最低劳动标准,即劳动者在劳动关系中具备的劳动条件的法定最低标准,其具有以下含义:(1)劳动基准是最低劳动标准,是制约和引导用人单位使用劳动者,管理和运行劳动过程的最低条件。(2)劳动基准是法定劳动标准。劳动者与用人单位及其团体之间订立的相关劳动条件的约定不同于劳动基准。(3)劳动基准适用于劳动关系的存续期间,劳动关系建立前与消灭后国家立法机关规定的其他强制性规范不属劳动基准范畴。(4)劳动基准属强制性标准。低于立法规定的关于劳动条件的规章制度及其个别和团体约定都是无效的,不具有法律拘束力。基于以上对劳动基准的理解,工资基准是指国家立法规定的用人单位在核算和支付劳动者工资时所应遵守的最低标准。其基本内容应包括最低工资制度、工资支付保障制度、其他工资基准制度等。

二、工资基准的意义

1.工资基准的确立是维护劳动者合法权益的需要。在劳动关系中,由于劳资双方存在着明显的强弱现象,而工资总额的支付水平又直接影响着用人单位的利用水平。工资是劳动关系的核心和焦点,工资形式、工资核算、工资及支付等如果离开国家立法的干预,就更易造成劳动地位失衡。不按国家规定的工资形式确定报酬,任意克扣或无故拖欠工资,都直接影响到劳动者生存权的实现,确立工资基准,实际上为劳动合同的劳动报酬条款规定了生效要件,规范、引导用人单位以工资基准为劳动报酬核算、支付的最低条件,从而达到维护劳动者合法权益的目的。

2.工资基准的确立是实现工资基准职能的需要。工资在劳动关系和国家经济制度中具有以下基本职能:(1)分配职能,即工资是劳动者个人消费口若悬河的基本分配方式。而个人消费品属于国民收入的初次分配,应遵循"初次分配和再分配都要处理好效率与公平的关系"的方针,规范用人单位的工资分配关系。(2)保障职能。保障通过工资分配,能实现或基本实现劳动者维持基本生存的目的。同

[1] 黄越钦:《劳动法新论》,中国政法大学出版社2004年版,第209页。

时,工资的保障功能也体现在对劳动关系的稳定上,及时、合法的工资支付关系,能减少大量劳动争议,促进劳动关系和谐发展。(3)激励职能。工资是人力资源管理、激励劳动者自主创造力的重要手段。但是,"任何效率都包含着公平"的工资激励机制的建立,离不开工资基准的规范作用。

3. 工资基准的确立是实现工资分配原则的重要手段。工资分配原则,是由立法确认的贯穿于整个工资制度的基本准则,是实现工资制度立法目的的核心组成部分。[2] 我国《劳动法》第46条确立了我国工资分配的两项基本原则是按劳动分配原则和宏观调控原则。按劳分配,即以劳动者提供的劳动数量和质量为标准确立个人工资额,其实质要求是同工同酬。但现实中违反按劳分配原则的现象非常严重,难以体现这一原则中的公平与效率价值,如基于性别、身份、民族、户籍等个人特征而给予的报酬上的不公平对待。报酬歧视是就业和职业歧视的一个重要组成部分。它不仅会导致对劳动者个人自由、尊严和价值的侵害,而且会加剧劳动者的弱势地位。国际劳工组织1951年通过了《同工同酬公约》(第100号公约)和同名的建议书对报酬上消除基于性别的歧视提供了政策和立法指导。我国已加入这一国际劳工核心公约。《劳动法》、《就业促进法》和《劳动合同法》明确规定了不得基于性别而给予劳动者歧视待遇,并赋予劳动者寻求法律救济的权利。工资基准立法,是落实按劳分配,同工同酬的重要手段之一。工资的宏观调控原则,是国家通过立法确认的以社会公正和社会进步为目标,对工资总额和工资分配中不合理因素或现象实行国家干预的法律调控原则。工资立法确认了用人单位享有工资分配自主权,可基于劳动者能力、素质高低以及劳动熟练程度来合理设计和分配工资水平差异。但强调工资效率价值的同时,却极易造成工资分配差距的拉大,甚至可能形成贫富悬殊现象,不利于社会和谐与进步。同时,按劳分配的主导性分配并不掩护基于社会正义而给予中断劳动的劳动者的特殊保护。因此,工资基准是矫正分配不公、消除分配悬殊的有效工具。通过国家立法的宏观调控,使按劳分配更加体现公平与效率价值。

三、工资基准与工资集体协商、工资自决

工资基准、工资集体协商、工资自决是确定工资的几种法律途径。三者之间具有紧密的关联性。工资基准是工资集体协商、工资自决权行使的基础和前提,后者在行使权利时均不得违反工资基准的相关规定。工资自决是企业法、劳动法赋予用人单位经营自主权在工资分配上的表现,但其不能违反工资基准、工资集体协商条款法定或约定的基本条件。因此,从法律性质上分析,工资基准属公法上的关系,反映的是国家与用人单位、劳动者之间的物质利益关系;工资集体协商、工资自

---

[2] 郭捷:《劳动法学》,中国政法大学出版社2007年版,第199页。

决属私法上的关系，反映的是用人单位与劳动者之间的物质利益关系。

从工资立法的发展变化来看，工资立法一般经过了自由发展、集权发展（法律决定）和分权发展（谈判决定）的不同阶段。[3] 在自由发展阶段，工资水平及支付由雇佣合同约定。19 世纪后半期后，国家开始干预劳动关系、工资基准立法受到各市场经济国家重视，到 20 世纪中期后，随着劳资合作理念和民主参与理念的确立，企业层面、行业层面的工资协商机制建立。目前，代表性的市场经济国家均有关于工资基准、工资协商、工资自决的相关立法。法国在 20 世纪 70 年代中期，依法规定了"指数化最低工资"（SMIC），成为提高工资的手段。《日本劳动标准法》规定，劳动条件（包括工资）应由工人和雇主以平等地位决定，但不能违反最低工资等相关强制法规定。日本的"春斗"就是劳资双方的工资谈判机制。《俄罗斯联邦集体合同和协议法》第 3 条规定，法律、集体合同、协议、劳动合同的相互关系合同和协议适用的雇主必须依法执行所签订的集体合同和协议。造成职工的处境低于法律规定的集体合同和协议无效。禁止将造成职工处境低于法律、集体合同和协议规定的条款列入劳动合同。《共同就业保障法》第 2 章对工资的计算、最低工资、中断劳动时应支付的工资作了较细致的规定。

国际劳工组织针对工资问题，确定了若干项公约。例如，工资基准方面：1995 年《同酬公约》、1951 年《（农业）确定最低工资公约》、1928 年《确定最低工资办法公约》、1936 年《带薪休假公约》、1949 年《保护工资公约》、1992 年《（雇主破产）保护工人债权公约》。再如，工资集体协商方面：1949 年《组织权利和集体谈判权利公约》、1976 年《（国际劳工标准）三方协商公约》、《1981 年促进集体谈判公约》。2008 年，国际劳动组织首次发表了《全球工资报告》，2014 年 12 月，国际劳工组织《2014—2015 年全球工资报告》正式发布。报告分析了工资在收入不平等问题中扮演的角色，强调了要结合各种政策手段来解决问题，比如将最低工资制度、加强集体谈判、采取措施消除工资差距、促进有薪就业以及通过税收和转移支付来进行再分配等手段相结合。以上公约，对指导各成员国确保劳动者劳动报酬权，促进工资"三方机制"及集体谈判，起到了重要的作用。

四、我国工资基准制度的产生和发展

新中国成立以来，我国的工资制度大致经历了以下几个阶段：

（一）新中国成立初期工资制度初创阶段

新中国成立初期，我国多种分配制度并存，除了部分干部实行供给制外，主要采用了以下几种工资制度：（1）企业工人实行 8 级工资制，按产业划分为 5 类，执行

---

〔3〕 杨燕绥：《新劳动法概论》，清华大学出版社 2004 年版，第 217 页。

5 种工资标准;(2)机关、事业单位工作人员实行 24 级工资制;(3)行政管理人员实行 31 级工资制;(4)官僚资本企业职工和一般公教人员,仍实行原来的工资制度。这些工资制度,主要通过《共同纲领》和《工资条例》等立法加以规定。

(二)第一次工资改革阶段

1952～1955 年,我国进行了全国第一次工资改革,逐步将供给制改为工资制。其具体内容主要包括:(1)在全国范围内建立一个统一的工资计量单位及工资金额,并力求反映各地区实际物价差别;(2)根据按劳分配原则,建立了新的工人和职员的工资等级制度,同时取消了机关工作人员的供给制度;(3)改革了旧的计件工资制,推行按工资标准和劳动定额确定计件单位的新的计件工资制,同时实行了超产奖、质量奖、节约奖、安全奖等单项奖励制度;(4)在全民所有制企业建立了经常性职工工资升级制度。这项工资改革,主要通过《关于国家机关工作人员全部实行工资制和改行货币工资制的命令》等工资立法加以实现。

(三)第二次工资改革阶段

1956～1957 年的第二次工资改革,以进一步贯彻按劳分配为目标,在全国建立了统一的社会主义工资制度。主要内容包括:(1)取消了以实物为基础的工资计算单位,实行了直接以货币规定工资标准的制度;(2)在全国范围内,进一步调整产业、部门、地区及各类人员之间的工资关系;(3)进一步改革了工人和干部的等级工资制;(4)改革了公私合营企业的工资制度,使之与同一地区性质相同、规模相近的国营企业大体一致。这次工资改革主要通过《关于工资改革的决定》加以调整。

(四)第三次工资改革阶段

1978 年党的十一届三中全会以后,我国进行了第三次工资改革。这次工资改革,主要目标是纠正工资制度中“左”的倾向,确认以社会主义按劳分配原则为主体的多种分配形式并存的劳动报酬分配制度。主要内容包括:(1)为消退物价上涨对工资的影响,国家连续几次大幅度地调整职工工资和部分地区的工资差别,增加了各项补贴;(2)在下放工资和奖金分配权的条件下,加强了国家对工资的宏观调控,调整了积累和消费的比例关系;(3)使工资改革与经济体制改革相协调,实行职工收入同企业经济效益挂钩,普遍推行各种经济责任制度。这一阶段工资制度的改革,主要通过《关于实行奖励和计件工资制度的通知》、《工资基金管理试行办法》、《国营企业资金税暂行规定》、《国营企业工资调节税暂行规定》等工资立法实现。

（五）社会主义市场经济条件下的工资制度

20世纪90年代开始，我国的工资制度进入了全面改革的新阶段。这一阶段的工资改革，是在抛弃原有的工资制度模式的基础上，重新按照社会主义市场经济的要求进行设计的。在《劳动法》颁布后，一个以市场经济为基础的工资制度的框架已基本形成。这一新的工资制度有以下特点：（1）在工资立法调整的主权范围方面，将社会全体劳动者划分为国家机关、事业单位工作人员和企业、个体经济组织的劳动者两大类。这种分类和处理，不仅反映了各类人员工作性质与报酬之间的特点，而且使现行的工资制度更具有规范性，同时也符合与国际接轨的基本要求。（2）取消了原来由国家直接规定企业职工个人工资标准的工资等级制度，并将确定企业工资水平和职工个人工资标准的权利交由企业决定。《劳动法》第47条明确规定："用人单位根据本单位的生产经营特点和经济效益，依法自主确定本单位的工资分配方式和工资水平。"随着改革的逐步深入，企业内部工资分配制度、工资分配形式、工资收入水平等事项还可以依法通过工资集体协商予以解决。（3）在将工资分配自主权还给用人单位的同时，国家通过立法加强了对工资分配的宏观调控，使工资制度既符合市场经济的要求，促进经济的发展，又能反映社会公正，促进社会进步，如工资总量宏观调控制度、企业职工工资正常增长机制、最低工资保障制度、津贴制度、加班加点工资制度、带薪假工资制度、工资支付保障制度等，都是国家对工资分配实行宏观调控制度的具体内容。

根据2003年10月14日中共中央《关于完善社会主义市场经济体制若干问题的决定》，今后我国将继续推进收入分配制度改革，完善按劳分配为主体、多种分配方式并存的分配制度，坚持效率优先、兼顾公平，各种生产要素按贡献参与分配；整顿和规范分配秩序，加大收入分配调节力度，重视解决部分社会成员收入差距过分扩大问题；以共同富裕为目标，扩大中等收入者比重，提高低收入者收入水平，调节过高收入，取缔非法收入；加强对垄断行业收入分配的监管；健全个人收入监测办法，强化个人所得税征管。

目前，我国现行工资法律法规，主要有：（1）《关于工资总额组成的规定》（国家统计局1990年第一号令）。（2）《〈关于工资总额组成的规定〉若干具体范围的解释》（统制字[1990]1号）。（3）《劳动法》。（4）《工资支付暂行规定》（劳部发[1994]489号）。（5）《对〈工资支付暂行规定〉有关问题的补充规定》（1995年5月12日）。（6）《关于贯彻执行〈劳动法〉若干问题的意见》（劳部发[1995]309号）。（7）《劳动合同法》及其《实施条例》。（8）《中华人民共和国个人所得税法实施条例》（根据2011年7月19日《国务院关于修改〈中华人民共和国个人所得税法实施条例〉的决定》第三次修订）。（9）最高人民法院《关于审理拒不支付劳动报酬刑事案件适用法律若干问题的解释》（法释[2013]3号）、最高人民法院关于审理劳动争议案件适用法律若干问题的解释(三)》《法释(2010)12 号》等。此外还有一些有关工资的地方性法规、规章。

五、工资形式及构成

(一)工资形式

工资形式是指计量劳动和支付工资的形式。我国现行的工资形式主要有计时工资、计件工资两种基本形式,另外在一定范围内实行年薪制。

1. 计时工资

计时工资是指按照单位时间工资率(即计时工资标准)和工作时间支付劳动者个人工资的一种形式。计时工资可以分为月工资制、日工资制和小时工资制三种。其优点是操作简单易行,适用面广,任何用人单位和工种均可适用;缺点是只以劳动时间作为计算工资报酬的依据,工资报酬没有与劳动的数量和质量相挂钩。

2. 计件工资

计件工资是指按照劳动者完成的合格产品的数量和预先规定的计件单位计算工资的形式。它是用一定时间内的劳动成果来计算的工资,即用间接劳动时间来计算,因此它是计时工资的转化形式。计件工资的优点是能够使劳动成果与劳动报酬直接联系起来,更好地体现了按劳分配的原则;缺点是容易因追求数量而忽视质量,甚至影响安全生产。

3. 年薪

年薪是指对符合一定条件的劳动者实行以一个账务年度为核算工资依据计发劳动报酬的工资形式。我国《劳动法》及相关法律并未对普通劳动者推行此种工资形式。目前,按照有关企业行政管理规定,只适用于企业高级管理人员,如总经理(厂长)、董事、监事等。年薪与普通劳动者的工资形式不同,普通劳动者的工资主要以计时工资和计件工资衡量,而实行年薪制的劳动者除含有计时工资或计件工资外,尚与企业经营风险相联系,如资产的保值增值及相关安全责任的承担等。因此,对年薪的理解和把握,需要科学合理的薪酬评估指标体系来指引。

| 思考 |　企业高级管理人员属于劳动法上的劳动者吗?

(二)工资构成

工资构成是指工资总额由几部分相互联系的内容组成。工资构成在 20 世纪 90 年代以前,主要表现为工资基准。目前,工资构成逐步改革为工资自决的范畴。《劳动法》第 47 条规定:"用人单位根据单位的生产经营特点和经济效益,依法自主确定本单位的工资分配方式和水平。”最常见的工资构成单元有：

1. 基本工资

基本工资是指劳动者与用人单位在劳动合同中约定的与工作岗位相适应的相对固定的工资单位。劳动者在法定工作时间内提供正常劳动的情况下即可获得基本工资。因此，它构成工资的主干，是最低工资法、工资集体协商、工资自决制度的主要调整对象和依据，与资金、津贴、补贴等辅助工资相对应。基本工资具有以下特征：(1)固定性。只要劳动者是供正常劳动，用人单位就应按此约定标准支付报酬。(2)主要性。基本工资构成劳动报酬的主要比例部分。(3)等级性。基本工资的不同等级设计，应反映劳动者岗位技能及劳动熟练程度的差异。一般表现为岗位工资、技能工资或岗位加技能工资的部分。

2. 奖金

奖金是用人单位支付给劳动者的超额劳动或相关非基本工资核算要素的报酬，是辅助工资的构成内容之一。按照不同的标准，可以对奖金进行不同的分类：(1)以直接增加社会财富为标准，可以将其分为超产奖、质量奖、节约奖等；(2)以为增加社会财富创造条件为标准，可以将其分为劳动竞赛奖、创造发明奖、安全生产奖等；(3)以设奖形式为标准，可以将其分为单项奖、综合奖、集体奖、个人奖等。

3. 津贴

津贴是指补偿劳动者在特殊条件下的额外劳动消耗和生活费额外支出的工资补充形式。津贴的具体作用主要表现在三个方面：一是补偿作用，即对劳动者因特殊劳动的额外劳动消耗给予补偿；二是调节作用，即协调劳动力资源合理的社会布局；三是激励作用，即鼓励职工钻研技术、努力工作。

依据津贴的设置目的和所起的作用，可以将我国现行的津贴分为以下几大类：(1)为补偿劳动者额外劳动消耗而设置的津贴，如高空作业津贴、高温津贴、夜班津贴；(2)为补偿职工特殊劳动和生活费额外支出的双重性而设置的津贴，如林区津贴、山区津贴、驻岛津贴、艰苦气象站津贴、船员津贴、外勤工作津贴、铁路乘务津贴，以及为鼓励职工到艰苦地方去工作而设置的津贴等；(3)为保障职工身体健康而设置的津贴，如对从事粉尘、高压、有毒有害气体、接触放射性物质和从事潜水作业等工作发放的保健津贴、医疗卫生津贴等；(4)为鼓励职工钻研技术、努力工作而设置的津贴，如科研津贴、优秀运动员津贴、体育津贴等；(5)为维护社会所需要的工作的正常进行而设置的津贴，如环卫工人、物资回收工人所享有的津贴等；(6)为补偿职工的特殊贡献而设置的奖励性津贴，如对作出突出贡献的专家、学者和科技人员的政府特殊津贴等。

案例

小张是一名在北京工作的建筑工人，由于工种原因必须在露天从事浇筑工作。

小张所在的公司为了赶工期在连续几日35℃以上高温天气下仍安排小张继续从事露天作业,但该公司并未按照规定支付小张相应标准的高温津贴。公司认为,小张在露天从事浇筑工作是其本职工作,而且公司也为工地的工人发放了高温解暑的饮料和药品,小张不应当要求公司继续支付高温津贴作为劳动报酬,因此拒绝向小张支付高温津贴。小张向劳动仲裁委员会提起了仲裁。[4]

请问:公司应否支付小张的高温津贴?

4. 补贴

补贴是工资构成中较固定和稳定的单元。一般是针对特定条件下因物价变动影响而对劳动者所作的临时性工资补助,其目的是保证劳动者生活水平免受较大的冲击。补贴具有基准性特征,在特定的地区,补贴的工资部分应该大致相等。但与奖金相对,具有附加性特征,其在工资总额中占的比例相对较小,较之奖金的浮动性相比要稳定,因此,激励作用不大。

重点提示

劳动者的以下劳动收入不属于工资范围:(1)单位支付给劳动者个人的社会保险福利费用,如丧葬抚恤救济费、生活困难补助费、计划生育补贴等;(2)劳动保护方面的费用,如用人单位支付给劳动者的工作服、解毒剂、清凉饮料费用等;(3)按规定未列入工资总额的各种劳动报酬及其他劳动收入,如根据国家规定发放的创造发明奖、国家星火奖、自然科学奖、科学技术进步奖、合理化建议和技术改进奖、中华技能大奖等,以及稿费、讲课费、翻译费等。

第二节　最低工资制度

一、最低工资的概念及特点

最低工资是指劳动者在法定工作时间或依法签订的劳动合同约定的工作时间内,提供了正常劳动的前提下,用人单位依法应当支付的最低劳动报酬。

| 思考 |　何谓正常劳动?

---

〔4〕 刘晓燕、陈昶屹:"'高温权益'如何维护",载《人民法院报》2010年8月9日。

最低工资制度是国家为了维护劳动者取得劳动报酬的合法权益，保障劳动者个人及其家庭成员的基本生活需要而建立的法律制度，它体现了《劳动法》促进社会进步的立法目的，与按劳分配原则相辅相成，并行不悖。最低工资有以下法律特征：

第一，最低工资的保障范围是劳动者个人及其家庭成员的基本生活费用。基本生活费用应是劳动者本人及平均赡养人口为维持最低生活需求而必须支付的费用，包括衣、食、住、行等方面所需的最低费用。

第二，最低工资是国家通过立法确定的法定标准。为了防止用人单位片面追求经济效益、滥用工资分配自主权，从而侵害劳动者取得劳动报酬的权利，需要国家通过立法确定最低工资。因此，《劳动法》第 48 条第 1 款明文规定："国家实行最低工资保障制度。最低工资的具体标准由省、自治区、直辖市人民政府规定，报国务院备案。"最低工资标准一般采取月最低工资标准和小时最低工资标准的形式。月最低工资标准一般适用于全日制就业劳动者，小时最低工资标准适用于非全日制就业劳动者。

第三，最低工资是劳动者获得劳动报酬的最低底线。它要求劳动合同、集体合同、工资集体协议在约定劳动者工资标准时以及在劳动者提供了正常的情况下，用人单位向本单位劳动者支付工资时，均不得低于最低工资标准，否则，约定无效，并按最低工资标准执行。

案例

A 工厂与员工的劳动合同约定实行计件工资制，根据完成的件数来支付工资。部分员工由于是新手，第一个月完成的工作量少，工厂根据其完成的件数支付给他们当月的工资就可能低于了当地的最低工资标准。[5]

请问：该工厂在新工人提供正常劳动但没有完成计件数的情况下能否支付低于当地最低工资标准的工资？

重点提示

最低工资额与用人单位相同岗位最低档工资是两个不同的概念。用人单位相同岗位最低档工资是各工种（岗位）的最低一级工资标准。确定用人单位相同岗位最低档工资，除了要考虑职工基本生活需要，还要更多地考虑其他因素，如各工种（岗位）的技术业务、劳动强度、职工技能等，因而不同工种（岗位）的最低档工资不尽相同。最低工资仅与职工基本生活需要对应，与其他因素无关，并不因工种（岗位）不

〔5〕"计件工资制度与加班工资案例"，载中国人力资源开发网，2009 年 9 月 17 日。

同而有所差异。

最低工资制度是实现社会公平、稳定和宏观经济目标以及保护劳动者生存权的重要手段。最低工资制度起源于19世纪的新西兰和澳大利亚,经过一个多世纪的发展,如今世界上的绝大多数发达国家和发展中国家均已实行最低工资制度。在20世纪30年代,劳工组织曾制定第26号《最低工资确定办法公约》,对最低工资问题首次作出规定。1970年又制定了《最低工资确定公约》(131号公约),该公约是最低工资方面的主要劳工标准。该公约将保护范围扩大到所有劳动者群体。同时,该公约规定了更为详细具体的确定最低工资的原则和方法。该公约规定:确定最低工资水平应考虑多种因素,包括工人及其家庭生活需要、国家总的工资和生活费用水平、社会保障补助、其他社会群体的相对生活水平、本国经济状况,包括发展经济的需要、生产率水平,以及保持高就业水平的必要性。

早在民主革命时期,中国劳动组合书记部在其拟定的《劳动法案大纲》中就提出应制定保障劳动者最低工资的保障法,1984年国务院宣布承认旧中国1930年批准加入国际劳工组织的《最低工资确定办法公约》(26号公约);1993年,我国公布了《企业最低工资规定》;1994年7月5日,八届人大常委会审议通过了《劳动法》,再次明确我国实行最低工资保障制度,各地也纷纷建立最低工资保障制度;2004年3月,国家劳动和社会保障部颁布了《最低工资规定》。各地也纷纷建立最低工资保障制度。近年来,党和政府不断强调"完善最低工资标准调整机制"。我国各地方最低工资的规范性文件也不断完善。我国最低工资制度逐渐走向制度化、标准化、科学化。

二、最低工资标准的确定

(一)确定最低工资标准的原则

确定最低工资标准的原则,直接关系到最低工资标准的水平和科学、合理程度,也涉及劳动关系双方当事人之间的物质利益。根据我国《劳动法》的立法目的和有关制度,可以将确定最低工资标准的原则概括为以下三项:(1)协调原则,即最低工资标准的确定,应当与其相关因素综合考虑,相互协调。最低工资受多种因素、条件的制约,因此,科学合理的最低工资标准,应当是在对各项因素综合考虑、相互协调的基础上确定的。具体来说,确定和调整月最低工资,应参考当地就业者及其赡养人口的最低生活费用、城镇居民消费价格指数、职工个人缴纳的社会保险费和住房公积金、职工平均工资、经济发展水平、就业状况等因素。确定和调整小时最低工资标准,应在颁布的月最低工资标准的基础上,考虑单位应缴纳的基本养老保险费和基本医疗保险费因素,同时还应考虑非全日制劳动者在工作稳定性、劳动条件和劳动强度、福利等方面与全日制就业人员之间的差异。(2)基本生活保障原则,即以保障劳动者个人及其家庭成员的基本生活需要为目标。这一原则是最低工资立法基于社会公正和保护弱者的指导思想的具体反映。(3)分级管理原则。现阶段,我国经济发展和生活水平的地区不平衡还比较突出,由此决定了难以在全国实行统一的最低工资标准。因此,《劳动法》第48条规定"最低工资的具体标准由省、自治区、直辖市人民政府规定,报国务院备案"。这一原则要求在遵守《劳动法》规定的分工权限的前提下,最低工资标准的确定和调整方案,由省、自治区、直辖市人民政府劳动保障行政部门会同同级工会、企业家联合会、企业家协会研究拟订,并报送劳动和社会保障部。在按规定程序审批备案后分级组织实施,全国没有统一的最低工资标准,省、自治区、直辖市范围内的不同行政区域也可以有不同的最低工资标准。

|思考|　最低工资标准与当地的社会救济金和待业险金标准、社会平均工资水平比较,哪个水平高?

资料链接

近日,云南、河南等地公布上调2015年最低工资标准。据中国经济网记者不完全统计,截至目前,全国至少已有18省区上调了2015年最低工资标准。

进入7月后,云南、湖北、河南、福建4省陆续公布2015年最低工资标准。云南将一、二、三类地区月最低工资标准分别从1420元、1270元、1070元调整为:1570元、1400元、1180元。湖北将现行的1300元、1020元、900元依次调整为1550元、1320元、1225元、1100元4档,平均增长21%。河南规定一类行政区域月最低工资标准1600元,小时最低工资标准15元;二类行政区域月最低工资标准1450元,小时最低工资标准13.5元;三类行政区域月最低工资标准1300元,小时最低工资标准12元。而福建月最低工资标准则设为4个档,分别为1500元、1350元、1230元、1130元,上调了180元;小时最低工资标准分别为16元、14.3元、13元、12元,上调了1.9—2元。

18省区公布上调2015年最低工资标准。以这些地区第一类区域标准由高到低排序,分别为上海、广东、天津、北京、内蒙古、山西、河南、山东、云南、湖北、四川、福建、陕西、甘肃、广西、湖南、西藏、海南。

调整之后,上海月最低工资标准为2020元,此外据了解,深圳市最低工资标准已调高至2030,最低工资标准超过2千元大关。而海南最低,仅1270元,但同时海南的物价水平涨幅也是其中较低的,据中国经济网记者了解,7月份海南CPI仅上涨0.8%。与工资标准最高的深圳、上海相差近2%。

小时工资方面,上海、广东、天津、北京均超过了18元,最高的是北京,达到18.7

元。最低的为海南,仅为11.2元。[6]

(二)最低工资标准的构成

最低工资标准的构成,通常应当包括以下三个部分:(1)维持劳动者本人最低生活的费用,即对劳动者从事一般劳动时消耗体力和脑力给予补偿的生活资料的费用。这一费用是最低工资标准中最基本的部分,它与基本生活费的性质及确定依据完全相同。确定劳动者本人最低生活费用时,应根据特定地区劳动者的平均最低标准予以测定。(2)劳动者平均赡养人口的最低生活费用。这部分费用,不仅是保证社会生产正常进行在后备劳动力方面的必要开支,而且也是《婚姻法》赋予劳动者的义不容辞的责任。因此,最低工资标准中应当含有劳动者"养家"的费用。(3)其他因素。如《劳动法》第49条规定的确定和调整最低工资应综合考虑的因素中,除了劳动者本人和平均赡养人口的费用这一最基本部分外,还规定了应参考社会平均工资水平、劳动生产率、就业状况、地区之间经济发展水平的差异等。《最低工资规定》第6条规定,确定和调整月最低工资标准,应参考当地就业者及其赡养人口的最低生活费用、城镇居民消费价格指数、职工个人缴纳的社会保险费和住房公积金、职工平均工资、经济发展水平、就业状况等因素。确定和调整小时最低工资标准,应在颁布的月最低工资标准的基础上,考虑单位应缴纳的基本养老保险费和基本医疗保险费因素,同时还应适当考虑非全日制劳动者在工作稳定性、劳动条件和劳动强度、福利等方面与全日制就业人员之间的差异。

(三)最低工资的确定程序

根据《劳动法》第48条第1款和《最低工资规定》的规定,确定最低工资标准的具体程序是:(1)由省、自治区、直辖市人民政府劳动保障行政部门会同同级工会、企业联合会、企业家协会拟订最低工资标准的确定方案。(2)省、自治区、直辖市人民政府劳动保障行政部门将确定最低工资标准的方案报送劳动和社会保障部。(3)劳动和社会保障部在收到拟订方案后,应征求全国总工会、中国企业联合会、企业家协会的意见。劳动和社会保障部对方案可以提出修订意见,若在方案收到后14日内未提出修订意见的,视为同意。(4)在得到劳动和社会保障部同意后,省、自治区、直辖市劳动保障行政部门应将本地区最低工资标准方案报省、自治区、直辖市人民政府批准。(5)在批准后7日内在当地政府公报上和至少一种全地区性报纸上发布。(6)省、自治区、直辖市劳动保障行政部门应在发布后10日内将最低工资标准报劳动和社会保障部。用人单位应在最低工资标准发布后10

---

〔6〕 彭小瑜:"18省区上调2015最低工资标准　东三省均无上调",载中国经济网,2015年8月15日。

日内将该标准向本单位全体劳动者公示。

三、最低工资标准的适用范围

最低工资标准的适用范围包括其适用的主体范围、期限范围和劳动种类范围。

(一)最低工资标准适用的主体范围

根据《最低工资规定》第2条的规定,凡在中华人民共和国境内的企业、民办非企业单位、有雇工的个体工商户和与之形成劳动关系的劳动者,国家机关、事业单位、社会团体和与之建立劳动关系的劳动者,均应适用最低工资标准。与1993年原劳动部《企业最低工资规定》的有关规定相比较,现行的最低工资标准在主体方面的适用范围有所扩大。除各类企业外,新增了民办非企业单位和有雇工的个体工商户,以及与劳动者建立了劳动合同关系的国家机关、事业单位、社会团体。这一变化适应了我国社会主义市场经济不断发展的新形势,也体现了我国劳动立法不断完善的特点,符合依法保障劳动者取得劳动报酬的合法权益的基本要求,具有重要意义。

依据法律法规,被排除在最低工资适用范围之外的劳动者主要有:(1)国家公务人员和参照《公务员法》管理的事业单位的职工。这些人员以政府为雇主,工资是由国家直接规定并支付,工资水平远高于维护期基本生活的水平,因此,不存在最低工资保障的需要;(2)某些公益团体(如宗教机构、慈善机构)的职员。这类机构的职员从事公益事业往往不是以获取报酬为目的,也不适用最低工资保护;(3)农民。我国农村目前主要实行以家庭为单位的联产承包责任制,农业劳动多以家庭的组织形式进行,通常不存在工资发放问题,因此,既不属于《劳动法》调整的范围,更不应纳入最低工资保障的对象范围;(4)军人,由于依法具有服兵役义务的性质,也不适用最低工资保障制度;(5)学徒工、假期临时就业的学生。学徒工在学徒期间无法提供正常劳动,勤工俭学的学生主要任务是学习,一般无供养责任,因此,也无需给予最低工资保障;(6)残疾人。各国对残疾人劳动者是否纳入最低工资保障范围规定不同,但一般认为其劳动能力低下,如实行最低工资保障,就有可能使用人单位在同等条件下倾向于雇用身体和精神正常者,从而增加其就业的难度。但从我国劳动立法的规定来看,只要残疾人劳动者和我国劳动法适用范围内的用工主体建立了劳动关系,就应当给予最低工资保护。这对于保障残疾人劳动者本人及其赡养人口的最低生活需要具有比其他正常劳动者更重要的意义。

(二)最低工资标准的时间适用范围

最低工资标准的时间适用范围是指劳动者在哪些时间内从事劳动才能享受最低工资制度保障的情况。根据《最低工资规定》的规定,劳动者享受最低工资制度保障的时间范围,应当是在法定工作时间或依法签订的劳动合同约定的工作时间内。按照这一标准和劳动部《关于贯彻执行〈中华人民共和国劳动法〉若干问题的意见》,下列几种情形不适用最低工资标准:(1)劳动者在工作时间内有迟到、早退、旷工等违纪行为。(2)企业下岗待工人员。此类人员,由企业依据当地政府的有关规定支付其生活费,生活费可以低于最低工资标准。(3)因患病或非因工负伤处于治疗期间的职工。职工患病或非因工负伤治疗期间,在规定的医疗期间内由企业按有关规定支付其病假工资或疾病救济费,病假工资或疾病救济费可以低于当地最低工资标准支付,但不能低于最低工资标准的80%。(4)处于非带薪假期间的人员,如事假等。(5)离岗培训期间。如果是经企业或用人方同意或者派往培训学习,应当享有最低工资保障权。

(三)最低工资标准劳动种类的适用范围

最低工资标准的劳动种类的适用范围是指劳动者在法定工作时间或依法签订的劳动合同约定的时间内,提供哪些种类的劳动才有权享受最低工资制度保障的情况。根据《最低工资规定》的规定,劳动者只有在法定或依法约定的工作时间内提供了正常劳动的,才有权享受最低工资保障。所谓正常劳动是指劳动者按依法签订的劳动合同约定,在法定工作时间或劳动合同约定的工作时间内从事的劳动。劳动者依法享受带薪年休假、探亲假、生育(产)假、节育手术假等国家规定的假期间,以及法定工作时间内依法参加社会活动期间,视为提供了正常劳动。反之,若劳动者由于本人原因造成在法定工作时间内或依法签订的劳动合同约定的工作时间内未提供正常劳动的,则无权享受最低工资保障。

四、最低工资的计算和支付

(一)最低工资的计算

计算最低工资,应当严格按照国家有关规定进行。目前,我国计算最低工资应剔除下列各项:(1)延长工作时间的工资;(2)中班、夜班、高温、井下、有毒有害等特殊工作环境、条件下的津贴;(3)法律、法规和国家规定的劳动者福利待遇等。另外,以货币形式支付的住房和用人单位支付的伙食补贴也不应包括在最低工资范围内。

探讨

目前不应该计算在最低工资中的福利项目主要有两大项:一是用人单位依法为劳动者缴纳的养老、医疗、失业、工伤、生育等社会保险费。二是法律、法规和国家规定的劳动者享有的其他福利待遇,主要包括:对职工进行培训的费用;执行国家有关劳动安全卫生规定而发给职工的费用和用品，以及企业自身规定的工作用品（如企业为了树立自身形象而发给职工的工作着装）；职工所得的计划生育补贴、生活困难补助等；按国家住房制度改革规定由用人单位发给职工的公积金等；用人单位为职工支付的医疗卫生费；丧葬抚恤救济金；探亲路费、冬季取暖补贴等。

（二）最低工资的支付

根据《劳动法》第48条第2款和《最低工资规定》的规定，在劳动者提供了正常劳动的情况下，用人单位支付给劳动者的工资在剔除上述各项后不得低于当地最低工资标准。实行计件工资或提成工资等工资形式的用人单位，在科学合理的劳动定额的基础上，其支付劳动者的工资不得低于相应的最低工资标准。违反前述规定的，由劳动保障行政部门责令其限期补发劳动者工资，并可责令其按所欠工资的1至5倍支付劳动者赔偿金。

探讨

我国最低工资制度难以保护实行计件工资制或提成工资制等特殊工资形式的劳动者。虽然《最低工资规定》考虑到计件工或提成工作的特点，要求实行计件工资或提成工资形式的用人单位，以科学合理的劳动定额为基础实行最低工资制度，但是"劳动定额"是由用人单位单方确定，是否科学合理缺乏衡量标准，实践中对于此类工资劳动者的最低工资保障由于难以落实而往往流于形式。

根据劳动部《关于贯彻执行〈中华人民共和国劳动法〉若干问题的意见》，劳动者与用人单位形成或建立劳动关系后，试用、熟练、见习期间，在法定工作时间内提供了正常劳动，其所在的用人单位应当支付其不低于最低工资标准的工资。因劳动者本人原因给用人单位造成经济损失的，用人单位可按照劳动合同的约定要求赔偿经济损失并可从劳动者本人的工资中扣除。若扣除后的剩余工资部分低于当地月最低工资标准，则按照最低工资标准执行。

最低工资应当以货币形式支付，不得以实物或有价证券形式替代货币支付。

五、最低工资标准的调整

最低工资标准发布实施后，如果当地就业者及其赡养人口的最低生活费用、城镇居民消费价格指数、职工个人缴纳的社会保险费和住房公积金、职工平均工资、经济发展水平、就业状况等相关因素发生变化，应当适时调整。最低工资标准每两年至少调整一次。

第三节 工资保障制度

我国工资保障法律制度的基本内容,可概括为两个方面,即保障劳动者工资水平的立法、保障工资按规定支付的立法。

|思考| 保障最低工资制度属于工资保障制度范畴吗?

一、劳动者工资水平保障

实际工资是指劳动者所得货币工资所能够买到的生活资料和服务的数量。保障实际工资,就是要处理好工资与物价的关系,一方面力求把物价上升控制在较温和的程度之内,即力求避免物价剧烈的、较大幅度的上升;另一方面力求使职工货币工资以至少不低于物价上涨的幅度上升,并尽可能使职工货币工资的增长率大于物价的上涨率。这后一方面,就是劳动法中的实际工资保障问题。可见,保障实际工资较之保障最低工资和保障工资支付,是对劳动者更高水平的保护。

在我国,处理工资与物价关系的基本方式有:(1)工资调整,即国家在大幅度调价的同时,进行工资普调,以弥补职工因调价而受到的实际工资损失。(2)物价补贴。在劳动法意义上,仅指在大幅度调价的同时,通过财政支出或企业支出渠道,以货币形式向职工发放补贴。它可以是根据物价总水平的上涨幅度及居民生活消费指数上涨幅度等因素给予补贴,属明补形式。至于明补以外在商品流通环节的暗补,则不属于劳动法的范围。上述两种方式,都是在物价主要由国家调整的条件下所采用的。而按市场经济的要求,物价变动应由市场调节,这就大大增加了采用上述两种方式的局限性。为此,我国需要探索以新的方式来处理工资与物价的关系。

二、工资支付保障

根据《劳动法》、《工资支付暂行规定》、《对〈工资支付暂行规定〉有关问题的补充规定》等有关规定,工资支付主要包括工资支付项目、工资支付水平、工资支付形式、工资支付对象、工资支付时间以及特殊情况下的工资支付、欠薪支付保障等。

(一)工资支付的一般规则

1. 工资支付形式和对象。工资应当以法定货币形式支付给劳动者本人,不得以实物及有价证券替代货币支付。劳动者本人因故不能领取工资时,可由其亲属或委托他人代领。用人单位可委托银行代发工资。

2. 工资支付时间。工资必须在用人单位与劳动者约定的日期支付。如遇节假日或休息日,则应提前在最近的工作日支付。工资至少每月支付一次,实行周、日、小时工资制的可按周、日、小时支付工资。对完成一次性临时劳动或某项具体工作的劳动者,用人单位应按有关协议或合同规定在其完成任务后即支付工资。劳动关系双方依法解除或终止劳动合同时,用人单位应在解除或终止劳动合同时一次付清劳动者工资。

3. 工资支付凭据。用人单位必须书面记录支付劳动者工资的数额、时间、领取者的姓名以及签字,并保存两年以上备查。用人单位在支付工资时应向劳动者提供一份其个人的工资清单。

4. 用人单位不得无故拖欠劳动者的工资。无故拖欠是指用人单位无正当理由超过规定付薪时间未支付劳动者工资。《劳动合同法》第85条规定:"用人单位有下列情形之一的,由劳动行政部门责令限期支付劳动报酬、加班费或者经济补偿;劳动报酬低于当地最低工资标准的,应当支付其差额部分;逾期不支付的,责令用人单位按应付金额百分之五十以上百分之一百以下的标准向劳动者加付赔偿金:(一)未按照劳动合同的约定或者国家规定及时足额支付劳动者劳动报酬的;(二)低于当地最低工资标准支付劳动者工资的;(三)安排加班不支付加班费的;(四)解除或者终止劳动合同,未依照本法规定向劳动者支付经济补偿的。"

重点提示

下列情形不属于无故拖欠劳动者的工资:(1)用人单位遇到非人力所能抗拒的自然灾害、战争等原因,无法按时支付工资;(2)用人单位确因生产经营困难,资金周转受到影响,在征得本单位工会同意后可暂时延期支付劳动者工资,延期时间的最长期限可由省、自治区、直辖市劳动行政部门根据当地情况确定。

5. 用人单位不得克扣劳动者的工资。根据《劳动法》、原劳动部的《工资支付暂行规定》、《对〈工资支付暂行规定〉有关问题的补充规定》等的规定,用人单位不得克扣劳动者的工资。

重点提示

所谓克扣,是指用人单位无正当理由扣减劳动者应得工资(即在劳动者已提供正常劳动的前提下,用人单位按劳动合同规定的标准应当支付给劳动者的全部劳动报酬)。

但在法定情况下,用人单位可依法代扣或者减发劳动者工资。

有下列情形之一的,用人单位可以扣除劳动者工资:(1)用人单位代扣代缴的个人所得税。(2)用人单位代扣代缴的应由劳动者个人负担的各项社会保险费用。(3)法院判决、裁定中要求代扣的抚养费、赡养费。(4)因劳动者本人原因给用人单位造成经济损失的,用人单位可按照劳动合同的约定要求赔偿损失。经济损失的赔偿,可从劳动者本人的工资中扣除,但每月扣除的部分不得超过劳动者当月工资的20%。若扣除后的剩余工资部分低于当地月最低工资标准,则按最低工资标准支付。(5)对违纪职工,企业在给予行政处分的同时,可以给予一次性罚款,但一般不得超过本人月标准工资的20%。

有下列情形之一的,允许用人单位减发劳动者工资:(1)国家法律、法规中有明确规定的;(2)依法签订的劳动合同中有明确规定的;(3)用人单位依法制定并经职代会批准的厂规、厂纪中有明确规定的;(4)企业工资总额与经济效益相联系,经济效益下浮时,工资必须下浮的(但支付给劳动者工资不得低于当地的最低工资标准);(5)因劳动者请事假等相应减发工资。

6. 违反工资支付规则的处理

根据2004年11月1日国务院发布的《劳动保障监察条例》第26条的规定,用人单位有克扣或者无故拖欠劳动者工资报酬、支付劳动者的工资低于当地最低工资标准等行为之一的,由劳动保障行政部门分别责令限期支付劳动者的工资报酬、劳动者低于当地最低工资标准的差额;逾期不支付的,责令用人单位按照应付金额50%以上1倍以下的标准计算向劳动者加付赔偿金。[7]

2011年5月1日起施行的《刑法修正案(八)》第41条(作为《刑法》第276条之一内容)增设了"拒不支付劳动报酬罪",规定:"以转移财产、逃匿等方法逃避支付劳动者的劳动报酬或者有能力支付而不支付劳动者的劳动报酬,数额较大,经政府有关部门责令支付仍不支付的,处三年以下有期徒刑或者拘役,并处或者单处罚金;造成严重后果的,处三年以上七年以下有期徒刑,并处罚金。单位犯前款罪的,对单位判处罚金,并对其直接负责的主管人员和其他直接责任人员,依照前款的规定处罚。有前两款行为,尚未造成严重后果,在提起公诉前支付劳动者的劳动报酬,并依法承担相应赔偿责任的,可以减轻或者免除处罚。"加大了对恶意欠薪行为的打击力度。

2013年1月22日,最高人民法院发布了《关于审理拒不支付劳动报酬刑事案件适用法律若干问题的解释》(以下简称《解释》),《解释》针对拒不支付劳动报酬罪所涉及的术语界定、定罪量刑标准、单位犯罪等问题,进一步明确了相关刑事案件的法律适用标准,对于切实维护劳动者合法权益和社会公平正义,促进社会和谐

〔7〕《劳动合同法》第85条又做了相同规定。

具有重要意义。《解释》共 9 条,主要包括:明确了"劳动者的劳动报酬"的具体含义;明确了"以转移财产、逃匿等方法逃避支付劳动者的劳动报酬"的认定标准;明确了"经政府有关部门责令支付仍不支付"的认定标准,特别对行为人逃匿情形下"经政府有关部门责令支付"的内涵作了规定,以便于司法实务操作;明确了拒不支付劳动报酬罪的定罪量刑标准,对"数额较大"、"造成严重后果"的认定标准作了解释;明确了拒不支付劳动报酬罪的从宽处罚情形,以最大限度地发挥刑法的威慑和教育功能,充分维护劳动者权益;明确了拒不支付劳动报酬罪的主体范围、单位犯罪等问题。

除了以上规则之外,我国劳动立法还对工资支付凭证做出了要求,目的是为了减少纠纷以及纠纷发生后便于查证。即用人单位必须书面记录支付劳动者工资的数额、时间、领取者的姓名以及签字,并保存两年以上备查。用人单位在支付工资时应向劳动者提供一份其个人的工资清单。

(二)特殊情况下的工资支付规则

特殊情况下的工资是指依照法律、法规规定或劳动合同约定在特殊时间内或者特殊工作情况下支付给劳动者的工资。我国现行的特殊情况下的工资,主要有以下几种:

1. 加班加点工资。加班是指在法定节日、公休假日从事工作。加点是指在一个工作日内延长工作时间。根据《劳动法》第 44 条的规定,有下列情形之一的,用人单位应当按照下列标准支付高于劳动者正常工作时间工资的工资报酬:(1)安排劳动者延长工作时间的,支付不低于工资的 150% 的工资报酬;(2)休息日安排劳动者工作又不能安排补休的,支付不低于工资的 200% 的工资报酬;(3)法定休假日安排劳动者工作的,支付不低于工资的 300% 的工资报酬。

| 思考 | 这里 150%、200%、300% 采用何种计算方法?

2. 休假期间的工资。劳动者的休假期间包括年休假、探亲假、婚丧假和事假等。其中前三项均属于带薪休假,因此,在休假期间,用人单位应按劳动合同约定的标准支付劳动者工资。劳动者请事假,一般不发给工资,但学徒工请事假的,生活费照发。劳动者旷工,停发工资,并按规定给予相应的处罚。

重点提示

"按劳动合同规定的标准",系指劳动合同规定的劳动者本人所在的岗位(职位)相对应的工资标准。

3.停工、停产期间的工资。非因劳动者原因造成单位停工、停产在一个工资支付周期内的,用人单位应按劳动合同规定的标准支付劳动者工资。超过一个工资支付周期的,若劳动者提供了正常劳动,则支付给劳动者的劳动报酬不得低于当地的最低工资标准;若劳动者没有提供正常劳动,应按国家有关规定办理。

4.依法参加社会活动期间的工资。劳动者在法定工作时间依法参加社会活动期间,用人单位应视同其提供了正常劳动而支付工资。社会活动包括:(1)依法行使选举权和被选举权;(2)当选代表出席乡(镇)、区以上政府、党派、工会、青年团、妇女联合会等组织召开的会议;(3)出任人民法院证明人;(4)出席劳动模范、先进工作者大会;(5)《工会法》规定的不脱产工会基层委员会委员因工会活动占用的生产或工作时间;(6)其他依法参加的社会活动。

5.劳动者受处分后的工资支付:(1)劳动者受行政处分后仍在原单位工作(如留用察看、降级等)或受刑事处分后重新就业的,应主要由用人单位根据具体情况自主确定其工资报酬;(2)劳动者受刑事处分期间,如收容审查、拘留(羁押)、缓刑、监外执行或劳动教养期间,其待遇按国家有关规定执行。

6.女职工在孕期内定期检查身体,是生理上的客观需要,依法应当算做劳动时间。用人单位不得将怀孕女职工孕期检查身体按事假扣发工资。用人单位不得在女职工怀孕期、产期、哺乳期降低其基本工资,或者解除劳动合同。

(三)欠薪支付保障

目前用人单位拖欠工资的情况较为严重,改制、破产的国有企业拖欠职工工资、私营企业拖欠职工工资、各类企业拖欠农民工工资现象经常发生。我国目前尚未有统一完善的欠薪支付保障制度。一些部门、地方政府为维护劳动者利益已积极尝试建立这一制度。现行欠薪支付保障措施主要有欠薪索赔优先权制度、欠薪保障基金制度、欠薪报告和欠薪预警制度等。

1.欠薪索赔优先权

欠薪索赔优先权是指劳动者依法享有的对欠薪单位就其欠薪优先索赔的权利。劳动报酬作为一种特定之债,无论从形式上所反映出来的人身属性与财产属性兼而有之的特性看,还是从实质定义上所反映出来的保障生存权实质平等的价值功能看,都需要确立劳动报酬权的优先权性质。或者说,劳动报酬权的性质决定了它必须具有优先权属性。我国关于劳动报酬权的优先权立法,散见于《企业破产法》、《海商法》、《航空法》、《合伙企业法》、《个人独资企业法》、《公司法》、《民事诉讼法》等法律中。

2.欠薪保障基金

虽然我国《劳动法》等法律尚未对建立欠薪保障基金作出规定,但一些地方政府作了许多有益的尝试，出台了一系列的规定。比如《深圳经济特区欠薪保障条例》、[8]《上海市小企业欠薪保障金收缴及使用实施细则》等。凡在工商行政管理部门登记注册、缴纳社会保险费的企业，均需缴纳一定的欠薪保障费，加上财政补贴、欠薪保障基金的合法利息以及接受的合法捐赠组成欠薪保障基金的资金，企业缴费后，如发生歇业、破产或业主逃匿等情况，因此而拖欠员工工资的，即可申请垫付欠薪。上述两件立法均属于地方法规规章。这些地方的法律依据主要是地方性法规或者规章，效力等级具有局限性，因此，进一步明确欠薪保障基金制度的基本原则、设立专门的基金管理机构和监督机构、明确欠薪保障项目的支付和追偿等，需要实践中的进一步探索。

资料链接

《上海市小企业欠薪保障金收缴及使用实施细则》规定，凡在工商行政管理部门登记注册、缴纳社会保险费的员工不到300人的企业，均需缴纳欠薪保障费，每户企业每年只需缴纳一次，缴费数目根据企业类型和用工人数而异，最多不超过当地上年度职工月平均工资的100%。企业缴费后，如发生歇业、破产或业主逃匿等情况，因此而拖欠员工工资或欠缴社会保险费的，即可申请垫付欠薪或社会保险费。当企业歇业或进入破产清算程序时，其资产暂时无法变现或不足以偿付欠薪或社会保险费的，由清算组申请欠薪保障金给予垫付。《深圳经济特区欠薪保障条例》共分六章，分别为总则、欠薪保障机构、欠薪保障基金、欠薪的垫付、垫付欠薪的追偿和罚则。

3. 欠薪报告和欠薪预警制度

企业欠薪报告制度是指企业发生拖欠职工工资情况后，必须向劳动保障部门填报《企业欠薪情况报告书》的制度。《企业欠薪情况报告书》内容包括：企业拖欠工资金额、人数及原因、企业偿还拖欠工资的计划、进度及保证措施等。欠薪预警保障制度是指政府通过法律、经济、行政等手段尤其是法律手段，对拖欠职工工资的用人单位发出警示，并强制其补发拖欠的工资，依法保护劳动者取得合法劳动报酬的权益的制度。用人单位接到预警通知后，应制订工资补发计划，提出切实可行的整改措施，明确补发时间，连同有关财务报表报送劳动保障行政部门备案。预警期由劳动保障行政部门根据用人单位情况确定，一般不超过3个月。预警期间，劳动保障行政部门定期进行抽查，用人单位应将工资支付情况报劳动保障行政部门备案。对严重或恶意拖欠职工工资、限期整改不到位、屡犯不改的用人单位，由劳

[8] 深圳市1997年颁布实施《深圳经济特区欠薪保障条例》，在全国第一个建立欠薪保障制度。为进一步完善欠薪保障制度，深圳市第四届人民代表大会常务委员会第十八次会议于2008年4月1日修订《深圳经济特区欠薪保障条例》，自2008年6月1日起施行。

动保障行政部门予以通报,或在报纸、电台等新闻媒体曝光。这一制度从 2002 年 10 月起先后在天津市等地试行。

重点提示

《天津市劳动和社会保障局关于试行企业欠薪报告制度和欠薪预警办法的通知》较早建立了欠薪报告和欠薪预警制度。

另外,工资支付信用等级制度、欠薪加速偿付制度等也是重要的欠薪支付保障措施。

|思考| 企业欠薪责任追究制度属于单独的欠薪支付保障措施吗?

课后实训

一、关键词解释

工资　　工资基准　　最低工资标准　　工资保障　　欠薪索赔优先权

欠薪保障基金

二、思考题

1. 工资在劳动关系中的重要性是什么?
2. 工资基准的内容构成是什么?
3. 如何确定最低工资标准?
4. 工资支付的一般规则是什么?
5. 欠薪支付保障制度内容是什么?

三、案例

2013 年 1 月,小刘到一家公司工作,开始还能得到工资,可自 2013 年 8 月至 2015 年 11 月,公司先后拖欠他工资一万余元,并于 2015 年 11 月底给他打了一张欠条,他多次催要,可公司仍推托不予解决问题。无奈小刘只得将公司告上仲裁庭,要求其支付工资和经济补偿金。

该如何处理此案?

第十章　劳动安全卫生基准制度

内容提要

本章为劳动安全卫生基准制度，共分为四节，主要围绕劳动安全卫生基准概述、劳动安全基准制度、劳动卫生基准制度、特殊劳动保护制度展开。本章的重点是劳动安全卫生基准制度的特征、劳动安全卫生基准制度中各方当事人的权利与义务、劳动安全卫生基准制度的主要内容、特殊劳动保护制度的主要内容。难点是对劳动安全卫生基准制度主要内容的深刻理解。

第一节　劳动安全卫生基准制度概述

一、劳动安全卫生基准的概念和特征

劳动安全卫生基准又称职业安全卫生基准、劳动保护基准，它是指保护劳动者在劳动或工作过程中的生命安全和身体健康的基准制度。

劳动安全卫生基准制度具有以下特征：

1. 劳动安全卫生基准制度的保护对象具有特定性和首要性。特定性即受保护者是劳动者，保护者是用人单位。劳动者将其劳动力的使用权有期限地让渡给用人单位后，仍拥有对劳动力的所有权，用人单位在使用劳动者时就应当对劳动者实施保护。而且保障劳动者获得包括劳动安全卫生保护的权利在内的各项合法权益，是我国劳动立法的目的和基本任务。在劳动者的各项权利中，生命安全权和身体健康权是最基本的权利。从一定意义上说，劳动法起源于对劳动者生命安全和健康的保护。建立劳动安全卫生基准制度的根本目的就在于保护劳动者的生命安全和身体健康，保证社会生产的安全进行。

2. 劳动安全卫生基准制度的实施具有强制性。由于劳动安全卫生直接关系到劳动者的生命安全和身体健康，涉及社会公共利益，因此，各国均通过立法对劳动安全卫生予以调整，它排除了用人单位与劳动者通过集体合同或劳动合同对劳动

安全卫生责任予以免除或放弃的可能性。而且国家通过立法强制推行劳动安全卫生的各项具体制度,也排除了劳动关系当事人自主降低法定要求的可能性,是国家依法干预劳动关系的具体体现。在劳动安全卫生方面,国家意志明显占主导地位,用人单位和劳动者享有的自主权受到了较大的限制,用人单位更多的是依法履行相关义务。

3. 劳动安全卫生基准制度以劳动过程为其保护范围。劳动安全卫生是基于劳动关系而产生的劳动保护关系,它有别于社会上一般的安全、疾病预防和卫生保健工作,劳动者在劳动关系之外的意外伤害、治病防病等均不属于劳动安全卫生基准制度的调整范围。因此,劳动安全卫生基准制度只限于基于劳动关系而产生的劳动过程之中。这一特点决定了劳动安全卫生基准制度必须根据劳动过程的特点和劳动过程设计的物理因素、化学因素以及自然因素等,制定相应的规范、标准和保护措施。同时,也只有在劳动过程中采取的各种改善劳动条件,保护劳动者生命安全和身体健康的措施,才属于劳动安全卫生基准制度的范围。

重点提示

劳动者8小时工作之外出现的伤害事故主要属于民法或刑法范围。

4. 劳动安全卫生基准制度的适用范围具有普遍性。在我国境内,各种用人单位不论其所有制形式如何,都应遵守劳动保护法;各种职工不论其用人形式如何,都应受到劳动法的保护。

二、我国劳动安全卫生基准的立法概况

新中国成立后,国家一直重视劳动安全卫生基准立法工作,颁布了大量的劳动安全卫生基准方面的法律、行政法规、部门规章等,形成了以《宪法》为基础、以《劳动法》为主体的比较完备的劳动安全卫生基准法律法规体系,对于保障劳动者的生命安全和身体健康、促进社会生产的安全进行发挥了重要作用。

早在新中国成立初期,起临时宪法作用的《共同纲领》就明确规定,“保护青工女工的特殊利益。实行工矿检查制度,以改进工矿的安全和卫生设备。”以后在历次颁布的《宪法》中均强调“加强劳动保护,改善劳动条件”。

在劳动安全卫生的基本法律方面,1992年11月7日七届全国人大常委会第28次会议通过了《矿山安全法》(2009年修订),这是我国第一部劳动保护方面的专门法律。1994年7月5日的《劳动法》又专章规定了劳动安全卫生。2001年10月27日九届全国人大常委会第24次会议通过了《职业病防治法》。2002年6月29日九届全国人大常委会第28次会议通过了《安全生产法》。这两部法律分别于2009年、2011年、2012年与2014年作了修订。此外,经2001年10月27日修正的

《工会法》、2002 年 6 月 29 日的《清洁生产促进法》以及《卫生防疫法》等也就劳动安全卫生方面的有关内容作了相应的规定。

国务院发布的比较重要的劳动安全卫生方面的行政法规主要有 1956 年 5 月发布的《工厂安全卫生规程》、《建筑安装工程安全技术规程》、1987 年 12 月 3 日的《尘肺病防治条例》、1988 年 7 月 21 日的《女职工劳动保护规定》、1991 年 2 月 22 日的《企业职工伤亡事故报告和处理规定》、1996 年 10 月 30 日的《矿山安全法实施条例》、2000 年 11 月 7 日的《煤矿安全监察条例》、2001 年 4 月 21 日的《国务院关于特大安全事故行政责任追究的规定》、2002 年 1 月 26 日的《危险化学品安全管理条例》、2002 年 5 月 12 日的《使用有毒物品作业场所劳动保护条例》、2002 年 10 月 1 日修正的《禁止使用童工规定》、2003 年 3 月 11 日的《特种设备安全监察条例》、2003 年 11 月 24 日的《建设工程安全生产管理条例》、2004 年 1 月 13 日的《安全生产许可证条例》等。2006 年 1 月，国务院发布《国家突发公共事件总体应急预案》，总体应急预案将突发公共事件分为自然灾害类、事故灾难类、公共卫生事件类、社会安全事件类。按各类突发公共事件的严重程度、可控性和影响范围等因素，分为特别重大、重大、较大和一般四级。据此编制的《国家安全生产事故灾难应急预案》，规范了安全生产事故灾难的应急管理和应急响应程序。

为进一步落实《劳动法》及相关的法律、行政法规所规定的有关制度，国家卫生行政部门、劳动保障行政部门及其他有关部门也发布了大量的劳动安全卫生规章，如原劳动部 1995 年 1 月 22 日发布的《爆炸危险场所安全规定》、1995 年 11 月 8 日的《企业职工劳动安全卫生教育管理规定》、1996 年 12 月 20 日的《工作场所安全使用化学品规定》等。卫生部、劳动和社会保障部 2002 年 4 月颁布的《职业病目录》等。国家安全生产管理局（国家煤矿安全监察局）2003 年 5 月 19 日的《安全生产违法行为行政处罚办法》、2003 年 6 月 13 日的《煤矿安全监察员管理办法》、2003 年 7 月 4 日的《煤矿安全生产基本条件规定》、2004 年 5 月 17 日的《煤矿企业安全生产许可证实施办法》、《非煤矿矿山企业安全生产许可证实施办法》、《烟花爆竹生产企业安全生产许可证实施办法》、《危险化学品生产企业安全生产许可证实施办法》等。2006 年 10 月，我国人民代表大会常务委员会批准了 1981 年的第 155 号《职业安全与工作环境公约》。

重点提示

我国关于劳动安全卫生基准的立法，与国际劳工公约的内容和要求基本上是一致的。

三、劳动安全卫生基准制度的基本方针

劳动安全卫生基准制度的基本方针，是建立劳动安全卫生基准制度的指导思想，对立法、执法、司法均有重要的指导作用。我国劳动安全基准制度的基本方针是"安全第一、预防为主、综合治理"。我国职业卫生基准制度的方针是"预防为主，防治结合"。

"安全第一、预防为主、综合治理"的基本方针，是我国长期以来劳动保护工作经验的科学总结和概括。早在1952年，毛泽东同志就指出"在实施增产节约的同时，必须注意职工的安全、健康和必不可少的福利事业；如果只注意前一方面，忘记或稍加忽视后一方面，那是错误的"。这一指示完整地概括了安全与生产的辩证统一关系，为我国劳动安全卫生工作指明了方向。1983年国务院批转劳动人事部、国家经贸委、全国总工会《关于加强安全生产和劳动安全监察工作的报告的通知》指出，在"安全第一、预防为主"的思想指导下搞好安全生产。《安全生产法》明确规定：安全生产工作应当以人为本，坚持安全发展，坚持"安全第一、预防为主、综合治理"的方针，这一方针，充分反映了我国劳动安全卫生工作的基本要求，概括了我国劳动安全卫生制度的目标和重点。实行这一方针，一方面能够有效地防止劳动过程中的伤亡事故的发生，避免有毒有害物质对劳动者身体健康的损害，进一步调动劳动者的生产积极性。另一方面，能够促使用人单位不断改善劳动条件和劳动环境，运用科技手段提高劳动生产率和经济效益。在劳动过程中，安全生产是劳动安全卫生制度建立的基本目标，而预防为主是消除劳动过程中的不安全、不卫生因素的主要措施和根本途径，二者相辅相成，缺一不可。

四、劳动安全卫生基准制度中各方当事人的权利与义务

在劳动安全卫生基准制度中，有三方当事人，即劳动安全卫生行政部门、用人单位和劳动者及其工会。由于三者所处的法律地位不同，他们的权利、义务也有明显的差别。

(一)劳动安全卫生行政部门的权利与义务

根据《劳动法》第9条和第11条的规定，劳动行政部门主管劳动工作并负责监督检查《劳动法》所确立的各项制度的贯彻执行。因此，从宏观方面来讲，劳动保障行政部门在劳动安全卫生方面有以下权利和义务：(1)建章立制。即及时制定或修订统一执行的劳动安全卫生标准和具体规章，进一步细化《劳动法》关于劳动安全卫生制度的规定，使劳动安全卫生制度管理科学化、规范化，并力争与国际劳动立法标准接轨。如在劳动安全卫生标准方面，国务院劳动安全卫生行政部门制定了劳动安全技术规程、劳动卫生规程、劳动安全卫生防护设施标准、劳动环境质

量标准等。在劳动安全卫生基础制度方面,建立了职业病统计报告制度、劳动安全卫生教育制度、劳动安全卫生监督检查与处罚制度等。(2)监督检查。劳动安全卫生行政部门依法对用人单位执行劳动安全卫生制度的情况进行监督检查,对违反劳动法律、法规的行为有权制止并责令改正或依法给予相应的行政处罚。(3)组织开展劳动安全卫生方面的科研工作,为建立科学合理的劳动安全卫生法律制度提供科学依据,开发更多的劳动安全卫生保护产品,并负责组织推广。(4)制定劳动安全卫生方面的工作规划并负责予以落实,协调全国各地、各用人单位在劳动安全卫生方面的工作,使劳动安全卫生管理工作迈入法制化、规范化的轨道。(5)加强对有关安全生产的法律、法规和安全生产知识的宣传,提高用人单位和职工的安全生产意识。

| 思考 |　安全生产方针由“安全第一、预防为主”改变提升到“安全第一、预防为主、综合治理”的意义是什么?

(二)用人单位的权利与义务

在贯彻执行国家规定的劳动安全卫生制度方面,用人单位享有以下权利:(1)依法制定内部劳动安全卫生规章制度和操作规程,并要求劳动者全面遵守。(2)对本单位的劳动安全卫生规章制度和操作规程的执行情况进行监督检查,纠正违章操作行为,及时消除生产安全事故隐患。(3)对违反劳动安全卫生规章制度和操作规程并造成事故的劳动者给予纪律处分。

在劳动安全卫生方面,用人单位应承担的义务主要有以下几个方面:(1)建立、健全劳动安全卫生制度,严格执行国家劳动安全卫生规程和标准。除了《劳动法》第52条这一规定外,《安全生产法》第4条规定:“生产经营单位必须遵守本法和其他有关安全生产的法律、法规,加强安全生产管理,建立、健全安全生产责任制度和安全生产规章制度,改善安全生产条件,推进安全生产标准化建设,提高安全生产水平,确保安全生产。”《职业病防治法》第5条也规定:“用人单位应当建立、健全职业病防治责任制,加强对职业病防治的管理,提高职业病防治水平,对本单位产生的职业病危害承担责任。”(2)对劳动者进行劳动安全卫生教育,防止劳动过程中的事故,减少职业危害。除《劳动法》第52条的规定外,《安全生产法》第25条第1款规定:“生产经营单位应当对从业人员进行安全生产教育和培训,保证从业人员具备必要的安全生产知识,熟悉有关的安全生产规章制度和安全操作规程,掌握本岗位的安全操作技能,了解事故应急处理措施,知悉自身在安全生产方面的权利和义务。未经安全生产教育和培训合格的从业人员,不得上岗作业。”《职业病防治法》第35条第1、2款也明文规定:“用人单位的负责人和职业卫生管理人员应当接受职业卫生培训,遵守职业病防治法律、法规,依法组织本单位的职业病防治工作。用人单位应当对劳动者进行上岗前的职业卫生培训和在岗期间的定期职业卫生培训,普及职业卫生知识,督促劳动者遵守职业病防治法律、法规、规章和操作规程,指导劳动者正确使用职业病防护设备和个人使用的职业病防护用品。”(3)提供符合国家规定标准的劳动安全卫生设施、条件和必要的劳动防护用品。《劳动法》第54条规定:“用人单位必须为劳动者提供符合国家规定的劳动安全卫生条件和必要的劳动防护用品。”《安全生产法》第34条规定:“生产经营单位使用的危险物品的容器、运输工具,以及涉及人身安全、危险性较大的海洋石油开采特种设备和矿山井下特种设备,必须按照国家有关规定,由专业生产单位生产,并经具有专业资质的检测、检验机构检测、检验合格,取得安全使用证或者安全标志,方可投入使用。检测、检验机构对检测、检验结果负责。”第42条要求生产经营单位必须为从业人员提供符合国家标准或者行业标准的劳动防护用品。《职业病防治法》第4条第2款规定:“用人单位应当为劳动者创造符合国家职业卫生标准和卫生要求的工作环境和条件,并采取措施保障劳动者获得职业卫生保护。”(4)对未成年工和从事有职业危害的劳动者进行定期的健康检查。职工在健康检查中耽误的时间算作工作时间,检查所需的费用由用人单位承担。(5)对劳动者进行安全技术培训,并落实《劳动法》规定的从事特种作业的劳动者必须经过专门培训并取得特种作业资格。对此,《安全生产法》第27条也规定,“取得相应资格,方可上岗作业。”(6)依法参加工伤社会保险,为从业人员缴纳保险费。《安全生产法》第43条对此作了专门规定。

(三)劳动者及其工会的权利与义务

1. 劳动者的权利与义务

根据《劳动法》、《安全生产法》、《职业病防治法》的有关规定,可以将劳动者在劳动安全卫生制度中的基本权利归纳为以下七个方面:

(1)知情权,即劳动者有权知悉其工作场所、工作岗位存在的危险因素、工作过程中可能产生的职业危害及其防范措施等情况。赋予劳动者知情权的法律规定有:《安全生产法》第41条规定生产经营单位应当“向从业人员如实告知作业场所和工作岗位存在的危险因素、防范措施以及事故应急措施。”《职业病防治法》第34条第1、2款规定:“用人单位与劳动者订立劳动合同(含聘用合同,下同)时,应当将工作过程中可能产生的职业病危害及其后果、职业病防护措施和待遇等如实告知劳动者,并在劳动合同中写明,不得隐瞒或者欺骗。劳动者在已订立劳动合同期间因工作岗位或者工作内容变更,从事与所订立劳动合同中未告知的存在职业危害的作业时,用人单位应当依照前款规定,向劳动者履行如实告知的义务,并协商变更原劳动合同相关条款。”第36条第1款规定:“对从事接触职业危害的作业的劳动者,用人单位应当按照国务院安全生产监督管理部门、卫生行政部门的规定组织上岗前、在岗期间和离岗时的职业健康检查,并将检查结果书面告知劳动者。职业检查费用由用人单位承担。"第 40 条第 1 款规定劳动者有权了解工作场所产生或者可能产生的职业病危害因素、危害后果和应当采取的职业病防护措施。

(2)建议权。《安全生产法》第 50 条规定生产经营单位的从业人员"有权对本单位的安全生产工作提出建议"。《职业病防治法》第 40 条规定劳动者有权"参与用人单位职业卫生工作的民主管理,对职业病防治工作提出意见和建议"。

(3)拒绝权。《劳动法》第 56 条第 2 款和《安全生产法》第 51 条第 1 款均规定劳动者对用人单位管理人员违章指挥、强令冒险作业,有权拒绝执行。《职业病防治法》第 40 条规定劳动者有权拒绝违章指挥和强令进行没有职业病防治措施的作业。

(4)紧急情况下的停止作业权和撤离权。《安全生产法》第 52 条规定:"从业人员发现直接危及人身安全的紧急情况时,有权停止作业或者在采取可能的应急措施后撤离作业场所。生产经营单位不得因从业人员在前款紧急情况下停止作业或者采取紧急措施而降低其工资、福利等待遇或者解除与其订立的劳动合同。"

(5)监督权。《劳动法》第 56 条第 2 款规定劳动者"对危害生命安全和身体健康的行为,有权提出批评、检举和控告"。

《安全生产法》第 51 条第 1 款规定:"从业人员有权对本单位安全生产工作中存在的问题提出批评、检举、控告。"《职业病防治法》第 40 条规定劳动者有权对违反职业病防治法律、法规以及危及生命健康的行为提出批评、检举和控告。

(6)工伤保险权。《安全生产法》第 49 条第 2 款规定:"生产经营单位不得以任何形式与从业人员订立协议,免除或者减轻其对从业人员因生产安全事故伤亡依法应承担的责任。"《职业病防治法》第 58 条规定,职业病病人依法享受国家规定的职业病待遇,其诊疗、康复费用,伤残以及丧失劳动能力的职业病病人的社会保障,按照国家有关工伤社会保险的规定执行。第 60 条规定:"劳动者被诊断患有职业病,但用人单位没有依法参加工伤保险的,其医疗和生活保障由该用人单位承担。"

(7)获得民事赔偿权。《安全生产法》第 53 条规定:"因生产安全事故受到损害的从业人员,除依法享有工伤社会保险外,依照有关民事法律尚有获得赔偿的权利的,有权向本单位提出赔偿要求。"《职业病防治法》第 59 条规定:"职业病病人除依法享有工伤社会保险外,依照有关民事法律,尚有获得赔偿的权利的,有权向用人单位提出赔偿要求。"

劳动者在劳动安全卫生制度中的基本义务,可归纳为以下几个方面:(1)严格遵守用人单位的有关规章制度和操作规程。《劳动法》第 56 条第 1 款规定:"劳动者在劳动过程中必须严格遵守安全操作规程。"《安全生产法》第 54 条规定:"从业人员在从业过程中,应当严格遵守本单位的安全生产规章制度和操作规程,服从管理,正确佩戴和使用劳动防护用品。"(2)接受劳动安全卫生知识教育,提高安全生产技能和处置能力。《安全生产法》第55条规定:"从业人员应当接受安全生产教育和培训,掌握本职工作所需的安全生产知识,提高安全生产技能,增强事故预防和应急处理能力。"(3)发现不安全因素时的报告义务。《安全生产法》第56条规定:"从业人员发现事故隐患或者其他不安全因素,应当立即向现场安全生产管理人员或者本单位负责人报告。"(4)履行安全生产义务。《安全生产法》第6条规定:"生产经营单位的从业人员有依法获得安全生产保障的权利,并应当依法履行安全生产方面的义务。"

2. 工会的权利与义务

工会对生产经营单位违反安全卫生法律、法规,侵犯从业人员合法权益的行为,有权要求纠正;发现生产经营单位违章指挥、强令冒险作业或者发现事故隐患时,有权提出解决的建议,生产经营单位应当及时研究答复;发现危及从业人员生命安全的情况时,有权向生产经营单位建议组织从业人员撤离危险场所,生产经营单位必须立即作出处理;工会有权对建设项目的安全卫生设施与主体工程同时设计、同时施工、同时投入生产和使用进行监督,提出意见。

工会有权依法参加安全卫生事故调查,向有关部门提出处理意见,并要求追究有关人员的责任。

第二节　劳动安全基准制度

一、劳动安全基准制度的概念与特征

劳动安全基准制度是指国家为了防止劳动者在劳动过程中的伤亡事故,保障劳动者的生命安全和生产设备安全的各种基准的总称。

重点提示

劳动安全包括生命安全和生产设备安全,从劳动法角度而言,最主要是人身安全。

除了具有上述第一节劳动安全卫生基准制度的特征外,劳动安全基准制度还具有以下法律特征:

1. 劳动安全基准制度以保障劳动者的生命健康安全为目的。在人权的各项具

体权利中，生命权是核心权利。我国《宪法》和《劳动法》、《安全生产法》等均对劳动安全作出了明文规定，这也体现了我国在劳动安全立法方面的优良传统。由于在劳动过程中实际存在着威胁劳动者生命安全的各种不安全因素，并且由于用人单位忽视劳动安全而给劳动者带来生命安全危害后果的事件不断发生，因此，以维护劳动者在劳动过程中的生命安全为目的的劳动安全制度便应运而生。这一制度的全面推行，是对劳动者生命安全的有效保障，也能促使企业等用人单位和劳动者本人不得不重视安全生产，消除不安全因素，从而实现保障劳动者在劳动过程中生命安全的目的。

2. 劳动安全基准制度的主要内容是对劳动者的劳动环境、作业场所等劳动条件和生产设备的安全的规定。依据劳动过程中不安全因素产生和存在的方式，劳动安全法律保障在范围上包括各种机械设备、产品设计、工艺制造、运行操作、维修检验、革新改造以及劳动环境、作业场所等方面。实行这一制度，要求国家不断制定、完善劳动安全方面的管理制度和技术规范，开展劳动安全研究，借以保证设备安全和工作环境、作业场所的安全。同时，要求用人单位严格遵守国家的有关管理制度，采取切实有效的措施改善劳动环境、作业场所的安全条件，保障劳动者在安全的环境下工作，防止其生命安全受到危害。作为劳动者一方当事人，也有义务按照用人单位的规章制度和操作规程安全作业，防止生产设备安全事故的发生和自身安全遭受损害。

3. 劳动安全基准制度具有较强的技术性和专业性。任何劳动，都有一套与之相适应的劳动方法和规则，特别是机器在生产过程中的运用，使操作方法和经验技术日趋丰富和完善。一旦国家通过立法赋予这些技术规范强制性的约束力时，劳动安全技术规范在性质上就成为了法律规范。劳动安全技术规程就是各种安全技术规范在法律上的具体表现，因此，劳动安全基准制度便具有了较强的技术性、专业性特点。

重点提示

劳动安全技术规程，是指国家为了防止劳动者在生产和工作过程中的伤亡事故，保障劳动者的生命安全和防止生产设备遭到破坏而制定的关于劳动场所安全条件、生产设备使用、操作规则和程序的各种法律规范。由于这些法律规范大多数是以规程的形式公布，所以称为劳动安全技术规程。

二、劳动安全基准制度的主要内容

劳动安全基准制度的主要内容包括管理类的劳动安全基准制度和技术类的劳动安全基准制度。由于劳动安全基准制度较强的技术性、专业性的特点，管理类的劳动安全基准制度和技术类的劳动安全基准制度是紧密联系的,许多管理类的劳动安全基准制度都是以技术类的劳动安全基准制度为前提的,许多技术类的劳动安全基准制度是管理类的劳动安全基准制度的具体化。

(一)管理类的劳动安全基准制度

1. 安全生产责任制

根据《矿山安全法》、《安全生产法》及有关行政法规、部门规章的规定,有关国家机关和用人单位均应按照统一监督、分级实施的原则依法建立安全生产责任制。其主要内容表现在以下几个方面:

(1)政府及其主管部门的管理责任制。具体表现在以下方面:第一,国务院及地方各级人民政府统一领导全国或者本辖区内的安全生产监督管理工作。《安全生产法》第 8 条第 2 款规定:“国务院和县级以上地方各级人民政府应当加强对安全生产工作的领导,支持、督促各有关部门依法履行安全生产监督管理职责,建立健全安全生产工作协调机制,及时协调、解决安全生产监督管理中存在的重大问题。”第二,主管部门对安全生产工作实施综合监督管理,有关部门按其职责对有关的安全生产管理工作实施监督管理。比如《安全生产法》第 9 条第 1、2 款规定:“国务院安全生产监督管理部门依照本法,对全国安全生产工作实施综合监督管理;县级以上地方各级人民政府安全生产监督管理部门依照本法,对本行政区域内安全生产工作实施综合监督管理。国务院有关部门依照本法和其他有关法律、行政法规的规定,在各自的职责范围内对有关行业、领域的安全生产工作实施监督管理;县级以上地方各级人民政府有关部门依照本法和其他有关法律、法规的规定,在各自的职责范围内对有关行业、领域的安全生产工作实施监督管理。”

|思考| 在我国,负责安全生产监督管理的部门包括哪些?

探讨

从职业安全卫生的管理机构来看,我国还没有一个全面负责职业安全卫生工作的机构。《劳动法》明确规定“国务院劳动行政部门主管全国劳动工作”,职业安全卫生属于劳动法的重要内容,自然应由劳动行政部门主管职业安全卫生工作。其后的《职业病防治法》规定“国务院卫生行政部门统一负责职业病防治监督管理工作”。《安全生产法》关于主管机关虽无明确规定,但实际上职业安全工作,由劳动行政部门移归直属国务院的安全生产监督总局统一管理。对于危险性机械设备检查监督管理,又专门归属国家质量监督检验检疫总局统一管理。另外,煤矿安全监察部门、公安行政管理部门、工商行政管理部门甚至纪检部门亦有特定管理权限。他们在各自的权限范围内对用人单位和劳动者执行落实国家《劳动安全卫生法》的情况实施监督。但是这些机构之间常常缺乏相互配合，甚至相互推诿责任或越位管理，往往使得事故得不到高效、及时处理。对上述存在的问题，从长远讲，应借鉴以美国、英国、日本为代表的国家经验，向着职业安全卫生一体化方向发展。[1]

(2)用人单位的安全生产责任制。具体要求表现在以下三个方面：第一，用人单位应当建立、健全安全生产责任制。《安全生产法》第4条规定："生产经营单位必须遵守本法和其他有关安全生产的法律、法规，加强安全生产管理，建立、健全安全生产责任制度和安全生产规章制度，改善安全生产条件，推进安全生产标准化建设，提高安全生产水平，确保安全生产。"《矿山安全法》第20条对此也作了明文规定。第二，用人单位的主要负责人对本单位的安全生产工作全面负责。《安全生产法》第5条、《矿山安全法》第20条第2款对此均作了明文规定。第三，用人单位应当依法设置安全生产管理机构或专职安全生产管理人员，具体承担本单位安全生产方面的监管工作。《安全生产法》第21条第1款规定："矿山、金属冶炼、建筑施工、道路运输单位和危险物品的生产、经营、储存单位，应当设置安全生产管理机构或者配备专职安全生产管理人员。"

(3)生产安全事故责任追究制。《安全生产法》第14条规定："国家实行生产安全事故责任追究制度，依照本法和有关法律、法规的规定，追究生产安全事故责任人员的法律责任。"

2. 劳动安全教育和培训制度

劳动安全教育和培训制度是防止伤亡事故、减少职业危害，贯彻劳动安全规程的重要制度。我国一贯十分重视劳动安全的教育培训工作，并通过《安全生产法》等将之纳入法制化轨道加以管理。

劳动安全卫生教育培训制度的主要内容有：

(1)各级人民政府及其有关部门应当开展劳动安全教育和培训工作。《安全生产法》第11条规定："各级人民政府及其有关部门应当采取多种形式，加强对有关安全生产的法律、法规和安全生产知识的宣传，增强全社会的安全生产意识。"

(2)用人单位及其负责人、劳动者有接受劳动安全教育培训的义务。例如，《安全生产法》第24条第1、2款规定："生产经营单位的主要负责人和安全生产管理人员必须具备与本单位所从事的生产经营活动相应的安全生产知识和管理能力。危险物品的生产、经营、储存单位以及矿山、金属冶炼、建筑施工、道路运输单位的主要负责人和安全生产管理人员，应当由主管的负有安全生产监督管理职责的部门对其安全生产知识和管理能力考核合格。考核不得收费。"第25条第1款

---

[1] 日本劳动安全卫生由劳动行政部门管理。美国职业安全卫生法规定：制定法规标准及其执行归劳工部，其中涉及卫生部分由卫生部配合。

规定:“生产经营单位应当对从业人员进行安全生产教育和培训,保证从业人员具备必要的安全生产知识,熟悉有关的安全生产规章制度和安全操作规程,掌握本岗位的安全操作技能,了解事故应急处理措施,知悉自身在安全生产方面的权利和义务。未经安全生产教育和培训合格的从业人员,不得上岗作业。”

(3)根据原劳动部1995年11月8日发布的《企业职工劳动安全卫生教育管理规定》,企业必须开展安全教育,普及安全知识,倡导安全文化,建立、健全安全教育制度。该规定分别就生产岗位职工安全教育、管理人员安全教育、组织管理、罚则等内容作出了具体规定。根据2002年12月18日国家安全生产监督管理局发布的《关于生产经营单位主要负责人、安全生产管理人员及其他从业人员安全生产培训考核工作的意见》,安全生产培训应当根据不同的培训对象分别安排相应的培训内容。生产经营单位主要负责人和安全生产管理人员安全生产管理培训时间不得少于24学时;每年再培训时间不得少于8学时。危险物品的生产、经营、储存单位及矿山、建筑施工单位的主要负责人和安全生产管理人员安全资格培训不得少于48学时;每年再培训时间不得少于16学时。新从业人员安全生产教育培训时间不得少于24学时。危险性较大的行业和岗位,教育培训时间不得少于48学时。

3. 劳动安全认证制度

劳动安全认证制度是指在生产经营过程之前,依法对参与生产经营活动的主体能力、资格以及其他安全因素进行审查评价并确认资格或条件的制度。我国现行的劳动安全认证主要包括对企业安全生产资格的认证,对有关人员资格的认证和对特殊产品的认证三类。

(1)对企业安全生产资格的认证

目前,我国对企业安全生产条件和资格的认证制度,主要有以下几种:

第一,矿山企业、建筑企业和危险化学品、烟花爆竹、民用爆破器材生产企业的安全生产许可证制度。为了严格规范安全生产条件,进一步加强安全生产监督管理,防止和减少生产安全事故,国务院于2004年1月13日发布了《安全生产许可证条例》,明确规定国家对矿山企业、建筑企业和危险化学品、烟花爆竹、民用爆破器材生产企业实行安全生产许可证制度。根据该条例,上述企业取得安全生产许可证,应当符合下列安全生产条件:建立、健全安全生产责任制,制定完备的安全生产规章制度和操作规程;安全投入符合安全生产要求;设置安全生产管理机构,配备专职安全生产管理人员;主要负责人和安全生产管理人员经考核合格;特种作业人员经有关业务主管部门考核合格,取得特种作业操作资格证书;从业人员经安全生产教育和培训合格;依法参加工伤保险,为从业人员缴纳保险费;厂房、作业场所和安全设施、设备、工艺符合有关安全生产法律、法规、标准和规程的要求;有职业危害防治措施,并为从业人员配备符合国家标准或者行业标准的劳动防护用品;依法进行安全评价；有重大危险源检测、评估、监控措施和应急预案；有生产安全事故应急救援预案、应急救援组织或者应急救援人员，配备必要的应急救援器材、设备；法律法规规定的其他条件。国务院安全生产监督管理部门负责中央管理的非煤矿矿山企业和危险化学品、烟花爆竹生产企业安全生产许可证的颁发和管理。省、自治区、直辖市人民政府安全生产监督管理部门负责前述规定以外的非煤矿矿山企业和危险化学品、烟花爆竹生产企业安全生产许可证的颁发和管理，并接受国务院安全生产监督管理部门的指导和监督。国家煤矿安全监察机构负责中央管理的煤矿企业安全生产许可证的颁发和管理。在省、自治区、直辖市设立的煤矿安全监察机构负责前述规定以外的其他煤矿企业安全生产许可证的颁发和管理，并接受国家煤矿安全监察机构的指导和监督。企业进行生产前，应当按规定向安全生产许可证颁发机关申请领取安全生产许可证，煤矿企业应当以矿（井）为单位，在申请领取煤炭生产许可证前，依照该条例的规定取得安全生产许可证。安全生产许可证的有效期为 3 年。安全生产许可证有效期满需要延期的，企业应当于许可证有效期满前 3 个月向原安全生产许可证颁发管理机关办理延期手续。企业在安全生产许可证有效期内，严格遵守有关安全生产的法律法规，未发生死亡事故的，安全生产许可证有效期满时，经原安全生产许可证颁发机关同意，不再审查，安全生产许可证有效期延期 3 年。

根据国家安全生产监督管理局（国家煤矿安全监察局）2004 年 5 月 17 日发布的《煤矿企业安全生产许可证实施办法》、《非煤矿矿山企业安全生产许可证实施办法》、《烟花爆竹生产企业安全生产许可证实施办法》、《危险化学品生产企业安全生产许可证实施办法》的规定，煤矿企业、非煤矿矿山企业、烟花爆竹生产企业、危险化学品生产企业必须分别依照上述《实施办法》的规定取得安全生产许可证。其中，煤矿企业、非煤矿矿山企业和危险化学品生产企业的安全生产许可证的颁发管理工作实行企业申请、两级发证、属地监管的原则；烟花爆竹生产企业安全生产许可证的颁发管理工作实行企业申请、一级发证、属地监管的原则。凡符合规定的，应当发给安全生产许可证，许可证有效期为 3 年。期满需要延期的，企业应当于许可证有效期届满前 3 个月向原发证机关办理延期手续。企业不得转让、冒用、买卖、出租、出借安全生产许可证或者使用伪造的安全生产许可证。

此外，根据国家安全生产监督管理局（国家煤矿安全监察局）2003 年 7 月 4 日发布的《煤矿安全生产基本条件规定》，煤矿应当依法取得采矿许可证、煤炭生产许可证和营业执照。

第二，特种设备生产经营单位的安全许可制度。根据国务院 2003 年 3 月 11 日发布的《特种设备安全监察条例》，特种设备是指涉及安全、危险性较大的锅炉、压力容器（含气瓶，下同）、压力管道、电梯、起重机械、客运索道、大型游乐设施。特种设备的生产（含设计、制造、安装、改造、维修）等均实行许可制度。根据该条例的有关规定,压力容器的设计单位应当经国务院特种设备安全监督管理部门许可,方可从事压力容器的设计活动。压力容器的设计单位应当具备下列条件:有与压力容器设计相适应的设计人员、设计审核人员;有与压力容器设计相适应的健全的管理制度和责任制度。锅炉、压力容器、电梯、起重机械、客运索道、大型游乐设施及其安全附件、安全保护装置的制造、安装、改造单位,以及压力管道用管子、管件、阀门、补偿器、安全保护装置等(以下简称压力管道元件)的制造单位,应当经国务院特种设备安全监督管理部门许可,方可从事相应的活动。前述特种设备的制造、安装、改造单位应当具备下列条件:有与特种设备制造、安装、改造相适应的专业技术人员和技术工人;有与特种设备制造、安装、改造相适应的生产条件和检测手段;有健全的质量管理制度和责任制度。气瓶充装单位应当经省、自治区、直辖市的特种设备安全管理部门许可,方可从事充装活动。锅炉、压力容器、起重机械、客运索道、大型游乐设施的维修单位,应当有与特种设备维修相适应的专业技术人员和技术工人以及必要的检测手段,并经省、自治区、直辖市特种设备安全监督管理部门许可,方可从事相应的维修活动。锅炉、压力容器、起重机械、客运索道、大型游乐设施的安装、改造、维修,必须由依照该条例取得许可的单位进行。电梯的安装、改造、维修,必须由电梯制造单位或者其通过合同委托、同意依照该条例取得许可的单位进行。电梯的日常维护保养必须由依照该条例取得许可的安装、改造、维修单位或者电梯制造单位进行。特种设备检验检测机构应当经国务院特种设备安全监督管理部门核准。

第三,劳动安全卫生检测检验站资格认证。为了确保设备和产品的安全,建设部、劳动部、公安部于 1991 年 3 月 20 日联合发布的《城市燃气安全管理规定》规定:“气瓶定期检验站须经省、自治区、直辖市人民政府劳动部门审查批准,并取得资格证书后,方可从事气瓶检验工作。”根据这一规定,原劳动部于 1992 年 10 月 23 日发出《对职业安全卫生检测检验站进行监测检验资格认证的通知》,进一步明确由省级劳动行政部门,对所辖地区劳动部门的职业安全检验监测站,按所开展的监测检验项目逐项进行资格认证。

(2)对特殊岗位或特种作业人员的资格认证

第一,对特殊岗位人员的安全资格认证。为了规范安全生产管理,提高从业人员的安全生产意识,促进安全生产,国家实行对特殊岗位人员的资格认证制度。根据《安全生产法》第 24 条、《矿山安全法》第 26 条和国家安全生产监督管理局 2002 年 12 月 18 日发布的《关于生产经营单位主要负责人、安全生产管理人员及其他从业人员安全生产培训考核工作的意见》,对特殊岗位人员的资格认证制度的主要内容有:安全资格认证的范围包括生产经营单位主要负责人、安全生产管理人员和其他相关的从业人员。例如,煤矿矿长须经培训考核,依法取得矿长资格证和矿长安全资格证;安全资格培训应当根据不同的培训对象分别安排相应的培训内容;国家安全生产监督管理局或其委托的有关行业主管部门，负责中央管理的生产经营单位主要负责人和安全生产管理人员的培训、考核和发证；各省（区、市）安全生产监督管理部门或其委托的部门负责本行政区域内生产经营单位主要负责人和安全生产管理人员的培训、考核和发证。

第二，对特种作业人员的安全资格认证。《劳动法》第55条规定："从事特种作业的劳动者必须经过专门培训并取得特种作业资格。"为规范特种作业人员的安全技术培训、考核与发证工作，防止人员伤亡事故，促进安全生产，根据《安全生产法》、《矿山安全法》和原国家经济贸易委员会1999年7月12日发布的《特种作业人员安全技术培训考核管理办法》，国家安全生产监督管理局于2002年12月18日发布了《关于特种作业人员安全技术培训考核工作的意见》，规范了特种作业人员的安全技术培训、考核与发证工作。主要内容有：其一，特种作业人员的范围。特种作业是指容易发生人员伤亡事故，对操作者本人、他人及周围设施的安全可能造成重大危害的作业。直接从事特种作业的人员称为特种作业人员。包括从事下列作业的人员：电工作业；金属焊接、切割作业；起重机械（含电梯）作业；企业内机动车辆驾驶；登高架设作业；锅炉作业（含水质化验）；压力容器作业；制冷作业；爆破作业；矿山通风作业；矿山排水作业；矿山安全检查作业；矿山提升运输作业；采掘（剥）作业；矿山救护作业；危险物品作业；经国家安全生产监督管理局批准的其他作业等。另外，根据《特种设备安全监察条例》的规定，客运索道、大型游乐设施的作业人员及其相关管理人员，也属于特种设备作业人员。其二，特种作业人员必须接受与本工种相适应的、专门的安全技术培训，经安全技术理论考核和实际操作技能考核合格，取得特种作业操作证后，方可上岗作业；未经培训或培训考核不合格者，不得上岗作业。其三，特种作业操作证由省级安全生产监督管理部门、煤炭安全监察机构负责签发，全国通用，每2年由原考核发证部门复审一次，连续从事本工种10年以上的，经用人单位进行知识更新后，复审时间可延长至每4年一次。

（3）对有特殊危害的设备或产品的安全认证

目前，我国实行安全认证的设备或产品除上述特种设备外，主要还有：

第一，特种设备安全认证。

第二，漏电保护器安全认证。根据1992年1月8日原劳动部办公厅《关于配合上海漏电电流动力保护电器监测站等单位做好漏电保护器安全认证工作的通知》，从1992年开始，漏电保护器被列为国家强制认证产品，由国家指定的电器监测站专门负责监测工作。经检验合格并由认证委员会审查批准，即可获得合格证书。凡获得合格证书的产品，可以在全国销售和使用，凡是其产品不带有合格证书的，各地劳动部门不允许在本地区销售和使用。

第三，劳动防护用品安全质量认证。根据1996年4月23日原劳动部颁布的《劳动防护用品管理规定》，劳动防护用品是指劳动者在劳动过程中为免遭或减轻事故伤害或职业危害所配备的防护用品,分为一般劳动防护用品和特种劳动防护用品。生产劳动防护用品的企业应具备必要的生产条件和产品质量检验手段,并按照产品所依据的标准进行生产。生产特种劳动防护用品的企业应申办相应的特种劳动防护用品生产许可证。生产劳动防护用品的企业应对产品质量负责,按照产品所依据的标准对产品进行自检,并出具产品合格证。生产劳动防护用品的企业应接受劳动行政部门、技术监督部门认可的检验机构进行的产品质量监督检验。特种劳动防护用品在出厂前应按批量接受省级劳动防护用品质量监督检验机构或国家劳动防护用品质量监督检验中心的检验。检验合格后,检验机构应按批量配给安全鉴定证。特种劳动防护用品实行生产许可证制度和定点经营,生产特种劳动防护用品的企业可以直接销售本企业产品。销售的特种劳动防护用品应当有相应的生产许可证编号、产品合格证和安全鉴定证。进口特种劳动防护用品实行安全许可证制度。使用劳动防护用品的单位应当为劳动者免费提供符合国家规定的劳动防护用品,使用单位不得以货币或其他物品替代应当配备的劳动防护用品。

目前,上述设备或产品的安全认证工作已经由劳动部门转为国家质量技术监督主管部门负责组织实施。

4. 劳动安全卫生设施“三同时”制度

安全卫生设施“三同时”制度是指我国境内的一切新建、改建、扩建工程的劳动安全卫生设施必须与主体工程同时设计、同时施工、同时投入生产和使用的一种劳动保护制度。这一制度是我国劳动安全卫生工作长期经验的总结,也是对生产经营单位的法定要求,实行这一制度对保护劳动者在劳动过程中的生命安全和身体健康具有重要作用。《劳动法》第 53 条、《矿山安全法》第 7 条、《安全生产法》第 28 条和《职业病防治法》第 18 条均对此项制度作了明确规定。

劳动安全卫生设施“三同时”制度的主要要求有:(1)建设单位申报建设项目时,应按规定同时提出安全卫生设施的方案,安全卫生设施投资应当纳入建设项目核算。审批部门应一并审批下达。(2)设计单位在设计主体工程项目时,应同时编制《职业安全卫生篇》,详细说明可能产生的职业危害和应采取的措施及其预期效果等,并严格规定与主体工程同时设计。建设项目安全设施的设计人、设计单位应当对安全设施设计负责。(3)施工单位对安全卫生设施应按设计要求与主体工程同时施工,并保证质量。(4)工程项目竣工后,当地劳动、卫生等有关部门应对工程的安全卫生设施进行试运行和验收。凡验收不合格的,工程不得投入使用。(5)对违反“三同时”制度规定的行为,应当依法追究责任者的法律责任。(6)根据《安全生产法》的有关规定,工会有权对建设项目的安全设施与主体工程同时设计、同时施工、同时投入生产和使用进行监督,提出意见。

5. 生产安全事故报告和处理制度

(1)生产安全事故的概念和种类

根据1991年2月22日国务院发布的《企业职工伤亡事故报告和处理规定》及1991年7月25日原劳动部发布的《〈企业职工伤亡事故报告和处理规定〉有关问题的解释》,2007年国务院《生产安全事故报告和调查处理条例》规定,生产安全事故是指职工在劳动过程中发生的人身伤害、急性中毒事故,包括职工在本岗劳动、或不在本岗劳动,但由于企业的设备和设施不安全、劳动条件和作业环境不良所发生的轻伤、重伤、死亡事故。具体来讲,根据生产安全事故造成的人员伤亡或者直接经济损失,事故一般分为以下等级:①特别重大事故,是指造成30人以上死亡,或者100人以上重伤(包括急性工业中毒),或者1亿元以上直接经济损失的事故;②重大事故,是指造成10人以上30人以下死亡,或者50人以上100人以下重伤,或者5000万元以上1亿元以下直接经济损失的事故;③较大事故,是指造成3人以上10人以下死亡,或者10人以上50人以下重伤,或者1000万元以上5000万元以下直接经济损失的事故;④一般事故,是指造成3人以下死亡,或者10人以下重伤,或者1000万元以下直接经济损失的事故。

(2)生产安全事故的报告

第一,报告的内容。报告事故应当包括下列内容:其一,事故发生单位概况;其二,事故发生的时间、地点以及事故现场情况;其三,事故的简要经过;其四,事故已经造成或者可能造成的伤亡人数(包括下落不明的人数)和初步估计的直接经济损失;其五,已经采取的措施;其六,其他应当报告的情况。

自事故发生之日起30日内,事故造成的伤亡人数发生变化的,应当及时补报。道路交通事故、火灾事故自发生之日起7日内,事故造成的伤亡人数发生变化的,应当及时补报。

第二,报告的程序。事故发生后,事故现场有关人员应当立即向本单位负责人报告;单位负责人接到报告后,应当于1小时内向事故发生地县级以上人民政府安全生产监督管理部门和负有安全生产监督管理职责的有关部门报告。

情况紧急时,事故现场有关人员可以直接向事故发生地县级以上人民政府安全生产监督管理部门和负有安全生产监督管理职责的有关部门报告。

安全生产监督管理部门和负有安全生产监督管理职责的有关部门接到事故报告后,应当依照下列规定上报事故情况,并通知公安机关、劳动保障行政部门、工会和人民检察院:其一,特别重大事故、重大事故逐级上报至国务院安全生产监督管理部门和负有安全生产监督管理职责的有关部门;其二,较大事故逐级上报至省、自治区、直辖市人民政府安全生产监督管理部门和负有安全生产监督管理职责的有关部门;其三,一般事故上报至设区的市级人民政府安全生产监督管理部门和负有安全生产监督管理职责的有关部门。

安全生产监督管理部门和负有安全生产监督管理职责的有关部门依照前款规定上报事故情况,应当同时报告本级人民政府。国务院安全生产监督管理部门和负有安全生产监督管理职责的有关部门以及省级人民政府接到发生特别重大事故、重大事故的报告后,应当立即报告国务院。必要时,安全生产监督管理部门和负有安全生产监督管理职责的有关部门可以越级上报事故情况。

安全生产监督管理部门和负有安全生产监督管理职责的有关部门逐级上报事故情况,每级上报的时间不得超过2小时。

第三,事故调查。事故调查处理应当坚持实事求是、尊重科学的原则,及时、准确地查清事故经过、事故原因和事故损失,查明事故性质,认定事故责任,总结事故教训,提出整改措施,并对事故责任者依法追究责任。事故发生单位负责人接到事故报告后,应当立即启动事故相应应急预案,或者采取有效措施,组织抢救,防止事故扩大,减少人员伤亡和财产损失。事故发生地有关地方人民政府、安全生产监督管理部门和负有安全生产监督管理职责的有关部门接到事故报告后,其负责人应当立即赶赴事故现场,组织事故救援。

事故调查组应当自事故发生之日起60日内提交事故调查报告;特殊情况下,经负责事故调查的人民政府批准,提交事故调查报告的期限可以适当延长,但延长的期限最长不超过60日。技术鉴定所需时间不计入事故调查期限。事故调查报告应当包括下列内容:事故发生单位概况;事故发生经过和事故救援情况;事故造成的人员伤亡和直接经济损失;事故发生的原因和事故性质;事故责任的认定以及对事故责任者的处理建议;事故防范和整改措施。事故调查报告应当附具有关证据材料。事故调查组成员应当在事故调查报告上签名。

第四,事故的处理。重大事故、较大事故、一般事故,负责事故调查的人民政府应当自收到事故调查报告之日起15日内做出批复;特别重大事故,30日内做出批复,特殊情况下,批复时间可以适当延长,但延长的时间最长不超过30日。

有关机关应当按照人民政府的批复,依照法律、行政法规规定的权限和程序,对事故发生单位和有关人员进行行政处罚,对负有事故责任的国家工作人员进行处分。事故发生单位应当按照负责事故调查的人民政府的批复,对本单位负有事故责任的人员进行处理。

负有事故责任的人员涉嫌犯罪的,依法追究刑事责任。

事故发生单位应当认真吸取事故教训,落实防范和整改措施,防止事故再次发生。防范和整改措施的落实情况应当接受工会和职工的监督。

安全生产监督管理部门和负有安全生产监督管理职责的有关部门应当对事故发生单位落实防范和整改措施的情况进行监督检查。

事故处理的情况由负责事故调查的人民政府或者其授权的有关部门、机构向社会公布,依法应当保密的除外。

(二)技术类的劳动安全基准制度

技术类的劳动安全基准制度就是上升为法律的劳动安全技术规程。

根据《安全生产法》、《矿山的安全法》等的有关规定,我国现行劳动安全技术规程主要包括工厂安全技术规程、矿山安全技术规程和建筑安装工程安全技术规程等。其主要内容有:

1. 工厂工作场所或环境的安全技术准则

工作场所是劳动者进行劳动和生产的地方,必须保证安全。根据《安全生产法》第32条规定:“生产经营单位应当在有较大危险因素的生产经营场所和有关设施、设备上,设置明显的安全警示标志。”第39条规定:“生产、经营、储存、使用危险物品的车间、商店、仓库不得与员工宿舍在同一座建筑物内,并应当与员工宿舍保持安全距离。生产经营场所和员工宿舍应当设有符合紧急疏散要求、标志明显、保持畅通的出口。禁止封闭、堵塞生产经营场所或者员工宿舍的出口。”另外,根据《职业病防治法》第15条规定:“产生职业病危害的用人单位的设立除应当符合法律、行政法规规定的设立条件外,其工作场所还应当符合下列职业卫生要求:(一)职业病危害因素的强度或者浓度符合国家职业卫生标准;(二)有与职业病危害防护相适应的设施;(三)生产布局合理,符合有害与无害作业分开的原则;(四)有配套的更衣间、洗浴间、孕妇休息间等卫生设施;(五)设备、工具、用具等设施符合保护劳动者生理、心理健康的要求;(六)法律、行政法规和国务院卫生行政部门、安全生产监督管理部门关于保护劳动者健康的其他要求。”第23条规定:“用人单位必须采用有效的职业病防护设施,并为劳动者提供个人使用的职业病防护用品。用人单位为劳动者个人提供的职业病防护用品必须符合防治职业病的要求;不符合要求的,不得使用。”第25条第1款规定:“产生职业病危害的用人单位,应当在醒目位置设置公告栏,公布有关职业病防治的规章制度、操作规程、职业病危害事故应急救援措施和工作场所职业病危害因素检测结果。”第26条第1、2款规定:“对可能发生急性职业损伤的有毒、有害工作场所,用人单位应当设置报警装置,配置现场急救用品、冲洗设备、应急撤离通道和必要的泄险区。对放射工作场所和放射性同位素的运输、贮存,用人单位必须配置防护设备和报警装置,保证接触放射线的工作人员佩戴个人剂量计。”

2. 机器设备的安全

为预防工人在生产操作过程中的伤亡事故,安全技术规程要求有防护装置、保险装置、信号装置及危险牌示和识别标志等。机器外部的传动带、明齿轮、砂轮、电锯、皮带轮、飞轮等危险部分,都要有防护装置;起重机要有信号装置;桥式起重机应该有卷扬限制器、起重控制器、行程限制器、缓冲器和自动联锁装置。起重机在使用的时候,不能超负荷、超速和斜吊,并且禁止任何人站在调运物品上或者在下面停留和行走。起重机应该规定统一的指挥信号。

3. 电气设备的安全

电气设备是许多企业都普遍采用的设备。为防止工人在生产中的触电事故和电气设备引起的火灾事故的发生,我国劳动安全规程对电气设备的安全作了相应规定。电气设备要有可熔保险器或者自动开关;电动工具在使用前必须采取保护性接地或接零的措施,必须有良好绝缘性;裸露的带电导体应该安装到人所碰不着的处所,否则必须设置安全遮拦和明显的警告标志。电钻、电镐等手持电动工具,在使用前必须采取保护性接地或接零的措施。产生大量蒸气、气体、粉尘的工作场所,要使用密闭式电器设备。

有爆炸危险的气体或者粉尘的工作场所,要使用防爆型电气设备,电气设备的开关要指定专人管理。

4. 锅炉等压力容器的安全

锅炉等压力容器是工业生产和交通运输等部门常用的生产和运输设备。我国于2009年5月1日起施行的《特种设备安全监察条例》对此作出了一般性规定。(1)压力容器的设计单位应当经国务院特种设备安全监督管理部门许可,方可从事压力容器的设计活动。(2)锅炉使用单位应当按照安全技术规范的要求进行锅炉水(介)质处理,并接受特种设备检验检测机构实施的水(介)质处理定期检验。从事锅炉清洗的单位,应当按照安全技术规范的要求进行锅炉清洗,并接受特种设备检验检测机构实施的锅炉清洗过程监督检验。(3)压力容器使用单位应当对作业人员进行特种设备安全、节能教育和培训,保证作业人员具备必要的特种设备安全、节能知识。(4)压力容器的监督检验、定期检验、型式试验和无损检测应当由依照本条例经核准的特种设备检验检测机构进行。检验检测工作应当符合安全技术规范的要求。

5. 建筑安装工程的安全

建筑安装工程具有高空作业、露天作业、流动性大、劳动强度大和劳动条件差等特点。为了保障建筑工人的安全和健康,防止各类伤亡事故的发生,国家颁布了《安全生产法》、《建筑法》、《建设工程质量管理条例》和《建设工程安全生产管理条例》等一系列的建筑安装工程安全技术准则,要求各施工单位严格执行。

其中,《建设工程安全生产管理条例》对施工的一般要求做了明确规定,它要求:(1)施工单位应当设立安全生产管理机构,配备专职安全生产管理人员。专职安全生产管理人员负责对安全生产进行现场监督检查。(2)垂直运输机械作业人员、安装拆卸工、爆破作业人员、起重信号工、登高架设作业人员等特种作业人员,必须按照国家有关规定经过专门的安全作业培训,并取得特种作业操作资格证书后,方可上岗作业。(3)施工单位应当在施工现场入口处、施工起重机械、临时用电设施、脚手架、出入通道口、楼梯口、电梯井口、孔洞口、桥梁口、隧道口、基坑边沿、爆破物及有害危险气体和液体存放处等危险部位，设置明显的安全警示标志。安全警示标志必须符合国家标准。(4)施工单位应当将施工现场的办公、生活区与作业区分开设置，并保持安全距离；办公、生活区的选址应当符合安全性要求。职工的膳食、饮水、休息场所等应当符合卫生标准。施工单位不得在尚未竣工的建筑物内设置员工集体宿舍。(5)施工单位应当在施工现场建立消防安全责任制度，确定消防安全责任人，制定用火、用电、使用易燃易爆材料等各项消防安全管理制度和操作规程，设置消防通道、消防水源，配备消防设施和灭火器材，并在施工现场入口处设置明显标志。(6)施工单位应当向作业人员提供安全防护用具和安全防护服装，并书面告知危险岗位的操作规程和违章操作的危害。

6. 矿山安全

根据《矿山安全法》的规定，关于矿山建设的安全保障要求有：(1)矿山建设工程的安全设施必须和主体工程同时设计、同时施工、同时投入生产和使用。(2)矿山建设工程的设计文件，必须符合矿山安全规程和行业技术规范，并按照国家规定经管理矿山企业的主管部门批准；不符合矿山安全规程和行业技术规范的，不得批准。(3)矿山设计下列项目必须符合矿山安全规程和行业技术规范：矿井的通风系统和供风量、风质、风速；露天矿山的边坡角和台阶的宽度、高度；供电系统；提升、运输系统；防水、排水系统和防火、灭火系统；防瓦斯系统和防尘系统；有关矿山安全的其他项目。(4)每个矿井必须有两个以上能行人的安全出口，出口之间的直线水平距离必须符合矿山安全规程和行业技术规范。(5)矿山必须有与外界相通的、符合安全要求的运输和通讯设施。

根据《矿山安全法》的规定，矿山开采的安全保障要求有：(1)矿山开采必须具备保障安全生产的条件，执行开采不同矿种的矿山安全规程和行业技术规范。(2)矿山设计规定保留的矿柱、岩柱，在规定的期限内，应当予以保护，不得开采或者毁坏。(3)矿山使用的有特殊安全要求的设备、器材、防护用品和安全检测仪器，必须符合国家安全标准或者行业安全标准；不符合国家安全标准或者行业安全标准的，不得使用。(4)矿山企业必须对机电设备及其防护装置、安全检测仪器，定期检查、维修，保证使用安全。(5)矿山企业必须对作业场所中的有毒有害物质和井下空气含氧量进行检测，保证符合安全要求。(6)矿山企业必须对下列危害安全的事故隐患采取预防措施：冒顶、片帮、边坡滑落和地表塌陷；瓦斯爆炸、煤尘爆炸；冲击地压、瓦斯突出、井喷；地面和井下的火灾、水害；爆破器材和爆破作业发生的危害；粉尘、有毒有害气体、放射性物质和其他有害物质引起的危害；其他危害。(7)矿山企业对使用机械、电压设备，排土场、矸石山、尾矿库和矿山闭坑后可能引起的危害，应当采取预防措施。

第三节　劳动卫生基准制度

一、劳动卫生基准制度的概念与特征

劳动卫生基准制度是指国家为了保护劳动者在劳动过程中的身体健康,防止有毒有害物质的危害和职业危害的发生而制定的各种基准的总称。

除了具有上述第一节劳动安全卫生基准制度的特征外,劳动卫生基准制度还具有以下法律特征:

1. 劳动卫生基准制度的立法目的在于保护劳动者在劳动过程中的身体健康,防止有毒有害物质的危害和职业危害。

2. 劳动卫生基准制度内容具体、操作性强。在劳动卫生方面,国家除建立了有关的管理制度外,还颁布了一系列的国家标准,进一步细化了有关要求,为劳动卫生管理、检测、监察提供了科学依据,也规范指导了用人单位的劳动卫生工作。

3. 劳动卫生基准制度具有与时俱进的特点。新中国成立以来,我国陆续颁布了一系列的劳动卫生方面的法律,对实际工作发挥了重要的指导作用,取得了明显的成效。为了适应时代发展和我国生产力发展水平不断提高的需要,国家也适时修订或新设了一些必要的法律制度,使之更加符合劳动卫生工作的实际状况。比如在《职业病防治法》颁布之后,卫生部、劳动和社会保障部就根据新的情况修订颁布了新的《职业病目录》,将职业病的范围由原来的 9 类 99 种扩大为 10 类 132 种。

卫生部还制定或修订颁布了《国家职业卫生标准管理办法》、《职业健康监护管理办法》、《职业病诊断与鉴定管理办法》、《职业病危害事故调查处理办法》、《建设项目职业病危害分类管理办法》等,充分适应了新形势下职业病防治工作的实际需要。

二、劳动卫生基准制度的主要内容

劳动卫生基准制度的主要内容包括管理类的劳动卫生基准制度和技术类的劳动卫生基准制度。由于劳动卫生基准制度较强的技术性、专业性的特点,管理类的劳动卫生基准制度和技术类的劳动卫生基准制度是紧密联系的,许多管理类的劳动卫生基准制度都是以技术类的劳动卫生基准制度为前提的,许多技术类的劳动卫生基准制度是管理类的劳动卫生基准制度的具体化。

(一)管理类的劳动卫生基准制度

劳动卫生的基本任务是保障劳动者工作时的身体健康,对于健康,国际劳工组织的定义是采用世界卫生组织的见解,即所谓健康指完全的身心舒适与幸福感,非仅限于没有病痛。但是,我国的实际情况是劳动卫生工作的重点是防止职业病的发生。所以,我国劳动卫生基准制度主要就是围绕职业病防治建立的。

探讨

我国职业病防治仅仅是针对显而易见的最基本的职业病,与 1981 年国际劳工组织颁布的《职业安全卫生与工作环境公约》(第 155 号)的要求还有距离。

重点提示

职业病与职业事故(工伤)不同,它一般不是外力对身体外部组织所造成的创伤,而是由于有害健康的工作环境和劳动条件长期影响所造成的体内某种器官或系统发生的慢性病。但职业病也是在劳动过程中发生的,与劳动有着直接的关系,各国一般都将职业病列为工伤保险事故的范围之内。

1. 职业卫生责任制度

根据《职业病防治法》的规定,用人单位应当建立、健全职业病防治责任制,加强对职业病防治的管理,提高职业病防治水平,对本单位产生的职业病危害承担责任。

用人单位建立职业卫生责任制度应采取的措施主要包括:(1)设置相应的职业卫生管理机构或组织,配备专职或兼职的职业卫生专业人员,负责本单位的职业病防治工作;(2)制订职业危害控制计划、方案;(3)建立健全职业卫生管理制度和操作规程;(4)建立职业卫生档案和职工健康档案;(5)建立健全工作场所职业危害因素监测及评价制度;(6)建立职业危害事故应急救援预案。

2. 职业卫生培训制度

根据《职业病防治法》的规定,用人单位应当建立、健全职业卫生培训制度。用人单位负责人和劳动者只有在掌握哪些是职业病危害以及如何预防和控制等方面的职业卫生知识后,才能提高自我的保护意识和自我管理水平,认清职业病危害并积极加以预防,改善作业环境,保护自身健康。

职业卫生培训制度的内容主要包括:(1)对用人单位负责人、用人单位的职业卫生培训。用人单位的负责人应当接受职业卫生培训,遵守职业病防治法律、法规,依法组织本单位的职业病防治工作。用人单位应当对劳动者进行上岗前的职业卫生培训和在岗期间的定期职业卫生培训,普及职业卫生知识,督促劳动者遵守职业病防治法律、法规、规章和操作规程,指导劳动者正确使用职业病防护设备和个人使用的职业病防护用品。(2)对劳动者进行职业卫生培训。劳动者应当学习和掌握相关的职业卫生知识,遵守职业病防治法律、法规、规章和操作规程,正确使用、维护职业病防护设备和个人使用的职业病防护用品,发现职业病危害事故隐患应当及时报告。劳动者不履行前述义务的,用人单位应当对其进行教育。

3. 职业卫生认证制度

职业卫生认证制度,是指对从事职业病健康检查、诊断、鉴定、服务的医疗卫生机构,从事职业病健康检查、诊断、鉴定、服务的从业人员的资格,以及与劳动卫生相关的物质技术要素的质量进行严格审查并对其中符合要求者正式认可的强制性认证制度。

职业卫生认证制度的内容主要包括:(1)职业健康检查医疗卫生机构资质认证。我国《职业病防治法》中第36条第3款规定:"职业健康检查应当由省级以上人民政府卫生行政部门批准的医疗卫生机构承担。"卫生行政部门按照卫生部《职业性健康检查管理规定》和《职业卫生技术服务机构资质认证专家库管理规定》的要求,组成专家组,对申请单位进行技术评审。(2)职业病诊断医疗卫生机构资质认证。《职业病防治法》第44条规定,职业病诊断应当由省级以上人民政府卫生行政部门批准的医疗卫生机构承担。卫生行政部门按照卫生部《职业病诊断管理办法》和《职业卫生技术服务机构资质认证专家库管理规定》的要求,组成专家组,对申请单位进行技术评审。(3)职业卫生服务机构资质认证。《职业病防治法》第19条规定:"职业病危害预评价、职业病危害控制效果评价由依法设立的取得国务院安全生产监督管理部门或者设区的市级以上地方人民政府安全生产监督管理部门按照职责分工给予资质认可的职业卫生技术服务机构进行"省级以上人民政府卫生行政部门对职业卫生技术服务机构进行资质认证必须按照卫生部颁布的《职业卫生技术服务机构资质认证管理办法》的规定设立专家库,以随机抽取的方式确定参加资质认证的专家,对提出申请的职业卫生技术服务机构进行资质认证。(4)职业病诊断鉴定委员会人员的资格认定。《职业病防治法》规定,职业病诊断鉴定委员会人员资格的认定,应当由省、自治区、直辖市人民政府卫生行政部门按照国务院卫生行政部门制定的职业病诊断鉴定办法的规定,对参加职业病鉴定委员会的专家的资格和条件进行审查和认定,设立相关的专家库。(5)对与职业卫生联系特别紧密的物质技术要素的质量认证。例如,对职业卫生防护用品的质量认证,对职业卫生设备、工程、技术等的质量认证。

4. 产生职业病危害企业的特殊准入制度

《职业病防治法》规定,产生职业病危害的用人单位的设立除应当符合法律、行政法规规定的设立条件外,其工作场所还应当符合下列职业卫生要求:(1)职业病危害因素的强度或者浓度符合国家职业卫生标准;(2)有与职业病危害防护相适应的设施;(3)生产布局合理,符合有害与无害作业分开的原则;(4)有配套的更衣间、洗浴间、孕妇休息间等卫生设施;(5)设备、工具、用具等设施符合保护劳动者生理、心理健康的要求;(6)法律、行政法规和国务院卫生行政部门关于保护劳动者健康的其他要求。

5. 职业病危害项目申报制度

《职业病防治法》规定,用人单位设有依法公布的职业病目录所列职业病的危害项目的,应当及时、如实地向卫生行政部门申报,接受监督。职业病危害项目申报的具体办法由国务院卫生行政部门制定。

6. 职业病危害预评价制度

《职业病防治法》规定,新建、扩建、改建项目和技术改造、技术引进项目可能产生职业病危害的,建设单位在可行性论证阶段应当向卫生行政部门提交职业病危害预评价报告。卫生行政部门应当自收到职业病危害预评价报告之日起30日内,作出审核决定并书面通知建设单位。未提交预评价报告或者预评价报告未经卫生行政部门审核同意的,有关部门不得批准该建设项目。职业病危害预评价制度主要对建设项目可能产生的职业病危害因素及其对工作场所和劳动者健康的影响作出评价,确定危害类别和职业病防护措施。根据卫生部2002年3月颁布的《建设项目职业病危害分类管理办法》,根据建设项目职业病危害的程度,将可能产生职业病危害的建设项目分为一般职业病危害的建设项目和严重职业病危害的建设项目,并对职业病危害建设项目实行分类管理。对可能产生一般职业病危害的建设项目,要求进行可行性论证阶段职业病危害预评价的卫生审核、竣工验收时的职业病危害控制效果评价及职业病防护设施的卫生验收;对可能产生严重职业病危害的建设项目,除应当进行前项规定的卫生审核和卫生验收外,还应当进行设计阶段的防护设施设计的卫生审查。

7. 职业病危害事故报告、调查处理和统计制度

(1)职业病危害事故报告、调查处理和统计制度的含义。职业病危害事故报告、调查处理和统计制度是指为了更好地进行职业病的防治工作,对劳动者在劳动过程中发生职业病危害事故的情况进行危害事故报告、调查、处理和统计的制度。

(2)职业病危害事故的分类。按一次职业病危害事故所造成的危害程度,职业病危害事故分为一般事故、重大事故和特大事故三类。其中,一般事故是指发生急性职业病10人以下的情形。重大事故是指发生急性职业病10人以上50人以下或者死亡5人以下,或者发生职业性炭疽5人以下的情形。特大事故是指发生急性职业病50人以上或者死亡5人以上,或者发生职业性炭疽5人以上的情形。

(3)危害事故报告、调查处理和统计制度的内容。根据2002年卫生部颁布的《职业病危害事故调查处理办法》,危害事故报告、调查处理和统计制度的内容主

要包括:

第一,报告。职业病报告是职业病防治管理的重要内容,是政府实施职业卫生管理决策的依据之一,是了解和掌握职业病现状与发展趋势以及职业病危害预防控制状况的主要手段。我国很早就开始实行职业病报告制度,目前已基本形成覆盖全国的职业病报告网络体系。职业病报告的程序是:发生职业病危害事故时,用人单位应当立即向所在地县级卫生行政部门和有关部门报告,后者接到报告后,应根据事故等级实施紧急报告。其中,特大和重大事故,应当立即向同级人民政府、省级卫生行政部门和卫生部报告;一般事故,应当于6小时内向同级人民政府和上级卫生行政部门报告。任何单位和个人不得以任何借口对职业病危害事故瞒报、虚报、漏报和迟报。

第二,调查处理。发生职业病危害事故时,用人单位和卫生行政部门接到事故报告后,应当立即采取措施停止导致职业病危害事故的作业,控制事故现场,及时组织施救。卫生行政部门应当及时组织用人单位和有关部门组成事故调查组,进行事故调查,提出事故处理意见。卫生行政部门据此决定和实施对发生事故的用人单位的行政处罚,并责令用人单位及其主管部门负责落实有关改进措施建议。为做好职业病防治工作,保护劳动者的健康,要妥善处理、安置职业病患者。凡被确诊为患有职业病的病人,享有国家规定的职业病待遇,用人单位应安排治疗、康复和定期检查。对不宜继续从事原工作的,应当调离原岗位,并妥善安置。对从事接触职业危害作业的劳动者,应当给予适当的经济补偿。

第三,统计。地方各级卫生行政部门负责管辖本地区职业病危害事故的统计报告工作,并应不定期向有关部门和同级工会组织通报职业病危害事故发生的情况。职业病危害事故发生的情况,由省级以上卫生行政部门统一对外公布。[2]

8. 放射、高毒等作业的特殊管理制度

根据《职业病防治法》的规定,国家对放射、高毒等作业实行特殊管理,具体管理办法由国务院制定。2002年4月30日国务院根据《职业病防治法》的规定,发布了《使用有毒物品作业场所劳动保护条例》,对使用有毒物品作业场所中的劳动保护问题,尤其就高毒作业场所的特殊管理进行了详细的规定。

(二)技术类的劳动卫生基准制度

技术类的劳动卫生基准制度就是上升为法律的劳动卫生技术规程。

1. 防止粉尘危害的规定

粉尘是工业生产中对劳动者健康影响非常严重的有害物质,为消除厂矿企业中粉尘的危害,保护工人、职员的安全和健康,国家制定了一系列有关防止粉尘危

〔2〕 曾永梅:《劳动法》,武汉大学出版社2005年版,第190~191页。

害的法规。例如《中华人民共和国尘肺病防治条例》第 7 条规定:“凡有粉尘作业的企业、事业单位应采取综合防尘措施和无尘或低尘的新技术、新工艺、新设备,使作业场所的粉尘浓度不超过国家卫生标准。”

2. 防止有毒有害物质中毒的规定

为防止劳动者因从事有毒有害物质的劳动而发生职业中毒,保障劳动者在劳动中的健康,我国颁布了一系列有关防止职业中毒的规定。例如《使用有毒物品作业场所劳动保护条例》第 12 条规定:“使用有毒物品作业场所应当设置黄色区域警示线、警示标识和中文警示说明。警示说明应当载明产生职业中毒危害的种类、后果、预防以及应急救治措施等内容。高毒作业场所应当设置红色区域警示线、警示标识和中文警示说明,并设置通讯报警设备。”

3. 防止噪声和强光刺激的规定

为减少和消除作业环境中的噪声、强光刺激对劳动者产生的不良影响,国家颁布了《工业企业噪音标准》等,主要内容包括:(1)发生强烈噪音的生产应当尽量在设有消声设备的单独工作房中进行;(2)对在有噪声、强光、辐射热和溅火花、碎片、刨屑场所操作的劳动者提供和要求戴护耳器、防护镜、面具和帽盔等;(3)工作地点的局部照明亮度应符合操作技术规范和劳动卫生规范的要求。

4. 防暑、降温和防冻取暖的规定

为了防止劳动场所过度高温或低温对劳动者健康的影响,国家颁布了《防暑降温措施暂行办法》、《矿山安全法实施条例》、国务院批转了原国家经济委员会《关于从事有毒有害、高温、井下作业工人的食品供应情况和意见报告》。这些规定的主要内容有:(1)室内工作地点的温度如果经常高于 35℃时,应采取降温措施;低于 5℃时,应设置取暖设备。(2)采取技术措施、疏散热源,合理布置热源,使用隔热材料、循环水冷却等方式降低高温。(3)采取保健措施,实行入暑前健康检查,组织巡回医疗和防治观察,供应符合卫生要求的饮料。(4)按规定要求提供防暑、防冻劳动保护用品等。(5)井下作业地点的空气温度不得超过 28℃;超过时,应当采取降温或者其他防护措施。

5. 通风照明方面的规定

《矿山安全法实施条例》等规定:(1)工作场所和通道光线应该充足,采光部分不要遮蔽。局部照明的光度应该符合操作要求,也不要光线刺目。人工照明设施应保持清洁完好,窗户要经常擦拭,启闭装置应经常保持灵活。(2)通风装置必须有专职或兼职人员管理,并且应该定期检修和清扫,遇有损坏应该立即修理。(3)井下风量、风质、风速和作业环境的气候,必须符合矿山安全规程的规定。采掘工作面进风风流中,氧气不得低于 20%,二氧化碳不得超过 0.5%。

第四节　特殊劳动保护制度

一、特殊劳动保护制度概述

特殊劳动保护制度是对女职工和未成年工的劳动保护制度。这里的女职工一般是指一切以工资收入为主要生活来源的女性劳动者,包括从事体力劳动和脑力劳动的妇女。未成年工是指年满16周岁未满18周岁的劳动者。

特殊劳动保护制度是根据女职工和未成年工的身体结构、生理特点和各自的特殊需要,在劳动方面对其特殊权益给予特殊保护的法律制度,它在适用对象和基本内容上有别于对一般劳动者的劳动安全保护制度。女职工和未成年工特殊劳动保护制度是劳动法追求社会公正和法律权利人人平等的社会目标的体现,是国家为实现社会进步目的的一种宏观调控性质的法律制度,是基于社会公平和社会的整体利益、长远利益而确立的基本制度,具有高度的法律强制性,用人单位和劳动者均应依法执行。

|思考|　特殊劳动保护制度是对女职工和未成年工劳动方面的所有权益进行保护吗?

对女职工和未成年工实行特殊劳动保护制度具有十分重要的意义。首先,它体现了社会的进步和发展。社会进步与发展以社会公平、人的权利充分得以实现为重要标志。女职工和未成年工特殊保护制度,正是基于这一社会目标而建立并为实现这一目标发挥作用的。其次,特殊劳动保护制度有利于促进生产力发展。对女职工和未成年工实行特殊劳动保护制度,有利于提高人口质量,保护劳动力资源,促进我国生产力的发展。再次,它有利于民族的优秀体质的延续、提高和中华民族的兴旺发达。由于女职工肩负着人类自身生产和社会生产的两副重担,母体的健康直接影响着子女的健康。因此,对女职工的特殊劳动保护必然有利于促进中华民族的兴旺发达。

我国一贯重视对女职工和未成年工的特殊劳动保护,分别通过宪法、法律、行政法规、部门规章等对其作出了明文规定。《宪法》第48条规定:“中华人民共和国妇女在政治的、经济的、文化的、社会的和家庭的生活等各方面享有同男子平等的权利。国家保护妇女的权利和利益,实行男女同工同酬。”在法律方面,《劳动法》第七章专章规定了女职工和未成年工特殊保护制度。1992年4月3日颁布的

《妇女权益保障法》(2005年修改)和1991年9月4日颁布的《未成年人保护法》分别就涉及女职工、未成年工权益保障的有关问题作了明确规定。在行政法规层次上,2012年国务院颁布《女职工劳动保护特别规定》(修订),1991年1月8日颁布、2001年10月1日修订了《禁止使用童工规定》。原劳动部制定发布的有关女职工、未成年工特殊劳动保护的部门规章有:1990年1月18日的《女职工禁忌劳动范围的规定》、1994年12月9日的《未成年工特殊劳动保护规定》等。此外,对于女职工、未成年工特殊劳动保护方面的国际公约,我国加大了批准力度,先后批准了8个国际公约,具体包括:1984年5月30日决定承认的《确定准许儿童在海上工作的最低年龄公约》、《确定准许使用未成年人为扒炭工或司炉工的最低年龄公约》、《受雇于海上工作的儿童及未成年人的强制体格检查公约》、《妇女受雇用于各种矿场井下工作公约》、《确定准许使用儿童于工业工作的最低年龄公约》;1990年11月2日批准的《1951年同酬公约》;1999年4月28日批准的《准许就业最低年龄公约》;2002年6月29日批准的《禁止和立即消除最恶劣形式的童工劳动公约》等。

二、女职工特殊劳动保护制度的主要内容

女职工特殊劳动保护是根据女职工身体结构、生理机能的特点以及抚育子女的特殊需要,在劳动方面对其特殊权益的法律保障。对女职工的特殊劳动保护主要是通过禁忌劳动范围的规定和女职工生理变化过程中的保护规定等体现的,它适用于我国境内一切国家机关、人民团体、企业、事业单位的女职工。

|思考| 对女职工、未成年工的特殊劳动保护为什么适用于我国境内的一切国家机关、企业、事业单位、社会团体、个体经济组织及其他社会组织?

(一)女职工禁忌劳动范围

根据《劳动法》第59条和有关行政法规、部门规章的规定,女职工禁忌从事的劳动范围包括:(1)矿山井下作业。矿山井下作业是指常年在矿山井下从事的各种劳动,不包括临时性工作。依据我国1984年5月30日决定承认的《妇女受雇用于各种矿场井下工作公约》的规定,主要包括下列人员:任管理职务而非从事体力劳动者;从事卫生及福利工作者;学习期间在矿场的井下部分担任非体力的职务者;偶然必须进入矿场的井下部分担任非体力的劳动者。(2)国家规定的第四级体力劳动强度的劳动。根据国家标准《体力劳动强度分级》(GB3869—83)的规定,体力劳动强度的大小是以劳动强度指数来衡量的,劳动强度是由该工种的平均劳动时间率、平均能量代谢率两个因素构成的。劳动强度指数越大,体力劳动强度

也越大;反之亦然。标准中规定,劳动强度指数小于15,体力劳动强度为Ⅰ级;大于15,小于20,为Ⅱ级;大于20,小于25,为Ⅲ级;大于25为Ⅳ级。(3)森林业伐木、归楞及流放作业。(4)建筑业脚手架的组装和拆除作业,以及电力、电信行业的高空架线作业。(5)连续负重(指每小时负重次数在六次以上)每次负重超过20公斤,间断负重每次超过25公斤的作业。此外,已婚待孕女职工不得从事铅、汞、苯、铜等作业场所属于《有毒作业分级》标准中第三级(中度)、第四级(轻度)的作业。

(二)女职工生理变化过程中的保护

女职工的生理特点决定了女职工有经期、孕期、产期、哺乳期的生理变化,为了保障女职工在这"四期"中的身体健康和劳动权利,《劳动法》第60—63条以及有关行政法规、部门规章专门对女职工的"四期"保护作了规定。其主要内容有:

1. 经期保护

对女职工经期的法律保护主要是通过明确规定女职工经期禁忌从事的劳动范围体现的。《劳动法》第60条规定:"不得安排女职工在经期从事高处、低温、冷水作业和国家规定的第三级体力劳动强度的劳动。"根据《女职工禁忌劳动范围的规定》第4条的规定,女职工在月经期间禁忌从事的劳动范围包括:(1)食品冷冻库内及冷水、低温等作业。其中冷水作业是指在劳动生产过程中,操作人员接触冷水温度等于或小于12℃的作业,低温作业是指在劳动生产过程中,其工作地面平均气温等于或低于5℃的作业。(2)《体力劳动强度分级》标准中第三级体力劳动强度的作业。(3)《高处作业分级》标准中第二级以上(含二级)的作业。根据《高处作业分级》(GB3608—83),凡在坠落高度基准面2米以上(含2米)有可能坠落的高处进行作业的,均为高处作业。其中,2至5米的为一级高处作业,5至15米的为二级高处作业,15至30米的为三级高处作业,30米以上的为特级高处作业。

2. 孕期保护

根据《劳动法》第61条和有关行政法规、部门规章的规定,我国对女职工孕期的保护,主要有以下四个方面的内容:

(1)明确规定女职工孕期禁忌劳动的范围。根据《女职工禁忌劳动范围的规定》,女职工在怀孕期间,用人单位不得安排从事下列劳动:①作业场所空气中铅及其化合物、汞及其化合物、苯、镉、铍、砷、氰化物、氮氧化合物、一氧化氮、二硫化碳、氯、己内酰胺、氯丁二烯、氯化烯、环氧乙烷、苯胺、甲醛等有毒物质浓度超过国家卫生标准的作业;②制药行业中从事抗癌药物及乙烯雌酚生产的作业;③作业场所放射性物质超过《放射防护规定》中规定剂量的作业;④人力进行的土方和石方作业;⑤《体力劳动强度分级》标准中第三级体力劳动强度的作业;⑥伴有全身强烈震动的作业,如风钻、捣固机、锻造等作业以及拖拉机驾驶;⑦工作中需要频繁弯腰、攀高、下蹲的作业,如焊接作业;⑧《高处作业分级》标准所规定的高处作业。

(2)女职工在怀孕期间不能胜任原工作的,用人单位应当根据医务部门的证明,予以减轻劳动量或安排其他劳动。

(3)禁止安排怀孕女职工从事夜间劳动或延长工作时间,并保护女职工孕期的休息权。《劳动法》第 61 条明确规定,“对怀孕七个月以上的女职工,不得安排其延长工作时间和夜班劳动”。“夜班劳动”是指在当日 22 时至次日凌晨 6 时期间内从事劳动或工作。

(4)怀孕的女职工在劳动时间内进行产前检查的时间,应当算作劳动时间。

3. 产期保护

产期保护是对生育期间女职工的特殊保护。女职工在产期之内享受一定时间的产假和相应的生育保险待遇。《女职工劳动保护特别规定》第 7 条规定,女职工产假为 98 天,其中产前休假 15 天。难产的,增加产假 15 天。多胞胎生育的,每多生育 1 个婴儿,增加产假 15 天。女职工怀孕未满 4 个月流产的,享受 15 天产假;怀孕满 4 个月流产的,享受 42 天产假。

4. 哺乳期保护

哺乳期保护是对女职工哺乳未满一周岁婴儿期间的特殊保护。《劳动法》第 63 条规定:“不得安排女职工在哺乳未满一周岁的婴儿期间从事国家规定的第三级体力劳动强度的劳动和哺乳期禁忌从事的其他劳动,不得安排其延长工作时间和夜班工作。”根据《女职工禁忌劳动范围的规定》第 7 条的规定,乳母禁忌从事的劳动范围有:(1)女职工孕期禁忌从事劳动范围中第(1)项和第(5)项劳动;(2)作业场所的空气中锰、氟、溴、甲醇、有机磷化合物、有机氯化合物的浓度超过国家卫生标准的作业。关于哺乳时间,《女职工劳动保护特别规定》第 9 条规定:“对哺乳未满 1 周岁婴儿的女职工,用人单位不得延长劳动时间或者安排夜班劳动。用人单位应当在每天的劳动时间内为哺乳期女职工安排 1 小时哺乳时间;女职工生育多胞胎的,每多哺乳 1 个婴儿每天增加 1 小时哺乳时间。”

此外,《女职工劳动保护特别规定》第 5 条规定:“用人单位不得因女职工怀孕、生育、哺乳降低其工资、予以辞退、与其解除劳动或者聘用合同。”

(三)女职工特殊保护设施

在女职工特殊保护设施方面,《女职工劳动保护特别规定》第 10 条规定:“女职工比较多的用人单位应当根据女职工的需要,建立女职工卫生室、孕妇休息室、哺乳室等设施,妥善解决女职工在生理卫生、哺乳方面的困难。”

(四)禁止职场性骚扰

随着经济的发展,社会生活逐渐的多元化和复杂化,女性进入工作职场的机会增多,职场性骚扰问题日益显现,已经成为女职工劳动保护中遇到的主要问题之一。《女职工劳动保护特别规定》第 11 条规定:“在劳动场所,用人单位应当预防和制止对女职工的性骚扰。”

(五)女职工权益被侵害时的保护

为了切实保护女职工的合法权益、全面落实国家有关女职工特殊劳动保护的规定,《妇女权益保障法》、《女职工劳动保护规定》对女职工特殊劳动保护权利的救济方式和侵权责任均作了明文规定。

概括地讲,女职工特殊劳动保护权利的救济方式有申诉、投诉和向人民法院起诉三种方式。用人单位违反本规定,侵害女职工合法权益的,女职工可以依法投诉、举报、申诉,依法向劳动人事争议调解仲裁机构。

三、未成年工特殊劳动保护制度的主要内容

根据《劳动法》和《未成年工特殊保护规定》等,未成年工特殊保护制度的主要内容为:

(一)禁止使用童工

根据我国的实际情况和《义务教育法》的规定,我国将最低就业年龄定为 16 周岁。《劳动法》第 15 条规定:“禁止用人单位招用未满十六周岁的未成年人。文艺、体育和特种工艺单位招用未满十六周岁的未成年人,必须依照国家有关规定,履行审批手续,并保障其接受义务教育的权利。”《未成年人保护法》第 38 条第 1 款规定:“任何组织或者个人不得招用未满十六周岁的未成年人,国家另有规定的除外。”国务院《禁止使用童工规定》也明确规定:国家机关、社会团体、企业事业单位、民办非企业单位或者个体工商户均不得招用不满 16 周岁的未成年人;禁止任何单位或者个人为不满 16 周岁的未成年人介绍就业;禁止不满 16 周岁的未成年人开业从事个体经营活动;不满 16 周岁的未成年人的父母或者其他监护人应当保护其身心健康,保障其接受义务教育的权利,不得允许其被用人单位非法招用;用人单位招用人员时,必须核查被招用人员的身份证,对不满 16 周岁的未成年人,一律不得录用等。对于违反前述规定的单位和个人,要依法追究其相应的法律责任。

(二)未成年工禁忌劳动范围

《劳动法》第 64 条规定:“不得安排未成年工从事矿山井下、有毒有害、国家规定的第四级体力劳动强度的劳动和其他禁忌从事的劳动。”《未成年工特殊保护规定》明确界定了未成年工禁忌劳动的范围。

根据该规定,用人单位不得安排未成年工从事以下范围的劳动:(1)《生产性

粉尘作业危害程度分级》国家标准中第一级以上的粉尘作业;(2)《有毒作业分级》国家标准中第一级以上的有毒作业;(3)《高处作业分级》国家标准中第二级以上的高处作业;(4)《冷水作业分级》国家标准中第二级以上的冷水作业;(5)《高温作业分级》国家标准中第三级以上的高温作业;(6)《低温作业分级》国家标准中第三级以上的低温作业;(7)《体力劳动强度分级》国家标准中第四级体力劳动强度的作业;(8)矿山井下及矿山地面采石作业;(9)森林业中的伐木、流放及守林作业;(10)工作场所接触放射性物质的作业;(11)有易燃易爆、化学性烧伤和热烧伤等危险性大的作业;(12)地质勘探和资源勘探的野外作业;(13)潜水、涵洞、涵道作业和海拔3000米以上的高原作业(不包括世居高原者);(14)连续负重每小时6次以上并每次超过20公斤,间断负重每次超过25公斤的作业;(15)使用凿岩机、捣固机、气镐、气铲、铆钉机、电锤的作业;(16)工作中需要长时间保持低头、弯腰、上举、下蹲等强迫体位和动作频率每分钟大于50次的流水线作业;(17)锅炉司炉。

未成年工患有某种疾病或具有某些生理缺陷(非残疾型)时,用人单位不得安排其从事以下范围的劳动:(1)《高处作业分级》国家标准中第一级以上的高处作业;(2)《低温作业分级》国家标准中第二级以上的高温作业;(3)《高温作业分级》国家标准中第二级以上的高温作业;(4)《体力劳动强度分级》国家标准中第三级以上体力劳动强度的作业;(5)接触铅、苯、汞、甲醛、二硫化碳等易引起过敏反应的作业。

(三)定期健康检查

定期健康检查是保障未成年工在劳动过程中的身体健康的重要举措,也是用人单位应尽的法定义务。《劳动法》第65条规定:“用人单位应当对未成年工定期进行健康检查。”《未成年工特殊保护规定》对未成年工定期健康检查制度作了具体规定:(1)用人单位应按下列要求对未成年工定期进行健康检查:安排工作岗位之前;工作满一年;年满18周岁,距前一次的体检时间已超过半年。(2)未成年工的健康检查,应按该规定所附《未成年工健康检查表》列出的项目进行。(3)体格检查发现未成年工不适宜从事原工作的,用人单位应当为未成年工调换适宜的工作岗位;如果未成年工身体健康受到损害的,用人单位应当为其治疗。《未成年工特殊保护规定》第8条规定:“用人单位应根据未成年工的健康检查结果安排其从事适合的劳动,对不能胜任原劳动岗位的,应根据医务部门的证明,予以减轻劳动量或安排其他劳动。”(4)未成年工在规定的健康检查期间进行健康检查花费的时间,应算作工作时间,用人单位不得克扣其工资。

(四)未成年工使用和特殊保护的登记制度

根据《未成年工特殊保护规定》第9条规定,国家对未成年工的使用和特殊保护实行登记制度。用人单位招收使用未成年工,除符合一般用工要求外,还须向所在地的县级以上劳动行政部门办理登记。劳动行政部门根据《未成年工健康检查表》、《未成年工登记表》,核发《未成年登记证》。未成年工须持《未成年工登记证》上岗。

课后实训

一、关键词解释

劳动安全卫生基准　　管理类的劳动安全基准　　技术类的劳动安全基准
劳动安全技术规程　　管理类的劳动卫生基准　　技术类的劳动卫生基准
劳动卫生技术规程　　特殊劳动保护制度

二、思考题

1. 简述劳动安全卫生基准制度的特征。
2. 简述劳动安全卫生基准制度的基本方针。
3. 简述劳动安全卫生制度中各方当事人的权利与义务。
4. 简述劳动安全基准制度的主要内容。
5. 简述劳动卫生基准制度的主要内容。
6. 简述女职工特殊劳动保护制度的主要内容。
7. 简述未成年工特殊劳动保护制度的主要内容。

三、案例

1. 东方煤矿原隶属淮南市谢家集区煤炭管理局,属于区办集体企业,后改制为民营股份制企业。案发前,于清泉为该煤矿矿长,全面负责矿内工作,是该矿安全生产第一责任人。

法院审理查明,2014年6月30日,淮南市防汛抗旱指挥部要求全市小煤矿自7月1日起汛期停产。于清泉接到停产通知并汇报后,继续组织越界开采区域偷偷生产。2014年8月19日3时56分,东方煤矿越界开采区域－520米C13回煤工作面生产作业过程中,因未进行瓦斯抽采,采用“以掘代采”的采煤方法,且通风能力不足,局部通风机循环风,导致瓦斯聚集,作业人员违章放炮引发瓦斯爆炸,致使27名井下作业人员死亡,1人受伤,造成直接经济损失人民币4511万余元。日前,安徽省巢湖市人民法院对造成27死1伤的淮南东方煤矿爆炸事故案作出一审判决,认定直接责任人、矿长于清泉构成非法储存爆炸物罪、非法采矿罪和重大责任事故罪,数罪并罚,决定执行有期徒刑二十年,并处罚金 50 万元。[3]

请问：煤矿责任人为何获刑？

2. 某建筑公司欲招收一批劳动合同制工人，岗位是焊接力工。任某是名年轻妇女，刚怀孕，但身强力壮，希望得到这份工作，可是建筑公司却不予录用。任某不服，认为建筑公司这种做法是性别歧视，侵犯了妇女的平等就业权，遂向劳动仲裁委员会提请仲裁，要求建筑公司录用自己。

请问：某建筑公司的做法是否正确？

---

〔3〕“淮南东方煤矿矿难责任人获刑 20 年”，载《人民法院报》2016 年 3 月 3 日。

第十一章　劳动争议处理制度

内容提要

本章共分为五节，主要围绕劳动争议处理概述、劳动争议处理的原则、劳动争议处理机构、个别劳动争议处理程序、集体合同争议处理程序展开。本章的重点是劳动争议的受案范围、个别劳动争议处理程序、集体合同争议处理程序。难点是对劳动争议的界定，特别是对权利争议与利益争议的鉴别，以及个别劳动争议和集体合同争议的处理。

第一节　劳动争议处理概述

一、劳动争议的概念

劳动争议亦称劳动纠纷、劳资争议或劳资纠纷，劳动争议有广义和狭义之分。"劳动争议，广义的谓以劳动关系为中心所发生的一切争议。于此意义，因劳动契约关系，雇佣人与受雇人间所生之争议，或关于劳动者之保护或保险，雇佣人与国家间所起之纷争，雇佣人团体及受雇人团体本身之内部关系所生之纠纷，以及雇佣人或雇佣人团体与受雇人团体间因团体的交涉所生之纠纷，皆为劳动争议。然本章所称劳动争议，乃指狭义之劳动争议而言。即仅以各个之雇佣人与受雇人间所生之争议及雇佣人或雇佣人团体与受雇人团体间所生之争议为限。如因争议之当事人而为区别，前者可称为个人争议，后者称为团体争议。"[1]黄越钦教授认为，"'劳资争议'四个字乃一法律上具有特定意义之专有名词，并不是一切冲突、械斗、纠纷均可称为争议行为"。因为"依据'宪法'生存权之理念，劳工得行使团结权，以进行团体交涉，进而行使争议权，以达成其改善劳动条件之目的。为达此目的，劳工之争议权最后将落实在与雇方签订团体协约，故争议权行使之目的在缔结

〔1〕 史尚宽：《劳动法原论》，正大印书馆 1978 年台北重版，第 241 页。

团体协约”。[2] 所以，“可惜不论在立法上或在实务上甚至在学术上均有庸俗化的倾向，不但不能正确体认此一专有名词之法律上的意义，甚且任意加以切割或以其他名词加以混淆”。[3] 王全兴教授认为，劳动关系有单个劳动关系与团体（集体）劳动关系之区分。与单个劳动关系对应的劳动争议为狭义劳动争议，即劳动者与用人单位之间关于劳动权利义务的争议。与团体（集体）劳动关系和单个劳动关系对应的劳动争议为广义劳动争议，其中包括狭义劳动争议和团体（集体）劳动争议。[4]

本书认为，劳动争议是指劳动者与用人单位之间所生之争议及用人单位或用人单位团体与工会之间围绕权利、义务以及相关利益所生的争议。这一含义包含以下几点内容：

1. 劳动争议的主体是特定的，即一方是劳动者及工会，另一方是用人单位及用人单位团体。也可以说，劳动争议的主体就是劳动关系的主体。

2. 劳动争议的内容具有广泛性。劳动权利和义务本身就具有广泛性，既有法定权利，也有约定权利，既有财产性质权利，也有人身性质权利。劳动争议的内容包括就业、工时、工资、劳动安全与保护、劳动保险与福利、职业培训、民主管理、奖励惩罚等若干方面。同时，在集体合同争议中还会围绕相关利益产生争议。

3. 劳动争议是劳动领域中的经济利益的冲突。例如，劳动关系解除争议，从其实质讲，都是为了一定的利益而产生的争议。一方面，从法律形式上讲，劳动关系解除，劳动者就失去劳动的权利；另一方面，从实质上讲，劳动关系解除，意味着劳动者经济来源的丧失，生活失去保障。

4. 劳动争议是主体权利或利益主张的矛盾和冲突。因此，劳动争议的处理也就成为解决这种权利或利益冲突的法定程序。

5. 劳动争议由于以劳动关系为基础，而劳动关系又具有极强的社会性特征，当事人之间特别是劳动者的权利或利益不能实现或不能完全实现，则会对其他劳动者甚至社会产生广泛的影响。因此，劳动争议处理的程序公正会对劳资关系的稳定产生重要作用。

| 思考 |　为什么劳动争议处理无论从内容、形式到程序的设计，都具有其独特性，与一般民事争议处理有所差别？

我国现行劳动争议的立法并未给劳动争议下定义，它们把劳动争议限制在狭

---

[2] 凡不是以缔结或修订团体协约之行为，均不是劳资争议。

[3] 黄越钦：《劳动法新论》，中国政法大学出版社 2004 年版，第 318 页。

[4] 王全兴：《劳动法》，法律出版社 1997 年版，第 473 页。

义的范围内,并且主要只是针对企业范围内的劳动者个人与雇主之间的争议,而对于以工会为代表的劳动者集体与雇主或雇主组织之间发生的集体争议涉及甚少。其所界定的劳动争议处理受案范围显得较窄,不能很好地适应市场经济发展的需要。

二、劳动争议的分类

劳动争议按照不同标准,具有不同分类。如按发生争议的用人单位的所有制性质来分,分为国有企业、外资企业、私营企业等劳动争议。按争议内容的不同来分,又分为劳动合同争议、工作时间争议、工资争议。但最具理论与实践意义的分类,是以下两种:

(一)争议标的不同

1. 权利争议

权利争议,是指劳资双方依据法律、集体合同、劳动合同的规定,主张权利存在与否或有无受到侵害或有无履行债务等发生的争议。[5] 例如雇主未依约发给工资,不给付资遣费等。简而言之,"即债务不履行或违约等之'履约'问题"。就权利争议而言,"在法理上属于违约或债务不履行的问题。因为债务不履行,在性质上属契约严守原则之贯彻。故其强制只有法院能有此职权。"[6] 权利争议"涉及对已有的集体协议或雇佣合同的应用和解释问题"。[7] 一般指履行劳动合同中的争议,集体合同中涉及具体权利的争议也应纳入。由于这类争议是针对已确定的权利发生的,具有法律上的可衡量性和可诉性,又称"法律上的争议"或"实现既定权利的争议"。

2. 利益争议

利益争议,一般指因为确定或变更劳动条件而发生的争议。在这类争议中,双方所主张的权利义务在事先并未确定,其争议目的,是为将这种期待中的权利上升为合同上的权利。例如工资、奖金、津贴增加、工时减少等争议。简而言之,"即'缔约'或'换约'问题"。就利益争议而言,"在法理上属于'缔约'之问题。明了此点即可知既然为缔约问题,基于'缔约自由'之原则,必须由缔约双方当事人自主进行,法院并没有干预之立场"。[8] "利益争议,它涉及雇员的要求或行政管理

---

〔5〕 常凯:《劳权论》,中国劳动社会保障出版社 2004 年版,第 370 页。

〔6〕 黄越钦:《劳动法新论》,中国政法大学出版社 2004 年版,第 319 页。

〔7〕 《英国劳资关系法实施规则》(1972 年),第 126 条。

〔8〕 黄越钦:《劳动法新论》,中国政法大学出版社 2004 年版,第 319 ~ 320 页。

关于雇佣条款和雇佣条件的提议。"[9]这类争议以订立和变更合同为主要引起方式。由于利益争议并不具有法律上的可衡量性和可诉性,也称为"事实上的争议"或"确定权利的争议"。

重点提示

这一分类对于把握劳动争议的特点进而准确处理劳动争议,具有重要的理论与实践意义。由于我国的劳动争议处理理论的薄弱和制度的不健全,这一分类并未被重视。近年来,适应市场经济劳动争议发展的需要,这一分类被越来越多的理论和劳动实务工作者所关注。

(二)争议主体的不同

1. 个别争议

"是因劳动契约关系所生之各个雇用人与受雇人间之争议及关于权利发生效力及消灭之问题。"。[10] 这种争议发生于劳动者个人与雇主之间,争议的内容一般是劳动合同所约定的劳动权利和义务。这种争议涉及的是具体的劳动者直接的和切身的权益。其争议主体是个别劳动关系中的劳动者和雇主。

2. 集体劳动争议

集体劳动争议一般为多个劳动者(10人以上)基于同样的请求与用人单位之间的争议,也可称为多数人争议。2007年12月29日第十届全国人民代表大会常务委员会第三十一次会议通过的《中华人民共和国劳动争议调解仲裁法》第7条规定:"发生劳动争议的劳动者一方在十人以上,并有共同请求的,可以推举代表参加调解、仲裁或者诉讼活动。"

重点提示

集体劳动争议由于在形式上与通常的个别争议有所不同,所以可以作为一种特殊的个别争议,以特别审理的方式予以处理。劳动者人数众多,有共同请求,在民事诉讼程序上是合并之诉,是典型的集团诉讼。

3. 集体合同争议

是指工会与用人单位或其团体之间因为签订、履行集体合同而发生的劳动争议。

---

〔9〕 参见《英国劳资关系法实施规则》(1972年),第126条。

〔10〕 史尚宽:《劳动法原论》,正大印书馆1978年台北重版,第241页。

集体劳动争议与集体合同争议不同,区别主要表现在:(1)集体劳动争议是关于劳动合同的争议;集体合同争议是关于集体合同的争议。(2)集体劳动争议的主体为基于各自独立请求权利的个人。一方是劳动者本人,另一方是用人单位;集体合同争议的一方是工会代表,另一方是用人单位或其团体。(3)集体合同争议涉及的是劳动者群体即全体职工的整体利益,在利益构成上具有不可分性;而集体劳动争议虽然也具有与用人单位发生劳动争议的共同理由,但其各自的权利构成是独立的,具有可分性。(4)集体劳动争议只对争议人发生影响,对其他劳动者不具有法律意义;集体合同争议解决的后果对全体劳动者具有影响,对全体劳动者具有法律意义。

重点提示

划分个别劳动争议、集体劳动争议和集体合同争议的意义在于,三者在争议处理中采用不同的程序。个别争议的处理适用一般程序,集体劳动争议和集体合同争议的处理适用特别程序。[11]

三、劳动争议的受案范围

我国劳动争议的受案范围与劳动法律关系的内容基本一致。目前,我国涉及劳动争议受案范围的法律法规主要有以下几部:

(一)《劳动争议调解仲裁法》的规定

《劳动争议调解仲裁法》第2条规定,劳动争议处理机构的受案范围包括以下几个方面:(1)因确认劳动关系发生的争议;(2)因订立、履行、变更、解除和终止劳动合同发生的争议;(3)因除名、辞退和辞职、离职发生的争议;(4)因工作时间、休息休假、社会保险、福利、培训以及劳动保护发生的争议;(5)因劳动报酬、工伤医疗费、经济补偿或者赔偿金等发生的争议;(6)法律、法规规定的其他劳动争议。同时,第52条规定:事业单位实行聘用制的工作人员与本单位发生劳动争议的,依照本法执行;法律、行政法规或者国务院另有规定的,依照其规定。

---

〔11〕 需要指出的是,在我国的劳动争议处理的法律规定和实践中,集体停工、怠工也是一种劳动争议的表现形式,这种劳动争议可能是围绕劳动合同,也可能是围绕集体合同发生的争议。例如,《工会法》第27条规定的集体停工怠工及其处理。《工会法》第27条规定:"企业、事业单位发生停工、怠工事件,工会应当代表职工同企业、事业单位或者有关方面协商,反映职工的意见和要求并提出解决意见。对于职工的合理要求,企业、事业单位应当予以解决。工会协助企业、事业单位做好工作,尽快恢复生产、工作秩序。"

重点提示

1.2007 年的《劳动合同法》的第 2 条扩大了劳动争议处理机构的受案范围：(1)将民办非企业单位与其劳动者的劳动关系，纳入《劳动合同法》调整。(2)将工会、共青团、妇联等人民团体和群众团体以外的其他社会团体与其劳动者的劳动关系，纳入《劳动合同法》调整。(3)很大程度上将法律、法规授权的具有公共事务管理职能的事业单位以外的其他事业单位与其劳动者的劳动关系，纳入《劳动合同法》调整。实行聘用制的工作人员不适用《劳动合同法》的前提条件是"法律、行政法规或者国务院另有规定"(《劳动合同法》的第 96 条)。既然将这些劳动关系纳入《劳动合同法》调整，就意味着围绕这些劳动合同关系发生的争议应属劳动争议处理机构的受案范围。

2.《劳动合同法》第 4 条规定了用人单位应当依法建立和完善劳动规章制度，但《劳动争议调解仲裁法》第 2 条只是规定"(二)因订立、履行、变更、解除和终止劳动合同发生的争议；(三)因除名、辞退和辞职、离职发生的争议"；显然，这里主要是规定因劳动规章制度及其解雇惩戒发生争议可以获得司法和准司法救济，所以当劳动者遭受用人单位不公平的除过解雇以外的惩戒时，劳动者就很难获得司法和准司法救济。

(二)《劳动法》的规定

1995 年《劳动法》第 84 条规定："因签订集体合同发生争议，当事人协商解决不成的，当地人民政府劳动行政部门可以组织有关各方协调处理。因履行集体合同发生争议，当事人协商解决不成的，可以向劳动争议仲裁委员会申请仲裁；对仲裁裁决不服的，可以自收到仲裁裁决书之日起十五日内向人民法院提起诉讼。"

(三)《集体合同规定》的规定

2004 年《集体合同规定》第 49 条规定："集体协商过程中发生争议，双方当事人不能协商解决的，当事人一方或双方可以书面向劳动保障行政部门提出协调处理申请；未提出申请的，劳动保障行政部门认为必要时也可以进行协调处理。"第 55 条规定，"因履行集体合同发生的争议，当事人协商不成的，可以依法向劳动争议仲裁委员会申请仲裁"。

(四)《劳动合同法》的规定

《劳动合同法》第 56 条规定："用人单位违反集体合同，侵犯职工劳动权益的，工会可以依法要求用人单位承担责任；因履行集体合同发生争议，经协商解决不成的，工会可以依法申请仲裁、提起诉讼。"

(五)《就业促进法》的规定

《就业促进法》第62条规定:"违反本法规定,实施就业歧视的,劳动者可以向人民法院提起诉讼。"

探讨

《中华人民共和国就业促进法》第3条和整个第三章规定了禁止就业歧视、维护公平就业,并在第62条首次以"法律"形式明确规定"违反本法规定,实施就业歧视的,劳动者可以向人民法院提起诉讼"。(宪法只是笼统规定了"平等权")但是,《劳动争议调解仲裁法》并未明确劳动争议的概念和范围(《劳动争议调解仲裁法》的劳动争议实际上仅是指个别劳动争议),第2条规定"中华人民共和国境内的用人单位与劳动者发生的下列劳动争议,适用本法:……"显然,这里强调的是"用人单位与劳动者"应建立劳动关系,而大量发生在招录过程中的就业歧视并未形成劳动关系,实际上就等于把就业歧视争议未纳入劳动争议范畴,导致实践中《就业促进法》第62条不能有效地融入劳动争议解决机制。

(六)司法解释规定

1. 2001年的《最高人民法院关于审理劳动争议案件适用法律若干问题的解释》(以下简称《解释》)(法释[2001]14号)第1条将法院劳动争议的受案范围界定为:(1)劳动者与用人单位在履行劳动合同过程中发生的纠纷;(2)劳动者与用人单位之间没有订立书面劳动合同,但已形成劳动关系后发生的纠纷;(3)劳动者退休后,与尚未参加社会保险统筹的原用人单位因追索养老金、医疗费、工伤保险待遇和其他社会保险费而发生的纠纷。

2. 2003年《最高人民法院关于人民法院审理事业单位人事争议案件若干问题的规定》(法释[2003]13号)第3条规定"人事争议是指事业单位与其工作人员之间因辞职、辞退及履行聘用合同所发生的争议"。同时第1条又规定这类争议适用《中华人民共和国劳动法》的规定处理。

3. 2006年的《最高人民法院关于审理劳动争议案件适用法律若干问题的解释(二)》(以下简称《解释(二)》)(法释[2006]6号)又增加了人民法院劳动争议的受案范围:(1)用人单位和劳动者因劳动关系是否已经解除或者终止,以及应否支付解除或终止劳动关系经济补偿金产生的争议;(2)劳动者与用人单位解除或者终止劳动关系后,请求用人单位返还其收取的劳动合同定金、保证金、抵押金、抵押物产生的争议,或者办理劳动者的人事档案、社会保险关系等移转手续产生的争议;(3)劳动者因为工伤、职业病,请求用人单位依法承担给予工伤保险待遇的争议。

同时还规定:(1)下列纠纷不属于劳动争议受理范围:一是劳动者请求社会保险经办机构发放社会保险金的纠纷;二是劳动者与用人单位因住房制度改革产生的公有住房转让纠纷;三是劳动者对劳动能力鉴定委员会的伤残等级鉴定结论或者对职业病诊断鉴定委员会的职业病诊断鉴定结论的异议纠纷;四是家庭或者个人与家政服务人员之间的纠纷;五是个体工匠与帮工、学徒之间的纠纷;六是农村承包经营户与受雇人之间的纠纷。(2)劳动者以用人单位的工资欠条为证据直接向人民法院起诉,诉讼请求不涉及劳动关系其他争议的,视为拖欠劳动报酬争议,按照普通民事纠纷受理。(3)当事人不服劳动争议仲裁委员会作出的预先支付劳动者部分工资或者医疗费用的裁决,向人民法院起诉的,人民法院不予受理。用人单位不履行上述裁决中的给付义务,劳动者依法向人民法院申请强制执行的,人民法院应予受理。(4)当事人在劳动争议调解委员会主持下达成的具有劳动权利义务内容的调解协议,具有劳动合同的约束力,可以作为人民法院裁判的根据。当事人在劳动争议调解委员会主持下仅就劳动报酬争议达成调解协议,用人单位不履行调解协议确定的给付义务,劳动者直接向人民法院起诉的,人民法院可以按照普通民事纠纷受理。

4. 2010 年《最高人民法院关于审理劳动争议案件适用法律若干问题的解释(三)》(以下简称《解释(三)》)(法释[2010]12 号)根据我国现行的法律法规及民事审判实践,再一次扩大了人民法院受理劳动争议的受案范围:(1)劳动者以用人单位未为其办理社会保险手续,且社会保险经办机构不能补办导致其无法享受社会保险待遇为由,要求用人单位赔偿损失而发生争议的,人民法院应予受理;(2)因企业自主进行改制引发的争议,人民法院应予受理;(3)劳动者依据《劳动合同法》第 85 条规定,向人民法院提起诉讼,要求用人单位支付加付赔偿金的,人民法院应予受理;(4)企业停薪留职人员、未达到法定退休年龄的内退人员、下岗待岗人员以及企业经营性停产放长假人员,因与新的用人单位发生用工争议,依法向人民法院提起诉讼的,人民法院应当按劳动关系处理。同时规定下列纠纷不属于劳动争议受理范围:用人单位与其招用的已经依法享受养老保险待遇或领取退休金的人员发生用工争议,向人民法院提起诉讼的,人民法院应当按劳务关系处理。

探讨

1.《劳动合同法》第 44 条规定:劳动者开始依法享受基本养老保险待遇的劳动合同终止。

2.《中华人民共和国劳动合同法实施条例》第 21 条规定:"劳动者达到法定退休年龄的,劳动合同终止。"一些地方,例如江苏省高院出台的《关于审理劳动争议案件的指导意见》明确规定:用人单位招用已达到法定退休年龄的人员,双方形成的用工关系按照雇佣关系处理。

3. 2007 年 7 月 5 日，最高人民法院行政审判庭在《关于离退休人员与现工作单位之间是否构成劳动关系以及工作时间内受伤是否适用〈工伤保险条例〉问题的答复》[2007]（行他字第 6 号）中指出，根据《工伤保险条例》第 2 条、第 61 条等有关规定，离退休人员受聘于现工作单位，现工作单位已经为其缴纳了工伤保险费，其在受聘期间因工作受到事故伤害的，应当适用《工伤保险条例》的有关规定处理。2010 年 3 月 17 日，最高人民法院行政审判庭又在《关于超过法定退休年龄的进城务工农民因工伤亡的，应否适用〈工伤保险条例〉请示的回复》[2010]（行他字第 10 号）中指出，用人单位聘用的超过法定退休年龄的进城务工农民，在工作时间内，因工作原因伤亡的，应当适用《工伤保险条例》的有关规定进行工伤认定。

4. 2016 年 3 月 28 日《人力资源社会保障部关于执行〈工伤保险条例〉若干问题的意见（二）》（人社部发〔2016〕29 号）规定，达到或超过法定退休年龄，但未办理退休手续或者未依法享受城镇职工基本养老保险待遇，继续在原用人单位工作期间受到事故伤害或患职业病的，用人单位依法承担工伤保险责任。用人单位招用已经达到、超过法定退休年龄或已经领取城镇职工基本养老保险待遇的人员，在用工期间因工作原因受到事故伤害或患职业病的，如招用单位已按项目参保等方式为其缴纳工伤保险费的，应适用《工伤保险条例》。

如何看待这些规定的不同之处？

5. 2013 年 2 月实施的《解释（四）》（法释[2013]4 号）根据我国现行的法律法规及民事审判实践，再一次扩大了人民法院受理劳动争议的受案范围，第 14 条规定，外国人、无国籍人未依法取得就业证件即与中国境内的用人单位签订劳动合同，以及香港特别行政区、澳门特别行政区和台湾地区居民未依法取得就业证件即与内地用人单位签订劳动合同，当事人请求确认与用人单位存在劳动关系的，人民法院不予支持。持有《外国专家证》并取得《外国专家来华工作许可证》的外国人，与中国境内的用人单位建立用工关系的，可以认定为劳动关系。

资料链接

我国改革开放三十多年来，经济飞速的发展越来越吸引外国人来华就业，与此同时，近年来，外国人非法就业的问题也越来越严重，例如，伴随着结构性“用工荒”的出现，在珠江三角洲地区，一些用人单位为了自身利益，非法雇佣“洋黑工”。“洋黑工”绝非零星现象，相反在一些地方甚至形成了一定规模的“洋黑工”的“地下”劳动力市场，直接冲击我国劳动者的就业岗位和劳动力市场秩序。第十一届全国人大常委会第二十七次会议 2012 年 6 月 30 日表决通过的《中华人民共和国出境入境管理法》明确规定，从 2012 年 7 月 1 日起，“外国人在中国境内工作，应当按照规定取得工作许可和工作类居留证件。任何单位和个人不得聘用未取得工作许可和工作类居留证件的外国人。”严格非法就业定义,并将对介绍外国人非法就业、非法聘用外国人的个人和单位处以巨额罚款。[12]

从以上关于劳动争议受案范围的规定可以看出,我国现行法律法规扩大了劳动争议的受理范围,更有利于劳动者保护及劳动关系的协调运行。

第二节 劳动争议处理原则

劳动争议处理的原则,是指在劳动争议处理过程中必须遵循的基本准则。它始终贯穿于劳动争议处理的每一个程序之中,它所体现的是国家劳动立法关于劳动争议处理的指导思想。《劳动争议调解仲裁法》第3条规定:“解决劳动争议,应当根据事实,遵循合法、公正、及时、着重调解的原则,依法保护当事人的合法权益。”同时,依据劳动争议关系不同于一般民事争议关系的特点,本书认为三方原则也是劳动争议处理的重要原则。据此,我国劳动争议处理的原则主要为:合法原则、公正原则、及时处理原则、调解原则、三方原则。

重点提示

实际上,《劳动争议调解仲裁法》处理劳动争议原则仅指处理个别劳动争议和集体劳动争议的原则,本书将其扩大至处理集体合同争议。

(一)合法原则

合法原则,是指劳动争议处理机构在争议处理过程中要依据劳动实体法律和劳动程序法律制度来解决争议。这里的合法,包括四个层次:第一层次是符合劳动法律、法规的强制性规定;第二层次是符合集体合同中的约定性规定;第三层次是符合劳动合同的约定性规定;第四层次是符合依法制定的企业内部规章,但它只对本企业的争议当事人具有效力。

(二)公正原则

公正原则,是指劳动争议处理机构在处理劳动争议的过程中应以事实为依据,以法律为准绳,忠于争议的客观事实真相,准确适用法律,秉公执法,正确处理劳动

[12] “介绍外国人非法就业将受重罚”,载新华社2012年6月30日电。

争议。

(三)及时处理原则

及时处理原则,是指劳动争议处理机构在处理劳动争议时,在不违反程序性规定的条件下,应当尽快处理劳动争议。这是因为劳动争议不同于一般的民事争议,劳动争议及时处理原则,在一定意义上,不仅维护了当事人的合法权益,也维护了正常的社会秩序,维护了国家的安定团结。

(四)调解原则

劳动争议调解原则,是指劳动争议处理机构在处理劳动争议时,根据自愿和合法的原则,以说服劝导的方式,促使双方在互谅互让的基础上达成协议,解决纠纷。调解原则,从根本上讲,是由劳动关系的性质决定的,因此,着重调解既具有程序正义,也具有实质正义。调解原则贯穿于劳动争议解决的各种程序之中。调解在调解程序上的表现自不待言,调解在仲裁程序上表现为:仲裁委员会受理争议案件后应当先进行调解,在调解不成的情况下应尽快进行裁决,而在裁决作出前的任何阶段都可以进行调解。仲裁调解与仲裁裁决具有同等的法律效力。

调解在诉讼程序上表现为:人民法院在不同的审判阶段可以先进行调解,在调解不成的情况下,应尽快作出判决。人民法院主持下达成的调解协议,与判决具有同等的法律效力。贯彻着重调解原则并不是强制调解,贯彻调解原则,必须在双方当事人自愿的前提下进行。调解协议的内容还必须符合有关法律、法规的规定,否则即使自愿达成的协议也属无效。在调解中要注意防止久调不决的现象,即能够调解的就调解,不能够调解的应尽快进行裁决。

(五)三方原则

三方原则,是指各类劳动争议处理机构的组织原则,即在劳动争议处理机构中,应当由雇主、职工和政府主管部门三方的代表参加处理劳动争议。实行三方原则是由劳动争议关系不同于一般民事争议关系的特点所决定的。各国在各类劳动争议处理机构中普遍推行三方原则。三方机制原则在劳动争议程序法的体现,主要以权利争议与利益争议之划分为基础,并在不同的程序中予以构建。美国仲裁机构虽分为特设仲裁机构和常设仲裁机构,但均由三方人员构成;德国的权利争议案件由劳动法院受理,初审法院由 1 名职业法官和 2 名来自雇员和雇主的名誉法官组成,二审法官组成与初审相同,但二审中要求雇主方面必须有雇主协会的代表、雇员方面必须有工会代表出庭应诉,当事人不能出庭。三审法官除与一、二审相同外,职业法官和名誉法官的比例都有所提高。利益争议之调解仲裁机构,一般由联邦的劳工部长担任主席或任命,其他委员则由雇主团体与受雇劳动者团体组成;日本的三方性质的劳动委员会,虽然完全由政府设立并任命,但组成人员由三方同数委员所组成,劳方委员由工会推荐,资方由雇主团体推荐;法国的一审法院、上诉法院和最高法院所设立的劳工法庭或社会法庭,均由职业法官和工会、雇主组织各自选举的兼职法官组成。根据我国《劳动争议调解仲裁法》,我国劳动争议仲裁委员会是由劳动行政部门代表、同级工会代表和用人单位代表三方面共同组成的。《集体合同规定》第50条规定,劳动保障行政部门应当组织同级工会和企业组织等三方面的人员,共同协调处理集体协商争议。可见,三方合作原则在我国劳动争议处理中有着举足轻重的地位。

第三节　劳动争议处理机构

劳动争议处理机构是指受理劳动争议案件的组织机构。根据《劳动争议调解仲裁法》等的规定,有权处理劳动争议的机构包括调解组织、劳动争议仲裁委员会、人民法院、劳动行政主管部门。

一、调解组织

调解组织包括:(1)企业劳动争议调解委员会;(2)依法设立的基层人民调解组织;(3)在乡镇、街道设立的具有劳动争议调解职能的组织。

企业劳动争议调解委员会由职工代表和企业代表组成。职工代表由工会成员担任或者由全体职工推举产生,企业代表由企业负责人指定。企业劳动争议调解委员会主任由工会成员或者双方推举的人员担任。

劳动争议调解组织的调解员应当由公道正派、联系群众、热心调解工作,并具有一定法律知识、政策水平和文化水平的成年公民担任。

探讨

劳动争议调解组织存在的问题。第一,劳动争议调解机构设置的不确定性。《劳动法》和《劳动争议调解仲裁法》对企业劳动争议调解委员会的设置并没有做出强制性要求。第二,企业劳动争议调解委员会并不是真正按“三方原则”设置的。劳动争议调解委员会负责本企业发生的劳动争议的调解。在企业劳动争议调解委员会的机构设置里面,就只有两方了。这就产生一系列问题:现行的调解制度不符合调解的本质特征,劳动争议调解实际上仍是协商。第三,我国企业劳动争议调解委员会中的“三方”均与争议有利害关系。调解者不是独立于争议双方之外的第三方,这一点就决定了劳动争议调解制度的制度缺陷,必将导致实际上已经导致的这一制度的衰落。[13] 究其深层原因,是由于企业劳动争议调解制度带有鲜明的计划经济时代的特征、企业劳动争议调解制度建构封闭造成的。[14] 第四,其他问题。一是企业劳动争议调解委员会是附设在企业内部的一个群众性组织,是用人单位的一个下属机构,《劳动争议调解仲裁法》并未明确规定企业劳动争议调解委员会的经费来源(长期以来劳动争议调解委员经济上依附于用人单位)。二是《劳动争议调解仲裁法》在《劳动法》的基础上,增加了基层人民调解组织及乡镇、街道具有劳动争议调解职能的组织为劳动争议调解组织。《劳动争议调解仲裁法》确立了多元化的劳动争议调解模式,尽管《人民调解法》对人民调解组织如何设立、调解员来源等作出了具体的规范,但是街道具有劳动争议调解职能的组织为劳动争议调解组织的设立、调解员来源等规范依然不明确,所以这些调解组织实际可能取得的社会效果尚待进一步观察。

二、劳动争议仲裁委员会

劳动争议仲裁委员会是依照法律的规定设立的相对独立处理劳动争议的专门机构。

(一)仲裁委员会的设立

根据《劳动争议调解仲裁法》的规定,劳动争议仲裁委员会按照统筹规划、合理布局和适应实际需要的原则设立。省、自治区人民政府可以决定在市、县设立;直辖市人民政府可以决定在区、县设立。直辖市、设区的市也可以设立一个或者若干个劳动争议仲裁委员会。劳动争议仲裁委员会不按行政区划层层设立。

(二)仲裁委员会的组成

劳动争议仲裁委员会由劳动行政部门代表、工会代表和企业方面代表组成。劳动争议仲裁委员会组成人员应当是单数。

(三)仲裁委员会的职责

仲裁委员会的职责是:(1)聘任、解聘专职或者兼职仲裁员;(2)受理劳动争议案件;(3)讨论重大或者疑难的劳动争议案件;(4)对仲裁活动进行监督。

---

〔13〕 孙德强:《中国劳动争议处理制度研究》,中国法制出版社 2005 年版,第 76 ~ 77 页。

〔14〕 郑尚元:《劳动争议处理程序法的现代化》,中国方正出版社 2003 年版,第 65 ~ 66 页。

劳动争议仲裁委员会下设办事机构，负责办理劳动争议仲裁委员会的日常工作。[15]

资料链接

人力资源和社会保障部、中央机构编制委员会办公室、财政部《关于加强劳动人事争议处理效能建设的意见》（人社部发〔2012〕13号）指出：仲裁机构实体化建设是指做实劳动人事争议仲裁委员会办事机构，该机构具体承担争议调解仲裁等日常工作。实体化的劳动人事争议仲裁委员会办事机构可称"劳动人事争议仲裁院"或其他名称，具体由地方人民政府确定。

（四）劳动争议仲裁员

劳动争议仲裁委员会应当设仲裁员名册。仲裁员应当公道正派并符合下列条件之一：(1)曾任审判员的；(2)从事法律研究、教学工作并具有中级以上职称的；(3)具有法律知识、从事人力资源管理或者工会等专业工作满五年的；(4)律师执业满三年的。[16]

重点提示

《劳动争议调解仲裁法》和《劳动人事争议仲裁组织规则》没有对仲裁员名册强制性、指定方式等仲裁员名册制度作操作性规定，也没有提及否定性仲裁员资格的问题与仲裁员职级制度（设立职业序列）问题。

三、人民法院

劳动争议处理中的诉讼程序不是必经程序，只有劳动争议当事人对劳动争议仲裁委员会作出的裁决不服，在裁决作出15日内向人民法院提起诉讼的，该程序才可能启动。人民法院是劳动争议处理的最终司法机构。目前在我国法院机构设置中并没有专门的劳动法庭，劳动争议案件由法院的民事审判庭负责审理，与一般民事案件的审理程序完全相同，实行两审终审制。

---

〔15〕近几年，全国各地开始大力推进劳动、人事争议仲裁机构"一体化"、"实体化"、"专业化"运行改革。将劳动、人事争议仲裁机构"合二为一"，设立劳动人事仲裁院，使其成为劳动争议处理的专门机构，不再是劳动行政部门的一个职能部门。例如，陕西省出台《陕西省劳动人事争议调解仲裁办法》，将劳动、人事争议两个仲裁委员会整合为一个劳动人事争议仲裁委员会，进一步健全了劳动争议调解机制。该办法将于2015年9月1日起正式施行。

〔16〕具体参见2010年1月27日人力资源和社会保障部颁布的《劳动人事争议仲裁组织规则》。

四、劳动行政主管部门

首先,从《劳动法》的规定来看,《劳动法》第84条第1款规定:"因签订集体合同发生争议,当事人协商解决不成的,当地人民政府劳动行政部门可以组织有关各方协调处理。"其次,仲裁委员会接受同级人民政府的领导并对其负责。最后,劳动行政部门行使劳动监察职权。所以劳动行政主管部门事实上已经成为我国现行制度下重要的劳动争议处理机构。

第四节 个别劳动争议处理程序

重点提示

本节遵循《劳动争议调解仲裁法》的规制体例,针对个别劳动争议和集体劳动争议的处理程序进行阐述,集体合同争议将在第五节专节论述。

根据《劳动争议调解仲裁法》第4~5条的规定,发生劳动争议,劳动者可以与用人单位协商,也可以请工会或者第三方共同与用人单位协商,达成和解协议。发生劳动争议,当事人不愿协商、协商不成或者达成和解协议后不履行的,可以向调解组织申请调解;不愿调解、调解不成或者达成调解协议后不履行的,可以向劳动争议仲裁委员会申请仲裁;对仲裁裁决不服的,除本法另有规定的外,可以向人民法院提起诉讼。

一、协商程序

发生劳动争议,劳动者可以与用人单位协商,也可以请工会或者第三方共同与用人单位协商,达成和解协议。协商程序的前提是双方自愿,如果一方不愿意协商,或协商失败,可以选择其他程序。协商不是劳动争议处理必经程序。协商所达成的协议无法律约束力,甚至无劳动合同的约束力。

探讨

一直以来,协商协议无约束力,《解释(三)》第10条规定,劳动者与用人单位就解除或者终止劳动合同办理相关手续、支付工资报酬、加班费、经济补偿或者赔偿金等达成的协议,不违反法律、行政法规的强制性规定,且不存在欺诈、胁迫或者乘人之危情形的,应当认定有效。前款协议存在重大误解或者显失公平情形,当事人请求撤销的，人民法院应予支持。这就部分解决了协商协议无约束力的问题，但是总的来说，协商程序规定的不完备，《劳动争议调解仲裁法》对协商程序只有区区1条规定，导致协商处于无序、随意状态，因此，协商程序作用很难发挥。

二、调解程序

这里的调解是专指调解组织的调解，它不涉及劳动争议仲裁程序和诉讼程序中的调解。调解不是劳动争议处理的必经程序。

调解委员会调解劳动争议，一般应按照下列工作程序进行：

（一）当事人申请

当事人申请劳动争议调解可以书面申请，也可以口头申请。口头申请的，调解组织应当当场记录申请人基本情况、申请调解的争议事项、理由和时间。发生劳动争议的劳动者一方在10人以上，并有共同请求的，可以推举代表参加调解活动。

重点提示

调解可以由口头申请。

（二）调解

调解劳动争议，应当充分听取双方当事人对事实和理由的陈述，耐心疏导，帮助其达成协议。

（三）调解协议

经调解达成协议的，应当制作调解协议书。调解协议书由双方当事人签名或者盖章，经调解员签名并加盖调解组织印章后生效，对双方当事人具有约束力，当事人应当履行。

资料链接

1.《解释（四）》第4条规定，当事人在人民调解委员会主持下仅就给付义务达成的调解协议，双方认为有必要的，可以共同向人民调解委员会所在地的基层人民法院申请司法确认。

2.2002年之前，人民调解协议通常被视为一般民间协议。2002年，最高人民法院出台《关于审理涉及人民调解协议的民事案件的若干规定》，明确了人民调解协议的民事合同性质。最高人民法院于2009年7月出台了《关于建立健全诉讼与非诉讼相衔接的矛盾纠纷解决机制的若干意见》，明确提出了司法确认程序。规定双方当事人在人民调解组织的主持下经调解达成的具有民事合同性质的协议,经人民调解组织和调解员签字盖章后,当事人可以向有管辖权的人民法院申请司法确认。这样,调解协议经司法确认后便具有了申请强制执行的效力,解决了调解协议不具有法律上执行力的问题。2011 年 1 月 1 日起施行的《中华人民共和国人民调解法》和 3 月 30 日起施行的《最高人民法院关于人民调解协议司法确认程序的若干规定》明确规定,人民法院经审查认为调解协议符合确认条件的,应当作出确认决定书;决定不予确认调解协议效力的,应当作出不予确认决定书。人民法院依法作出确认决定后,一方当事人拒绝履行或者未全部履行的,对方当事人可以向作出确认决定的人民法院申请强制执行。

自劳动争议调解组织收到调解申请之日起 15 日内未达成调解协议的,当事人可以依法申请仲裁。

重点提示

既然调解自愿,那么当事人随时可以申请仲裁,也不必等 15 天,立法本意绝不是收到调解申请之日起 15 日之后才可以申请仲裁。

达成调解协议后,一方当事人在协议约定期限内不履行调解协议的,另一方当事人可以依法申请仲裁。

因支付拖欠劳动报酬、工伤医疗费、经济补偿或者赔偿金事项达成调解协议,用人单位在协议约定期限内不履行的,劳动者可以持调解协议书依法向人民法院申请支付令。人民法院应当依法发出支付令。

三、仲裁程序

除《劳动争议调解仲裁法》另有规定的外,仲裁是法定的必经程序,劳动争议案件,必须经过仲裁委员会仲裁,否则人民法院将不予以受理。也就是说我国处理劳动争议采取“仲裁前置”的原则。

劳动争议仲裁的提起,可以分为两种情况:(1)调解组织到期未调解成功的劳动争议,在法定期内,当事人可以申请仲裁;(2)当事人可以直接向仲裁委员会申请仲裁。即劳动争议双方任何一方当事人,可以不经过调解组织的调解;也可以在劳动争议仲裁委员会调解建议下不愿调解,进入仲裁程序。

仲裁包括以下程序:

(一)申请

根据《劳动争议调解仲裁法》的规定,劳动争议申请仲裁的时效期间为 1 年。

发生劳动争议的职工一方在10人以上，并有共同理由的，可以推举代表参加仲裁活动。代表人数由仲裁委员会确定。申请人申请仲裁应当提交书面仲裁申请，并按照被申请人人数提交副本。仲裁申请书应当包括以下内容：(1)劳动者的姓名、性别、年龄、职业、工作单位和住所，用人单位的名称、住所和法定代表人或者主要负责人的姓名、职务；(2)仲裁请求和所根据的事实、理由；(3)证据和证据来源、证人姓名和住所。书写仲裁申请确有困难的，可以口头申请，由劳动争议仲裁委员会记入笔录，并告知对方当事人。

(二)受理

劳动争议仲裁委员会收到仲裁申请之日(仲裁委员会出具的收件回执之日)起5日内，认为符合受理条件的，应当受理，并通知申请人；认为不符合受理条件的，应当书面通知申请人不予受理，并说明理由。对劳动争议仲裁委员会不予受理或者逾期未作出决定的，申请人可以就该劳动争议事项向人民法院提起诉讼。[17]

思考　*劳动者怎么向法院表明已经"仲裁前置"了呢？*

劳动争议仲裁委员会受理仲裁申请后，应当在5日内将仲裁申请书副本送达被申请人。

被申请人收到仲裁申请书副本后，应当在10日内向劳动争议仲裁委员会提交答辩书。劳动争议仲裁委员会收到答辩书后，应当在5日内将答辩书副本送达申请人。被申请人未提交答辩书的，不影响仲裁程序的进行。

(三)开庭和裁决

1. 审理准备

劳动争议仲裁委员会裁决劳动争议案件实行仲裁庭制。仲裁庭由3名仲裁员组成，设首席仲裁员。简单劳动争议案件可以由1名仲裁员独任仲裁。劳动争议仲裁委员会应当在受理仲裁申请之日起5日内将仲裁庭的组成情况书面通知当事人。

仲裁员有下列情形之一，应当回避，当事人也有权以口头或者书面方式提出回

〔17〕 根据《解释(四)》第1条规定，如果仲裁委以无管辖权为由对劳动争议案件不予受理，人民法院应区别对待：经审查认为该劳动人事争议仲裁委员会对案件确无管辖权的，应当告知当事人向有管辖权的劳动人事争议仲裁委员会申请仲裁；经审查认为该劳动人事争议仲裁委员会有管辖权的，应当告知当事人申请仲裁，并将审查意见书面通知该劳动人事争议仲裁委员会，劳动人事争议仲裁委员会仍不受理，当事人就该劳动争议事项提起诉讼的，应予受理。(显然，这条规定存在循环适用的问题，一定程度上增加了当事人的诉讼成本。)

避申请:是本案当事人或者当事人、代理人的近亲属的;与本案有利害关系的;与本案当事人、代理人有其他关系,可能影响公正裁决的;私自会见当事人、代理人,或者接受当事人、代理人的请客送礼的。劳动争议仲裁委员会对回避申请应当及时作出决定,并以口头或者书面方式通知当事人。

2. 审理

开庭审理按以下步骤进行:

仲裁庭应当在开庭5日前,将开庭日期、地点书面通知双方当事人。当事人有正当理由的,可以在开庭3日前请求延期开庭。是否延期,由劳动争议仲裁委员会决定。申请人收到书面通知,无正当理由拒不到庭或者未经仲裁庭同意中途退庭的,可以视为撤回仲裁申请。被申请人收到书面通知,无正当理由拒不到庭或者未经仲裁庭同意中途退庭的,可以缺席裁决。

仲裁庭对专门性问题认为需要鉴定的,可以交由当事人约定的鉴定机构鉴定;当事人没有约定或者无法达成约定的,由仲裁庭指定的鉴定机构鉴定。根据当事人的请求或者仲裁庭的要求,鉴定机构应当派鉴定人参加开庭。当事人经仲裁庭许可,可以向鉴定人提问。

当事人在仲裁过程中有权进行质证和辩论。质证和辩论终结时,首席仲裁员或者独任仲裁员应当征询当事人的最后意见。

当事人提供的证据经查证属实的,仲裁庭应当将其作为认定事实的根据。劳动者无法提供由用人单位掌握管理的与仲裁请求有关的证据,仲裁庭可以要求用人单位在指定期限内提供。用人单位在指定期限内不提供的,应当承担不利后果。

仲裁庭应当将开庭情况记入笔录。当事人和其他仲裁参加人认为对自己陈述的记录有遗漏或者差错的,有权申请补正。如果不予补正,应当记录该申请。笔录由仲裁员、记录人员、当事人和其他仲裁参加人签名或者盖章。

当事人申请劳动争议仲裁后,可以自行和解。达成和解协议的,可以撤回仲裁申请。

仲裁庭在作出裁决前,应当先行调解。调解达成协议的,仲裁庭应当制作调解书。调解书应当写明仲裁请求和当事人协议的结果。调解书由仲裁员签名,加盖劳动争议仲裁委员会印章,送达双方当事人。调解书经双方当事人签收后,发生法律效力。[18] 调解不成或者调解书送达前,一方当事人反悔的,仲裁庭应当及时作出裁决。

3. 审理期限

仲裁庭裁决劳动争议案件,应当自劳动争议仲裁委员会受理仲裁申请之日起

---

〔18〕 劳动人事争议仲裁委员会作出的调解书已经发生法律效力,一方当事人反悔提起诉讼的,人民法院不予受理;已经受理的,裁定驳回起诉。参见《解释(三)》第11条。

45 日内结束。案情复杂需要延期的，经劳动争议仲裁委员会主任批准，可以延期并书面通知当事人，但是延长期限不得超过 15 日。逾期未作出仲裁裁决的，当事人可以就该劳动争议事项向人民法院提起诉讼。[19] 仲裁庭裁决劳动争议案件时，其中一部分事实已经清楚的，可以就该部分先行裁决。

4. 裁决书

裁决应当按照多数仲裁员的意见作出，少数仲裁员的不同意见应当记入笔录。仲裁庭不能形成多数意见时，裁决应当按照首席仲裁员的意见作出。

裁决书应当载明仲裁请求、争议事实、裁决理由、裁决结果和裁决日期。裁决书由仲裁员签名，加盖劳动争议仲裁委员会印章。对裁决持不同意见的仲裁员，可以签名，也可以不签名。

5. 仲裁的效力

下列劳动争议，除《劳动争议调解仲裁法》另有规定的外，仲裁裁决为终局裁决，裁决书自作出之日起发生法律效力：(1)追索劳动报酬、工伤医疗费、经济补偿或者赔偿金，不超过当地月最低工资标准 12 个月金额的争议；[20] (2)因执行国家的劳动标准在工作时间、休息休假、社会保险等方面发生的争议。[21] 劳动者对上述仲裁裁决不服的，可以自收到仲裁裁决书之日起 15 日内向人民法院提起诉讼。

重点提示

一裁终局是对用人单位而言的，救济的机会只赋予了劳动者，体现了法律的倾斜保护。

---

[19] 劳动人事争议仲裁委员会逾期未作出受理决定或仲裁裁决，当事人直接提起诉讼的，人民法院应予受理，但申请仲裁的案件存在下列事由的除外：(1)移送管辖的；(2)正在送达或送达延误的；(3)等待另案诉讼结果、评残结论的；(4)正在等待劳动人事争议仲裁委员会开庭的；(5)启动鉴定程序或者委托其他部门调查取证的；(6)其他正当事由。当事人以劳动人事争议仲裁委员会逾期未作出仲裁裁决为由提起诉讼的，应当提交劳动人事争议仲裁委员会出具的受理通知书或者其他已接受仲裁申请的凭证或证明。参见《解释(三)》第 12 条。

[20] 劳动者依据《劳动争议调解仲裁法》第 47 条第 1 项规定，追索劳动报酬、工伤医疗费、经济补偿或者赔偿金，如果仲裁裁决涉及数项，每项确定的数额均不超过当地月最低工资标准 12 个月金额的，应当按照终局裁决处理。参见《解释(三)》第 13 条。

[21] 根据《解释(四)》第 2 条规定，仲裁裁决的类型以裁决书确定为准。裁决书未确定为终局裁决或非终局裁决且用人单位向基层法院起诉的，基层法院如审查认为属于非终局裁决的，法院应予受理。如审查认为属于终局裁决的，应裁定不予受理，并告知用人单位自收到人民法院不予受理裁定书之日起 30 日内可向劳动人事争议仲裁委员会所在地的中级人民法院申请撤销；法院已经受理的裁定驳回起诉。

资料链接

北京市人力资源和社会保障局2016年2月19日向社会公布了《关于进一步做好劳动争议案件仲裁终局裁决工作的通知》,根据规定,终局裁决适用范围包括两大类。第一大类,对调解仲裁法第47条第(1)项关于追索劳动报酬、工伤医疗费、经济补偿或者赔偿金,不超过当地月最低工资标准12个月金额的争议,仲裁裁决为终局裁决。《通知》还详尽地明确了第一大类中四个类别的具体内容。第二大类,依据第47条第(2)项的规定,因执行国家的劳动标准在工作时间、休息休假、社会保险等方面发生的争议,也实行"一裁终局"。比如,农民工小李申请仲裁,要求单位支付拖欠的奖金、加班费,以及违法解除劳动合同赔偿金。今年本市月最低工资标准是1720元,12个月的金额是20640元。奖金和加班费属于劳动报酬这一项下的两个分项,如果仲裁裁决单位应支付的奖金和加班费这两项金额都没有超过20640元,同时赔偿金金额也没有超过20640元,那么这个案件就适用"一裁终局"。劳动争议案件要想实现"一裁终局",不仅要符合适用范围的规定,还有一个必备的前提条件——申请人只能是劳动者,不能是用人单位。[22]

当事人对上述规定以外的其他劳动争议案件的仲裁裁决不服的,[23]可以自收到仲裁裁决书之日起15日内向人民法院提起诉讼;期满不起诉的,裁决书发生法律效力。

当事人对发生法律效力的调解书、裁决书,应当依照规定的期限履行。一方当事人逾期不履行的,另一方当事人可以依照《民事诉讼法》的有关规定向人民法院申请执行。受理申请的人民法院应当依法执行。

(四)仲裁程序中的几个重要问题

1. 劳动争议仲裁管辖

劳动争议仲裁管辖,是指各级仲裁委员会之间、同级仲裁委员会之间,劳动争议案件的分工和权限。《劳动争议调解仲裁法》对劳动争议管辖作出了规定:一是规定劳动争议仲裁委员会负责管辖本区域内发生的劳动争议。这是明确劳动争议仲裁管辖的地域管辖。由于劳动争议仲裁委员会不按行政区划层层设立,因而其地域管辖也不按行政区划划分,而是按照设立时划分的管辖区域,管辖本辖区内发生的劳动争议。管辖地域可能与行政区划重合,也可能不重合。对直辖市、设区的

---

〔22〕"北京规范劳动争议裁决工作　维权马拉松成'一裁终局'"。载《人民日报》2016年5月26日。

〔23〕劳动人事争议仲裁委员会作出的同一仲裁裁决同时包含终局裁决事项和非终局裁决事项,当事人不服该仲裁裁决向人民法院提起诉讼的,应当按照非终局裁决处理。参见《解释(三)》第14条。

市与其区、县的劳动争议仲裁委员会之间的级别管辖，本法没有直接规定，省、自治区、直辖市人民政府在决定设立劳动争议仲裁委员会时，应当明确级别管辖。二是规定劳动争议由劳动合同履行地或者用人单位所在地的劳动争议仲裁委员会管辖。也就是说，发生劳动争议，申请人可以选择向劳动合同履行地或者用人单位所在地的劳动争议仲裁委员会中的任何一个劳动争议仲裁委员会提起仲裁申请。三是规定双方当事人分别向劳动合同履行地和用人单位所在地的劳动争议仲裁委员会申请仲裁的，由劳动合同履行地的劳动争议仲裁委员会管辖。也就是出现围绕同一争议双方当事人互为申请人和被申请人的两个争议案件时，由劳动合同履行地的劳动争议仲裁委员会管辖。[24]

探讨

《劳动人事争议仲裁办案规则》第12～14条又进一步作了更明确的规定：劳动合同履行地为劳动者实际工作场所地，用人单位所在地为用人单位注册、登记地。用人单位未经注册、登记的，其出资人、开办单位或主管部门所在地为用人单位所在地。案件受理后，劳动合同履行地和用人单位所在地发生变化的，不改变争议仲裁的管辖。多个仲裁委员会都有管辖权的，由先受理的仲裁委员会管辖；仲裁委员会发现已受理案件不属于其管辖范围的，应当移送至有管辖权的仲裁委员会，并书面通知当事人。对上述移送案件，受移送的仲裁委员会应依法受理。受移送的仲裁委员会认为受移送的案件依照规定不属于本仲裁委员会管辖，或仲裁委员会之间因管辖争议协商不成的，应当报请共同的上一级仲裁委员会主管部门指定管辖；当事人提出管辖异议的，应当在答辩期满前书面提出。当事人逾期提出的，不影响仲裁程序的进行，当事人因此对仲裁裁决不服的，可以依法向人民法院起诉或者申请撤销。

但是，《劳动争议调解仲裁法》和《劳动人事争议仲裁办案规则》没有对劳动争议仲裁委员会管辖区域如何打破行政区划进行划分作进一步明确规定。也未考虑劳动合同履行地优先管辖的例外问题。例如，在异地分公司上班的劳动者被非法解除劳动合同时，回到家庭所在地（用人单位所在地）的劳动争议仲裁委员会申请仲裁可能对劳动者更为有利。

2. 仲裁参加人

仲裁参加人包括仲裁当事人（申诉人、被诉人）、第三人、共同申诉人、仲裁代理人。

《劳动争议调解仲裁法》对劳动争议仲裁参加人作出了规定：一是规定了当事人。发生劳动争议的劳动者和用人单位为劳动争议仲裁案件的双方当事人。劳动

---

〔24〕《〈中华人民共和国劳动争议调解仲裁法〉宣传提纲》。

者死亡的,由其近亲属或者代理人参加仲裁活动。同时补充规定了新的内容,即劳务派遣单位或者用工单位与劳动者发生劳动争议的,劳务派遣单位和用工单位为共同当事人。二是规定了第三人。与劳动争议案件的处理结果有利害关系的第三人,可以申请参加仲裁活动或者由劳动争议仲裁委员会通知其参加仲裁活动。三是规定了代理人。(1)委托代理人。当事人可以委托代理人参加仲裁活动。委托他人参加仲裁活动,应当向劳动争议仲裁委员会提交有委托人签名或者盖章的委托书,委托书应当载明委托事项和权限。(2)法定代理人。丧失或者部分丧失民事行为能力的劳动者,由其法定代理人代为参加仲裁活动。(3)指定代理人。无法定代理人的,由劳动争议仲裁委员会为其指定代理人。[25]

3. 仲裁监督

用人单位有证据证明《劳动争议调解仲裁法》第 47 条规定的仲裁裁决有下列情形之一,可以自收到仲裁裁决书之日起 30 日内向劳动争议仲裁委员会所在地的中级人民法院申请撤销裁决:适用法律、法规确有错误的;劳动争议仲裁委员会无管辖权的;违反法定程序的;裁决所根据的证据是伪造的;对方当事人隐瞒了足以影响公正裁决的证据的;仲裁员在仲裁该案时有索贿受贿、徇私舞弊、枉法裁决行为的。人民法院经组成合议庭审查核实裁决有前款规定情形之一的,应当裁定撤销。[26] 仲裁裁决被人民法院裁定撤销的,当事人可以自收到裁定书之日起 15 日内就该劳动争议事项向人民法院提起诉讼。

4. 仲裁时效

《劳动争议调解仲裁法》第 27 条规定,劳动争议申请仲裁的时效期间为 1 年。仲裁时效期间从当事人知道或者应当知道其权利被侵害之日起计算。

劳动关系存续期间因拖欠劳动报酬发生争议的,劳动者申请仲裁不受本条第 1 款规定的仲裁时效期间的限制;但是,劳动关系终止的,应当自劳动关系终止之日起 1 年内提出。

| 思考 | 拖欠劳动报酬发生争议的,在劳动关系存续期间不受仲裁时效期间限制,那么其他争议如补交社保呢?劳动者可否“秋后算账”?

---

〔25〕《〈中华人民共和国劳动争议调解仲裁法〉宣传提纲》。

〔26〕根据《解释(四)》第 3 条第 1 款规定,用人单位向中级人民法院申请撤销仲裁裁决的,中级人民法院原则上应组成合议庭开庭审理;经阅卷、调查和询问当事人,对无新事实、证据或者理由,合议庭认为不需开庭审理的,可不开庭审理。该条第 2 款还规定,中级人民法院可组织双方当事人调解。达成调解协议的,可以制作调解书。一方当事人逾期不履行调解协议的,另一方可申请人民法院强制执行。但是对中级人民法院应在多长时间内作出裁定,并没有述及,中级人民法院如果不能在较短时间内作出裁定,那么《劳动争议调解仲裁法》规定的一裁终局也就失去了其应有的意义。

(1)时效中断。仲裁时效因一方当事人通过协商、申请调解等方式向对方当事人主张权利的;一方当事人通过向有关部门投诉,向仲裁委员会申请仲裁,向人民法院起诉或者申请支付令等方式请求权利救济的;对方当事人同意履行义务的而中断。从中断时起,仲裁时效期间重新计算。

(2)时效中止。因不可抗力,或者有无民事行为能力或者限制民事行为能力劳动者的法定代理人未确定等其他正当理由,当事人不能在规定的仲裁时效期间申请仲裁的,仲裁时效中止。从中止时效的原因消除之日起,仲裁时效期间继续计算。

5. 先予执行

仲裁庭对追索劳动报酬、工伤医疗费、经济补偿或者赔偿金的案件,根据当事人的申请,可以裁决先予执行,移送人民法院执行。

仲裁庭裁决先予执行的,应当符合下列条件:当事人之间权利义务关系明确;不先予执行将严重影响申请人的生活。

劳动者申请先予执行的,可以不提供担保。

重点提示

《解释(二)》第14~15条对诉讼过程中财产保全措施作了一些减轻或者免除劳动者提供担保的义务的规定,在诉讼过程中,劳动者向人民法院申请采取财产保全措施,人民法院经审查认为申请人经济确有困难,或有证据证明用人单位存在欠薪逃匿可能的,应当减轻或者免除劳动者提供担保的义务,及时采取保全措施。人民法院作出的财产保全裁定中,应当告知当事人在劳动仲裁机构的裁决书或者在人民法院的裁判文书生效后3个月内申请强制执行。逾期不申请的,人民法院应当裁定解除保全措施。但是,《劳动争议调解仲裁法》没有规定证据保全和财产保全制度。

6. 仲裁证据

发生劳动争议,当事人对自己提出的主张,有责任提供证据。当事人提供的证据经查证属实的,仲裁庭应当将其作为认定事实的根据。劳动者无法提供由用人单位掌握管理的与仲裁请求有关的证据,[27] 仲裁庭可以要求用人单位在指定期限内提供。用人单位在指定期限内不提供的,应当承担不利后果。

7. 简易程序

《劳动争议调解仲裁法》没有简易程序,《劳动人事争议仲裁办案规则》第54条规定了简易程序,对于权利义务明确、事实清楚的简单争议案件或经双方当事人

〔27〕 用人单位作为用工主体方掌握和管理着劳动者的档案、工资发放、社会保险费缴纳、劳动保护提供等情况和材料,劳动者一般无法取得和提供。

同意的其他争议案件,仲裁委员会可指定一名仲裁员独任处理,并可在庭审程序、案件调查、仲裁文书送达、裁决方式等方面进行简便处理,但并没有规定简易程序转为普通程序的问题等。

四、诉讼程序

劳动争议处理中的诉讼程序不是必经程序,只有劳动争议当事人一方或双方均不服劳动争议仲裁委员会作出的仲裁裁决,在裁决作出15日内向人民法院提起诉讼,该程序才可能启动。除法律另有规定外,劳动争议仲裁程序是诉讼程序的前置和必经程序。

(一)劳动争议案件的受理

法院审理劳动争议案件的条件是:(1)起诉人必须是劳动争议的当事人。当事人因故不能亲自起诉的,可以委托代理人起诉。(2)必须是不服劳动争议仲裁委员会仲裁而向法院起诉,未经仲裁程序不得直接向法院起诉。(3)必须有明确的被告、具体的诉讼请求和事实根据。原告、被告仍为仲裁当事人,不得将仲裁委员会作为被告向法院起诉。(4)提起诉讼的时间,必须是在法律规定的期限内,即收到仲裁裁决书之日起15日内起诉,超过15日,人民法院不予受理。(5)属于人民法院受理劳动争议的范围。(6)起诉必须向有管辖权的法院提出。

探讨

一般来说,人民法院受理劳动争议的范围与劳动争议的调解、仲裁的受案范围是一致的,但法释[2001]14号、法释[2003]13号、法释[2006]6号这几个司法解释规定人民法院处理劳动争议的范围要大于《劳动法》及《劳动争议调解仲裁法》的相关规定,这样会导致有些劳动争议不属于仲裁范围,但却属于诉讼范围。

(二)劳动争议案件的审理与裁决

劳动争议案件的审理是由人民法院的民事审判庭具体负责,与一般民事案件的审理程序相同,依照《民事诉讼法》规定的诉讼程序进行审理。人民法院经审理可根据不同情况作出裁决。

重点提示

《劳动争议调解仲裁法》并没有涉及劳动争议诉讼程序制度。2015年2月4日起施行《最高人民法院关于适用〈中华人民共和国民事诉讼法〉的解释》("法释[2015]5号"也没有涉及劳动争议诉讼程序制度)。

(三)仲裁裁决的不予执行

参见前文“仲裁监督”部分内容。

(四)诉讼程序中的几个重要问题

1. 人民法院对劳动争议案件的管辖

人民法院对劳动争议案件的管辖是指各级法院或同级法院之间受理第一审劳动争议案件的具体分工。根据《解释》的规定,劳动争议案件由用人单位所在地或者劳动合同履行地的基层人民法院管辖。劳动合同履行地不明确的,由用人单位所在地的基层人民法院管辖。当事人双方就同一仲裁裁决分别向有管辖权的人民法院起诉的,后受理的人民法院应当将案件移送给先受理的人民法院。

劳动争议诉讼其他管辖权划分,遵循《民事诉讼法》的管辖规定。

2. 劳动争议诉讼案件的参加人

(1)当事人

劳动争议诉讼案件的当事人也可以分为原告和被告,其权利义务和法律地位与一般民事诉讼案件中的原告和被告基本相同。但是,由于劳动争议案件有其自身的特点,《解释》对此专门做了一些规定:第一,当事人双方不服劳动争议仲裁委员会作出的同一仲裁裁决,均向同一人民法院起诉的,先起诉的一方当事人为原告,但对双方的诉讼请求,人民法院应当一并作出裁决。第二,用人单位与其他单位合并的,合并前发生的劳动争议,由合并后的单位为当事人;用人单位分立为若干单位的,其分立前发生的劳动争议,由分立后的实际用人单位为当事人。用人单位分立为若干单位后,对承受劳动权利义务的单位不明确的,分立后的单位均为当事人。第三,用人单位招用尚未解除劳动合同的劳动者,原用人单位以新的用人单位和劳动者共同侵权为由向人民法院起诉的,新的用人单位和劳动者列为共同被告。

《解释(二)》又对此专门增加了一些规定:第一,劳动者与起有字号的个体工商户产生的劳动争议诉讼,人民法院应当以营业执照上登记的字号为当事人,但应同时注明该字号业主的自然情况。第二,劳动者因履行劳动力派遣合同产生劳动争议而起诉,以派遣单位为被告;争议内容涉及接受单位的,以派遣单位和接受单位为共同被告。第三,劳动者和用人单位均不服劳动争议仲裁委员会的同一裁决,向同一人民法院起诉的,人民法院应当并案审理,双方当事人互为原告和被告。在诉讼过程中,一方当事人撤诉的,人民法院应当根据另一方当事人的诉讼请求继续审理。

《解释(三)》根据我国现行的法律法规及民事审判实践,再一次增加了一些规定:第一,劳动者与未办理营业执照、营业执照被吊销或者营业期限届满仍继续经营的用人单位发生争议的,应当将用人单位或者其出资人列为当事人;第二,未办理营业执照、营业执照被吊销或者营业期限届满仍继续经营的用人单位,以挂靠等方式借用他人营业执照经营的,应当将用人单位和营业执照出借方列为当事人;第三,当事人不服劳动人事争议仲裁委员会作出的仲裁裁决,依法向人民法院提起诉讼,人民法院审查认为仲裁裁决遗漏了必须共同参加仲裁的当事人的,应当依法追加遗漏的人为诉讼当事人。被追加的当事人应当承担责任的,人民法院应当一并处理。

(2)第三人

《解释》专门规定,用人单位招用尚未解除劳动合同的劳动者,原用人单位与劳动者发生的劳动争议,可以列新的用人单位为第三人。原用人单位以新的用人单位侵权为由向人民法院起诉的,可以列劳动者为第三人。

(3)其他诉讼参加人

其他还有诉讼代表人、诉讼代理人等。

3. 劳动争议案件中举证责任的分配

一般而言,劳动争议案件中举证责任的分配适用《民事诉讼法》第64条第1款规定的"当事人对自己提出的主张,有责任提供证据"的原则。但根据劳动争议关系的特点,《解释》第13条规定,因用人单位作出的开除、除名、辞退、解除劳动合同、减少劳动报酬、计算劳动者工作年限等决定而发生的争议由"用人单位负担举证责任",适用举证责任倒置。但是这里仅规定了六种情况由用人单位承担举证责任,且"开除、除名、辞退、解除劳动合同"实际上是一回事。2002年4月1日起施行的最高人民法院《关于民事诉讼证据的若干规定》第6条规定,在劳动争议纠纷案件中,因用人单位作出开除、除名、辞退、解除劳动合同、减少劳动报酬、计算劳动者工作年限等决定而发生劳动争议的,由用人单位负举证责任。第7条规定,在法律没有具体规定,依本规定及其他司法解释无法确定举证责任承担时,人民法院可以根据公平原则和诚实信用原则,综合当事人举证能力等因素确定举证责任的承担。《解释(三)》根据我国现行的法律法规及民事审判实践规定,劳动者主张加班费的,应当就加班事实的存在承担举证责任。但劳动者有证据证明用人单位掌握加班事实存在的证据,用人单位不提供的,由用人单位承担不利后果。

重点提示

"开除、除名"是计划经济时期用语,辞退是解除劳动合同的一种情形。

第五节　集体合同争议处理程序

一、因履行集体合同发生的争议处理程序

第一，程序极度不完善，现行法律法规仅有3条规定。我国《劳动法》第84条第2款规定："因履行集体合同发生争议，当事人协商解决不成的，可以向劳动争议仲裁委员会申请仲裁；对仲裁裁决不服的，可以自收到仲裁裁决书之日起十五日内向人民法院提起诉讼。"《集体合同规定》第55条规定："因履行集体合同发生的争议，当事人协商解决不成的，可以依法向劳动争议仲裁委员会申请仲裁。"《劳动合同法》第56条规定："用人单位违反集体合同，侵犯职工劳动权益的，工会可以依法要求用人单位承担责任；因履行集体合同发生争议，经协商解决不成的，工会可以依法申请仲裁、提起诉讼。"但这条存在的问题是，如何仲裁根本没有明确规定。因为现行仲裁程序仅仅是针对个别劳动争议和集体劳动争议的。同时，依《劳动法》、《集体合同规定》的规定，实行先仲裁后诉讼的体制；而《劳动合同法》第56条规定，仲裁与诉讼的关系不明确，既可以理解为先仲裁后诉讼，也可以理解为仲裁与诉讼并列而由当事人选择。这有待进一步作出规定。

第二，没有基层调解程序。规定不能调解，是因为我国企业劳动争议调解委员会是由企业工会主持的，再由其调解有其不当之处。

重点提示

我国《劳动法》、《集体合同规定》将集体合同争议分为两类："因签订集体合同发生的争议"和"因履行集体合同发生的争议"。并用"因签订集体合同发生的争议"表示集体合同利益争议，用"因履行集体合同发生的争议"表示集体合同权利争议。所以，本书所指的"因签订集体合同发生的争议"就特别表示集体合同利益争议，用"因履行集体合同发生的争议"就特别表示集体合同权利争议。

二、因签订集体合同发生的争议处理程序

1. 只能协商、协调处理。我国《劳动法》第84条第1款规定："因签订集体合同发生争议，当事人协商解决不成的，当地人民政府劳动行政部门可以组织有关各方协调处理。"《集体合同规定》第49条规定："集体协商过程中发生争议，双方当事人不能协商解决的，当事人一方或双方可以书面向劳动保障行政部门提出协调

处理申请;未提出申请的,劳动保障行政部门认为必要时也可以进行协调处理。”

重点提示

根据“当事人协商解决不成的”的规定可以看出,协商是集体合同争议处理的必经程序。

2. 没有基层调解程序。规定不能调解,是因为我国企业劳动争议调解委员会是由企业工会主持的,再由其调解则有不当之处。

3. 不得仲裁。一方面是因为我国劳动保障行政部的“协调处理”相当于西方成熟市场经济国家的仲裁,更为重要的是因为我国法律未规定职工有罢工、用人单位有关闭厂的集体争议权等。

4. 不适用诉讼程序。争议双方是不能通过法院审理程序来解决争议的。即使劳动行政部门作出的协调处理结果双方当事人不自觉执行,或达成协议后又反悔的,也只能通过劳动行政部门再协调处理。

5. 协调处理程序。

(1)协调处理机构。劳动保障行政部门应当组织同级工会和企业组织等三方人员,共同协调处理集体协商争议。

集体协商争议处理实行属地管辖,具体管辖范围由省级劳动保障行政部门规定。中央管辖的企业以及跨省、自治区、直辖市用人单位因集体协商发生的争议,由劳动保障部指定的省级劳动保障行政部门组织同级工会和企业组织等三方面的人员协调处理,必要时,劳动保障部也可组织有关方面协调处理。

(2)协调处理程序。第一,受理协调处理申请。第二,调查了解争议的情况。第三,研究制定协调处理争议的方案。第四,对争议的协调处理。第五,制定《协调处理协议书》。《协调处理协议书》应当载明协调处理申请、争议的事实和协调结果,双方当事人就某些协商事项不能达成一致的,应将继续协商的有关事项予以载明。《协调处理协议书》由集体协商争议协调处理人员和争议双方首席代表签字盖章后生效。争议双方均应遵守生效后的《协调处理协议书》。第六,用人单位无正当理由拒绝工会或职工代表提出的集体协商要求的,按照《工会法》及有关法律、法规的规定处理。

资料链接

我国修改后的《工会法》第20条第2款规定,工会代表职工与企业以及实行企业化管理的事业单位进行平等协商,签订集体合同。该法第53条进一步规定,无正当理由拒绝进行平等协商的,由县级以上人民政府责令改正,依法处理。

探讨

《集体合同规定》第56条规定:"用人单位无正当理由拒绝工会或职工代表提出的集体协商要求的,按照《工会法》及有关法律、法规的规定处理。"这种用人单位无正当理由拒绝工会或职工代表提出的集体协商要求的争议是属于集体合同利益争议还是属于集体合同权利争议?本书认为,由于法律明确规定了集体谈判义务和集体谈判程序,所以这种情形的争议属于就既定权利义务发生的权利争议,不属于利益争议。如何处理这种争议?我国修改后的《工会法》第53条规定,无正当理由拒绝进行平等协商的,由县级以上人民政府责令改正,依法处理。

课后实训

一、关键词解释

劳动争议　　权利争议　　利益争议　　个别争议　　集体劳动争议

集体合同争议

二、思考题

1. 什么是劳动争议?分为哪些种类?
2. 简述劳动争议的受案范围。
3. 简述劳动争议处理的原则及劳动争议处理机构。
4. 简述个别劳动争议处理程序。
5. 简述集体合同争议处理程序。

三、案例

1. 张某经工商行政部门办理个体工商户登记,其经营业务范围为加工、销售涂料。自2010年9月开始,李某前往张某的涂料厂从事生产搬运工作。双方没有签订书面劳动合同,张某也没有为李某办理社会保险手续及缴纳社会保险费。2012年9月5日,李某离开原告涂料厂。2012年10月,李某向仲裁委员会提出申请,要求确认劳动关系,仲裁裁决双方有劳动关系后,张某向法院起诉,要求确认双方没有劳动关系。一审判决认定从2010年9月起双方建立劳动关系。张某不服,上诉要求认定双方劳动关系建立时间是2010年8月。二审判决驳回上诉,维持原判。2013年5月20日,李某再次向劳动人事争议仲裁委员会申请仲裁,要求张某支付工资差额、双倍工资差额、经济补偿金等。张某认为双倍工资的诉求已超过仲裁时效。仲裁委员会经审查认为李某的申请没有超过仲裁时效,裁决确认双方解除劳动关系,张某应当支付李某经济补偿金、双倍工资差额等费用共计45915元。张某不服该仲裁裁决,以李某要求支付双倍工资的诉求已超过仲裁时效为由诉至法院,请求退还李某押金1000元,不支付其他费用。

分析:本案是否超过了仲裁时效,人民法院在审理劳动争议案件中应否审查仲裁时效?〔28〕

2. 原告某中学于2010年11月1日起聘用被告为学校专职安全协管员,期限为1年,月工资为554.73元,同时原告为被告缴纳社会保险(具体项目为养老保险费256.7元、医疗保险费70.57元、失业保险费18元,合计345.27元,两项合计900元)。双方约定,原告以现金形式将上述款项全部支付给被告,由被告自行办理社会保险。从2011年2月起,被告即出现违反工作规章制度的行为,经原告方多次找其做工作,指出其在完成工作任务、履行工作职责等方面存在的问题后,被告仍没有明显改进表现,为此,原告方决定与被告解除劳动关系,于2011年7月4日口头向被告提出解除合同的决定,并于2011年7月11日向其送达书面通知。被告收到解除劳动合同的通知后,对原告的决定不服,遂于2012年2月22日向昭平县劳动人事争议仲裁委员会提出申请,请求依法裁决某中学补发2011年7月1日至11日的工资330元;裁决某中学缴纳2010年10月1日至2011年7月11日的社会保险费。

昭平县劳动人事争议仲裁委员会经审理,于2012年4月1日作出昭劳人仲字第(2012)第03号仲裁裁决书,裁决书裁决:(1)被申请人某中学支付申请人(本案被告)2011年7月1日至11日工资330元;(2)被申请人某中学到昭平县社会劳动保险事业管理所为申请人补办基本养老保险登记手续,并按现行国家有关政策补缴2010年1月1日至2011年7月11日的基本养老保险费(单位负担部分由被申请人承担,个人负担部分由申请人承担);(3)驳回申请人的其他请求。原告某中学收到仲裁裁决书后,对裁决不服,于2012年4月16日向昭平县人民法院提起诉讼,请求法院驳回被告要求原告支付2011年7月1日至7月11日工资的申请;驳回被告要求原告缴纳2010年10月1日至2011年7月11日的社会保险费的申请。缴纳社会保险金纠纷是否属于劳动仲裁或法院受理案件范围?

---

〔28〕 刘丽莘:"法院审理劳动争议案件应否审查仲裁时效",载重庆法院网,http://cqfy.chinacourt.org/article/detail/2014/09/id/1429817.shtml,2014年9月1日。

第十二章　劳动保障监察制度

| 内容提要 |

本章为劳动保障监察制度，共分为三节，主要围绕劳动保障监察制度概述、劳动保障监察机构、劳动保障监察的实施展开。本章的重点是劳动保障监察的实施。难点是对劳动保障监察的监察事项的深刻理解。

第一节　劳动保障监察制度概述

一、劳动保障监察的概念

劳动保障监察，是指由劳动行政主管部门对发生劳动关系的用人单位、劳动者以及其他社会组织遵守劳动法律、法规、规章情况进行检查并对违法行为予以处罚的执法活动的总称。劳动保障监察是劳动监督检查的一项重要内容，是保障《劳动法》实施的一种强制性手段。劳动保障监察具有以下基本属性：(1)法定性。劳动保障监察规则直接为法律规定，含有许多强制性规定，如规定劳动保障监察机构的设立、劳动保障监察员的任职条件、劳动保障监察的程序、劳动行政处罚。(2)行政性。行政性是指劳动保障监察的行使主体是劳动行政主管部门。通过其行政行为对用人单位遵守劳动法律、法规、规章的情况进行监督检查。行政性是劳动保障监察与其他劳动监督检查相区别的重要方面。(3)专门性。专门性是指劳动行政监察机构设置的目的，在于通过专门的机构、人员，通过法律、法规、规章规定的专门程序，履行行政执法职能。

| 思考 |　劳动保障监察的行政相对人（劳动保障监察适用对象）包括哪些？

劳动保障监察与其他组织、个人行使的劳动保障监督检查相比较，具有以下区别：(1)行政监督检查的主体不同。劳动保障监察的行使主体是依法设立的劳动保障监察机构,具有行政性、专门性、唯一性等特点;而其他劳动保障监督检查的主体不是针对劳动执法而专门设立,既包括行政机关,也包括其他社会组织和个人。(2)职权范围不同。劳动保障监察机构的职权范围是对用人单位执行劳动法进行综合性的监督检查,有关法律、法规、规章对监察的内容和程序作了明确规定,并依法享有处罚权;而其他劳动监督检查不具有综合性,一般只享有监督权,如批评权、建议权、检举权、控告权。有些行政部门如教育行政部门、工商管理部门、卫生行政管理部门、安全生产监管部门,也有监督检查的行政执法权,甚至法律还赋予其处罚权,但其监督检查均依法律规定,只享有在劳动关系运行中的单项或某方面监管权,不具有综合性。(3)法律效力不同。劳动保障监察是具有高度权威性的劳动监督,代表国家行使监督检查权力。表明了国家对劳动关系运行过程的监管;而其他劳动监督检查的权限有的虽来自法律的授权,但基本不享有劳动行政处罚权。而且,工会监督、群众监督等不具有强制性。另外,劳动保障监察同劳动仲裁、行政监察等也存在着明显的区别。

|思考| 其他劳动保障监督检查的主体包括哪些?

资料链接

2004年11月1日,国务院发布了《劳动保障监察条例》。《劳动保障监察条例》在总结实践经验的基础上,对劳动保障监察的范围、原则、主体、内容、程序及监察机构和监察员的职责、权利和义务等都作出了明确规定,并对监察机构和监察员的违法行为规定了相应的法律责任。该条例体现了依法行政所要求的行政执法职权法定、主体法定、程序法定等基本原则,以确保国家劳动保障监察权正确行使并得到有效监督。2004年12月31日,劳动和社会保障部发布《关于实施〈劳动保障监察条例〉若干规定》,该规定自2005年2月1日起实施,原《劳动保障监察规定》、《劳动保障监察程序规定》、《处理举报劳动违法行为规定》同时废止。

二、劳动保障监察的基本原则[1]

根据《劳动保障监察条例》规定,劳动保障监察应坚持以下基本原则:

第一,重在保护劳动者权益的原则。就用人单位和劳动者双方的市场主体地位而言,由于用人单位掌握着招收录用权、岗位分配权、工资报酬决定权等实际权利,劳动者处于相对弱势地位。因此,一些用人单位随意侵害劳动者的现象时有发生。近年来,大量农民工权益受侵害的问题还比较严重。对此,各级人民政府及劳

[1] 参见《劳动和社会保障部关于印发〈劳动保障监察条例〉宣传提纲的通知》。

动保障行政部门有责任对弱势群体提供法律保护,使他们享有的劳动保障权益得到有效落实,切实保护好劳动者的合法权益。当然,这个原则并不意味不保护用人单位的合法权益,劳动保障监察对违法的用人单位进行查处,实际上是为依法用工的用人单位创造了公平竞争的环境。而且对用人单位违法行为的纠正是以保障其合法权益为前提的,在社会主义市场经济体制下,保护劳动者的合法权益和保护用人单位的合法权益,从根本上讲是一致的。

第二,合法原则。劳动保障监察执法工作涉及对用人单位的监察,因此,遵守合法原则尤为重要。具体要求:一是监察执法主体及权限必须符合条例规定,违反规定的主体或超越权限实施监察都是无效的。二是实施监察必须正确适用《劳动保障监察条例》及有关法律、法规和规章,适用法律错误将会构成实体上的违法。三是监察执法程序必须符合法律规定,《劳动保障监察条例》对实施监察的程序作了明确规定,在需要给予行政处罚时,还必须遵循《行政处罚法》的程序规定,违反这些程序规定,就构成程序违法。实体违法与程序违法都将导致劳动保障监察执法行为无效。依法行政就是要将劳动保障监察执法工作纳入法治的轨道,以利于从根本上保护公民、法人和其他组织的合法权益。

第三,公开原则。公开原则要求劳动保障监察执法活动除法律有特殊规定外,应当向社会公开。其本质是对公众知情权、参与权与监督权的保护,是接受人民群众监督的具体表现形式。基本要求:一是劳动保障监察依据的法律、法规和规章都应当公布,未经公布不得作为监察执法依据。二是劳动保障监察的职责及内容公开,《劳动保障监察条例》明确规定了监察的职责和检查的具体事项,同时,监察机构的举报、投诉电话、地址等也都应向社会公开。三是监察执法的程序和处理时限要公开,包括受理投诉、调查取证、听取当事人陈述和申辩、举行听证会、做出行政处理或处罚决定等,都是具体、明确和公开的,既保障行政相对人的知情权,也是为了接受行政相对人和社会公众的监督。坚持公开原则使劳动保障监察工作不断提高透明度,通过全社会的监督,有助于预防和减少工作中的失误和偏差,规范监察执法行为。

第四,公正原则。坚持公正原则主要体现在劳动保障监察执法必须以事实为依据,以法律为准绳。在履行职责时,不仅在实体上和程序上都要合法,还要注意权利与义务、个人利益与国家利益、集体利益之间的平衡。行政行为必须符合客观规律,合乎情理,不能要求行政相对人承担其无法履行或违背情理的义务。一是在实施监察时应当平等地对待所有行政相对人,不能因地域、性质不同而对行政相对人采取不同的标准。二是合理行使自由裁量权。严格按照违法情节和损害后果等因素确定具体罚款数额。此外,《劳动保障监察条例》中还规定了对违法案件的调查制度、劳动保障监察实行回避制度等,都体现了公正原则。

第五,高效、便民原则。劳动保障监察的高效便民原则,主要是在监察执法活动中创造条件,为用人单位和劳动者提供方便快捷的服务,尽可能不影响用人单位正常的生产和经营活动,及时处理违法行为。这个原则贯穿《劳动保障监察条例》的各个环节。根据这个原则,劳动保障监察机构和人员应做到:一是向社会公布举报、投诉电话和监察机构地址,设立举报、投诉信箱,派专人负责接待来人来电举报、投诉,有条件的地方还试行网上举报、投诉,以方便劳动者。二是对用人单位的劳动保障监察,由用人单位用工所在地的县级或设区的市级劳动保障行政部门管辖,便于用人单位报送有关资料,也便于劳动者举报、投诉维权。三是建立企业守法诚信档案,并与税务、工商机关共享信息,便于社会公众特别是求职者对企业信誉情况的了解。四是在办公场所公示监察员名单、监察依据的法律法规、监察程序及监督电话等,提供优质服务。五是严格在《劳动保障监察条例》规定的时限内完成监察事项。为体现高效原则,《劳动保障监察条例》对监察的立案、结案等都有明确的时间限制。在具体实施监察时尽量缩短时间,提高工作效率。

第六,教育与处罚相结合原则。这是劳动保障监察在实施行政处罚时必须遵循的一项基本原则。坚持教育与处罚相结合的原则,一是要求行政机关端正处罚思想,明确处罚的目的是促使用人单位认清违法后果,自觉地遵守法律法规。处罚是手段不是目的,不能为处罚而处罚,也不得以罚代管理、以罚代教,更不得为个人和小团体利益以处罚牟取私利。二是不能只教育不处罚。在监察执法活动中,大力开展法律法规的宣传和普及活动,帮助公民、法人和其他组织知法懂法和自觉守法。但不能用教育代替处罚。只教育不处罚不能产生制止违法行为的理想结果。对发现用人单位存在违法行为,应予处罚的,也要贯彻说服教育原则,告知违法者违法行为和处罚的法律依据,以便其汲取教训,不再违法;对符合《行政处罚法》第27条规定的情况,可以依法从轻或减轻处罚,体现处罚与教育的有机结合。对违法情节恶劣,侵犯劳动者权益严重的情形还要加大处罚力度,增加违法者的违法成本,起到警示作用。总之,既要对用人单位的违法行为予以惩罚和制裁,又要通过教育使用人单位增强法治意识,达到双重功效。

第七,保障行政相对人权利原则。《劳动保障监察条例》根据《行政处罚法》的有关规定,明确规定:劳动保障行政部门对劳动保障违法行为作出行政处罚或者行政处理决定前,应当听取行政相对人的陈述和申辩,保障其充分行使权利;对依法需要听证的事项,必须依法告知行政相对人有权提出听证;作出行政处罚决定或者行政处理决定后,应当告知行政相对人依法享有申请行政复议或者提起行政诉讼的权利。劳动保障行政部门和劳动保障监察员违法行使职权,侵犯用人单位、个人合法权益造成损害的,依法承担赔偿责任。这些规定有利于保护行政相对人的权利,也能够对行政权力起到制约作用,有助于劳动保障行政部门在监察执法中依法行政。

第八,监察执法与社会监督相结合的原则。在贯彻实施劳动保障法律法规的过程中,需要劳动保障行政部门与政府有关部门及社会组织相互支持、密切配合,共同推进劳动保障法律监督制度建设。要加强工会、妇联、共青团等组织的监督,充分发挥这些组织中劳动保障法律监督员的法律监督作用,推进劳动保障法律法规的贯彻实施;要加强新闻监督,对违反劳动保障法律法规、严重侵害劳动者合法权益的用人单位和有关组织予以曝光,积极宣传全面落实法律规定、维护职工权益的典型单位,营造守法光荣、违法可耻的社会氛围;要发挥群众监督作用,建立健全举报制度,鼓励劳动者和广大群众向劳动保障行政部门和有关新闻单位举报反映违法行为,以便监察机构准确掌握违法行为的线索,对违法行为及时纠正并依法处理。

三、劳动保障监察的意义

劳动法是调整劳动关系的法,劳动关系的运行必须依劳动法和其他法律的规定。在此,法律对劳动合同当事人的行为便具有规范、引导和教育的作用。就其规范性和引导性来讲,要求当事人必须依法办事,才能实现各项权利,不能为了实现自身权益而损害对方或第三人利益。因此,权利实现的基础必须建立在依法自觉履行和违法追究责任的基础上,对一些严重违反劳动法的行为,必须采取较严厉的处罚方式。在此,劳动保障监察作为法律授权的专门机构,便承担了监管用人单位严格依劳动法办事,对严重违法行为予以处罚和纠正的职责。通过劳动监督,保证劳动关系良性运转,维护劳动者的合法权益,从而调动劳动者的积极性。

第一,劳动保障监察是加强和完善劳动法制建设的一个重要方面。劳动保障监察是建立完善的劳动法律体系的一项重要内容,是保证劳动法能够正确实施的一个重要手段。我国《劳动法》第 11 章规定了县级以上各级人民政府劳动行政部门的劳动保障监察权,其他有关行政规章对劳动保障监察机构的设立、职责范围、行使监察权的程序均作了明确规定。2004 年 11 月 1 日国务院发布了《劳动保障监察条例》。从完善我国劳动法律体系看,目前我国尚无“劳动保障监察法”,现行的有关规定效力层次较低。因此,必须尽快制定和颁布“劳动监察法”或“劳动监督检查法”。

第二,劳动保障监察是贯彻执行劳动法的有力保证。劳动法在我国社会主义市场经济体制完善和运行中起着重要作用,它是合理地组织社会劳动,不断提高劳动生产率的法律武器。如果劳动法得不到认真地贯彻,首先,影响我国新型的劳动关系的运行,妨碍劳动力的合理流动和人才资源的配置。其次,影响已经建立的劳动关系的稳定,从而为社会秩序的稳定埋下隐患。再次,它使劳动权、安全卫生保护权等劳动者基本权利无法完全实现。因此,必须加强劳动保障监察执法,才能充分实现劳动法的维权功能,切实维护劳动者的合法权益。

第三,劳动保障监察有利于增强用人单位的法制观念,预防违法行为。在实现劳动过程中,由于劳动关系的统一性和对立性,使得用人单位往往以利润为目标,而忽视劳动者的合法权益,这种现象不利于劳动关系的稳定,影响劳动生产率的提高,从而对双方利益有所损害。目前,计划经济时期遗留下的劳动力运行方式尚在影响着劳动力供求双方,不签订劳动合同、不按期核发工资、随意克扣工资的现象极其普遍,劳动者的工作场所常常发生工伤事故和职业性疾病侵害,特别是近年来侵害农民工合法权益的问题比较突出,等等。通过劳动保障监察来增强劳动关系双方的法制观念,从而预防违法行为。

资料链接

1. 五年来,全省各级劳动保障监察机构围绕中心,服务大局,迎难而上,真抓实干,保障农民工工资支付工作成效明显,劳动保障监察"两网化"管理强力推进,劳动保障监察依法行政深入推进,劳动保障监察机构队伍建设不断加强,全省劳动保障监察工作取得了新的突破、新的成效,"十二五"期间各指标项任务圆满完成。全省共主动检查各类用人单位30.15万户,涉及劳动者1405.06万人;受理投诉举报案件6.01万件,结案6.0万件;为106.79万名劳动者追发工资待遇43.88亿元,为119.08万名劳动者促缴社会保险费7.68亿元,切实维护了劳动者的合法权益。[2]

2. 日前,记者从省劳动保障监察总队获悉,为保障G20峰会期间我省劳动关系和谐稳定,按照《劳动保障监察机构全力做好重大国际峰会维稳工作实施方案》的要求,劳动保障监察机构多措并举做好百日攻坚。具体措施有:落实欠薪隐患企业防欠处理责任制,包括隐患企业监管责任人、部门领导分块负责和重大隐患挂牌督办制度,构建多道防线,力争将欠薪案件消除在萌芽状态。[3]

第二节　劳动保障监察机构

一、劳动保障监察机构

在国外亦称"劳工检查机构",是经法律授权代表国家对劳动法的遵守情况实行监督的专门机构。劳动保障监察一般设置在各级劳动行政部门,在同级劳动行政机构的领导下开展工作。劳动保障监察机构不同于行政机构内设立的若干部门,它依法具有对外独立行政劳动保障监察的职权。而且其职权范围不受劳动行

〔2〕"省人社厅总结部署全省劳动保障监察工作",载河南省人民政府门户网站,2016年5月26日。

〔3〕"全力护航G20峰会我省劳动监察　开展百日攻坚",载《浙江工人日报》2016年5月30日。

政机构的内部分工和调整的限制，直接依据法律、法规的规定。在我国，《劳动保障监察条例》明确规定，国务院劳动保障行政部门主管全国的劳动保障监察工作。县级以上地方人民政府劳动保障行政部门主管本行政区域内的劳动保障监察工作。因此，根据依法行政要求的主体法定原则，劳动保障行政部门是劳动保障监察执法的主体。其他有关部门虽然也有监督用人单位遵守劳动保障法律法规的职责，但不是劳动保障监察执法的主体。劳动保障行政部门必须依法履行监察职责，否则就要承担相应的法律责任。同时，《劳动保障监察条例》还规定，县、设区的市级人民政府劳动保障行政部门可以委托符合监察执法条件的组织具体实施劳动保障监察工作。这主要是考虑到一些地区劳动保障行政部门的编制很少，实际工作中劳动保障监察执法主要是由使用事业编制的劳动保障监察机构实施的。

探讨

虽然《劳动保障监察条例》未明确规定省级劳动保障行政部门是否可以委托，但省级劳动保障行政部门可以根据工作需要，依据《行政处罚法》、《劳动行政处罚若干规定》、《社会保险费征缴监督检查办法》的有关规定，委托省级劳动保障监察机构实施劳动保障监察。

二、劳动保障监察机构的监察职责与监察事项

《劳动保障监察条例》明确了劳动保障监察职责与监察事项。为了切实保护劳动者的合法权益，《劳动保障监察条例》规定了劳动保障行政部门实施劳动保障监察应当履行的四项职责：(1)宣传劳动保障法律、法规和规章，督促用人单位贯彻执行；(2)检查用人单位遵守劳动保障法律、法规和规章的情况；(3)受理对违反劳动保障法律、法规或者规章的行为的举报、投诉；(4)依法纠正和查处违反劳动保障法律、法规或者规章的行为。

《劳动保障监察条例》还规定了九项具体的劳动保障监察事项：(1)用人单位制定内部劳动保障规章制度的情况；(2)用人单位与劳动者订立劳动合同的情况；(3)用人单位遵守禁止使用童工规定的情况；(4)用人单位遵守女职工和未成年工特殊劳动保护规定的情况；(5)用人单位遵守工作时间和休息休假规定的情况；(6)用人单位支付劳动者工资和执行最低工资标准的情况；(7)用人单位参加各项社会保险和缴纳社会保险费的情况；(8)职业介绍机构、职业技能培训机构和职业技能考核鉴定机构遵守国家有关职业介绍、职业技能培训和职业技能考核鉴定的规定的情况；(9)法律、法规规定的其他劳动保障监察事项。

重点提示

为适应1998年国务院机构改革后,《劳动法》规定由劳动部门负责的劳动安全卫生管理监督工作已划归其他部门负责的实际情况,《劳动保障监察条例》规定,劳动安全卫生的监督检查,由卫生、安全生产监管等有关部门依法执行。

《劳动合同法》对劳动合同方面的劳动保障监察作了更具体的规定。《劳动合同法》第74条规定,县级以上地方人民政府劳动行政部门依法对下列实施劳动合同制度的情况进行监督检查:(1)用人单位制定直接涉及劳动者切身利益的规章制度及其执行的情况;(2)用人单位与劳动者订立和解除劳动合同的情况;(3)劳务派遣单位和用工单位遵守劳务派遣有关规定的情况;(4)用人单位遵守国家关于劳动者工作时间和休息休假规定的情况;(5)用人单位支付劳动合同约定的劳动报酬和执行最低工资标准的情况;(6)用人单位参加各项社会保险和缴纳社会保险费的情况;(7)法律、法规规定的其他劳动监察事项。《就业促进法》、《就业服务与就业管理规定》对就业促进方面的劳动保障监察也作了更具体的规定。

三、劳动保障监察员

在国外亦称"劳工检查员"或"劳工检查官",是执行劳动保障监察的专职或兼职人员。《劳动保障监察条例》适应依法行政对行政执法人员的要求,对监察员的资格做了相应规定,即劳动保障行政部门和受委托实施劳动保障监察的组织中的监察员应当经过相应的考核或者考试录用。按照《劳动保障监察条例》的规定精神,各地在充实劳动保障监察人员时,除机关内部调剂解决以外,凡面向社会招收的,必须要组织进行考核或考试;考核或考试未通过的一律不得录用。

《劳动监察员管理办法》对劳动监察员的任职条件、主要职责划分、任命与考核都作了明确规定:

1. 任职条件。(1)认真贯彻执行国家法律、法规和政策;(2)熟悉劳动业务,熟练掌握和运用劳动法律、法规知识;(3)坚持原则,作风正派,勤政廉洁;(4)在劳动行政部门从事劳动行政业务工作3年以上,并经国务院劳动行政部门或省级劳动行政部门劳动监察专业培训合格。

2. 专职劳动监察员和兼职劳动监察员的基本职权划分。我国有关规章规定,县级以上各级人民政府劳动行政部门根据工作需要配备专职和兼职劳动监察员。专职劳动监察员是劳动行政部门从事劳动监察工作人员,兼职劳动监察员是劳动行政部门非专门从事劳动监察的工作人员。兼职监察员,主要负责与其业务有关的单项监察,须对用人单位处罚时,应会同专职监察员进行。

3. 任命与考核。专职劳动监察员的任命,由劳动监察机构负责提出任命建议并填写中华人民共和国监察员审批表,经同级人事机构审核,报劳动行政部门领导批准；兼职劳动监察员的任命，由有关业务工作机构按规定推荐人选，并填写中华人民共和国劳动监察员审批表，经同级劳动监察机构和人事管理机构进行审核，报劳动行政部门领导批准。经批准任命的劳动监察员由劳动监察机构颁发中华人民共和国劳动监察员证件。劳动监察调离原工作岗位，或不再直接承担劳动监察任务时，由任命机关免去任职，监察机构负责收回其监察证件，并交回发证机关注销。

劳动监察员实行每3年进行一次考核验证制度。对经考核合格的换发新证。持证人未按规定考核验证或经考核不能胜任劳动监察工作的，注销其中华人民共和国劳动监察证件。劳动行政部门对模范执法、成绩优异的劳动监察员应按照《国家公务员暂行条例》(现为《公务员法》)给予奖励。对越权或非公务场合使用劳动监察证件，或利用职权牟取私利，违法乱纪的劳动监察人员，应给予批评教育；情节严重的，由任命机关撤销任命，收缴其劳动监察证件，并给予行政处分；触犯刑律的，由司法机关依法追究刑事责任。

第三节　劳动保障监察的实施〔4〕

一、劳动保障监察管辖

劳动保障监察管辖，是指各级劳动保障行政部门之间对用人单位遵守劳动保障法律、法规和规章情况进行监督检查及对违反劳动保障法律、法规或者规章的行为进行行政处理的分工和权限划分。《劳动保障监察条例》确定了以下几种管辖形式：

1. 地域管辖。地域管辖是指同级劳动保障行政部门在行使劳动保障监察权上的横向权限划分。《劳动保障监察条例》规定："对用人单位的劳动保障监察，由用人单位用工所在地的县级或设区的市级劳动保障行政部门管辖。"这里要明确两层含义：(1)劳动保障监察主要由县级、设区的市级劳动保障行政部门管辖。由于县级和设区的市级劳动保障行政部门与用人单位和劳动者联系最为直接、广泛，能够充分发挥其情况熟、地域熟、时效强的特点。同时，符合《全面推进依法行政实施纲要》提出的"要减少行政执法层次，适当下移执法重心；对与人民群众日常生活、生产直接相关的行政执法活动，主要由市、县两级行政执法机关实施"的要求，有助于推进劳动保障监察执法体制改革。(2)由用人单位用工所在地的劳动保障行政部门管辖。也就是说，用人单位在哪个行政区域用工，就由该行政区域的劳动

〔4〕　主要参见《劳动保障监察条例》和《关于实施〈劳动保障监察条例〉若干规定》。

保障行政部门实施监察管辖。这样规定既便于劳动保障行政部门对用人单位的日常检查和监察管理以及对违法行为调查取证,还可以节省劳动保障行政部门的人力、物力、财力,提高行政执法工作效率。同时,也方便劳动者对违反劳动保障法律、法规或者规章的行为的举报、投诉。用人单位的用工所在地就是用工行为地,包括合法用工行为和违法用工行为。

2. 级别管辖。级别管辖是指不同级别的劳动保障行政部门实施劳动保障监察的分工和权限划分,是一种纵向划分。由于各地的用人单位分布、性质、数量不平衡,各级劳动保障行政部门承担的工作任务和执法力量不均衡,情况差别很大,不宜也不可能在《劳动保障监察条例》中做出具体级别管辖的划分,所以该条例对此进行了授权规定:省、自治区、直辖市人民政府可以对劳动保障监察的管辖制定具体办法。这是对包括级别管辖在内的监察管辖的全面授权规定。

3. 指定管辖。在监察执法实践中,有时对同一区域中的用人单位难以确定由哪个地区哪一级的监察机构去实施监察,会出现两个劳动保障行政部门都认为其有管辖权而产生争议。为了妥善处理这种管辖权的争议,《劳动保障监察条例》明确规定,劳动保障行政部门对劳动保障监察管辖发生争议的,报请共同的上一级劳动保障行政部门指定管辖。

4. 移送管辖。有的地方因管辖权不清楚,没有及时受理违法案件;而有的地方则越权处理了不属于本部门受理的案件。为增强劳动保障行政部门严格依法行政意识,《劳动保障监察条例》规定,劳动保障行政部门对违反劳动法律、法规或者规章的行为,应作出处理,如果发现违法案件不属于劳动保障监察范围的,应当及时移送有关部门处理;涉嫌犯罪的,应当及时移送司法机关。

二、劳动保障监察的形式

1. 日常巡视检查。劳动保障行政部门对用人单位及其劳动场所的日常巡视检查,应当制定年度计划和中长期规划,确定重点检查范围,并按照现场检查的规定进行。

2. 对遵守劳动保障法律情况的书面材料应进行审查。劳动保障行政部门对用人单位按照要求报送的有关遵守劳动保障法律情况的书面材料应进行审查,并对审查中发现的问题及时予以纠正和查处。

3. 专项检查。劳动保障行政部门可以针对劳动保障法律实施中存在的重点问题集中组织专项检查活动,必要时,可以联合有关部门或组织共同进行。

4. 对举报和投诉的查处。劳动保障行政部门应当设立举报、投诉信箱,公开举报、投诉电话,依法查处举报和投诉反映的违反劳动保障法律的行为。

资料链接

举报、投诉制度是劳动保障行政部门对于任何组织和个人对用人单位违反劳动保障法律、法规行为的举报，以及劳动者认为用人单位侵犯其劳动保障权益的投诉，进行调查并作出处理的行政执法活动。这是劳动保障监察采取的重要形式。《劳动保障监察条例》与以往的规定相比，明确区分了举报和投诉两种情况。规定任何组织或者个人对违反劳动保障法律、法规或者规章的行为均可以向劳动保障行政部门举报。劳动者认为用人单位侵犯其劳动保障合法权益的，可以向劳动保障行政部门投诉。这样区分主要是更加明确劳动保障行政部门在处理举报和投诉时的不同职责：对举报用人单位违反劳动保障法律、法规或者规章的行为的举报人，劳动保障行政部门要为其保密，并对为查处重大违法行为提供主要线索和证据的举报人给予奖励；对劳动者认为用人单位侵犯其劳动保障合法权益的投诉，劳动保障行政部门应及时进行审查，属法定受理范围的，依法履行保护其劳动保障权利的职责。为提高劳动保障监察效率，引导劳动者及时正确地运用法律手段维护自身合法权益，《劳动保障监察条例》依据《劳动法》、《行政处罚法》等法律法规规定，明确了对以下两种情况的投诉，劳动保障行政部门不予受理：一是劳动保障违法行为在2年内未被劳动保障行政部门发现，也未被举报、投诉的，劳动保障行政部门不再查处。二是对应当通过劳动争议处理程序解决的事项或者已经按照劳动争议处理程序申请调解、仲裁或者已经提起诉讼的事项，劳动保障行政部门不予受理，并告知投诉人依照劳动争议处理或者诉讼的程序办理。同时，《劳动保障监察条例》规定劳动者与用人单位就赔偿发生争议的，依照国家有关劳动争议处理的规定处理。因此对此类投诉属于应当通过劳动争议处理程序解决的事项，根据《劳动保障监察条例》规定劳动保障行政部门不予受理。

5. 应急预案制度。对因违反劳动保障法律、法规或者规章的行为引起的群体性事件，劳动保障行政部门应当根据应急预案，迅速会同有关部门处理。

6. 建立用人单位劳动保障守法诚信档案。诚信是市场经济的基石，我国社会主义市场经济的发展迫切需要建立社会信用制度，个人、企业、政府都要讲诚信。针对一些企业在劳动用工和社会保险方面存在的不守信用，侵犯劳动者合法权益现象，为加强劳动保障监察执法的针对性和有效性，推动各类企业逐步建立与社会主义市场经济体制相适应的企业依法自我规范、自我约束、自我激励、自我发展的劳动保障管理模式，树立企业诚实守信的社会形象，为经济发展和社会稳定创造良好的法制环境，《劳动保障监察条例》规定了“劳动保障行政部门应当建立用人单位劳动保障守法诚信档案”，相应地要建立起用人单位劳动保障诚信制度。同时，为了促进各类企业提高遵守劳动保障法律的诚信度，发动社会各界对企业守法行为进行监督，《劳动保障监察条例》还明确规定，“用人单位有重大劳动保障违法行为的,由有关的劳动保障行政部门向社会公布”。通过媒体曝光,警示不法企业遵守劳动保障法律,改善企业形象。

三、劳动保障监察的程序

(一)受理与立案

劳动保障行政部门通过上述劳动保障监察的形式认为用人单位有违反劳动保障法律、法规或者规章的行为,需要进行调查处理的,应当及时立案。立案应当填写立案审批表,报劳动保障监察机构负责人审查批准。劳动保障监察机构负责人批准之日即为立案之日。

对下列情形应予立案:(1)因用人单位制定的劳动规章制度违反法律、法规规定,对劳动者造成损害的;(2)因用人单位违反对女职工和未成年工的保护规定,对女职工和未成年工造成损害的;(3)因用人单位原因订立无效合同,对劳动者造成损害的;(4)因用人单位违法解除劳动合同或者故意拖延不订立劳动合同,对劳动者造成损害的;(5)法律、法规和规章规定的其他因用人单位违反劳动保障法律的行为,对劳动者造成损害的。

思考

1. 下列因用人单位违反劳动保障法律行为对劳动者造成损害,劳动者与用人单位就赔偿发生争议的,应如何处理?
2. 劳动者或者用人单位与社会保险经办机构发生的社会保险行政争议,应如何处理?

(二)调查与检查

劳动保障监察员进行调查、检查不得少于 2 人。劳动保障监察机构应指定其中 1 名为主办劳动保障监察员。

劳动保障监察员对用人单位遵守劳动保障法律情况进行监察时,应当遵循以下规定:(1)进入用人单位时,应佩戴劳动保障监察执法标志,出示劳动保障监察证件,并说明身份;(2)就调查事项制作笔录,应由劳动保障监察员和被调查人(或其委托代理人)签名或盖章。被调查人拒不签名、盖章的,应注明拒签情况。

劳动保障监察员进行调查、检查时,承担下列义务:(1)依法履行职责,秉公执法;(2)保守在履行职责过程中获知的商业秘密;(3)为举报人保密。

劳动保障监察员在实施劳动保障监察时,有下列情形之一的,应当回避:(1)本人是用人单位法定代表人或主要负责人的近亲属的;(2)本人或其近亲属与承办查处的案件事项有直接利害关系的;(3)因其他原因可能影响案件公正处理的。当事人认为劳动保障监察员应当回避的,有权向劳动保障行政部门申请,要求其回避。当事人申请劳动保障监察员回避,应当采用书面形式。回避决定应在收到申请之日起3个工作日内作出。作出回避决定前,承办人员不得停止对案件的调查处理。对回避申请的决定,应当告知申请人。承办人员的回避,由劳动保障监察机构负责人决定;劳动保障监察机构负责人的回避,由劳动保障行政部门负责人决定。

劳动保障行政部门实施劳动保障监察,有权采取下列措施:(1)进入用人单位的劳动场所进行检查;(2)就调查、检查事项询问有关人员;(3)要求用人单位提供与调查、检查事项相关的文件资料,必要时可以发出调查询问书;(4)采取记录、录音、录像、照相和复制等方式收集有关的情况和资料;(5)对事实确凿、可以当场处理的违反劳动保障法律、法规或规章的行为当场予以纠正;(6)可以委托注册会计师事务所对用人单位工资支付、缴纳社会保险费的情况进行审计;(7)法律、法规规定可以由劳动保障行政部门采取的其他调查、检查措施。

劳动保障行政部门调查、检查时,有下列情形之一的可以采取证据登记保存措施:(1)当事人可能对证据采取伪造、变造、毁灭行为的;(2)当事人采取措施不当可能导致证据灭失的;(3)不采取证据登记保存措施以后难以取得的;(4)其他可能导致证据灭失的情形的。

采取证据登记保存措施应当按照下列程序进行:(1)劳动保障监察机构根据《劳动保障监察条例》第27条的规定,提出证据登记保存申请,报劳动保障行政部门负责人批准。(2)劳动保障监察员将证据登记保存通知书及证据登记清单交付当事人,由当事人签收。当事人拒不签名或者盖章的,由劳动保障监察员注明情况。(3)采取证据登记保存措施后,劳动保障行政部门应当在7日内及时作出处理决定,期限届满后应当解除证据登记保存措施。在证据登记保存期内,当事人或者有关人员不得销毁或者转移证据;劳动保障监察机构及劳动保障监察员可以随时调取证据。

劳动保障行政部门在实施劳动保障监察中涉及异地调查取证的,可以委托当地劳动保障行政部门协助调查。受委托方的协助调查应在双方商定的时间内完成。

劳动保障行政部门对违反劳动保障法律的行为的调查,应当自立案之日起60个工作日内完成;情况复杂的,经劳动保障行政部门负责人批准,可以延长30个工作日。

(三)案件处理

对用人单位存在的违反劳动保障法律的行为事实确凿并有法定处罚(处理)依据的,可以当场作出限期整改指令或依法当场作出行政处罚决定。当场作出限期整改指令或行政处罚决定的,劳动保障监察员应当填写预定格式、编有号码的限期整改指令书或行政处罚决定书,当场交付当事人。当场处以警告或罚款处罚的,应当按照下列程序进行:(1)口头告知当事人违法行为的基本事实、拟作出的行政处罚、依据及其依法享有的权利。(2)听取当事人的陈述和申辩。(3)填写预定格式的处罚决定书。(4)当场处罚决定书应当由劳动保障监察员签名或者盖章。(5)将处罚决定书当场交付当事人,由当事人签收。劳动保障监察员应当在2日内将当场限期整改指令和行政处罚决定书存档联交所属劳动保障行政部门存档。

对不能当场作出处理的违法案件,劳动保障监察员经调查取证,应当提出初步处理建议,并填写案件处理报批表。案件处理报批表应写明被处理单位名称、案由、违反劳动保障法律行为事实、被处理单位的陈述、处理依据、建议处理意见。对违反劳动保障法律的行为作出行政处罚或者行政处理决定前,应当告知用人单位,听取其陈述和申辩;法律、法规规定应当依法听证的,应当告知用人单位有权依法要求举行听证;用人单位要求听证的,劳动保障行政部门应当组织听证。

劳动保障行政部门对违反劳动保障法律的行为,根据调查、检查的结果,作出以下处理:(1)对依法应当受到行政处罚的,依法作出行政处罚决定。(2)对应当改正未改正的,依法责令改正或者作出相应的行政处理决定。(3)对情节轻微,且已改正的,撤销立案。经调查、检查,劳动保障行政部门认定违法事实不能成立的,也应当撤销立案。发现违法案件不属于劳动保障监察事项的,应当及时移送有关部门处理;涉嫌犯罪的,应当依法移送司法机关。

劳动保障监察行政处罚(处理)决定书应载明下列事项:(1)被处罚(处理)单位名称、法定代表人、单位地址;(2)劳动保障行政部门认定的违法事实和主要证据;(3)劳动保障行政处罚(处理)的种类和依据;(4)处罚(处理)决定的履行方式和期限;(5)不服行政处罚(处理)决定,申请行政复议或者提起行政诉讼的途径和期限;(6)作出处罚(处理)决定的行政机关名称和作出处罚(处理)决定的日期。劳动保障行政处罚(处理)决定书应当加盖劳动保障行政部门印章。

劳动保障行政部门立案调查完成,应在15个工作日内作出行政处罚(行政处理或者责令改正)或者撤销立案决定;特殊情况,经劳动保障行政部门负责人批准可以延长。

劳动保障监察限期整改指令书、劳动保障行政处理决定书、劳动保障行政处罚决定书应当在宣告后当场交付当事人;当事人不在场的,劳动保障行政部门应当在7日内依照《民事诉讼法》的有关规定,将劳动保障监察限期整改指令书、劳动保障行政处理决定书、劳动保障行政处罚决定书送达当事人。

作出行政处罚、行政处理决定的劳动保障行政部门发现决定不适当的,应当予以纠正并及时告知当事人。

劳动保障监察案件结案后应建立档案。档案资料应当至少保存3年。

劳动保障行政处理或处罚决定依法作出后,当事人应当在决定规定的期限内予以履行。

当事人对劳动保障行政处理或行政处罚决定不服申请行政复议或者提起行政诉讼的,行政处理或行政处罚决定不停止执行。法律另有规定的除外。当事人确有经济困难,需要延期或者分期缴纳罚款的,经当事人申请和劳动保障行政部门批准,可以暂缓或者分期缴纳。

当事人对劳动保障行政部门作出的行政处罚决定、责令支付劳动者工资报酬、赔偿金或者征缴社会保险费等行政处理决定逾期不履行的,劳动保障行政部门可以申请人民法院强制执行,或者依法强制执行。

除依法当场收缴的罚款外,作出罚款决定的劳动保障行政部门及其劳动保障监察员不得自行收缴罚款。当事人应当自收到行政处罚决定书之日起15日内,到指定银行缴纳罚款。

地方各级劳动保障行政部门应当按照劳动保障部有关规定对承办的案件进行统计并填表上报。地方各级劳动保障行政部门制作的行政处罚决定书,应当在10个工作日内报送上一级劳动保障行政部门备案。

重点提示

1.《劳动合同法》对劳动合同方面的劳动保障监察做了更具体的规定。

2.《就业促进法》、《就业服务与就业管理规定》对就业促进方面的劳动保障监察做了更具体的规定。

课后实训

一、关键词解释

劳动保障监察　劳动保障监察机构　劳动保障监察管辖　劳动保障监察举报和投诉

二、思考题

1. 如何理解劳动保障监察的基本原则?
2. 简述劳动保障监察机构的监察职责与监察事项。
3. 简述劳动保障监察的形式。
4. 简述劳动保障监察的程序。

三、案例

2011年10月至2011年11月期间,杭州时空速递有限公司因经营不善,拖欠员工徐如坤等34人2011年10月至2011年11月期间的工资。我区劳动保障监察大队于2011年11月23日立案调查,尽管多次给单位法人代表做思想工作、施加压力,无奈单位资不抵债,截至2012年1月11日仍有25名员工共计66419.8元未能支付。

2012年1月20日,下城区人力社保局依法作出劳动保障监察行政处理决定书,责令杭州时空速递有限公司在收到处理决定书5个工作日内支付员工徐如坤等25人2011年10月至2011年11月期间的工资共计66419.8元。该行政处理决定书于当日送达当事人。然而在行政处理决定书下达3个月后,当事人依然没有履行支付工资的义务,也没有提起行政复议或者行政诉讼,案件进入申请法院强制执行阶段。[5]

简评下城区人力社保局的处理决定。

[5] "下城区人力社保局发出首张《履行行政决定催告书》",载杭州市劳动保障监察网,http://www.zjhz.lss.gov.cn/ldjc/html/zwxx/gzdt/5229.html。

下编 | 社会保障法

第十三章　社会保障法概述

内容提要

本章概括地介绍了社会保障法的概念、历史发展、体系。本章分为三节：第一节为社会保障法的概念，从历史起源及各国对社会保障法概念的不同理解来对社会保障法的概念及特征进行分析；第二节为社会保障法的历史发展，主要介绍了社会保障法的萌芽、形成、发展、成熟及调整，简述了新中国社会保障法的发展过程；第三节为社会保障法的体系，是对社会保障法的组成进行分析，主要阐述了社会保障法体系的概念、特征及其组成内容。

第一节　社会保障法的概念

一、社会保障

社会保障，来源于英文"social security"一词，其最早出现在美国1935年的《联邦社会保障法》中。[1] 1938年，在新西兰通过的社会保障立法案中、1941年美国总统罗斯福和英国首相丘吉尔在联合发表的战时宣言《大西洋宪章》中，又两次使用了这一概念。受其影响，国际劳工组织（International Labour Organization，ILO）在其发表的报告和通过的宣言中也多次使用了这个词，产生了较为广泛的影响，特别是1944年在美国召开的第二十六届国际劳工大会上所通过的《费城宣言》的第6条中，使用"社会保障"代替了"社会保险"，自此之后，在国际社会及各国的法律文件中对"社会保障"一词的使用也逐渐频繁起来。

由于世界各国的政治制度、经济制度、经济发展状况、价值取向、历史、文化传统等方面的差异，国际社会对社会保障的含义仍没有统一的认识。不同的国家和地区一般都是根据各自国家和地区的具体情况，对社会保障的含义有不同的理解。

---

〔1〕 黎建飞：《社会保障法》（第2版），中国人民大学出版社2006年版，第1页。

由于受宗教教义、工人运动及霍布斯、洛克等人的人文主义思想的影响,英国一向就有济贫的传统。特别是在著名的《贝弗里奇报告》发表后,英国将政府对国民的救济视为人民的福祉,把社会保障界定为国家对国民的公共福利计划,认为它是对社会成员中生活困难者的经济保障制度,公民因特定原因收入中断或者减少或者具有某种需要时,国家给予公民本人及其家庭经济保障,并通过社会服务和社会救助提高全体公民的福利。

德国是世界上最早建立社会保障制度的国家。[2] 在社会保障中,与英国不同的是,德国将个人的福利待遇与个人的社会责任联系起来,并按照市场经济运行的要求和强制自助性原则建立了社会保障制度,并把社会保障理解为社会公平与安全,是为因生病、残疾、老年等原因而丧失劳动能力或者遭意外而不能参与市场竞争者及其家人提供基本生活保障。

美国把社会保障视为安全网,认为社会保障是通过社会保障法案和相关法律建立的方案,这些方案的基本目标是给个人和家庭提供物质需求,保证老年人和伤残者的费用而不用尽他们的储蓄,保证家庭稳定团结,使孩子在健康和安全中成长。[3]

1984 年国际劳工组织在发布的《社会保障导言》中,将社会保障界定为:"社会通过一系列的公共措施对其成员提供的保护,以防止他们由于疾病、孕娠、工伤、失业、残疾、老年及死亡而导致的收入中断或收入锐减引起的经济和社会困窘,对社会成员提供的医疗照顾,及对有儿童的家庭提供的补贴。"[4] 国际劳工组织特别强调通过一定的组织对这个组织成员所面临的某种风险提供的保障。国际劳工组织出版的《21 世纪的社会保障展望》对社会保障的宗旨进行了进一步的阐述,认为"社会保障的目标不应限于防止或减轻贫困,应该更为广泛。它反映着一种最广义的社会保障意愿。它的根本宗旨是使个人和家庭相信他们的生活水平和生活质量会尽可能不因任何社会和经济上的不测事件受很大影响。这就不仅是在不测事件中或已出现不测事件时去解决困难,而且也要防患于未然,帮助个人和家庭在面临未能避免或不可避免的伤残和损失时,尽可能做到妥善安排,因此,社会保障需要的不仅是现金,而且还有广泛的医疗和社会服务"。[5]

1948 年 12 月联合国《人权宣言》曾把"社会保障"定义为:每个人为其自己家庭之健康与幸福,对于衣食住医及其必需社会服务设施应有适当生活水准的权利,

---

〔2〕 一般认为 1883 年德国颁布的《劳工疾病保险法》是世界上第一个劳动保险法。

〔3〕 [美]A. H. 罗伯逊:《美国的社会保障》,金勇进等译,中国人民大学出版社 1995 年版,第 12 页。

〔4〕 国际劳工局:《社会保障导言》,中国劳动社会保障出版社 1984 年版。

〔5〕 杨书章、郭大平:"中国社会保障研究综述:中国社会保障问题研究",载 http://bbs7. xilu. com/,2007 年 8 月 7 日。

而对于失业、疾病、残疾、寡居老年等情况下以及由于个人不可抗力遭遇到的生活危机，无法为生，有权利获得保障。

我国是在1986年六届人大四次会议通过的第七个五年计划中开始使用“社会保障”一词的。[6] 此后，在1993年党的十四届三中全会《关于建立社会主义市场经济若干问题的决定》中，又将社会保障制度的确立作为我国社会主义市场经济体制的基本支柱之一。本书认为，社会保障可以定义为：社会保障是指国家为了保持经济发展和社会稳定，帮助社会成员克服生存风险和促进社会大众福利以保障公民社会性生存和发展的措施。社会保障权是公民的重要基本人权，国家作为义务主体必须制定社会保障法律规范，保证公民基本权利得以实现。

| 思考 |　为什么说社会保障是一项国家事业？

二、社会保障法

社会保障法是调整社会保障关系的法律规范的总称。它有形式意义的社会保障法和实质意义的社会保障法之分。[7] 形式意义上的社会保障法指单独以狭义的法的形式表现出来的社会保障法律文件，如《中华人民共和国妇女权益保护法》、《中华人民共和国残疾人保障法》、《中华人民共和国老年人权益保障法》、《国民救助法》。而实质意义上的社会保障法是指任何以法的形式表现出来的社会保障法律文件，是一国调整社会保障法律关系的法律规范的总和。它既包括狭义的社会保障法，也包括其他法律、法规中调整社会保障关系的法律规范，还包括涉及社会保障问题的规章、决定、指示等规范性文件。“社会保障法是指调整一个国家或地区的社会保障关系的法律规范的总和，它包括国家立法机关制定的社会保障法律和国家行政机关颁布的社会保障法规、命令和条例等。它作为社会保障制度运行的客观依据和行为准则，同时也是实现社会保障制度良性运行的保证。”[8]

具体说来，社会保障法是基于社会安全和社会发展的需要制定的，帮助社会成员克服生存风险和促进社会大众福利以保障公民社会性生存和发展的法律规范的总和。

（一）社会保障法的特征

1. 社会保障法具有广泛的社会性。社会性是社会保障法的主要特征，保障公

---

〔6〕 黎建飞：《社会保障法》（第2版），中国人民大学出版社2006年版，第2页。

〔7〕 黎建飞：《社会保障法》（第2版），中国人民大学出版社2006年版，第6页。

〔8〕 郑功成：《社会保障学》，商务印书馆2000年版，第372～373页。

民社会性生存和发展是社会保障法的主要任务。从调整对象上看,社会保障关系是一个涉及多个方面保障关系的社会关系,如社会保险关系、社会救助关系、社会福利关系和社会优抚关系。这些关系都涉及社会大众的利益,在法律上其权利与义务主体都具有广泛的社会特征,体现为全民共同参与的社会法律关系。从实现目标上看,社会保障法的目的是通过社会保障制度的构建,对社会财富进行再分配,调动社会力量来保障公民的基本生活需求,维护社会的和谐与稳定,促进社会的发展。

2. 社会保障法律规范以强制性为实施手段,以非强制性为补充。社会保障制度是一项以国家强制力来保障实施的制度,强制性是社会保障制度能够得到有效实施的保证。如在社会保险中,法律就规定有关当事人均有义务加入社会保险体系,国家定期通过专门的社会保险机构向公民和企业征收社会保险费,相关的义务人不得拒绝。社会保障法正是通过强制性的立法,对涉及的各种保障关系进行调整和规范,以使其符合大众的利益,实现社会保障制度所追求的目标。但是,并不是社会保障法的所有内容均有强制性,社会保障法还有非强制性的一面。比如在社会救济中的灾害救济关系中,对受灾群众的救济是政府的义务,但对普通民众来说,是否向受灾群众捐款捐物是其可以任意选择的行为,而不是必须履行的义务,社会保障法的相关规定只是鼓励性规定,不是强制性的。

3. 社会保障法是扶弱济贫之法,又是互助共济之法。扶弱济贫,维护社会公正是社会保障法的基本理念。社会保障法就是以帮助因各种原因陷入生活困难的民众走出困境为直接目的的,也是对我国传统美德的一种继承与发扬。《孟子·梁惠王上》有云:“老吾老以及人之老,幼吾幼以及人之幼。”《礼记·礼运·大同》主张:“故人不独亲其亲,不独子其子。使老有所终,壮有所用,幼有所长,鳏寡孤独废疾者皆有所养。”都体现了扶弱济贫的社会保障理念。除了扶弱济贫外,社会保障法还强调其互助的性质。现代社会经济发展十分迅速,人们的生活状态往往处在不断地发展变化之中,而且各种旦夕之祸福也在影响着人们生活的稳定性。为了将这种社会生活本身带来的不稳定性降至最低,只有人人参与到社会保障中来,用众人之力量帮助因各种变故面临生活困难的人,才能实现人与人之间的互助与和谐。

(二)社会保障法与其他法律部门的关系

1. 社会保障法与经济法

社会保障法和经济法几乎同时产生和发展起来的,宏观层面上的功能又都具有弥补市场缺陷,通过“国家之手”来实现社会目标,加之在财政领域两者存在着交叉，所以就出现了社会保障法属于经济法的观点。[9] 其实二者有着很大的区别的。

其一，二者产生的理论基础不同。社会保障法的理论基础有人权理论、福利国家理论、社会连带思想和社会贫困观等，而经济法的基础理论主要是国家干预和宏观调控理论。

其二，二者主要功能不同。社会保障法的主要功能是保障人权，而经济法的主要功能，根据目前的基本认识，是实现宏观调控。

其三，二者的着力点有别。社会保障法发生作用的着力点是个人，影响的"面"是社会，如果个人权利得不到社会保障法的保护，会影响到社会这个"面"的稳定和和谐。经济法的"着力面"是社会，通过宏观调控社会这个"面"来影响作为"点"的个人。显然，尽管二者发生作用的路径不同，但都相互影响着其对立面。可以说，经济法是从社会整体利益维护的角度来促进个人的利益，而社会法则是从个人利益或权利的保护角度来维护社会整体利益。尽管二者的路径和着眼点不同，但在促进社会的和谐、稳定这一根本目标上并无二致。

2. 社会保障法与劳动法

社会保障法与劳动法同属于社会法范畴，两者具有密切联系。就劳动法和社会保障法的关系而言，目前国内存在着不同的看法，大致可以归为三种：一是认为劳动法包括社会保障法的内容，二是认为劳动法与社会保障法相互交叉，三是认为劳动法从属于社会保障法。[10]

本书认为，劳动法与社会保障法应当是相互独立、相互并列又密切联系的两个法律部门。虽然社会保障法是在劳动法的基础上产生和发展的，但社会保障法的广度和深度发展又大大突破了劳动法调整的范围。二者的主要区别如下：

其一，二者虽然都是权利保障法，但各自侧重保障的权利是不同的。劳动法是实现劳动权的主要法律手段，而社会保障法是侧重保障社会保险权、社会救济和福利权等权利的法律工具。

其二，二者的主体不同。劳动关系涉及的是劳动者与用人单位的双方关系，而社会保障涉及的关系则较为复杂，如在一般的养老保险关系中，就可能涉及国家、保险经办机构、用人单位、劳动者四方主体，而在某些特殊的养老保险关系中，主要涉及国家、保险经办机构和公民个人。用人单位和劳动者不是所有保险关系的当然主体。

其三，调整的内容不同。劳动法调整劳动关系，而社会保障法调整社会保障关系。劳动关系具有单一性，即同一期间往往一个劳动者只能建立一个劳动关系；而

---

〔9〕 朱崇实："对经济法调整对象的再思考"，载《现代法学》1998年第2期。

〔10〕 董保华："社会保障法与劳动法的界定"，载《华东政法学院学报》2001年第3期。

社会保障关系具有多样性,同一时期,包括社会保险关系、社会救济关系和社会福利关系等在内的所有社会保障关系,都可以同时存在。

其四,调整的关系性质有别。劳动关系的建立具有自愿性,不得强制签订劳动合同;而社会保障关系中的有一些社会关系,如社会保险关系就具有强制性,所以社会保险就属于强制险。劳动关系总体上呈现隶属性,而社会保障关系总体上呈现平等性。

当然,二者又密切联系,如工伤保险关系就是以劳动关系的存在为前提,大凡养老保险关系的建立也往往通过劳动关系来实现,等等。

3. 社会保障法与民法

社会保障法从民法中分离出来,既有联系,但又有区别。

其一,二者的调整对象不同。民法以平等主体间的财产关系和人身关系为调整对象,以意思自治、所有权绝对、过失责任主义为基本的原则和价值理念。社会保障法调整社会保障关系,是基于社会安全和社会和谐的需要制定的,帮助社会成员克服生存风险和促进社会大众福利,以保障公民社会性生存和发展为目标。

其二,所属法域不同。民法是私法的典型代表,交换领域强调对价等值。社会保障法属于第三法域,强调倾斜保护,尤其是倾斜保护社会弱势群体或暂时处于弱势地位的公民。

其三,调整规范的性质有别。民法侧重以任意性规范来设计法律规范,而社会保障法大多是强制性规范。

第二节 社会保障法的历史发展

一、社会保障法的产生与发展

(一)社会保障法的萌芽

社会保障是源于人类的公平正义理念的一种思想,其产生可以追溯到人类文明的早期。早在西周时期,我国就出现了一种救荒、济贫的重要政策措施——仓储制度;公元前两千多年的《汉谟拉比法典》曾规定:“要保护寡妇、孤儿,严禁以强凌弱”;古希腊和古罗马在战争或气候造成危机时,国家也会对普通公民进行粮食或面包的配给。但是,社会保障真正作为一项制度是从 17 世纪的英国开始的。

由于资本主义圈地运动和自由竞争产生大量的失业和贫困问题,16 世纪末期,英国社会处于严重的社会动荡时期,靠传统的教会和慈善院的救济已经不能满足广大失业和贫困者的需求。为了缓和社会矛盾,为资本主义经济的发展铺平道路,当时的伊丽莎白女王于1601年颁布了著名的《济贫法》。该法通过征收济贫税来对无力谋生的贫民发放救济,因此具有慈善性质。这种由政府提供就业保障和财政补贴的做法,开创了社会保障国家化、社会化的先河。

由于《济贫法》颁布实施后,政府所拨救助款大多流入了封建主和商人的腰包,遭到广大人民群众的反对。另外,由于原《济贫法》的局限性随着社会的发展逐步显现出来,19世纪初,英国政府决定对救济制度进行进一步的修正。首先,通过组织"济贫行政与实施委员会",使《济贫法》的实施过程有了一个专门的行政机构来管理。其次,对原《济贫法》的内容进行修改。1834年,英国国会通过《济贫法修正案》,即新《济贫法》,对原《济贫法》进行了实质性的修改。新的《济贫法》确认保障公民生存的权利以及对贫民的社会救济不是一个消极行为,而是一项应当由经过专门训练的社会工作人员从事的积极福利措施。这意味着由国家与政府为责任主体的社会救济代替了以社会团体为主体的慈善救济,为社会保障制度在世界各国的实施打下了基础。[11] 英国《济贫法》的颁布与实施,对稳定当时的社会和促进资本主义经济的发展起到了重要的作用,该法也因此为后起的资本主义国家所效仿。如瑞典便借鉴了英国1763年制定的《济贫法》,为其本国的社会保障法律制度的制定奠定了基础。

(二)社会保障法的形成和发展

英国及之后的一些国家所制定的《济贫法》虽然规定了政府有对贫民进行社会保障的责任,而且也确立了国家的济贫政策,但是这些济贫法并不是现代意义的社会保障法,其本身具有许多局限性,比如在适应对象上过于狭窄,适用原则上存在偏见,救济手段上过于单一。具有现代意义的社会保障立法最早出现在19世纪末20世纪初的德国。

19世纪末,德国社会正处于新旧资产阶级势力交替的动荡时期,新成立的德意志帝国面临着如何发展资本主义的压力。一方面,处于统治地位,代表新资产阶级利益的普鲁士集团受到来自于社会民主党的革命运动的威胁,另一方面,社会矛盾突出,工人运动的广泛兴起,严重阻碍着资本主义经济的发展。为了缓和社会矛盾,巩固自身的统治,德意志帝国在"铁血宰相"俾斯麦的领导下,采取了"胡萝卜加大棒"政策,在极力镇压社会民主党的革命运动的同时,也注意对社会改良政策的积极实施。1881年,俾斯麦所倡导的社会保险法案在国会获得了通过,其后,于1883年、1884年及1889年,国会又分别通过了《劳工疾病保险法》、《工伤保险法》和《伤残及养老保险法》,这些法律文件的颁布与实施,在很大程度上改善了工人

---

〔11〕 秦国荣:《劳动与社会保障法律制度研究》,南京师范大学出版社2004年版,第255页。

和广大底层人民的生活生产环境,使社会矛盾得到调和与缓解。不过,由于当时这三部法律仅涉及德国就业人口的1/5,而且在具体实施过程中也存在着交叉与冲突,所以不久以后,德国政府决定对这三部法律进行整合。1911年,德国国会通过了《孤儿寡母保险法》,并将此法与之前的三部保险法进行合并,编纂成著名的《社会保险法典》。这样,德国完成了当时世界上最为完备的工人社会保障计划,也标志着世界范围内的社会保障立法从社会救济进入了社会保险的阶段。

《社会保险法典》的制定是现代意义的社会保障法诞生的标志。在德国的影响下,1890年至1911年间短短三四十年的历史进程中,就有近四十个国家先后制定了与社会保障相关的法律。其中,丹麦、奥地利、英国等16个国家在此期间实行了养老保险;美国、加拿大、法国、波兰等37个国家实施了工伤保险制度;法国、挪威、英国、丹麦等9个国家采取了失业保险政策;比利时、瑞士、英国等9个国家进行了疾病生育保险立法。[12]

美国1935年的《社会保障法》是世界上第一个全面系统地规定了国家社会保障制度的法律,在社会保障立法史上具有重要的历史意义,是世界社会保障立法发展的主要标志,从一定意义上来看,是当时前所未有的经济危机推动了社会保障立法的进一步完善和发展。

1929~1933年的经济危机使美国经济陷入了前所未有的困境,失业和贫困人口急剧增加,社会治安问题日益严峻,经济甚至一度走到了崩溃的边缘。临危受命的罗斯福总统为改变这种状况,从1933年起实行了"新政"。新政中关于社会保障的新政策主要有:(1)将社会保障视为大机器生产的客观需要,是取代已不适应形势的家庭保障的新社会政策;(2)建立以普遍福利为核心的社会保障制度,以消除人们对生活中未知灾祸的恐惧;(3)家庭安全、生活保障、社会保险是社会保障道路第一站的三大任务;(4)实行强制性多层次养老社会保险。"早先,安全保障依赖家庭和邻里互助,现在大规模的生产使这种简单的安全保障方法不再适用,我们被迫通过政府运用整个民族的积极关心来增进每个人的安全保障。"[13]

(三)社会保障法的成熟

社会保障法达到成熟的主要标志是以英国为首的"福利国家"制度的构建。20世纪初,资本主义世界正处于由自由资本主义向垄断资本主义转变的时期。但是,社会基本矛盾的进一步加剧和经济危机带来的萧条景象严重影响着资本主义的发展。为了解决日益严重的经济和社会问题,资产阶级的经济学家们站在调和

---

〔12〕 林丽、田伟平:《社会保险》,法律出版社1996年版,第20页。转引自林嘉:《社会保障法的理念、实践与创新》,中国人民大学出版社2002年版,第62页。

〔13〕 [美]罗斯福:《罗斯福选集》,关在汉编译,商务印书馆1982年版,第58页。

社会矛盾的角度对传统自由资本主义经济的改良理论进行了大量的探索，如凡勃伦和康芒斯的制度经济学、庇古的福利经济学、凯恩斯的有效需求不足理论学说都对传统经济的变革提出了独到的看法，也为“福利国家”的诞生奠定了理论基础。

1942年11月，由威廉·贝弗里奇爵士主持的社会保险和相关事务调查委员会向英国议会正式提交了一份名为“社会保险及有关服务”的报告，史称“贝弗里奇报告”。该报告提出制定以社会保险制度为核心的全面的社会保障计划，具体的观点包括：社会保障应遵循强制性、普遍性原则；社会保障的管理应该统一；国家有责任防止贫困和不幸，社会福利是一种社会责任；实现充分就业；每个国民都有权从社会获得救济，使自己的生活水平达到国民最低生活标准。[14] 英国政府基本接受了“贝弗里奇报告”的建议，于1944年发布了“社会保险白皮书”，并先后制定了《国民保险法》、《国家卫生服务法》、《家庭津贴法》、《国民健康服务法》等一系列法律。从此，英国的社会保障法律体系趋于成熟，开创了“福利国家”的先河。

受英国的影响，欧洲的许多国家也在为建立“福利国家”而努力健全本国的社会保障法制。包括瑞典、芬兰、挪威、丹麦、法国、德国等国在内的众多欧洲国家也先后在19世纪中叶宣布进入“福利国家”的行列。“福利国家”的浪潮不仅对各国国内的社会保障制度产生了影响，同时也对国际社会的社会保障立法产生了推动。1952年，国际劳工组织制定了《社会保障最低标准公约》，对社会保障中的各个方面的最低标准都作出了具体的规定，要求成员国予以遵守。该公约在国际社会产生了重要的影响，被誉为“社会保障的国际宪章”。

| 思考 |　“贝弗里奇报告”的历史意义。

二、各国社会保障法的改革与调整

第二次世界大战以后，各国经济都处于恢复和发展时期，但在1973年爆发的石油危机以后，西方社会出现了经济“滞胀”现象，各国的财政收入往往入不敷出，许多国家出现了社会保障开支超过GDP收入的现象。社会保障制度随之受到质疑，一些较为激进的人甚至将经济衰退的后果归因于社会保障。为了平息对社会保障的争议，缓解经济发展的压力，各国政府，特别是以英国为首的福利国家，在采取新经济政策的同时也对社会保障制度进行了一定程度的改革。英国在保守党领袖“铁娘子”撒切尔夫人的领导下首先采取了改良措施，随后，比利时、法国、荷兰、美国等也相继对本国的社会保障制度进行改革。

总体来说，各国对社会保障法的改革，主要宗旨都是开源节流，即增加社会保

---

〔14〕 张京萍主编：《社会保障法教程》，首都经济贸易大学出版社2004年版，第15页。

障金的收入,减少社会保障金的支出。在措施上,表现以下几个共同特点:一是降低社会保障的津贴标准,以减少政府社会保障金的支出;二是提高社会保险费率,扩大社会保险费的增收面,从而增加社会保障收入;三是征收社会保障所得税,间接减少一些保障项目的费用开支;四是在一些特殊保障项目——特别是养老保险项目上推行私营化改革,减少国家的社会保障压力。

三、我国社会保障法的形成与发展

(一)新中国成立前的社会保障法

在1922年由中国劳动组合书记部拟定的《劳动法案大纲》中,明确提出了实行社会保险的各项具体要求。在1930年召开的全国苏维埃区域代表大会上通过的《劳动保护法》中,规定了社会保险、劳动保障与抚恤的内容。1931年12月,《中华苏维埃共和国劳动法》获得通过,该法在第10章中对社会保险作了专章的规定。1940年,陕甘宁边区政府在制定了《陕甘宁边区劳动保护条例》,规定了对女职工的保障和对因工死亡人员的抚恤办法等。同年晋察冀边区政府制定了《边区政府工伤人员伤亡抚恤条例》,规定机关工作人员疾病伤亡时,发给生活费。1941年晋冀鲁豫地区政府颁布了《晋冀鲁豫边区劳工保护暂行条例》,并于1942年11月、1943年9月两次作了修改和补充。1945年11月,晋察冀边区制定了《关于改定中小学教职员待遇标准的决定》。1948年上半年,东北行政委员会批准了哈尔滨市政府草拟的《战时劳动法》,对劳动者福利作了较详细的规定。而后,1948年8月,在全国趋近统一时,于哈尔滨召开的全国第六次劳动大会通过了《关于中国职工当前任务的决定》,提出了有关社会保障的立法建议。同年12月东北行政委员会颁布了《东北公管企业战时暂行劳动保险条例》。

革命根据地和解放区的社会保障立法是在中国共产党的领导下,由工人阶级自己参与制定的,其内容和项目相当广泛,几乎包括了现代意义上的社会保障法的全部内容,并且切实可行。尽管这些社会保障措施只在革命根据地和解放区实施,并未推及全国,但它为新中国的社会保障制度奠定了基础并积累了经验。

(二)新中国成立后至十一届三中全会期间的社会保障法

从中华人民共和国成立初期到1957年,是我国社会保障法制的初创时期。我国颁布了一系列法律,初步确立了社会保障的基本制度。1950年5月,政务院颁发了《关于救济失业工人的指示》,据此劳动部公布《救济失业工人暂行办法》。1951年由政务院颁布的《中华人民共和国劳动保险条例》,为职工的生活保障提供了法律依据。该法规定企业负有对职工进行劳动保险的义务,劳动者不需交纳保险金。同时,劳动保险的事项均由工会办理,在政府的积极配合下,各项劳动保险事业如火如荼。除生产劳动领域，国家机关、事业单位的社会保险制度也都通过法规的形式逐步确立起来。如1950年内务部颁布的《革命工作人员伤亡褒恤暂行规定》、《革命残废军人优待抚恤暂行条例》、《革命军人牺牲、病故褒恤暂行规定》、1952年政务院颁布的《各级人民政府工作人员在患病期间待遇暂行办法》等规范性文件都是关于职工的社会保障的规定。

从1958年到1966年，是我国劳动保障法的改革时期。为了适应形势发展的需要，我国在制定第二个五年计划时，决定对不适应经济社会发展的社会保险制度进行改革。以1958年颁布的《关于工人、职员退休处理的暂行规定》为开端，政务院及相关部门先后颁布了多项法律文件，如《关于企业、事业单位和国家机关中普通工和勤杂工的工资待遇的暂行规定》、《关于工人、职员回家探亲的假期和工资待遇和暂行规定》、《关于工人、职员退休处理的暂行规定》。这些规定，统一了我国企事业间的退休退职制度、改革了公费医疗和劳保医疗的体制、精简了职工的社会保险待遇、健全了关于工伤、疾病和休假等保障项目的内容。

这一时期社会保障的主要特点是"低工资、多就业、高补贴、高福利"，实行的是"国家包着企业，企业包着职工"的统包政策，企业是国家行政的有机组成单位，对职工的生、老、病、死、残承担无限责任，并最终由国家兜底。

从1966年到1978年，是我国劳动保障法的停滞时期。受"文化大革命"的冲击，原已建立的社会保障法制受到了严重破坏，各项保障立法无法发展，处于停滞状态。

（三）十一届三中全会以来的社会保障法

从1978年十一届三中全会党确立改革开放的方针开始，我国社会政治经济发展进入了一个新的局面，社会保障法也处于恢复、改革与创新时期。在这一时期中，我国的社会保障立法从社会保障的运行机制、模式类型、项目构成、待遇水平、管理社会化等方面进行了深层次的改革与创新，颁布了大量社会保障法律法规，取得了显著的成就。

1984年，为适应我国经济体制改革的总体要求，我国开始进行社会保障制度的改革。从1984年至1992年，可以说是我国社会保障制度改革的探索时期。这段时间我国颁布了大量的规范性文件，对企业职工的失业保险、养老保险、医疗保险等方面的内容作了具体的规定，但是这一时期的社会保障制度主要是作为国有企业改革的一项配套措施。

1993年，在党的第十四次代表大会的政治报告上第一次明确提出建立社会主义市场经济体制的目标。在1994年通过的《劳动法》中，设立了"社会保险与福利"专章，规定了企业职工享有各项社会保险的权利。围绕着《劳动法》的施行，劳动部颁布了多个配套规章。建立了以"最低生活保障线"为依据的现代社会救济制度。在一些需特殊保护的群体和项目上,我国也进行了大量的立法和改革。1996年《中华人民共和国老年人权益保障法》、1997年国务院《关于建立统一的企业职工基本养老保险制度的决定》、2003年国务院颁布的《工伤保险条例》、2004年劳动与社会保障部等部门发布的《企业年金管理试行办法》、2004年《关于推进混合所有制企业和非公有制经济组织从业人员参加医疗保险的意见》、2005年《国务院关于完善企业职工基本养老保险制度的决定》、2006年《国务院关于解决农民工问题的若干意见》、2007年《国务院关于开展城镇居民基本医疗保险试点的指导意见》、2007年《关于做好农村社会养老保险和被征地农民社会保障工作有关问题的通知》。经过四次审议之后,第十届全国人大常委会十七次会议2010年10月28日通过了《社会保险法》。这是最高国家立法机关首次就社保制度进行立法。2014年2月7日国务院决定合并新型农村社会养老保险和城镇居民社会养老保险,建立全国统一的城乡居民基本养老保险制度。2014年2月27日国务院通过《社会救助暂行办法》,2014年3月5日国务院提出,要通过改革整合城乡居民基本医疗保险制度,在此基础上,预计在更长的时间内,再将城乡居民医保与城镇职工医保制度进行整合,推动医改向纵深发展。2016年,中国首部《慈善法》的出台,标志着中国的社会保障制度趋于完善。

这一时期总体看来可分为两个阶段。第一阶段,从20世纪80年代初到90年代初。国有企业由国家统负盈亏转为自负盈亏,为维护困难企业职工的保险待遇,保障待业职工的基本生活,缓解新老企业之间劳动保险畸轻畸重的问题,全国大部分地区自上而下、由点到面地逐步推行了养老、医疗等保险的"社会统筹"。但由于社会统筹受到条块利益分割的制约,社会保险基金的管理水平和抗风险水平还没有发挥出来。第二阶段,从20世纪90年代初中期开始到现在。该时期社会保险体系建设的基本思路定位于"低水平、广覆盖、多层次、双方负担、统账结合",围绕"一个中心、两个确保、三条保障线"〔15〕的目标建设新的社会保障机制,目前,基本建立起适应社会主义市场经济体制要求的多层次社会保障体系。虽然自改革开放以来,我国的社会保障制度得到了很快的发展,社会保障立法的数量和立法的质量也有所增加和增强,但是从总体来说,我国社会保障立法相对于发达国家还是比较落后的,而且在保障工作的实践中还存在着诸如过于依赖行政手段、实施效率不高、保险金管理缺乏监督等问题。如何根据我国的具体国情制定出适合我国的社会保障体制,使我国社会保障法律体系更加系统,更加具有实效性,是我国社会学界、经济学界尤其是法学界在今后所要关注的问题。

---

〔15〕　三条保障线指最低工资保障线、下岗职工基本生活费发放标准线和城市居民最低生活保障线。

第三节　社会保障法的体系

一、社会保障法体系的特点

作为对公民基本生活需求的保障，社会保障制度涉及了公民衣、食、住、行的各个方面。从内容上讲，社会保障法的体系往往包括了多项子法律体系，如社会保险法体系、社会救济法体系、社会福利法体系和社会优抚法体系；从覆盖的范围上讲，社会保障法的体系覆盖了社会政治经济的诸多领域；从政治角度讲，社会保障法的体系是国家制定和实施其他政策的基础，对公民生活的基本保障是政治关系稳定的前提；从经济的角度讲，社会经济的发展情况是社会保障法的体系的构建依据，有什么样的经济条件才有可能制定出什么样的社会保障法体系；从社会的角度讲，社会保障法体系是社会稳定的基础，促进社会稳定、和谐是社会保障法的宗旨；从调整的社会关系的角度讲，社会保障法的体系不仅调整国家与公民的关系，还调整公民与社会保障机构的关系，政府与社会保障机构之间的关系等。因此，社会保障法是一个涉及的内容繁杂，管理的事务繁多，处理的关系十分错综复杂的法律体系，要通过一部法律来规制社会保障关系的所有内容是十分困难的。综观世界各国的社会保障立法，也很难找到一个仅以一部法律便可将社会保障关系调整良好的模式。我国也不例外。社会保障法律体系一般是以单行法律为框架，以相关的行政法规、部门规章、司法解释等为扩散，以其他法律中涉及社会保障的规范为补充的法律体系。这些单行的法律之间、法律与法规之间、法规和规章之间的关系并不是相互分割没有联系的，而是既相互独立又相互联系的整体。而且它们之间存在着客观的分工，各自规范着一定范围内的社会保障事务，彼此之间相互协调，互相配合，共同构成一个完整的社会保障法制系统。

二、社会保障法的体系的组成

社会保障法的体系是社会保障法各个有机构成部分所组成的系统。完善的社会保障体系是社会主义市场经济体制的重要支柱，关系到改革、发展、稳定的全局。根据不同的判断标准，社会保障法体系可以包括诸多不同的方面。如根据法律的性质，社会保障法体系可划分为社会保障实体法、社会保障组织法、社会保障基金法与社会保障程序法四个方面。根据社会保障的体制，社会保障法体系可划分为社会保障管理法、社会保障资金筹集法、社会保障给付法、社会保障资金运营法、社会保障监督法几个方面。

我国的社会保障法体系,主要是根据社会保障的内容来划分的,包括社会保险法、社会救助法、社会福利法和社会优抚法四个方面的内容。这几项是社会保障法体系的子系统,它们之间是相互联系、相辅相成的关系,共同构成社会保障的基本法律体系。社会保障体系是社会的"安全网",它对社会稳定、社会发展有着重要的意义。

(一)社会保险法

社会保险法是调整社会保险法律关系的法律规范的总称,它是社会保障法体系的重要组成部分,在社会保障法体系中居于核心地位,是实现社会保障目标的基本纲领。社会保险法对社会保险项目体系、实施范围与实施对象、经费来源、待遇标准、发放办法等内容作出法律规定,并且明确社会保险机构的性质和职能、社会保险的组织形式与地位、社会保险的管理与监督等事项。社会保险目的是保障被给付者的基本生活需要,属于基本性的社会保障。它主要是通过向遇到各种风险的社会成员提供帮助而实现维护社会稳定、促进社会的进步发展的功能。

(二)社会慈善、救助法

社会慈善法是社会法的重要内容,是我国首部关于慈善领域的基础性、综合性法律,主要是规范自然人、法人和其他组织以捐赠财产或者提供服务等方式,自愿开展的以下公益行为:(1)扶贫、济困;(2)扶老、救孤、恤病、助残、优抚;(3)救助自然灾害、事故灾难和公共卫生事件等突发事件造成的损害;(4)促进教育、科学、文化、卫生、体育等事业的发展;(5)防治污染和其他公害,保护和改善生态环境;(6)从事符合慈善目的其他公益活动。

社会救助法是国家和社会向难以维持最低生活水平的公民提供物质援助,以确保其最低生活需要的一项社会保障法律制度。社会救助属于社会保障体系的最低层次,以实现社会保障的最低要求为目标。作为现代社会保障法律体系的一个部分,社会救助法既不同于传统的济贫制度,也不同于社会保险法和社会福利法,它与社会保险法一同在社会保障法体系中处于基础地位,是社会群体间互助共济的基本要求。有了社会救助法作为配合,社会保险法才能够发挥保障公民基本生活需求的效用;有了社会救助法作为基础,社会福利制度也才能发挥其进一步提高人民生活水平的功能。

(三)社会福利法

社会福利法是国家和社会为提高全体公民的物质和精神生活水平而为国民提供的各种普惠性物质和精神服务的社会保障法律的统称。社会福利法是社会保障法体系的最高层次,是实现社会保障的最高纲领和目标。它的目的是增进群众福利,提高国民的物质文化和精神文化水平。

(四)社会优抚法

社会优抚法是针对特殊群体的社会保障而制定的保障法律的总称,是社会保障法的特殊构成部分,是实现社会保障的特殊纲领。我国的社会优抚制度主要是针对军人及其家庭而设计的一项特殊的社会保障制度。社会优抚法的目的是优待和抚恤,是国家和社会对优抚对象以提供津贴、服务和安置条件等方式,在就业、入学、救济、贷款、住房等方面给予优厚待遇,以确保其受人尊敬的社会地位和一定生活水平的社会保障法律制度。社会优抚法是在社会保险法、社会救助法和社会福利法之外的一种补充立法和例外规定,在社会保障法体系中具有特殊的地位。

| 思考 |　社会保障法体系与社会保障法学体系是什么关系?

课后实训

一、关键词解释

社会保障　　社会保障法　　福利国家

二、选择题

1. (　　)的制定是现代意义的社会保障法诞生的标志,也标志着世界范围内的社会保障立法从社会救济进入了社会保险的阶段。

A. 1911 年德国的《社会保险法典》

B. 1601 年英国的《济贫法》

C. 1834 年英国新的《济贫法》

D. 1935 年美国的《社会保障法》

2. 社会保障法的体系的组成包括(　　)。

A. 社会保险法　　B. 社会优抚法

C. 社会救助法　　D. 社会福利法

三、思考题

1. 如何理解社会保障的特征?

2. 社会保障的内容有哪些?

第十四章　社会保障法的调整对象与原则

内容提要

本章主要介绍社会保障法的调整对象、社会保障法的原则及社会保障法的渊源。因此本章分为三节：第一节为社会保障法的调整对象，重点论述了社会保障关系的概念、特征及分类；第二节为社会保障法的理念和基本原则，具体阐述社会保障法的各个基本原则及主要内容；第三节为社会保障法的渊源，从硬法与软法的角度分析了社会保障法的渊源。

第一节　社会保障法的调整对象

社会保障法所调整的对象即社会保障关系。社会保障关系是一个复杂、综合的社会关系，其涉及的主体及社会关系十分丰富，并具有自己的特征。

一、社会保障关系的特征

1. 社会保障关系的主体一方当事人是政府的社会保障职能部门。政府的社会保障职能在社会保障制度的实施过程中占有着重要的地位。社会保障制度是由国家和社会共同实施的，对社会来说，社会保障制度是社会成员之间的互助共济行为，而对国家来说，社会保障制度是维护社会稳定、实现社会公平、促进社会发展的重要手段。政府的社会保障职能部门便是国家对社会保障制度进行干预和调控的专门组织。纵观社会保障的历史，政府在社会保障的发展过程中始终处于主导地位。没有政府的干预、组织和引导，社会保障制度的运行便会具有一定的盲目性。缺乏国家强制力作为后盾，社会保障法的实施没有保障，社会成员也就很难从社会保障制度中获得足够的安全感。

2. 社会保障关系具有人身关系和财产关系相结合的属性。社会保障关系是围绕着社会保障资金的筹集、管理、支付、运营和使用监督等活动而展开的。社会保障活动的最终结果是使保障对象获得物质帮助。因此，社会保障关系是财产关系。

社会保障包括社会保险、社会救助、社会福利和社会优抚等内容。在这些内容中，社会保险、社会救助和社会优抚都是旨在保障特定群体的生存权的，而社会福利虽具有普遍性，强调社会保障措施的普惠性，但是在社会福利的内容中，仍有部分的内容是针对特殊群体的社会保障而实施的。所以，我们说社会保障关系是一个既有财产又有身份属性的社会关系。

生存权是公民参与社会生活的最基本的权利。社会保障法便是以保障公民的生存权为核心的法律，是保障公民能够获得最基本的生存需求的法律体系。从本质上来说，人们的生存权不仅仅是一个获得物质帮助的要求，它还包括了人们获得基本人格尊严的要求。社会保障法是以保障人们的生存权为核心的，所以在实施社会保障制度过程中，不仅要注意对社会成员基本物质需求的保障，同时也应注意对社会成员基本人格权利的尊重。这种对社会成员基本人格权利的尊重往往是寓于基本物质保障的过程中的，如国家在对残疾人、孤寡老人等特殊群体进行社会保障的时候，应给予特殊的关心与照顾，而不应歧视。所以，从对公民生存权的保障上讲，社会保障关系是一个既有财产属性又有人格属性的社会关系。

3. 社会保障关系的主体之间的权利和义务具有不对等性。一般情况下，在其他的社会关系中，主体之间的权利义务应当是对等的，比如在民法中，民事主体基于意思自治原则而成立民事关系。在民事关系中，双方的权利义务是对等的，一方主体通常均须履行一定的义务才能获得相应的权利，“无义务则无权利”是民事关系成立和运行的基本准则。但是在社会保障关系中，社会保障主体的权利的实现和义务的履行在现实层面常常不对等，在权利享有上主要表现为机会的平等。这种不对等的权利义务关系是社会保障法的内容之一，是国家为实现社会整体的利益而对各主体之间的权利义务进行的一个平衡和调整。

具体来说，这种主体之间的权利与义务的不对等性主要体现在两个方面。一方面，从权利的获得角度来看，社会保障关系的重要目的是使遭遇各种困难和变故而导致生活难以维系的公民的基本生活得到必要的保障，对那些生活遇到困难的社会群体来说，他们在获得国家和社会的物质帮助和精神帮助时不需要付出相应的对价，社会保障的义务主体有义务根据社会保障制度为其提供相应的帮助。例如，在自然灾害救助关系中，受灾的群众因为受害而生活无着落，只能处于受救助的地位，国家或社会不能要求其履行对等的义务。从义务的承担角度来看，社会保障关系是由国家和社会共同承担的一项社会公益制度，国家是理所当然的义务主体。社会保障是国家的职责所在，实施社会保障时国家只能处于义务人的地位而不能成为权利人。另一方面，社会也是社会保障义务的承担主体，对社会保障所应承担的义务，主要体现在社会保障基金的筹集和缴纳上，缴纳社会保障基金仅是有些主体的义务，而不是其在以后能获得相应收益的对价。比如在社会保险金的征收过程中，用人单位应当为劳动者缴纳一定的社会保险金，但用人单位不能通过投资社会保险金而获得收入,缴纳社会保险金只是他们的一项义务,他们不能因此获得收入。

4. 社会保障关系具有很强的社会性。社会保障关系是社会生活中一类很特殊的社会关系,它是社会保障制度中各主体之间权利与义务关系的总称。社会保障制度是一项社会福利制度,是以实现社会整体利益为目的的,因此在社会保障关系的形成和发展过程中,社会性是其显著的特性。

(1)主体的广泛性。社会保障关系是与社会大多数人利益密切相关的社会关系,它涉及的主体的范围是非常广泛的。无论是城镇、农村、企业、机关、团体、个体劳动者,还是工、农、兵、学、商、城乡一般居民,都受到社会保障制度的规范和保护。从我国的社会保障制度来看,社会保障关系所包含的主体之间的社会关系包括:政府与全体社会成员之间的关系、政府与社会保障经办机构之间的关系、社会保障经办机构与社会成员之间的关系、社会保障经办机构之间的关系以及用人单位与劳动者之间的关系等。因而可以看出,社会保障关系的主体范围不论从权利主体还是从义务主体的角度,都是非常广泛的。

(2)内容的共济性。社会保障关系的内容是各个社会保障主体所享有的权利和所应承担的义务。就权利而言,社会保障主体所享有的权利是在因生、老、病、死、残及自然灾害等事由而导致生活困难时获得物质帮助的权利,即只有在遇到生存风险时才能够要求社会和国家予以帮助。这种不确定的权利内容,实现了社会资源动态平衡和互济功能。共同救济那些需要救济的社会成员。就义务而言,社会保障的义务可分为国家义务与社会义务。国家义务是政府对社会保障进行实施和调控的义务,而社会义务是社会各单位和个人对社会保障法的支持义务。这种支持主要体现在社会保障金的缴纳上。社会保障制度正是通过将社会保障资金从没有生活困难的社会成员转移到有生活困难的社会成员手中,实现对社会财富的再分配,从而实现社会成员之间的互助共济,促进社会发展。

(3)客体的公益性。社会保障关系的客体是社会保障主体之间的权利和义务所指向的对象。由于社会保障关系是一个涉及范围很广的社会关系,因而它所涉及的客体也并不是单一的,而是一个综合客体。从社会保障资金的征收和使用的过程上,我们可以将社会保障关系的客体分为四个部分,即社会保障金的征收、社会保障金的管理、社会保障金的使用与社会保障金的监督。这四个方面相辅相成,是各社会保障主体所关注的焦点。对社会保障金的征收使有困难的社会成员获得物质帮助成为可能;对社会保障金的管理是国家和社会对社会保障金进行的保管与维护,它是社会成员能够获得社会保障的前提;社会保障金的使用是社会保障制度的核心过程,是社会利益得到具体实现的重要内容;而社会保障金的监督则是社会保障金能够专款专用的国家承诺,也是社会利益能够实现的重要保证。从总体来说,社会保障金由政府和社会向社会成员进行征收,是一个“取之于民,用之于民”的过程。因此,社会保障关系客体的公益性是不言而喻的。

二、社会保障关系的分类

社会保障关系是一项涉及面很广的社会关系,根据不同的标准,社会保障关系可以进行不同的分类。以社会保障的内容为标准,社会保障关系可以分为社会保险关系、社会救助关系、社会福利关系和社会优抚关系;以社会保障的行为为标准,社会保障关系可以分为社会保障管理关系、社会保障基金筹集关系、社会保障基金给付关系、社会保障基金运营关系和社会保障监督关系等;以社会保障的主体为标准,社会保障关系可以分为政府与社会成员之间的关系、政府与社会保障实施机构之间的关系、社会保障实施机构相互之间的关系、社会保障实施机构与社会成员的关系、用人单位与劳动者之间的关系等。

从具体来说,我国的社会保障关系主要包括了以下几类:

(一)政府与社会成员之间的关系

社会保障法通过调整中央政府、地方政府同全体社会成员之间因社会保障执法活动而发生的关系,以明确政府在社会保障中所应承担的职责和全体社会成员所享有的社会保障权利。在任何一个建立社会保障制度的国家里,政府与社会成员之间的关系都是该国社会保障法重点调整的社会关系。从内容上讲,政府与社会成员之间的社会保障关系主要有两个方面。一方面是社会保障金的征收关系,这是社会保障制度赖以存在的基础关系;另一方面是社会保障给付关系,这是社会保障制度运行的目标。

(二)政府与社会保障实施机构之间的关系

社会保障实施机构是依法具备实施社会保障的条件,经相关行政机关核准成立,拥有社会保障服务资格的单位。社会保障实施机构作为社会保障政策的具体实施者,与政府之间存在着密切的联系。政府与社会保障实施机构的关系也是社会保障法所调整的重要内容。具体来说,政府与社会保障机构之间存在着委托、管理和监督的关系,社会保障法通过调整这些关系,以明确社会保障实施机构的性质、地位、任务及其具体的权利与义务。

(三)社会保障实施机构与社会成员之间的关系

社会保障实施机构与社会成员之间存在着社会保障基金筹集、给付关系,是国家或政府与社会成员之间关系的具体体现。在社会保障政策的实施过程中,社会保障实施机构是社会保障金的直接筹集者与发放者,因此,如何调整社会保障实施机构与社会成员之间的关系便直接关系到社会保障政策实施的好坏。

(四)社会保障实施机构之间的关系

社会保障实施机构之间的关系包括社会保障各职能机构之间及其内部有关职责划分、财务管理、资金分配等方面的关系。这是承担社会保障基金的筹集、管理、运营、给付职能的机构之间,由于职能而形成的分工协作关系。社会保障法调整这类社会关系,以明确各机构的地位和权限。

(五)社会保障基金的运营关系

社会保障基金的运营关系是指在管理运营社会保障基金过程中所发生的各种社会关系。这是社会保障基金在筹集后和发放前的过程中围绕着社会保障基金如何保管和经营而发生的关系。它主要是发生在社会保障实施机构与政府之间,社会保障机构与其他有关机构之间的关系。该关系也是社会保障法调整的主要社会关系。社会保障金是公益资金,也是有困难的社会成员的解困资金,因此,政府和社会保障机构要妥善管理好社会保障基金,不能将社会保障基金用做高风险的投资,也不能随意将社会保障基金挪作他用。

(六)社会保障监督关系

社会保障监督关系是在社会保障资金的筹集、管理、经营和发放的过程中所发生的各种监督关系的总称,是依法有社会保障监督权的主体对社会保障实施全过程进行监督的社会关系。社会保障制度是关系到国家稳定、社会发展和公民基本生活需求保障的重要制度,对社会保障政策的运行过程应当实施必要的监督,这是确保社会保障事业顺利发展的有效措施。该监督关系根据监督主体的不同可分为权力机关的监督、司法监督、行政监督、社会监督以及保障机构的内部监督等。

思考 社会保障监督关系是什么性质的关系?

第二节 社会保障法的理念和基本原则

一、社会保障法的理念

从人类法律发展的基本规律来看,现代法律是以既关注个人的权利保护又注重社会整体利益的实现为特征的。它在鼓励社会成员进行正当竞争和追求个人发展与利益的同时,也注重对在社会中处于弱势地位的社会成员给予关怀;在强调法律形式正义的同时,也确保法律实质正义的最终实现。因此,人类社会法律理念的不断进步与发展,为社会保障法的产生提供了坚实的理论基础。

1. 体现了现代法律对社会成员人权的切实关怀。人权中最基本的权利就是生存权。生存权是基于人类的生存本能而产生的一种权利,是不可剥夺和转让的。人们要生存于社会之中,需要最基本的生活条件和人格尊严,因而在文明社会里,法律便是人们获得基本生活条件和基本人格尊严的重要保障。社会保障法正是体现了人权关怀的现代人文精神,以保障生存权为出发点,通过一系列法律的制定,架构起社会保障体系,使社会成员在遭遇失业、疾病、工伤、生育、自然灾害等社会风险和自然灾害时时,能从国家与社会那里得到基本人权所需的物质生活资料的帮助,维持其基本生存要求。社会保障法“以解决与经济生活相关之社会问题为主要目的,借以安定社会并修正经济发展所造成的负面影响,提供每一个社会成员适当基本生活条件,以利充分发展自我并维系其人格尊严”。[1] 社会保障法的根本目的是使社会所有成员的生存权均能够得到有效保障,“无论是劳动法、还是社会保险、社会救助、社会福利等社会保障制度无不针对社会弱势群体的生存需求”。[2] 最终实现《礼记 · 礼运》中所描述的“使老有所终,壮有所用,幼有所长,鳏寡孤独废疾者皆有所养”。

社会保障法特别体现现代法律对弱势群体的关注与帮助。社会保障法体现人道主义精神,扶弱济贫,友爱互助,和谐共存,具有人类亲情主义和关怀的功能,能够加强亲情、友情关系,通过对低收入群体或者困难群体、灾民等的救济和关爱,能够帮助困难群体从贫困中走出来,体会到人间的温暖和真情。社会保障法中的社会保险、社会福利能够有效解除劳动者在养老、疾病医疗、职业伤害、失业、生育等方面的后顾之忧,能使弱势群体享受更多的福利和分享更多的经济社会发展成果和发展机会。关注民生,保障民生,强调以人为本的福祉的维护是社会保障法的核心价值和理念。这种关怀与帮助,并不是出于保护落后,也不是对弱势群体的恩赐和施舍,而是现代文明社会中的国家、社会对处于特殊困难中的社会成员应尽的法律义务与责任,是社会化大生产发展的必然要求和必然结果。

2. 体现对社会公平和实质正义的维护。社会保障法就是在承认个人的能力禀赋和资源占有差异的前提下,基于现实的不平等,强调“不同情况不同对待”,以“扶助弱者,倾斜保护”为原则,对每个社会成员所享有的社会权予以保障,它所追求的是实质的正义与公平。

---

〔1〕 郝凤鸣:“社会法之性质及其于法体系中之定位”,载《中正法学集刊》2003 年第 10 期。

〔2〕 谢增毅:“社会法的概念、本质和定位:域外经验与本土资源”,载《学术与探索》2006 年第 5 期。

"正义是社会制度的首要价值。"[3]与中国的社会现代化进程和市场经济相适应,社会保障法的正义价值就是让所有的人都共享社会的发展成果,其所体现的是人人共享、普遍受益的社会发展的基本宗旨和价值取向。通过结束"牺牲一些人的利益来满足另一些人的需要"的情况,以使所有人共同享有社会创造出来的财富和福利,满足社会全体成员全面发展的需要。基于市场经济无法自发实现社会公正而出现的社会保障法,通过国家的积极干预来促进经济发展中社会公平的实现,为改革的顺利进行和社会的可持续发展提供稳定的社会环境。

社会保障法所调整的社会关系是以公共性和公益性为根本特征的,它强调公共利益的维护,并以社会的民生为其立足点、为其本位,最终实现社会的公平,促进整个社会的全面发展。社会保障法的社会公平价值既要求社会的统筹能够保证使每个人都能够随着经济的增长和社会繁荣而获得更好的待遇,同时也要使社会弱者获得特别对待。因为在社会变革中,总会有一部分社会成员由于各种原因被甩到边缘地带,在社会利益的重新分配格局中被弱势化、边缘化,逐渐变成弱势群体。基于社会权保护的需要而产生的社会保障法不像传统民法那样以平等主体之间的社会关系为起点,它是以维护市场竞争的实质公正,追求实质平等为其终极目标,其宗旨是救助弱者、反歧视和倾斜保护,其功能是要化解社会风险和矛盾,致力于实现人的全面发展和促进社会文明进步,满足着人的生活保障与发展需要。

3. 体现了现代法律对社会稳定与安全的保障。一定的社会安全是人类赖以生存和发展的前提和基础,当社会化大生产发展到一定阶段以后,个人生存权特别是弱势阶层或群体的生存权受到威胁,当积累至一定程度就会影响社会秩序和社会稳定,由此便引发社会安全问题。从某种程度来说,弱势阶层的生存状况决定着一个社会的安全稳定程度,一个国家的经济发展、社会进步和国家安全越来越离不开社会安全的支撑。社会保障法就是一个能够为国家和社会的发展提供有力支撑的法律体系,是国家为所有公民而设置的"生活安全网",通过调节国民收入的分配和再分配,来缩小社会成员之间的贫富差距,使其共同分享经济发展的成果。

个人生活安全是社会安全的前提和基础。社会保障法对社会安全的保障与追求,正是遵循从个人生活安全的保障到整个社会安全的逻辑,通过对个人生活安全的保障来促进整个社会的社会安全、经济安全甚至是政治安全。

总之,从社会保障法的基本理念来看,它反映了现代法律的人权观念、实质公平与追求正义的价值取向。因此,社会保障法被誉为社会收入的"调节器",社会矛盾的"缓解器",社会安全的"保护器",是"社会成员最庞大、最坚固的避风港"。[4]

---

〔3〕［英］约翰·罗尔斯:《正义论》,中国社会科学出版社1988年版,第1页。

〔4〕秦国荣:《劳动与社会保障法律制度研究》,南京师范大学出版社2004年版,第284~289页。

二、社会保障法的基本原则

(一)社会保障法的基本原则的概念

社会保障法的基本原则是指集中反映社会保障法的本质,贯穿社会保障法律规范始终,并对整个社会保障法律规范体系起主导作用的根本准则。社会保障法的基本原则是社会保障法立法精神的体现,集中反映了国家在社会保障制度建设上的基本立场,同时也是对社会保障法律法规的重要补充,有助于探讨具体的社会保障法律规范的立法原意。

社会保障法的基本原则体现了社会保障法所追求的基本精神和价值主线,具有高度的概括性和抽象性的特点。为了指导和协调整个社会保障法律制度的合理运行,社会保障法的基本原则在整个社会保障法的体系中处于提纲挈领的地位。综观其意义,社会保障法的基本原则应具有以下几层含义:第一,社会保障法的基本原则是社会保障法本质的反映。何种性质的法律就应该由该种性质的法律原则来统领,何种性质的法律原则就应该反映出该种性质的法律体系。第二,社会保障法的基本原则是各项社会保障立法的指导原则。由于社会保障法体系较为复杂和庞大,每个社会保障项目的立法如果没有统一的指导原则,便很难使社会保障法形成一个统一协调的体系,社会保障的目的就难以实现。为了使各个社会保障法律法规互相协作、互相配合,社会保障法的基本原则便应运而生了。第三,社会保障法的基本原则具有贯穿社会保障法律体系始终的效力。社会保障的基本原则是各项社会保障法律的制定标准,社会保障法中的各个法律规范都是以社会保障的基本原则为指导而制定的,因而其效力理应贯穿于社会保障法律制定和实施的全过程之中。当各社会保障法律之间的规定产生冲突时,应该根据社会保障法的基本原则来判断。

(二)社会保障法基本原则的功能

1. 社会保障法的基本原则是社会保障立法活动的指示灯。社会保障法的基本原则是整个社会保障法律体系得以构建的基础,是立法者制定法律时的指示灯。各项立法均有各项立法的理念、精神与政策,这些理念、精神与政策经过总结归纳便成了立法原则。社会保障法的基本原则也是如此,它首先是由国家实行社会保障的目的与宗旨来决定的,然后综合考虑社会群体利益及国家经济发展的状况来确立。在社会保障立法过程中,立法机关必须事先总结制定社会保障法的基本原则,再将这些原则适用于每项社会保障立法的过程之中。只有这样,方可使社会保障的法律体系在正确的原则指导下实现社会公共利益。因此,可以说,社会保障法的基本原则产生于社会保障法的具体制度和规范之前,是社会保障法各项具体制度和规范的基础和来源。

2. 社会保障法的基本原则是社会保障执法活动的调节器。执法与立法一样，如果没有一定的原则的指导，就很容易产生执法过程的盲目性，从而导致执法不公的后果。在社会保障执法过程中，如果没有社会保障法基本原则的指导，这种情况同样也是会发生的。另外，由于立法技术及立法经验的不完善，社会保障法律也难免会出现条文模糊、语言不明的情况，同时，因为经济的发展变化过于迅速，社会保障的立法有时也会出现落后于社会经济的发展的现象。这时，执法机关若等待新的法律规定的出台势必会影响执法的效力，影响社会经济的稳定发展。要解决此种问题，就只有靠社会保障法的基本原则来发挥作用了。一方面，在条文虽然模糊但根据基本原则可以明确执法内容的情况下，执法机关可以根据自己的判断进行果断的执法，提高执法的效力。另一方面，在根据法律条文的字面含义和基本的推断难以确定执法内容的情况下，执法机关应向司法机关反映，要求司法机关尽快作出相关的司法解释，以明确执法的内容。而司法机关的司法解释，也是以社会保障法的基本原则为依据作出的。所以，社会保障法的基本原则具有调节社会保障执法的功能。

3. 社会保障法的基本原则是社会保障司法活动的补充剂。社会保障司法活动是社会保障制度运行和实现的重要环节。在社会保障司法过程中，司法机关主要依据立法机关所制定的社会保障法来解决社会保障的各种问题。但是社会保障立法受到种种因素的影响，不可能完全解决所有的社会保障问题。在遇到新问题而难以找到明确的法律依据的情况下，司法机关首先要寻求相似的法律规定，如果没有相似的法律规范，则根据有法可依的原则，司法机关不能枉法裁判，但是如果有相类似的法律规定，却没有足够的适用依据时，司法机关应尽快作出有权解释，使该问题得以尽快解决。在制定司法解释的时候，司法机关不能随意扩大或缩小原法律规范的含义，而是应该以社会保障的基本原则为指导，按社会保障制度的价值追求对相关的社会保障法律规范加以补充和调适，以使社会保障法律保持一定的弹性，与社会生活的发展相适应。

（三）社会保障法的基本原则

1. 保障基本生活需要的原则。社会保障法是保障公民生存权的法律体系。生存权是维护人的生存所必不可少的基本人权，虽然早在资产阶级民主革命时期，资本主义革命家和思想家便开始提倡“天赋人权”，主张“人人生而平等自由”，但生存权作为一种权利要得到真正的保障，还必须通过法律的形式确定下来，成为公民的法定权利。由于经济调整、社会变革、自然灾害等各种原因，一个社会中总是会有一些人因为物质匮乏而面临生活危机。社会保障法的宗旨即在于当社会成员出现这些生活困难时，国家和社会有义务对其进行物质帮助。但这种帮助有一个明显特点,即以满足公民的基本生活需要为宗旨。例如,社会救济的给付便是按各个地区人口的最低生活标准发放,以满足社会成员生存的基本需要;社会保险法和社会优抚法也都是以公民抵御生活风险的基本需要为出发点来制定给付标准的,它的给付内容主要包括公民的基本生活需求。

2. 普遍性原则。普遍性是指社会保障的实施范围应包括所有社会成员,强调一切社会成员享有社会保障的共同权利,从而制定对全体社会成员普遍适用的相同的社会保障标准。普遍性原则最先是由“现代社会保障之父”贝弗里奇爵士在其《社会保险及有关服务》的报告里提出来的。对公民实行普遍的社会保障,是各国社会保障立法共同奉行的一条基本原则。《世界人权宣言》、《经济、社会和文化权利国际公约》和我国《宪法》中,均有人人有权享受社会保障的规定。而各福利国家对普遍性原则的贯彻则更加突出,它们主要是通过努力实施各项惠及所有社会成员的福利政策来实现的。就我国的情况而言,我国宪法规定的社会保障权利,是不分农村公民还是城镇公民的。在社会主义制度下,社会成员的法律地位平等,权利相同。一切社会成员在丧失劳动能力或者生活遭遇困难时,有向社会或国家获取生存和生活所需的平等权利。同时,社会保障的普遍性也是社会保障制度本身的要求。社会保障制度本身就含有惠及所有社会成员之意。社会保障法应对所有社会成员一视同仁,凡是符合法定保障条件的社会成员,都有权得到社会保障体系的支持。因为社会保障范围的普遍性,社会保障法才有其稳定社会、保障社会成员安全的社会意义。

基于社会物质条件的限制,各个国家可以根据各自的国情,对社会保障制度采取适当的、逐步的实施方式,但不能以物质条件不具备为由,拒绝提供物资帮助或者只考虑部分群体的社会保障权利。一个较为完善的社会保障制度必须惠及所有的社会成员,只保障部分社会成员基本生活需求的社会保障制度是不全面的社会保障制度,这种制度的实施是不可能达到社会保障根本目的的。

坚持普遍性原则,并不排斥对特殊地区、特殊群体在具体保障标准上实行特别对待。目前,我国的社会经济发展还很不平衡,东、中、西部社会经济发展水平差距很大,特别是城乡之间的社会经济、文化差别是一个短期内难以消除的社会问题,建立全国统一的社会保障标准的条件还不成熟。但这种不同保障水平和层次的社会保障制度只是一定时期的过渡性措施,随着社会的发展,这种差距会逐渐消失。

3. 社会保障水平与经济发展水平相适应的原则。社会保障是国家用国民收入再分配手段来解决特定社会问题和实施特定社会政策的一项宏观调控措施,它肩负着保障社会稳定和经济发展的双重目标和任务。如果社会保障滞后于经济的发展,就容易造成社会的不稳定,进而给经济发展造成消极影响;相反,如果社会保障水平超前于经济的发展,则必然造成国家无力承受并最终损害经济发展的后果。因为经济发展决定着社会保障的发展水平,社会保障发展水平受经济发展水平制约,而且必须适应经济发展的水平。西方国家社会保障法在早期的设计中,由于忽略了这二者之间的关系,社会保障水平严重超过了经济的增长速度,甚至超过其GDP的增长水平,造成了当时许多人不参与劳动而依靠社会保障来度日的局面,这会容易导致"福利病"。为了改变经济发展与社会保障不相适应的状况,各主要资本主义国家在20世纪80年代纷纷对各自的社会保障法律进行修改,适度降低社会保障的水准,使社会保障的发展与经济的发展互相协调、互相促进。

社会保障水平与经济发展水平相一致的原则实际上包含着两层含义。第一层含义是指一个国家应该根据自身的经济发展水平来实施相应的社会保障政策。社会保障应当适当,不应过高或过低。如果过高,则必然减少国家经济发展的总资本,影响必要的社会资本积累,制约经济的进一步发展,同时它还会造成社会成员过于依赖社会保障的后果,减弱劳动者的勤劳意识,从而影响整个社会的经济发展。如果过低,则社会成员的基本生活需求难以得到保证,盈余的社会财富会被大量闲置,容易造成社会的动荡,社会保障制度也就失去其意义了。总之,过高的社会保障水平将直接影响社会保障法作为"经济调节器"的功能,过低的社会保障水平将会直接减弱社会保障法作为"社会安全网"的功能。社会保障水平应与经济发展水平相一致原则的另一层含义是指一个国家的社会保障水平不应总停留在一个标准之上,而应随着社会经济的发展而不断提高。这是由人的生存权和发展权的共同要求决定的。社会财富增加了,社会保障投入也应当适当地增加。同时,经济发展水平也决定了社会成员的生活水平,当社会发展水平提高时,社会成员必然会要求国家提高相应的社会保障待遇。

4. 社会公平与经济效率兼顾的原则。社会保障是在经济发展过程中由国家和社会对社会财富进行的再分配,以调整因社会财富初次分配所带来的不均等情况,因此,从制度的目的上便可知社会保障是一个以实现公平为己任的制度。作为社会保障制度的法律表现,社会保障法的制定也应当贯彻公平的原则。这里的"社会公平"包含两层含义:一是从社会保障权利享受的角度,应贯彻人人平等的理念,任何社会成员只要达到接受社会保障的条件,就有权享受国家和社会提供的物质帮助;二是社会保障待遇的确定,应力求遵循平等原则,不能因社会成员的地位、身份、性别、种族和信仰等方面的区别而有所不同。

社会公平始终是社会保障法所追求的价值,这是社会保障法本身的要求。首先,从发展历程来看,无论是社会保障观念的起源,还是社会保障法的创立历史,都体现了人类追求尽可能公平的足迹。社会保障法是最直接体现社会公平价值的法律规范。其次,追求社会公平是为了遵循有关国际公约、贯彻我国宪法精神的需要。最后,这是市场经济的要求。市场经济是效率经济,鼓励竞争,因此,利益分配的差别性和不公平将不可避免。为保持社会稳定,国家必须通过宏观调控来防止不公平状况的过度发展。社会保障即是实现这种调控有效手段之一。

社会保障在贯彻公平原则的同时,还必须兼顾效率。因为公平是以效率和发展所带来的物质基础为前提的。社会保障的效率性,要求通过社会保障制度的设计,实现社会保障的经济调节作用和对社会成员的激励作用,提高经济增长率,从而实现社会保障更高层次上的公平。我国现阶段还只能建立城乡居民最低生活保障制度。这一方面固然受制于我国的经济发展水平,另一方面也是为了抑制社会保障可能带来的副作用。后一点突出地表现在公平与效率的关系上。社会保障制度的推行,有利于社会公平的实现,但如果保障的项目过多,标准过高,就极易导致效率的丧失。因为全面的、高标准的保障体系,必然促使部分社会成员滋长懒惰心理和不劳而获思想,从而导致社会生产力水平的下降和社会财富的减少,同时又会形成新的、更大程度上的不公平。在这方面,西方高福利国家的教训值得我们认真借鉴。因此,社会保障法应坚持公平与效率相结合的原则,在公平与效率兼顾的动态过程中,达到相互之间的动态平衡。我们绝不能为了追求"公平"而牺牲"效率",因为失去了"效率","公平"就只能是低层次上的公平,甚至连低层次上的公平都维持不了。

为兼顾公平与效率,首先,社会保障法必须对国家、单位、个人三方面社会保障主体的责任和义务进行合理划分和组合,实行社会保障费用由三方共同负担的制度,强调社会成员权利与义务对等。国家负担社会救济、社会优抚安置等保障,公平对待全体社会成员,只要符合法定条件,人人均可享受。而个人和单位缴费部分,既要考虑到公平,又要兼顾缴费者的个人利益,以调动其参与社会保障的积极性。其次,社会保障法在规定企业的缴费责任时,应尽量使各个单位之间所承受的负担大体平衡;在确定劳动者的保障待遇时,其标准也应当基本统一,但同时也应考虑劳动者的贡献大小,让对社会贡献大的劳动者享受较高的养老保险待遇,以激励所有社会成员勤奋工作,提高劳动生产率和经济效益。

5. 国家保障与社会保障相结合原则。社会保障制度应该由国家和社会来共同实施,这是社会保障法的基本原则,也是社会保障制度进一步发展的必由之路。

从上一章所述的社会保障历史发展过程来看,社会保障制度的发展大体可以分为三个阶段。第一阶段是创立阶段和发展阶段,在这个阶段中,社会保障制度正处上升期。由于这个阶段中,社会保障项目并没有完全开展,社会保障金靠政府的财政收入完全可以承担,因此,政府是此阶段社会保障制度的主要义务人。第二阶段是社会保障的成熟阶段,此阶段也可称为福利国家创建时期,此时大多数的社会保障项目都得到了开展,并且由于工业革命的影响,资本主义经济迅速发展,政府的财政收入大量增加,社会保障支出在财政收入中并没有占太大的比例,因此政府仍是社会保障资金的主要承担人。但是这种由政府承担所有社会保障开支的情况是不能长久的,因为经济发展的势头并不能持续良好,财政收入也不是每年都可以大量增加。在经济出现低谷的情况下,这种单靠政府的财政维持开支的社会保障体制便可能使政府陷入财政危机,这一点在20世纪70年代发生的石油危机后便体现出来了。社会保障制度发展的第三个阶段是改革和调整的阶段。20世纪70、80年代,在经历了一系列经济挫折后,主要资本主义国家开始对由政府一方承担的社会保障政策进行反思。大多数的发达资本主义国家都对本国的社会保障政策进行了调整,以政府和社会共同承担社会保障的开支来代替单独由政府财政承担社会保障开支的体制。这些国家的改革措施,使社会保障制度进入了一个平稳发展的时期。

国家保障与社会保障相结合主要是指社会保障事业的发展,不仅要依靠国家、政府的出资、管理与监督,还需要依靠广大社会力量的参与。作为一项基本原则,它具体包括两方面的内涵和要求:一是社会保障基金来源的双重性,既要依靠国家、政府的财政拨款,又要依靠社会各界的出资,如企业、社会组织、社会机构、家庭和个人通过缴纳社会保险金向社会保障制度出资。二是社会保障的日常管理与监督事务应该由国家和社会共同承担。政府作为社会的管理者,自然应对社会保障制度的实施进行总体规划与具体操作。但是社会保障制度是一项涉及主体多、关系杂、内容丰富的制度,单靠政府的行政资源是很难使社会保障制度良好运行的,还必须依靠广大社会成员的共同实施才能使社会保障制度真正成为一项利国利民的制度。如在社会保障基金的筹集和发放上,由于人力物力资源有限,政府需要委托相关的社会保障实施机构来协助办理。在社会保障基金的筹集、运营和发放的监督上,也需要有广大民众一同进行,才能使社会保障资金得到良好的管理和使用。

|思考|　社会保障法体现的人文精神有哪些?

第三节　社会保障法的渊源

法的渊源是指法律规范的来源和表现形式,又称法的渊源或法源。正确认识法的渊源,有利于法的实施。社会保障法的渊源也就是指社会保障法借以表现的形式,是指由法定的国家机关制定的,具有不同法律地位或效力的社会保障法的具体表现形式。社会保障法的渊源是社会保障法能够得到实施的前提,是国家权力机关对社会保障制度的确认形式。也许各国的社会保障法的宗旨和目标是一样的,但是各国的社会保障法的渊源往往是不尽相同的。这主要是由于社会保障法的制定不仅受到各国所属法系的影响,如大陆法系国家的社会保障法的渊源与英美法系国家的社会保障法的渊源就有所不同,而且也受到各国的政治制度、历史文化、经济水平和民族风俗等差异的影响。

在我国，社会保障法的渊源不仅限于各种硬法规范（正式法的渊源），而且还包括各类软法规范（非正式法的渊源）。各类社会保障法的软法规范在调整社会保障关系中发挥着重要作用，"软法不软"的现象就是很好的证明。认识社会保障法的渊源有助于采取适当的法的形式表现不同的法的效力等级，有助于立法者采取适当的法的形式运用特定立法技术制定或认可特定形式的法，有助于发挥硬法和软法的各自功能，以达到"软硬兼施"。

一、社会保障法的硬法渊源

（一）宪法

宪法作为社会保障法的渊源，是国家最高权力机关经由特殊程序制定和修改的，综合性地规定国家、社会和公民生活的根本问题的，具有最高的法的效力的一种法。社会保障制度作为一项重要的社会制度，同样被规定在了宪法之内。纵观各国，虽然在宪法里规定的社会保障的内容多少、繁简程度等都有所区别，但是通过宪法对社会保障法进行统率和引导是各国的一般做法。例如，1919 年制定的《魏玛宪法》在第一章中便规定，联邦对"救贫制度"、"孕妇、婴儿、幼童及青年之保护"、"公共卫生制度"、"工人及佣人之保险"、"公共福利之维护"等均有立法权。《魏玛宪法》还在第 161 条规定为了保护年老体弱者和妇女的合法权益，联邦应事先制定社会保险方面的法律，对劳动者进行社会保险，防止因年老、生病或遭遇灾害而导致劳动者以后的生活无着落的情况发生。另外，1946 年通过的《法兰西共和国宪法》在序言中规定："国家保证任何人，尤其是儿童、母亲及年老工人，有享受健康、物质安全、休息及娱乐之保障，凡因年龄、身心状态，或经济情况不能工作者，由公共团体维护其生存之权利。""凡因国家灾难所引起之结果，应由全体法国国民共同负平等之责任。"可见，该宪法将有关社会保障的原则明确规定下来，指明国家要保障个人家庭的基本生活条件，并且要向所有人提供保障。此外，在《意大利宪法》、《日本宪法》、《俄罗斯联邦宪法》等宪法中也都有关于国家应该为公民提供社会保险和救助的规定。

自 1949 年新中国成立后，我国便立即着手建设社会保障制度。1954 年《宪法》第 93 条便规定"中华人民共和国劳动者在年老、疾病或者丧失劳动能力的时候，有获得物质帮助的权利。国家举办社会保险、社会救济和群众卫生事业，并且逐步扩大这些设施，以保证劳动者享受这种权利"，明确指出国家有对公民提供物质帮助的义务。改革开放后，我国对社会保障制度进行了调整和改革，社会保障事业取得了较快的发展。现行《宪法》第 44 条规定："国家依照法律规定实行企业事业组织的职工和国家机关工作人员的退休制度。退休人员的生活受到国家和社会的保障。”第45条规定:“中华人民共和国公民在年老、疾病或者丧失劳动能力的情况下,有从国家和社会获得物质帮助的权利。国家发展为公民享受这些权利所需要的社会保险、社会救济和医疗卫生事业。国家和社会保障残废军人的生活,抚恤烈士家属,优待军人家属。国家和社会帮助安排盲、聋、其他有残疾的公民的劳动、生活和教育。”这些宪法条文赋予了公民获得物质帮助的权利的同时也规定了国家实施社会保障制度的义务,是我国建立、健全和改革社会保障法律体系的基本依据,同时也是社会保障法中具有最高效力的渊源。

(二)社会保障法律及其他法律中有关社会保障的法律规范

社会保障法律是由国家最高权力机关及其委员会制定的当公民需要获得物质帮助时,由国家和社会向公民提供社会保险、社会救助、社会福利及社会优抚等方面帮助的单行法律。社会保障法律是社会保障执法和司法活动过程中的主要依据,是在宪法的指导下所制定出来的多项社会保障法律的总称。虽然在一些国家制定了社会保障方面的基本法,如于1935年制定的《美国社会保障法》、于1964年制定的《新西兰社会保障法》、于1973年制定的《英国社会保障法》,但是这些基本法律并不是社会保障法典,不能涵盖庞大的社会保障法律体系。同时,由于社会保障法与经济的发展变化紧密相连,社会保障法律往往需要不断地进行补充与修订。社会保障法律是一个涉及保障项目较多的法律,没有高超的立法技术是很难将所有保障项目均规定入一部法律的,因此,社会保障法律是由多个子法律体系共同组成的,包括社会保险法,社会慈善、救助法,社会福利法和社会优抚法等。

我国的社会保障法律是指由全国人民代表大会及其常务委员会制定的有关社会保障的规范性文件。它主要是指有关社会保障制度的各项单行法,如《残疾人保障法》、《老年人权益保障法》、《社会保险法》便属于社会保障法中对特殊群体的保障法律。另外,其他法律中有关社会保障的法律规范,也是我国社会保障法的主要渊源,它与社会保障法律一起构成社会保障法第二个层次的渊源,如在我国《劳动法》、《母婴保健法》、《兵役法》等法律中都含有有关社会保障的法律规范。这些法律规范都是由我国最高权力机关及其委员会制定的,都属于我国社会保障法的渊源。

(三)有关社会保障的行政法规、部门规章

行政法规和部门规章都是由行政机关所作出的规范性文件,我国的行政法规是指由国务院制定的在全国行政领域内普遍适用的规范性文件,行政规章则是指由国务院各部委和具有行政管理职能的直属机构制定的适用于全国范围内本部门工作领域的规范性文件。可见行政法规和部门规章都是全国范围内具有法律效力的文件,是我国司法机关在司法活动中所应遵循的规则,同时也是我国法律的重要

渊源。在社会保障法的领域也是如此,行政法规和部门规章中有关社会保障内容的规范性文件均属于社会保障法的渊源范围。如由国务院制定的《失业保险条例》、《城市居民最低生活保障条例》、《社会保险费征缴暂行条例》、《军人抚恤优待条例》等行政法规,由劳动部颁布的《劳动部关于解决部分困难企业离退休人员基本生活问题的通知》、民政部颁布的《民政部关于进一步加强农村养老保险工作的通知》、民政部和财政部联合颁布的《民政部、财政部关于进一步做好精简退休老职工生活困难救济工作的通知》、农业部颁布的《乡镇企业职工养老保险办法》、人社部颁布的《事业单位人事管理条例》、《工伤认定办法》、《企业年金基金管理办法》等部门规章都是我国社会保障法的重要渊源。

(四)地方性法规和地方政府规章有关社会保障的规定

在我国,地方性法规是由省、自治区、直辖市的人民代表大会及其常务委员会以及地级市人民代表大会及其常务委员会,根据本地区的具体情况和实际需要而制定的规范性文件。地方性法规中同样有涉及社会保障内容的规范,这些规范是各个地区在宪法和法律的指导下对本地区社会保障体制的细化规定,集中反映了各个地区的社会保障需求和水平,是各地区社会保障司法活动的重要法律依据。地方性法规中有关社会保障的规定是各个地区人民的社会保障意愿的集中体现,因而也是最适合各地区经济社会发展的社会保障法律规范,在社会保障的法律渊源体系中占有重要的地位。

我国的地方政府规章是指省、自治区、直辖市的人民政府以及地级市的人民政府制定的规范性文件。2015 年 3 月 15 日,《立法法》的修改将地方立法权扩至所有设区的市,即设区的市人民代表大会及其常务委员会根据本市的具体情况和实际需要,在不同宪法、法律、行政法规和本省、自治区的地方性法规相抵触的前提下,可以对城乡建设与管理、环境保护、历史文化保护等方面的事项制定地方性法规。在这些规范性文件中,如果涉及公共福利和公共服务的规定,也是我国社会保障法的渊源之一,是各个地方政府在考察了本地区经济发展情况后,根据宪法、法律、行政法规、行政规章和地方法规的规定而对本地区的社会事业作出的调整和补充。"人民政府为人民",在社会主义国家,努力为人民谋福利是各级人民政府的天生的职责。我国各级地方人民政府是国家政策的直接实施者,也是与人民联系最紧密的国家机关,因而它最了解社会保障政策如何运行才能达到最好的效果,赋予地方政府一定程度的立法权就是为了使地方政府将法律有效运行的方法固定化、系统化。

(五)我国缔结或参加的有关社会保障的国际条约

社会保障制度是一项在各个国家都得到承认和倡导的社会公益制度,是在人类社会中达成共识的社会体制,因此,为了促进这种共识的推广与进步,国际社会早已成立了具有社会保障性质的组织和各种合作机构,如国际劳工组织便是为了实现对劳动者的国际保障而成立的国际组织。由于世界各国逐步意识到社会保障制度在维护社会稳定、推动经济发展上的作用,社会保障法律体制的建立越来越受到各国的重视。第二次世界大战以后,社会保障制度的发展又出现了一个崭新的局面,即社会保障的国际化。专门规定社会保障的国际条约、公约大量出现,如1946年国际劳工组织通过的《海员社会保障公约》、1952年国际劳工组织制定的《社会保障(最低标准)公约》、1983年第69届国际劳工大会通过的《残疾人职业康复和就业公约》。另外,在国际社会制定的其他公约中也包含许多有关社会保障的内容,如1966年12月16日联合国大会通过的《经济、社会和文化权利国际公约》第9条便规定:"本公约缔约各国承认人人有权享受社会保障,包括社会保险。"1989年11月20日第44届联合国大会通过的《儿童权利公约》第2条规定:"缔约国应采取一切适当措施确保儿童得到保护,不受基于儿童父母、法定监护人或家庭成员的身份、活动、所表达的观点或信仰而加诸的一切形式的歧视或惩罚。"该公约第6条也规定:"缔约国应最大限度地确保儿童的存活与发展。"这些国际公约中的社会保障规范同样也在发挥着保障缔约国公民基本生活需求的作用。

国际公约同样可以成为我国社会保障法的渊源,但前提是该国际公约必须是我国缔结或参加的国际公约。因为我国若签署或参加了相关的国际公约,就表明我国愿意受到该国际公约的约束,该国际公约经我国最高权力机关及其常委会承认后便成为我国的正式法律渊源。例如,我国于1987年9月15日经全国人大常委会批准了《残疾人职业康复和就业公约》,从此,该公约便成为我国社会保障法的正式渊源了。

二、社会保障法的软法渊源

在转型时期,社会保障关系处于高度复杂、变动和不稳定的态势,硬法难以覆盖社会保障关系的方方面面,同时,硬法还需要得到社会的检验,这就为软法发挥作用提供了空间。其实在我国,像社会保障政策这样的软法一直在发挥作用,或是硬法的先导,或是硬法的具体化,使硬法更顺畅、更灵活地适应每一具体环境。这些政策往往以"指示"、"纲要"、"通知"、"指导意见"等形式出现。"指示纲要型"如政务院颁发的《关于救济失业工人的指示》(1950年),国务院发布的《中国妇女发展纲要》(1995~2000年)等;"通知型"如财政部、劳动保障部《关于促进下岗失业人员再就业资金管理有关问题的通知》(2002年);中共中央、国务院发布的《关于切实做好国有企业下岗职工基本生活保障和再就业工作的通知》(1998年);中华全国妇女联合会发布的《关于进一步做好下岗失业妇女再就业工作的通知》

(2003年);“意见型”如国务院下发的《关于进一步做好下岗失业人员再就业工作的通知若干问题的意见》(2002年)、劳动部颁布的《劳动部关于贯彻执行〈中华人民共和国劳动法〉若干问题的意见》(1995年)。2006年《国务院关于解决农民工问题的若干意见》、2007年《国务院关于开展城镇居民基本医疗保险试点的指导意见》、2007年《关于做好农村社会养老保险和被征地农民社会保障工作有关问题的通知》,2016年五部委联合发布《学生实习管理规定》,这些内容都是我国社会保障法的渊源,同样是司法机关司法过程中的重要依据。

| 思考 |　当抽象行政行为侵害社会保障权益时,受害人如何获得救济?

课后实训

一、关键词解释

社会保障关系　　国家保障　　社会保障　　社会安全

二、选择题

1. 社会保障的普遍性原则最先是由谁提出来的?(　　)

A. 贝弗里奇爵士的《社会保险及有关服务》

B.《世界人权宣言》

C.《经济、社会和文化权利国际公约》

D.《魏玛宪法》

2. 社会保障关系的社会性表现在(　　)。

A. 主体的广泛性　　B. 内容的共济性

C. 客体的公益性　　D. 对象的财产性

三、思考题

1. 社会保障关系有哪些特征?
2. 社会保障法的基本原则是什么?
3. 软法不软的原因是什么?
4. 传统的济贫社会保障与现代的防贫社会保障制度有什么区别?

第十五章　社会保险制度

内容提要

本章为社会保险制度，共分为六节，主要围绕社会保险法概述、养老保险制度、医疗保险制度、工伤保险制度、失业保险制度、生育保险制度展开。本章的重点是社会保险的概念和特征、我国社会保险法的产生与发展以及养老、医疗、失业、工伤、生育五大社会保险险种在我国的立法现状以及基本制度。难点是社会保险法律关系的主体、我国养老、医疗保险的改革和完善。毋庸置疑，近年来，随着党和政府以高度的政治智慧和勇气保障人民群众共享改革发展成果，促进社会主义和谐社会建设的战略思想的提出和实施，我国社会保险立法越来越深入发展，社会保险立法一体化程度越来越高，社会保险新体制越来越完善，越来越进步。十分有利于促进人口纵向流动，增强社会安全感，使群众对民生改善有稳定的预期，从而拉动消费，鼓励创新创业，实现我国经济转型升级。

第一节　社会保险法概述

一、社会保险的概念和特征

（一）社会保险的概念

社会保险，是指国家和社会通过立法确立的，以保险形式实行的，使社会成员（主要是劳动者）在面临年老、患病、工伤、失业、生育等社会风险的情况下能够获得国家和社会经济补偿和帮助的一种社会保障制度。

探讨

我国传统理论一般认为，社会保险的对象仅限于建立劳动法律关系之后的以工资收入为主要生活来源的劳动者。这并不符合社会保险原意。实际上，社会保险的对象主要是但不限于劳动法上的劳动者。“全体公民均应是社会保障的实施对象”，这是世界公认的一个标准。我国2010年10月28日通过的《中华人民共和国社会保险法》把养老保险和医疗保险覆盖到了各类劳动者和全体公民，工伤、失业、生育保险则覆盖全体劳动者，这就是明显例证。

社会保险具有分散社会风险和消化损失的功能，通过社会保险，使社会成员在面临年老、患病、工伤、失业、生育等社会风险的情况下能继续维持基本生活水平，从而保证劳动力再生产和扩大再生产的正常运行，保证社会安定。

（二）社会保险的基本特征

社会保险作为物质帮助的一种形式，是宪法赋予公民的一项基本权利，社会保险是对人权中的首要权利——生存权的法律保障。社会保险具有以下基本特征：

1. 社会性。一方面，社会保险的对象是社会成员；另一方面，社会保险作为物质帮助的一种形式，是国家和社会对社会成员应负的职责，社会保险是一种政府主导的保险制度，由国家立法确认并实施，社会保险金的筹集、发放、调剂、管理等方面皆由政府组织实施；最后社会保险作为一种社会政策，具有保障社会安定的职能。

2. 基本保障性。实施社会保险的根本目的是使社会成员在面临年老、患病、工伤、失业、生育等社会风险的情况下，仍能获得基本生活的保障。但是社会保险只能满足社会成员生、老、病、死、伤、残、失业等方面较低层次的需要，即生存需要。

3. 强制性。一方面，社会保险是通过国家立法强制实施，用人单位和劳动者个人必须参加；另一方面，在保险的项目、收费的标准、享受的待遇等内容上，一般不许投保人和被保人自由选择。

资料链接

1845年，德国颁布《普鲁士工业法》，第一次在社会保险史上设置强制劳工加入疾病共济社的规定，使原来由行会等职业团体组织的以互助互济、共担风险为目的的各种共济社具有了强制保险的性质。时至今日，几乎所有的国家都采用了强制保险制度。

4. 互济性。社会保险是依据社会共担风险的原则，保险费用一般由国家、单位、个人三方负担，建立社会保险基金，通过统一调剂、互助互济等办法，支付保险金和提供服务，以解决劳动者由于生、老、病、死、伤、残、失业等造成的生活困难。

重点提示

注意这里的“一般”,例如,工伤保险就不需要个人缴费。

5. 非营利性。社会保险的待遇根据基本生活的需要确定,国家和社会负担一部分资金,并由政府指定非营利性机构管理。社会保险虽然具有非盈利性,但是需保证社会保险基金的增殖保值。

资料链接

2015年8月28日上午,国务院新闻办公室举行基本养老基金投资管理政策例行吹风会。人力资源和社会保障部副部长游钧在介绍相关情况时表示,经党中央、国务院批准,《基本养老保险基金投资管理办法》于8月17日正式发布实施。[1]

二、社会保险与其他社会保障形式及商业保险的关系

(一)社会保险与其他社会保障形式的区别

社会保险是社会保障的一个重要组成部分,社会保障的内容除社会保险之外,还包括社会救助、社会福利、社会优抚等方面。社会保险与社会救助和社会福利的主要区别是:

1. 实施原则不同。社会保险实行权利与义务对等原则,强调受保障者的权利与义务的结合,具体体现为劳动者必须履行缴纳保险金的义务,才能享受社会保险的待遇;社会福利和社会救助则强调国家和社会对于全体社会成员的责任和义务,社会成员不需要承担缴费的义务,社会成员享受社会福利和接受社会救助只需要符合一定的条件即可。

2. 实施的资金来源不同。社会保险基金一般来源于用人单位和劳动者,国家财政做适当补贴;而社会福利和社会救助则强调由国家和社会向个人提供。

重点提示

社会保险基金与全国社保基金是两种不同的基金,存在明显的区别。

3. 实施的方式不同。就我国社会保险制度而言,社会保险的实施方式根据遭遇社会风险的不同而有不同规定,其中养老保险和医疗保险实行个人账户和社会统筹相结合的方式,劳动者享受养老保险和医疗保险要视其缴费年限和金额而定,

[1] “《基本养老保险基金投资管理办法》实施是一项重大改革”,载央广网,2015年8月28日。

失业保险、工伤保险和生育保险则不建立个人账户,相关保险金的支付则分别根据有关法律规定执行。而社会救助则是救助那些一时陷入困境而不能自拔者,是根据当地公民的收入水平、家庭实际人均收入等因素来决定救济金的发放,例如,下岗职工、失业人员、企业离退休人员和在职职工,在领取基本生活费、失业保险金、养老金、职工工资期间,家庭人均收入低于当地最低生活保障标准的,可以申请城市居民最低生活保障金。社会福利的主要实施方式是向社会提供福利设施和服务,凡是符合条件的社会成员都有权享受。

4. 实施的待遇水平不同。社会福利目的在于提高广大社会成员的物质和精神生活水平,使之得到更多的享受,其待遇水平具有超前于现实的供给水平的性质。社会救助目的是解决天生能力欠缺者、需要社会特别照顾者或灾民长期的或一时的困难,只有在社会保险发挥不到作用的地方或场合,才施以社会救助,其待遇水平具有滞后于现实需求水平的性质。社会保险的待遇水平居于社会福利和社会救助中间。

（二）社会保险和商业保险的异同

1. 社会保险和商业保险的相同之处

(1)社会保险与商业保险具有保险的一般特征,即用集中起来的保险费建立保险基金,目的都是保护受保人遇到风险后能够获得一定的补偿,因而都是为受保群体服务的。(2)社会保险与商业保险基金都可以拿到市场上运营投放,以求保险基金保值、增值。(3)二者的功能相辅相成,其中,社会保险抵御风险的功能是基本的,商业保险起到辅助的、补充的作用。一方面,已投社会保险的人,在有余力且愿意的情形下可购买商业保险,对社会保险实行再保险,以求更"保险"。另一方面,社会保险机构可以拿出部分资金交由商业保险公司管理和运营投放,实行再保险。

2. 社会保险和商业保险的区别之处

(1)性质不同。社会保险是国家通过立法形式实施的为保障劳动者基本生活而建立的一种社会保障制度,以保障全社会安定,实现长治久安作为追求的目标。它是国家对劳动者承担的一种社会责任,具有非营利性的特点;而商业保险则是一种由商业保险公司进行经营、以盈利最大化为目的的金融活动。(2)社会保险实行的是互助互济的社会统筹原则,由社会保险经办机构依照国家法律,将所统筹的社会保险基金统一管理和使用,强调劳动者及社会成员之间的互相帮助,即富庶地区帮助不富庶地区,高收入者帮助低收入者,就业者帮助失业者,等等。而人身保险,则是建立在商业契约关系之上,以"多投多保、少投少保、不投不保"的等价交换关系为原则。(3)费用负担不同。社会保险费一般由政府、用人单位和被保人三方面共同负担,政府对保险基金负支持的责任,社会保险基金不足时由财政拨款。而商业保险费用一般由被保人全部负担。(4)实施手段不同。社会保险依法执行,带有强制性。商业保险则不同,它纯属商业活动,严格实行自愿、等价交换的原则。(5)待遇标准不同。社会保险的待遇标准由法律统一规定,投保人没有选择权。商业人身保险的保障水平完全取决于投保人缴纳保险费的多少和投保时间的长短。(6)社会保险待遇支付可靠程度不同。社会保险待遇支付可靠程度高,因为它是政府行为。商业保险支付可靠程度不如社会保险,美国20世纪30年代经济大危机,商业保险公司接连倒闭,支付无从谈起。(7)管理体制不同。社会保险由政府的劳动和社会保障行政管理部门主管,并由其委托的社会保险经办机构负责办理具体业务。商业人身保险由依法成立的保险公司负责经营。

|思考|　用人单位已为劳动者办理了商业保险,是否仍应为劳动者办理社会保险?

三、社会保险的结构

我国采用的是多层次的社会保险结构。1991年6月制定的《国务院关于企业职工养老保险制度改革的决定》中规定,国家在强制实施基本养老保险的同时,鼓励用人单位根据本单位实际情况为劳动者建立补充养老保险,并大力提倡劳动者个人进行储蓄性养老保险,该决定首次在立法中确立了国家基本养老保险、企业补充养老保险和个人储蓄养老保险相结合的养老保险结构。《劳动法》对这种结构作了肯定,《劳动法》第75条规定:"国家鼓励用人单位根据本单位实际情况为劳动者建立补充保险。国家提倡劳动者个人进行储蓄性保险。"《社会保险法》第2条规定:"国家建立基本养老保险、基本医疗保险、工伤保险、失业保险、生育保险等社会保险制度,保障公民在年老、疾病、工伤、失业、生育等情况下依法从国家和社会获得物质帮助的权利。"因此,我国社会保险结构分为三个层次即国家基本保险、用人单位补充保险、劳动者个人储蓄性保险。

(一)国家基本保险

基本社会保险由国家统一立法,强制实施,在社会保险结构中,它是基本的组成部分。《劳动法》第72条规定"社会保险基金按照保险类型确定资金来源,逐步实行社会统筹"。《社会保险法》第64条第3款规定:"基本养老保险基金逐步实行全国统筹,其他社会保险基金逐步实行省级统筹,具体时间、步骤由国务院规定。"社会保险基金通常由国家、用人单位和劳动者个人三方出资负担。

(二)用人单位补充保险

我国《劳动法》第75条第1款规定:"国家鼓励用人单位根据本单位实际情况

为劳动者建立补充保险。”目前，用人单位的补充保险制度实行自愿原则，由用人单位根据自己的经济实力，自主地为劳动者建立，旨在使本单位劳动者在已有基本生活保障的基础上进一步获得物质帮助，它是对国家基本保险的补充。补充保险基金不实行用人单位之间、劳动者之间的相互调剂，而是采取完全积累的方式，设立劳动者个人账户，所有款项及利息归个人所有。

资料链接

人力资源和社会保障部今日召开新闻发布会，通报中国社会保险发展年度报告(2014)有关情况。数据显示，截至2014年底，全国建立企业年金的企业7.3万户，比上年增加0.7万户，增长10.9%。

补充保险方面，企业年金情况显示，截至2014年底，全国建立企业年金的企业7.3万户，比上年增加0.7万户，增长10.9%；企业年金基金累计结存7689亿元，比上年增加1654亿元，增长27.4%。2014年，企业年金建立组合数2740个，实际运作资产金额7403亿元，投资收益581亿元，加权平均收益率9.3%；企业年金领取人数47.6万人，领取金额141.3亿元。

补充医疗保险显示，2014年底，补充医疗保险参保人数26560万人，比上年底增加2374万人，增长9.8%；比2009年增加8560万人，年平均增长8.1%。2014年，补充医疗保险基金收入650亿元，比上年增加114亿元，增长21.3%；基金支出477亿元，比上年增加79亿元，增长19.8%；基金累计结余924亿元，比上年增加174亿元，增长23.2%。〔2〕

（三）劳动者个人储蓄保险

劳动者个人储蓄保险，是劳动者个人根据自己收入的情况，自愿以储蓄的形式为自己建立的社会保险。我国《劳动法》第75条第2款规定：“国家提倡劳动者个人进行储蓄性保险。”由社会保险机构经办的个人储蓄性保险，按不低于或高于同期城乡居民储蓄存款利率计息，由社会保险主管部门制定具体办法。这是第三层次的保险。

四、社会保险法律关系

社会保险法律关系，是指社会保险主体之间依法形成的收取和缴纳社会保险费、支付和享受社会保险待遇的相互权利义务关系。在社会保险法律关系中，社会保险主体各自既享有一定的权利，又承担一定的义务。

〔2〕“全国建立企业年金企业达7.3万户　同比增10.9%”，载中国新闻网，2015年6月30日。

(一)社会保险法律关系的主体

1. 保险人

保险人又称承保人,是指依法收取社会保险费用,并按规定支付保险待遇的主体。在我国,保险人称为社会保险经办机构。社会保险经办机构是依法经办社会保险事务的事业单位,在劳动社会保障行政部门的管理下统一经办社会保险业务,并根据实际需要设置派出机构。保险人的主要职责是:(1)负责社会保险登记、社会保险费核定。(2)按照规定征收社会保险费。(3)按时足额支付社会保险待遇。(4)基金管理。(5)日常服务。主要包括:根据管理服务的需要,与医疗机构、药品经营单位签订服务协议,规范医疗服务行为;及时、完整、准确地记录参加社会保险的个人缴费和用人单位为其缴费,以及享受社会保险待遇等个人权益记录,定期将个人权益记录单免费寄送本人;免费向用人单位和个人提供查询服务;提供社会保险咨询等相关服务。

2. 投保人

投保人是为被保险人的利益向保险人投办社会保险的主体,一般为用人单位,其他社会成员也可以是投保人,如私营企业主、个体劳动者为自己投办社会保险。

3. 被保险人

被保险人是指直接享有保险金请求权的主体,一般指已由用人单位为其投办或者已由其本人投办社会保险的劳动者及其他社会成员。

4. 受益人

受益人,是指由被保险人或者投保人指定的享有社会保险请求权的主体。在社会保险中,一般为被保险人,但特殊情况下被保险人法定范围内的直系亲属也可成为受益人。

5. 其他社会保险的服务主体

为社会保险受益主体提供社会保险方面服务的组织就是社会保险服务主体。除社会保险经办机构外,医疗保险的定点医院、定点药店、工伤保险的定点康复机构、发放养老保险金的金融机构等,都属于社会保险的服务主体。社会保险的服务主体要依法接受社会保险行政管理主体的行政监督管理。

6. 管理人

管理人是依法负有管理职责的社会保险行政管理部门或者法律授权的其他组织。

7. 监督人

监督人是指依法负有监督职责的机构。我国《社会保险法》从人大监督、行政监督、社会监督三个方面,建立了比较完善的社会保险基金监督体系。

（二）社会保险法律关系的内容

根据1952年国际劳工组织第102号公约《社会保障（最低标准）公约》，社会保险包括疾病、负伤、分娩、残疾、衰老、死亡、失业等。我国将其合并为养老、医疗、失业、工伤、生育五大类。这些保险项目所体现的社会保险法律关系的内容见下文各节。

（三）社会保险法律关系的客体

社会保险法律关系的客体，是社会保险法律关系主体的权利和义务所指向的对象，可以是资金和服务行为等。如养老保险中需要缴纳的养老保险费和应当支付的养老保险金、医疗保险中的医疗保险费、医疗服务行为。

五、社会保险法的产生与发展

（一）资本主义国家社会保险法的产生与发展

现代意义的社会保险制度起源于德国，以后逐步扩展到欧洲其他国家及全世界。

19世纪末期，社会化大工业生产推动了人类文明进程，这就为社会保险制度的建立奠定了一定的物质基础。同时，在工人运动不断高涨的情况下，"铁血首相"俾斯麦被迫接受当时的社会政策学派的观点，决定通过劳资合作和国家干预来建立社会保险制度。在共济社立法及实践基础上，1883年德国颁布了《劳工疾病保险法》，这是世界上第一部社会保险法。后来又于1884年颁布了《劳工伤害保险法》，1889年颁布了《劳工老年与残疾保险法》。根据这些立法，所有的工厂劳动者和低收入职员都有义务参加保险，保险基金由雇主和劳动者双方共同管理，政府予以监督。保险基金主要源于劳动者与雇主双方的缴费。疾病保险的保险费，雇主负担1/3，劳动者自己负担2/3；灾害保险的保险费，全部由雇主负担；老年与残疾保险的保险费，雇主与劳动者各负担一半。政府对劳动者的养老年金亦提供部分补贴。[3] 1911年德国又将这三部法律和新颁布的《孤儿和寡妇保险法》一起，组成德国统一的《社会保险法典》。此后，德国在1923年颁布了《矿工保险法》，在1927年又颁布了《职业介绍和失业保险法》。至此，德国的社会保障法律体系基本建立起来。

---

〔3〕　曾繁正等编译：《西方国家法律制度、社会政策及立法》，红旗出版社1998年版，第205页。

资料链接

1. 1881 年 11 月 17 日，德皇威廉一世在发布的《黄金诏书》中宣称："社会保险是一种消除革命的投资"，这是因为"一个期待养老金的人是最守本分的，也是最容易被统治的"。

2. 1845 年，德国颁布《普鲁士工业法》，首设强制劳工加入疾病共济社的规定，使原来由行会等职业团体组织的以互助互济、共担风险为目的的各种共济社具有了强制保险的性质。

继德国之后，从 19 世纪末到 20 世纪 30 年代，奥地利、匈牙利、瑞士、法国、英国等国也相继颁布了有关社会保险的法律，建立了自己的社会保险制度。在第二次世界大战之后，一些发达国家以"福利国家"为目标，不断扩大本国社会保险的项目、内容和实施范围，甚至还建立了不以缴费为基础的养老或者医疗制度。目前各资本主义国家已普遍实行了社会保险制度。

资料链接

英国政府率先以实现充分就业和社会福利为纲领，先后通过了一系列重要法律，其中包括《国民保险法》、《国民健康服务法》、《家庭津贴法》、《工业伤害法》、《国民救济法》等，对诸如疾病、灾害、老年、生育、失业、死亡以及鳏寡孤残等，都给予安全保障，并于 1948 年宣布建成"福利国家"。

苏联成立后建立了新型的社会保险制度，随后，东欧社会主义国家和中国以及亚洲社会主义国家，也仿照苏联模式建立了本国的社会保险体系。

(二)国际劳工组织关于社会保险法的立法情况

国际劳工组织积极推动各国社会保险事业的发展，通过了一系列有关社会保险的公约和建议书。在工伤保险方面，主要有 1925 年通过的《工人工伤事故赔偿公约》、《工人职业病赔偿公约》、《本国工人与外国工人在工伤事故赔偿方面享受同等待遇公约》以及 1964 年通过的《工伤事故津贴公约》；在疾病保险方面，主要有 1927 年通过的《工商业工人及家庭雇佣工的疾病保险公约》和《农业工人疾病保险公约》；在养老、工伤和遗属保险方面，主要有 1933 年通过的 6 个公约：《工商业或自由职业受雇者及厂外工人和家庭佣工的强制性老年保险公约》、《农业受雇人员的强制性老年保险公约》、《工商业或自由职业受雇者及厂外工人和家庭佣工的强制性残废保险公约》、《农业受雇人员的强制性残废保险公约》、《工商业或自由职业受雇者及厂外工人和家庭佣工的强制性遗属保险公约》、《农业受雇人员的强制性遗属保险公约》，此外，还有同时通过的《关于残废老年和遗属保险一般原则的建议书》；在失业保险方面，主要有1934年通过的《非自愿失业者保证给予津贴或补助公约》和《关于失业保险与救济失业的各种形式建议书》，1988年通过的《促进就业和失业保障公约》和同名建议书。[4]

（三）我国社会保险法的产生与发展

我国社会保险制度是从1951年2月政务院颁布的《中华人民共和国劳动保险条例》开始的，该条例对职工的生老病死和伤残等情况的保险都作了具体规定，使暂时或永久丧失劳动能力的职工，在生活上有了基本保障。与此同时，国家机关、事业单位的社会保险制度也逐步建立起来。《劳动保险条例》确立了我国具有鲜明的计划经济特点的社会保险体系的框架，是以后四十多年实施企业职工社会保险制度的基本法律依据。这一制度在相当长时期内，对发展国民经济、巩固国家政权、保障人民生活起到了重要的作用。在养老保险方面，实行了国家机关和企事业单位统一退休制度。在医疗保险方面，对企业职工继续按照《劳动保险条例》实行劳保医疗，对国家机关工作人员实行公费医疗。在工伤保险和女职工生育保险方面，延长了休假时间，提高了待遇和标准。十年“文化大革命”期间，我国社会保险制度建设基本停止。

1978年我国确立了改革开放方针，社会保险体制的改革及社会保险立法重新启动。20世纪90年代初，我国确立了社会主义市场经济体制的改革方向。与此相适应，单位“自保型”的社会保险制度的改革已势在必行。改革的取向是强化其社会化，表现在立法上是将劳动保险改称为社会保险：一方面，要扩大保险的覆盖面，扩大保险基金的统筹范围；另一方面，保险业务也要从企业中分离出来，交由专门的保险机构承担。

沿着这一改革方向，1982年颁布的《宪法》以国家根本大法的形式对社会保险制度作出了较为全面的规定。如《宪法》第44条规定：“国家依照法律规定实行企业事业组织的职工和国家机关工作人员的退休制度。退休人员的生活受到国家和社会的保障。”第45条规定：“中华人民共和国公民在年老、疾病或者丧失劳动能力的情况下，有从国家和社会获得物质帮助的权利。国家发展为公民享受这些权利所需要的社会保险、社会救济和医疗卫生事业。国家和社会保障残废军人的生活，抚恤烈士家属，优待军人家属。国家和社会帮助安排盲、聋、哑和其他有残疾的公民的劳动、生活和教育。”这些规定，为我国社会保险体系的建立提供了基本依据。1994年7月5日颁布的《劳动法》对我国的社会保险制度作了具体规定。该法第70条规定：“国家发展社会保险事业，建立社会保险制度，设立社会保险基金，

---

[4] 王益英主编：《外国劳动法和社会保障法》，中国人民大学出版社2001年版，第16页。

使劳动者在年老、患病、工伤、失业、生育等情况下获得帮助和补偿。"然而,《宪法》、《劳动法》对于社会保险制度的规定毕竟非常原则,实践中社会保险制度主要是依靠政府政策运作,因此,国务院及劳动行政管理部门陆续公布了《国有企业职工待业保险规定》(1993 年)、《关于职工医疗制度改革的试点意见》(1994 年)、《企业职工生育保险试行办法》(1995 年)、《国务院关于深化企业职工养老保险制度改革的通知》(1995 年)、《企业职工工伤保险试行办法》(1996 年)、《关于建立统一的企业职工基本养老保险制度的决定》(1997 年)、《关于建立城镇职工基本医疗保险制度的决定》(1998 年)、《失业保险条例》(1999 年)等一系列规范性文件。范围涉及养老保险、医疗保险、工伤保险、失业保险和生育保险五大领域。为了加强和规范基本养老保险、医疗保险和失业保险的保险费征缴工作,保障社会保险金的发放,1999 年国务院发布了《社会保险费征缴暂行条例》。此后,劳动和社会保障部根据该条例于 1999 年发布了《社会保险登记管理暂行办法》、《社会保险费申报缴纳管理暂行办法》、《社会保险费征缴监督检查办法》三个配套的规范文件。这一切使社会保险新体制的制度框架基本建构成型。与此同时,在这些基础性文件的原则指导下,各省、自治区、直辖市纷纷开始制定地方性社会保险法规和规章,使新体制短短几年间就在全国范围内基本取代了旧体制。进入 21 世纪后,中共中央、国务院于 2002 年发布了《中共中央、国务院关于进一步加强农村卫生工作的决定》,国务院于 2003 年颁布了《工伤保险条例》,劳动和保障部办公厅于 2003 年 5 月颁布了《关于城镇灵活就业人员参加基本医疗保险的指导意见》,劳动和社会保障部于 2004 年发布了《企业年金试行办法》,劳动和社会保障部于 2004 年 5 月颁布了《关于推进混合所有制企业和非公有制经济组织从业人员参加医疗保险的意见》,国务院于 2005 年颁布了《国务院关于完善企业职工基本养老保险制度的决定》,国务院于 2006 年颁布了《国务院关于解决农民工问题的若干意见》,国务院于 2007 年颁布了《关于开展城镇居民基本医疗保险试点的指导意见》,劳动与社会保障部等部委 2007 年颁布了《关于做好农村社会养老保险和被征地农民社会保障工作有关问题的通知》,2010 年 10 月 28 日第十届全国人大常委会十七次会议通过了《社会保险法》,2011 年 7 月 1 日起施行《实施〈中华人民共和国社会保险法〉若干规定》,国务院决定从 2011 年 7 月 1 日起开展城镇居民社会养老保险试点并印发了《国务院关于开展城镇居民社会养老保险试点的指导意见》,2014 年 2 月 21 日国务院发布《关于建立统一的城乡居民基本养老保险制度的意见》,2014 年 2 月 24 日人力资源社会保障部、财政部发布《城乡养老保险制度衔接暂行办法》,2015 年 1 月 3 日国务院发布自 2014 年 10 月 1 日起实施的《关于机关事业单位工作人员养老保险制度改革的决定》,2015 年 7 月 28 日国务院办公厅印发《关于全面实施城乡居民大病保险的意见》(国办发〔2015〕57 号),2016 年

4月13日国务院《关于阶段性降低社会保险费率的通知》等,[5]标志着社会保险新体制得到进一步完善。

第二节 养老保险制度

一、养老保险的概念

养老保险是指法定范围内的老年人失去劳动能力而退出劳动岗位后,定期领取一定数额的生活费用以保障晚年生活的一种社会保险制度。养老保险是世界各国普遍实行的一种社会保障制度,它也是我国社会保障制度的重要组成部分,是社会保险五大险种中最重要的险种之一。

二、基本养老保险制度

基本养老保险是由国家统一建立并强制实施的为公民提供退休后基本生活保障的一种养老保险制度。

(一)基本养老保险覆盖范围

1991年,《国务院关于企业职工养老保险制度改革的决定》揭开了我国城镇企业养老保险制度改革和发展的序幕,1995年,国务院颁布了《国务院关于深化企业职工养老保险制度改革的通知》,之后我国颁布了一系列的城镇企业养老保险制

---

[5] 《社会保险法》体现四大亮点:第一,覆盖全民。在《社会保险法》规定的5项社会保险制度中,养老和医疗保险覆盖各类劳动者和全体居民,工伤、失业、生育保险覆盖全体职业人群,以法律形式确立了广覆盖的社会保险体系。第二,统筹城乡。《社会保险法》确定的适用范围,适应我国统筹城乡发展的要求,将新农保制度纳入了基本养老保险的调整范围,并预留了逐步建立和完善城镇居民社会养老保险制度的发展空间;新型农村合作医疗制度也纳入了基本医疗保险的调整范围,授权国务院规定管理办法;规定进城务工的农村居民与其他职工一样依照本法参加社会保险;还明确了被征地农民的社会保险问题。第三,突出维权。《社会保险法》在各项制度设计上,始终以保障参保人的合法权益、打造服务型政府为出发点。这方面的亮点很多,特别是解决缴费不足15年人员的养老待遇问题、跨地区就业人员的社保关系转移接续问题、医疗费用即时结算问题、异地就医医疗费用结算问题、工伤待遇垫付问题等,都体现了以人为本的理念。第四,规范管理。《社会保险法》规定了政府在社会保险行政管理和资金保障方面的责任,明确了社会保险费实行统一征收的方向,提高了社会保险费征收的强制性,确定了由人大监督、行政监督、社会监督共同构成的社会保险监督体系,明确了基本养老保险基金逐步实行全国统筹,其他社会保险基金逐步实行省级统筹的方向等。参见“人力资源社会保障部副部长胡晓义详解《社会保险法》”,载新华网,2010年11月24日。

度规章和文件,进一步推进了城镇企业养老保险制度的完善和深化。

根据《国务院关于深化企业职工养老保险制度改革的通知》(国发〔1997〕26号),企业职工养老保险制度改革的目标是:到20世纪末,基本建立起适应社会主义市场经济体制要求,适用城镇各类企业职工和个体劳动者,资金来源多渠道、保障方式多层次、社会统筹与个人账户相结合、权利与义务相对应、管理服务社会化的养老保险体系。随后《国务院关于建立统一的企业职工基本养老保险制度的决定》要求,实行企业化管理的事业单位,原则上按照企业养老保险制度执行。1998年颁布的《国务院关于实行企业职工基本养老保险省级统筹和行业统筹移交地方管理有关问题的通知》规定,我国实行基本养老保险省级统筹,行业统筹按照先移交后调整的原则,全部移交各省、自治区、直辖市管理。

资料链接

行业统筹是指,铁道部、交通部、信息产业部(原邮电部部分)、水利部、民航总局、煤炭局(原煤炭部)、有色金属局(原中国有色金属工业总公司)、国家电网公司(原电力部)、中国石油天然气集团公司和中国石油化工集团公司(原石油天然气总公司部分)、银行系统(工商银行、农业银行、中国银行、建设银行、交通银行、中保集团)、中国建筑工程总公司组织的基本养老保险行业统筹。

2005年《国务院关于完善企业职工基本养老保险制度的决定》,进一步扩大了基本养老保险的覆盖范围:"城镇各类企业职工、个体工商户和灵活就业人员都要参加企业职工基本养老保险。当前及今后一个时期,要以非公有制企业、城镇个体工商户和灵活就业人员参保工作为重点"。

2010年10月28日通过的《社会保险法》把基本养老保险的范围已经扩大到包括劳动者、城镇居民、农民、在中国境内就业的外国人在内的全体自然人。

第一,基本养老保险制度覆盖了我国城乡全体居民。即用人单位及其职工应当参加职工基本养老保险无雇工的个体工商户、未在用人单位参加社会保险的非全日制从业人员以及其他灵活就业人员可以参加职工基本养老保险;农村居民可以参加新型农村社会养老保险;城镇未就业的居民可以参加城镇居民社会养老保险。同时,规定进城务工的农村居民依法参加社会保险;公务员和参照《公务员法》管理的工作人员养老保险的办法由国务院规定。第二,被征地农民按照国务院规定纳入相应的社会保险制度。被征地农民到用人单位就业的,都应当参加职工基本养老保险。对于未就业,转为城镇居民的,可以参加城镇居民社会养老保险,继续保留农村居民身份的,可以参加新型农村社会养老保险。第三,在中国境内就业的外国人,也应当参照法律规定参加我国的职工基本养老保险。

资料链接

2014年2月21日，国务院发布《关于建立统一的城乡居民基本养老保险制度的意见》，首次在福利问题上消除城乡差别，2014年2月24日，人力资源社会保障部、财政部发布《城乡养老保险制度衔接暂行办法》，2015年1月3日，国务院发布《关于机关事业单位工作人员养老保险制度改革的决定》，自2014年10月1日起实施，养老保险改革"破冰"，"双轨制"成历史。2015年9月25日，福建省政府正式印发《贯彻落实〈国务院关于机关事业单位工作人员养老保险制度改革的决定〉实施办法》的通知，明确福建省将改革现行机关事业单位工作人员退休保障制度，逐步建立独立于机关事业单位之外、资金来源多渠道、保障方式多层次、管理服务社会化的养老保险体系。[6]

（二）养老保险的筹资模式

1. 职工养老保险的筹资模式

1991年《国务院关于企业职工养老保险制度改革的决定》首次提出实行国家、企业、个人三方共同负担，职工个人也要缴纳一定费用的养老保险制度的三方责任原则。1995年《国务院关于深化企业职工养老保险制度改革的通知》进一步指明，基本养老保险费用由企业和个人共同负担，企业缴纳的养老保险费是基本养老保险费用的最主要来源。1997年《关于建立统一的企业职工基本养老保险制度的决定》规定，我国企业缴纳基本养老保险费的比例（或称费率），一般不得超过企业工资总额的20%，具体比例由省、自治区、直辖市人民政府确定。少数省、自治区、直辖市因离退休人员较多、养老保险负担过重，确需超过企业工资总额20%的，应报劳动部门、财政部门审批。个人缴纳基本养老保险费的比例，1997年不得低于本人缴费工资的4%，1998年起每两年提高1%，最终达到本人缴费工资的8%。有条件的地区和工资增长快的年份，个人缴费比例提高的速度应适当加快。

资料链接

对于个人缴费工资，1995年《国务院关于深化企业职工养老保险制度改革的通知》的附件作了明确的规定：职工个人以上一年度月平均工资作为个人缴纳养老保险费的工资基数。月平均工资应按国家统计局规定列入工资总额统计的项目计算，其中包括工资、奖金、津贴、补贴等收入。月平均工资超过当地职工平均工资200%或300%以上的部分，不计入个人缴费基数；低于当地职工平均工资60%的按60%缴费。对职工个人缴费工资规定最高限额，这是国际上一般的做法，也是根据基本养老

---

〔6〕"福建事业单位养老保险改革方案出台　建立职业年金"，载《福州晚报》2015年9月25日。

保险只保障基本生活的原则确定的。2014年国务院《关于机关事业单位工作人员养老保险制度改革的决定》也做了同样的规定。

1997年《关于建立统一的企业职工基本养老保险制度的决定》规定养老金的计发直接与缴费多少相联系,缴费多者,养老金水平高。按本人缴费工资11%的数额为职工建立基本养老保险个人账户,个人缴费全部记入个人账户,其余部分从企业缴费中划入。随着个人缴费比例的提高,企业划入的部分逐步降至3%。个人账户中的个人缴费部分可作为遗产继承。2005年《国务院关于完善企业职工基本养老保险制度的决定》对此作了比较大的修改。从2006年1月1日起,个人账户的规模统一由本人缴费工资的11%调整为8%,全部由个人缴费形成,单位缴费不再划入个人账户。同时,为进一步完善鼓励职工参保缴费的激励约束机制,相应调整了基本养老金的计发办法。2016年4月13日,国务院总理李克强主持召开国务院常务会议,决定从2016年5月1日起两年内,一是对企业职工基本养老保险单位缴费比例超过20%的省份,将缴费比例降至20%;二是单位缴费比例为20%且2015年底基金累计结余可支付月数超过9个月的省份,可以阶段性降低至19%。这是我国占工资比重28%的养老保险费率首次下调。2014年以来,我国养老金"双轨制"结束,机关事业单位工作人员和企业职工一样缴纳养老金。机关事业单位缴纳基本养老保险费的比例为本单位工资总额的20%,个人缴纳基本养老保险费的比例为本人缴费工资的8%,由单位代扣。

资料链接

个人账户的储存额,每年参考银行同期存款利率计算利息。其储存额不得提前支取。职工调动时个人账户全部随同转移。职工或退休人员死亡,个人账户中的个人缴费部分可以继承。个人账户养老金完全根据个人缴费多少来确定。这意味着,多工作,多缴费,将来退休后就能多得养老金。

2. 无雇工的个体工商户、未在用人单位参加基本养老保险的非全日制从业人员以及其他灵活就业人员养老保险的筹资模式

可以参加基本养老保险,应当由个人按照国家规定缴纳基本养老保险费,分别记入基本养老保险统筹基金和个人账户。依现行法规政策,城镇个体工商户和灵活就业人员参加基本养老保险的缴费基数为当地上年度在岗职工平均工资,缴费比例为20%,其中8%记入个人账户,退休后按企业职工基本养老金计发办法计发基本养老金。

3. 城乡居民基本养老保险筹资模式

国务院《关于建立统一的城乡居民基本养老保险制度的意见》规定,城乡居民

养老保险基金由个人缴费、集体补助、政府补贴构成。

4. 政府在社会保险筹资中的责任

《社会保险法》规定，县级以上人民政府对社会保险事业给予必要的经费支持，在社会保险基金出现支付不足时给予补贴；国有企业、事业单位职工参加基本养老保险前，视同缴费年限期间应当缴纳的基本养老保险费由政府承担；在新型农村社会养老保险制度中，政府对参保人员给予补贴；基本养老保险基金出现支付不足时，政府给予补贴；国家设立全国社会保障基金，由中央财政预算拨款以及国务院批准的其他方式筹集的资金构成，用于社会保障支出的补充、调剂。

（三）养老保险的给付待遇

1997 年《关于建立统一的企业职工基本养老保险制度的决定》统一了我国的职工基本养老金计算办法。《决定》规定：第一，“新人新办法”，《决定》实施后参加工作的职工，个人缴费年限累计满 15 年的，退休后按月发给基本养老金。基本养老金由基础养老金和个人账户养老金组成。退休时的基础养老金月标准为省、自治区、直辖市或地（市）上年度职工月平均工资的 20%，个人账户养老金月标准为本人账户储存额除以 120。个人缴费年限累计不满 15 年的，退休后不享受基础养老金待遇，其个人账户储存额一次支付给本人；第二，“老人老办法”，《决定》实施前已经离退休的人员，仍按国家原来的规定发给养老金，同时执行养老金调整办法。各地区和有关部门要按照国家规定进一步完善基本养老金正常调整机制，认真抓好落实。第三，“中人中办法”，决定实施前参加工作、实施后退休且个人缴费和视同缴费年限累计满 15 年的人员，按照新老办法平稳衔接、待遇水平基本平衡等原则，在发给基础养老金和个人账户养老金的基础上再确定过渡性养老金，过渡性养老金从养老保险基金中解决。具体办法，由劳动部会同有关部门制订并指导实施。

资料链接

《国务院关于深化职工养老保险制度改革的通知》（国发［1995］6 号）文件规定：对未实行个人缴费前的连续工龄，都可“视同缴费年限”。凡按国家规定计算为连续工龄的时间，都可以作为“视同缴费年限”，并且可以与实际“缴费年限”合并计发养老保险金。我国的养老保险社会统筹工作，是从 1984 年少数市县进行试点，取得经验后在全国推广的。在此基础上，国务院 1986 年颁布了国发 77 号文件，规定合同制工人实行养老保险个人缴费；1991 年，国务院又下发了 33 号文件，要求企业所有职工实行个人缴费制度。因此，单位和个人补缴时间，应在单位纳入当地社会保险经办机构的统筹范围之后，职工根据当时的身份，分别按 77 号文件和 33 号文件规定的时间予以补缴。即单位从纳入当地社会保险经办机构统筹范围之日起缴费；劳动合同制工人若1986年以前参加工作的,从参加工作之日起缴费;固定职工则在当地政府贯彻国务院1991年33号文件所规定的时间缴费。1991年以后开始实行个人少量缴费后,才有了“缴费年限”这一概念。

2005年《国务院关于完善企业职工基本养老保险制度的决定》对基本养老金的计发办法作了比较大的修改。1997年《决定》实施后参加工作、缴费年限(含视同缴费年限,下同)累计满15年的人员,退休后按月发给基本养老金。基本养老金由基础养老金和个人账户养老金组成。退休时的基础养老金月标准以当地上年度在岗职工月平均工资和本人指数化月平均缴费工资的平均值为基数,缴费每满1年发给1%。个人账户养老金月标准为个人账户储存额除以计发月数,计发月数根据职工退休时城镇人口平均预期寿命、本人退休年龄、利息等因素确定。1997年《决定》实施前参加工作,2005年《决定》实施后退休且缴费年限累计满15年的人员,在发给基础养老金和个人账户养老金的基础上,再发给过渡性养老金。各省、自治区、直辖市人民政府要按照待遇水平合理衔接、新老政策平稳过渡的原则,在认真测算的基础上,制定具体的过渡办法,并报劳动和社会保障部、财政部备案。2005年《决定》实施后到达退休年龄但缴费年限累计不满15年的人员,不发给基础养老金,个人账户储存额一次性支付给本人,终止基本养老保险关系。2005年《决定》实施前已经离退休的人员,仍按国家原来的规定发给基本养老金,同时执行基本养老金调整办法。

资料链接

“指数化月平均缴费工资”是指职工本人的平均缴费工资指数乘以职工退休时上一年当地职工社会月平均工资。如北京市某职工2001年9月退休,平均缴费工资指数假定为1.115,则该职工的指数化月平均工资为:2000年成都市职工月平均工资743.75元×1.115=829.28元。

此外,城镇个体工商户和灵活就业人员参加基本养老保险的缴费基数为当地上年度在岗职工平均工资,缴费比例为20%,其中8%记入个人账户,退休后按企业职工基本养老金计发办法计发基本养老金。

《社会保险法》第16条、第17条又做了最新规定:第一,参加基本养老保险的个人,达到法定退休年龄时累计缴费满15年的,按月领取基本养老金。基本养老金由统筹养老金(现行制度中称为基础养老金)和个人账户养老金组成,基本养老金根据个人累计缴费年限、缴费工资、当地职工平均工资、个人账户金额、城镇人口平均预期寿命等因素确定。缴费不足15年的人员可以缴费至满15年,按月领取基本养老金;也可以转入新型农村社会养老保险或者城镇居民社会养老保险,按照国务院规定享受相应的养老保险待遇。第二,参加基本养老保险的个人,因病或者非因工死亡的,其遗属可以领取丧葬补助金和抚恤金;在未达到法定退休年龄时因病或者非因工致残完全丧失劳动能力的,可以领取病残津贴。所需资金从基本养老保险基金中支付。

2011 年 7 月 1 日起施行的《实施〈中华人民共和国社会保险法〉若干规定》第 6 条规定,职工基本养老保险个人账户不得提前支取。个人在达到法定的领取基本养老金条件前离境定居的,其个人账户予以保留,达到法定领取条件时,按照国家规定享受相应的养老保险待遇。其中,丧失中华人民共和国国籍的,可以在其离境时或者离境后书面申请终止职工基本养老保险关系。社会保险经办机构收到申请后,应当书面告知其保留个人账户的权利以及终止职工基本养老保险关系的后果,经本人书面确认后,终止其职工基本养老保险关系,并将个人账户储存额一次性支付给本人。参加职工基本养老保险的个人死亡后,其个人账户中的余额可以全部依法继承。

2014 年 2 月 21 日,国务院发布《关于建立统一的城乡居民养老保险制度的意见》规定:城乡居民养老保险待遇由基础养老金和个人账户养老金构成支付终身。参加城乡居民养老保险的个人,年满 60 岁,累计交费满 15 年的,且未领取国家规定的基本养老保险待遇的,可以按月领取城乡居民养老保险待遇。

2014 年 2 月 21 日,人力资源社会保障部、财政部发布《城乡养老保险制度衔接暂行办法》第 3 ~ 8 条规定:参加城镇职工养老保险和城乡居民养老保险人员,达到城镇职工养老保险法定退休年龄后,城镇职工养老保险缴费年限满 15 年(含延长缴费至 15 年)的,可以申请从城乡居民养老保险转入城镇职工养老保险,按照城镇职工养老保险办法计发相应待遇;城镇职工养老保险缴费年限不足 15 年的,可以申请从城镇职工养老保险转入城乡居民养老保险,待达到城乡居民养老保险规定的领取条件时,按照城乡居民养老保险办法计发相应待遇。参保人员需办理城镇职工养老保险和城乡居民养老保险制度衔接手续的,先按城镇职工养老保险有关规定确定待遇领取地,并将城镇职工养老保险的养老保险关系归集至待遇领取地,再办理制度衔接手续。参保人员申请办理制度衔接手续时,从城乡居民养老保险转入城镇职工养老保险的,在城镇职工养老保险待遇领取地提出申请办理;从城镇职工养老保险转入城乡居民养老保险的,在转入城乡居民养老保险待遇领取地提出申请办理。参保人员从城乡居民养老保险转入城镇职工养老保险的,城乡居民养老保险个人账户全部储存额并入城镇职工养老保险个人账户,城乡居民养老保险缴费年限不合并计算或折算为城镇职工养老保险缴费年限。参保人员从城镇职工养老保险转入城乡居民养老保险的,城镇职工养老保险个人账户全部储存额并入城乡居民养老保险个人账户,参加城镇职工养老保险的缴费年限合并计算为城乡居民养老保险的缴费年限。参保人员若在同一年度内同时参加城镇职工养老保险和城乡居民养老保险的,其重复缴费时段(按月计算,下同)只计算城镇职工养老保险缴费年限,并将城乡居民养老保险重复缴费时段相应个人缴费和集体补助退还本人。参保人员不得同时领取城镇职工养老保险和城乡居民养老保险待遇。对于同时领取城镇职工养老保险和城乡居民养老保险待遇的,终止并解除城乡居民养老保险关系,除政府补贴外的个人账户余额退还本人,已领取的城乡居民养老保险基础养老金应予以退还;本人不予退还的,由社会保险经办机构负责从城乡居民养老保险个人账户余额或者城镇职工养老保险基本养老金中抵扣。

| 思考 | 对比同一问题在上述法律法规中的不同规定。

(四)基本养老保险待遇的调整机制

根据2005年《决定》的规定,我国确立了职工基本养老金调整机制。国务院根据职工工资和物价变动等情况,适时调整企业退休人员基本养老金水平,调整幅度按省、自治区、直辖市当地企业在岗职工平均工资年增长率的一定比例计算。各地可以根据本地实际情况提出具体调整方案,报劳动和社会保障部、财政部审批后实施。《社会保险法》第18条又做了最新规定,国家建立基本养老金正常调整机制。根据职工平均工资增长、物价上涨情况,适时提高基本养老保险待遇水平。国务院《关于建立统一城乡居民养老保险制度的意见》也规定了城乡居民养老保险待遇的调整机制。

(五)基本养老保险关系的转移

个人跨统筹地区就业的,其基本养老保险关系随本人转移,缴费年限累计计算。个人达到法定退休年龄时,基本养老金分段计算、统一支付。具体办法由国务院规定。

资料链接

《城镇企业职工基本养老保险关系转移接续暂行办法》于2010年1月1日起施行,保证了参保人员跨省、自治区、直辖市流动并在城镇就业时基本养老保险关系的顺畅转移接续,促进人力资源合理配置和有序流动。根据《中华人民共和国社会保险法》和《实施〈中华人民共和国社会保险法〉若干规定》(人力资源和社会保障部令第13号)的规定,2014年2月24日人力资源社会保障部、财政部颁布了《城乡养老保险制度衔接暂行办法》,该办法适用于参加城镇职工基本养老保险、城乡居民基本养老保险两种制度需要办理衔接手续的人员。

三、企业补充养老保险

企业补充养老保险在国外也称为企业年金等，已经有很长的历史。它是企业及其职工在参加了法定基本养老保险，并完全履行了缴费义务的前提下，根据自己的经济负担能力，自主地为本单位劳动者建立的一种补充养老保险。各国的企业补充养老金计划差别较大，没有统一的模式。我国的企业补充养老保险立法起步较晚，但发展很快。

资料链接

2009 年 6 月 2 日，财政部和国家税务总局发布《关于补充养老保险费补充医疗保险费有关企业所得税政策问题的通知》，明确给予团体投保企业保费支出在不超过职工工资总额 5% 标准内的部分，在计算应纳税所得额时准予扣除，从国家税收政策层面统一了包括商业养老保险业务在内补充养老保险业务享有的优惠权利，为企业年金和商业保险领域补充养老保险业务的进一步发展开拓了空间。[7]

2004 年，劳动和社会保障部颁布了《企业年金试行办法》。从 2004 年 5 月 1 日起，参加企业年金缴费的企业职工，退休后将在依法领取基本养老保险之外，还能一次或定期领取到一笔属于补充养老保险金性质的收入。2005 年《国务院关于完善企业职工基本养老保险制度的决定》也确立了进一步发展企业年金的基本方略，鼓励具备条件的企业为职工建立企业年金。企业年金基金实行完全积累，采取市场化的方式进行管理和运营。重新修订的《企业年金基金管理办法》已经 2011 年 1 月 11 日人力资源和社会保障部第 58 次部务会审议通过，中国银行业监督管理委员会、中国证券监督管理委员会、中国保险监督管理委员会审议通过，自 2011 年 5 月 1 日起施行。劳动和社会保障部、中国银行业监督管理委员会、中国证券监督管理委员会、中国保险监督管理委员会于 2004 年 2 月 23 日发布的《企业年金基金管理试行办法》（劳动和社会保障部令第 23 号）同时废止。这些法规要求切实做好企业年金基金监管工作，实现规范运作，切实维护企业和职工的利益。

重点提示

国务院办公厅 2015 年 3 月 27 日颁布了《机关事业单位职业年金办法》。机关事业单位职业年金实施工作才刚刚展开。

---

〔7〕 天津保监局："我国补充养老保险政策相关问题探讨"，载中国保险监督管理委员会网，2010 年 11 月 25 日。

(一)企业年金的建立

企业年金采取企业自愿建立原则,但国家采取鼓励政策。《企业年金试行办法》第2条、第4条明确规定:“本办法所称企业年金,是指企业及其职工在依法参加基本养老保险的基础上,自愿建立的补充养老保险制度。”“建立企业年金,应当由企业与工会或职工代表通过集体协商确定,并制定企业年金方案。国有及国有控股企业的企业年金方案草案应当提交职工大会或职工代表大会讨论通过。”《国务院关于完善企业职工基本养老保险制度的决定》第9条鼓励发展企业年金。

建立企业年金的条件是:(1)依法参加基本养老保险并履行了缴费义务。企业年金不能代替基本养老保险,企业为职工建立企业年金必须首先参加基本养老保险并缴纳相关费用。(2)具有相应的经济负担能力。它是企业和职工在履行了基本养老保险缴费义务后仍有经济负担能力的条件下实行的,并非任何用人单位、在任何时候都必须实行,不具有强制性。(3)已建立集体协商机制。建立企业年金,应当由企业与工会或职工代表通过集体协商确定,并制定企业年金方案。国有及国有控股企业的企业年金方案草案应当提交职工大会或职工代表大会讨论通过。在企业经济效益不好的年份,企业可以不缴或少缴补充养老保险费,而在经济效益好的年份可以多缴。

重点提示

企业年金方案应当包括以下内容:(1)参加人员范围;(2)资金筹集方式;(3)职工企业年金个人账户管理方式;(4)基金管理方式;(5)计发办法和支付方式;(6)支付企业年金待遇的条件;(7)组织管理和监督方式;(8)中止缴费的条件;(9)双方约定的其他事项。

(二)企业年金资金来源

企业年金基金由企业缴费、职工个人缴费、企业年金基金投资运营收益组成。《企业年金试行办法》第7条、第8条的规定,企业年金所需费用由企业和职工个人共同缴纳。企业缴费每年不超过本企业上年度职工工资总额的1/12。企业和职工个人缴费合计一般不超过本企业上年度职工工资总额的1/6。

(三)企业年金的积累

《企业年金试行办法》及《国务院关于完善企业职工基本养老保险制度的决定》规定企业年金基金实行完全积累。

（四）企业年金的管理和运营

企业年金基金可以采取市场化的方式进行管理和运营，按照国家规定投资运营，投资运营收益并入企业年金基金。企业年金不是由政府委托的机构运营，而是由商业投资公司运营。

《企业年金试行办法》规定，建立企业年金的企业应确定企业年金受托人来管理企业年金。受托人可以是企业成立的企业年金理事会，也可以是符合国家规定的法人受托机构。受托人可以委托具有资格的企业年金账户管理机构作为账户管理人，负责管理企业年金账户；可以委托具有资格的投资运营机构作为投资管理人，负责企业年金基金的投资运营。受托人应当选择具有资格的商业银行或专业托管机构作为托管人，负责托管企业年金基金。企业年金基金必须与受托人、账户管理人、投资管理人和托管人的自有资产或其他资产分开管理，不得挪作其他用途。

（五）企业年金的个人账户管理

企业年金采用个人账户方式进行管理。《企业年金试行办法》规定，企业缴费应当按照企业年金方案规定比例计算的数额计入职工企业年金个人账户；职工个人缴费额计入本人企业年金个人账户。企业年金基金投资运营收益，按净收益率计入企业年金个人账户。

（六）企业年金的领取

领取企业年金的条件一般是在本企业有 5 ~ 15 年的连续工龄。职工达到法定退休年龄的，可以从本人企业年金个人账户中一次或定期领取企业年金，职工未达到国家规定的退休年龄的，不得从个人账户中提前提取资金。出境定居人员的企业年金个人账户资金，可根据本人要求一次性支付给本人。职工变动工作单位时，企业年金个人账户资金可以随同转移。职工升学、参军、失业期间或新就业单位没有实行企业年金制度的，其企业年金个人账户可由原管理机构继续管理。职工或退休人员死亡后，其企业年金个人账户余额由其指定的受益人或法定继承人一次性领取。

资料链接

资料显示，在世界上 167 个实行养老保险制度的国家中，有 1/3 以上国家的企业年金制度覆盖了约 1/3 的劳动人口，丹麦、法国、瑞士的年金覆盖率几乎达到 100%，英国、美国、加拿大等国在 50% 左右。我国企业年金与国外的差距怎么缩小？在中国劳动学会副会长苏海南看来，目前我国企业年金的定位有点类似于锦上添花。

“有钱的企业就能够建,建了以后其退休待遇在全部企业退休人员内部又进一步拉开差距。如果企业年金的定位是‘雪中送炭’,是弥补基本退休金的不足,可能会比较容易推行。”苏海南将问题的症结归根于当前的社保缴费及其他税费负担压力大,他向《中国经济周刊》记者表示,“当前社会保险的企业缴费负担沉重,其他税收压力也大,在经济新常态条件下许多企业生产经营不大景气或具有不确定性,直接制约了企业建立企业年金的积极性,这也是导致参与企业年金的企业数量偏少的最重要原因。”[8]

四、职工个人储蓄养老保险

职工个人养老储蓄保险,是职工个人根据自己收入的情况,自愿以储蓄的形式为自己建立的养老社会保险。我国《劳动法》第 75 条第 2 款规定:“国家提倡劳动者个人进行储蓄性保险。”这是第三层次的养老保险。由社会保险机构经办的职工个人储蓄性养老保险,由社会保险主管部门制定具体办法。职工缴纳的个人储蓄性养老保险费,记入由社会保险机构为其在银行开设的养老保险个人账户,并按不低于或高于同期城乡居民储蓄存款利率计息,所得利息记入个人账户,本息一并归劳动者个人所有,职工达到法定退休年龄经批准退休后,其个人账户储蓄性养老保险金可一次总付或分次支付给本人。劳动者跨地区流动,个人账户的储蓄性养老保险金随之转移。劳动者未到退休年龄而死亡的,记入个人账户的储蓄性养老保险金应由其法定继承人继承。

资料链接

中华人民共和国 2015 年国民经济和社会发展统计公报数据显示,2015 年末全国参加城镇职工基本养老保险人数 35361 万人,比上年末增加 1236 万人。参加城乡居民基本养老保险人数 50472 万人,增加 365 万人。[9]

第三节　医疗保险制度

一、医疗保险制度概述

医疗保险是指由政府提供的社会医疗保险。医疗保险在有些国家又称疾病保

[8] “超九成企业职工未享受企业年金　在央企国企才能享受”,载《中国经济周刊》2015 年 5 月 6 日。

[9] 中华人民共和国国家统计局,2016 年 2 月 29 日。

险、疾病津贴等，是指劳动者由于患病或非因工负伤后，由社会提供医疗服务或经济补偿的社会保障制度。医疗保险制度通常由国家立法强制实施，建立基金制度，费用由用人单位和劳动者共同缴纳，医疗费由医疗保险机构支付。医疗保险制度是社会保障制度中非常重要的一个项目，对于保障劳动者的身体健康，促进生产正常进行，保障劳动者的基本生活需要，解决劳动者后顾之忧具有非常重要的作用。

从世界范围看，1883 年德国颁布了《劳工疾病保险法》，这是世界上第一部社会保险法。我国早在 20 世纪 50 年代就开始建立医疗保险制度。依据 1951 年《中华人民共和国劳动保险条例》，主要形式为：对城镇中的企业单位实行劳保医疗；对国家机关、事业单位实行公费医疗；在农村实行合作医疗。医疗费用基本上是由国家、企业或集体经济组织承担。我国的公费、劳保医疗制度、农村合作医疗曾对保护人民身体健康，促进经济发展、维护社会稳定发挥了重要作用。但随着改革开放的实行，原有的医疗保险制度存在的缺陷和矛盾日益突出，不能适应市场经济的要求，例如：医疗保险覆盖面较窄，社会化程度低，抗风险能力不强；医疗费用完全由国家和企业包揽，导致国家财政和企业难以承受医疗费用的大量增加；医疗费用的管理缺乏有效科学的手段，造成大量浪费；农村医疗保险制度出现严重倒退，等等。针对这些问题，我国从 20 世纪 80 年代开始对医疗保险制度进行一系列的改革。1998 年 12 月国务院发布了《关于建立城镇职工医疗保险制度的决定》，确立了医疗制度改革的方向和目标，决定从 1999 年开始进行全面的医疗保险制度改革。根据该决定，城镇所有用人单位及其职工都要参加基本医疗保险，基本医疗保险费由用人单位和职工双方共同负担；基本医疗保险基金实行社会统筹和个人账户相结合的制度。此外，劳动与社会保障部及有关部委就医疗改革的具体问题制定了一系列配套规章。在 1999 年以来的相关法律、法规和规章主要包括：《关于加强城镇职工基本医疗保险费用结算管理的意见》（1999 年）、《关于城镇职工基本医疗保险诊疗项目管理的意见》（1999 年）、《城镇职工基本医疗保险用药范围管理暂行办法》（1999 年）、《关于确定城镇职工基本医疗保险定点零售药店管理暂行办法》（1999 年）、《关于确定城镇职工基本医疗保险医疗服务设施范围和支付标准的意见》（1999 年）、《城镇职工基本医疗保险业务管理规定》（2000 年）、《关于印发国家基本医疗保险药品目录的通知》（2000 年）、《关于加强城镇职工基本医疗保险个人账户管理的通知》（2002 年）、《中共中央、国务院关于进一步加强农村卫生工作的决定》（2002 年）、《关于建立新型农村合作医疗制度的意见》（2003 年）、《关于城镇灵活就业人员参加基本医疗保险的指导意见》（2003 年）、《关于推进混合所有制企业和非公有制经济组织从业人员参加医疗保险的意见》（2004 年）、《国务院关于解决农民工问题的若干意见》（2006 年）、《关于开展农民工参加医疗保险专项扩面行动的通知》（2006 年）、《国务院关于开展城镇居民基本医疗保险试点的指导意见》（2007 年）、《中共中央、国务院关于深化医药卫生体制改革的意见》(2009 年)、《社会保险法》(2010 年)、《"十二五"期间深化医药卫生体制改革规划暨实施方案》(2010 年)、《关于全面实施城乡居民大病保险的意见》(国办发〔2015〕57 号)、《国务院关于整合城乡居民基本医疗保险制度的意见》(国发〔2016〕3 号)等,这些制度共同组成了我国医疗保险的法律制度体系:基本医疗保险制度、企业补充医疗保险制度、职工个人储蓄医疗保险制度。

二、基本医疗保险制度

(一)基本医疗保险覆盖范围

1998 年《关于建立城镇职工医疗保险制度的决定》规定,城镇所有用人单位,包括企业、机关、事业单位、社会团体、民办非企业单位及其职工,都要参加基本医疗保险。乡镇企业及其职工、城镇个体经济组织业主及其从业人员是否参加基本医疗保险,由各省、自治区、直辖市人民政府决定。

2010 年 10 月 28 日通过的《社会保险法》把基本医疗保险的范围已经扩大到包括劳动者、城镇居民、农民、在中国境内就业的外国人在内的全体自然人。

第一,基本医疗保险制度覆盖了我国城乡全体居民。即用人单位及其职工应当参加职工基本医疗保险无雇工的个体工商户、未在用人单位参加社会保险的非全日制从业人员以及其他灵活就业人员可以参加职工基本医疗保险;农村居民可以参加新型农村合作医疗;城镇未就业的居民可以参加城镇居民基本医疗保险。同时,规定进城务工的农村居民依法参加社会保险。第二,被征地农民按照国务院规定纳入相应的社会保险制度。被征地农民到用人单位就业的,都应当参加职工基本医疗保险。对于未就业,转为城镇居民的,可以参加城镇居民基本医疗保险,继续保留农村居民身份的,可以参加新型农村合作医疗。第三,在中国境内就业的外国人,也应当参照法律规定参加我国的职工基本医疗保险。

2016 年 1 月 30 日,国务院《关于整合城乡居民基本医疗保险制度的意见》规定:城乡居民医保制度覆盖范围包括现有城镇居民医保和新农合所有应参保(合)人员,即覆盖除职工基本医疗保险应参保人员以外的其他所有城乡居民。农民工和灵活就业人员依法参加职工基本医疗保险,有困难的可按照当地规定参加城乡居民医保。促进应保尽保,避免重复参保。

(二)基本医疗保险的筹资模式

1. 职工医疗保险的筹资模式。职工应当参加职工基本医疗保险,由用人单位和职工按照国家规定共同缴纳基本医疗保险费。我国现行医疗保险费由用人单位和职工共同缴纳;用人单位缴费率控制在职工工资总额的 6% 左右,职工缴费率一般为本人工资收入的 2%;随着经济的发展,缴费率可作相应调整。基本医疗保险基金由统筹基金和个人账户构成。职工个人缴纳的基本医疗保险费，全部计入个人账户。用人单位缴纳的基本医疗保险费分为两部分，一部分用于建立统筹基金，另一部分划入个人账户。划入个人账户的比例一般为用人单位缴费的30%左右，具体比例由统筹地区根据个人账户的支付范围和职工年龄等因素确定，用人单位缴费的其余部分用于建立统筹基金。个人账户的本金和利息归个人所有，可以结转使用和继承。

2. 无雇工的个体工商户、未在用人单位参加基本医疗保险的非全日制从业人员以及其他灵活就业人员医疗保险的筹资模式。可以参加职工基本医疗保险，由个人按照国家规定缴纳基本医疗保险费。

3. 城乡居民基本医疗保险筹资模式。国务院《关于整合城乡居民基本医疗保险制度的意见》规定：坚持多渠道筹资；继续实行个人缴费与政府补助相结合为主的筹资方式，鼓励集体、单位或其他社会经济组织给予扶持或资助。各地要统筹考虑城乡居民医保与大病保险需求按照基金收支平衡的原则合理确定城乡统一的筹资标准。

4. 政府在社会保险筹资中的责任。《社会保险法》规定，县级以上人民政府对社会保险事业给予必要的经费支持，在社会保险基金出现支付不足时给予补贴；在城镇居民基本医疗保险制度中，政府对参保人员给予补贴；国家设立全国社会保障基金，由中央财政预算拨款以及国务院批准的其他方式筹集的资金构成，用于社会保障支出的补充、调剂。

（三）医疗保险的给付待遇

1. 职工、无雇工的个体工商户、未在用人单位参加基本医疗保险的非全日制从业人员以及其他灵活就业人员基本医疗保险的给付待遇。统筹基金和个人账户要划定各自的支付范围，分别核算，不得互相挤占。要确定统筹基金的起付标准和最高支付限额，起付标准原则上控制在当地职工年平均工资的10%左右，最高支付限额原则上控制在当地职工年平均工资的4倍左右。起付标准以下的医疗费用，从个人账户中支付或由个人自付。起付标准以上、最高支付限额以下的医疗费用，主要从统筹基金中支付，个人也要负担一定比例。超过最高支付限额的医疗费用，可以通过大病统筹、商业医疗保险等途径解决。统筹基金的具体起付标准、最高支付限额以及在起付标准以上和最高支付限额以下医疗费用的个人负担比例，由统筹地区根据以收定支、收支平衡的原则确定。

资料链接

近日（2015年7月28日），国务院办公厅印发《关于全面实施城乡居民大病保险的意见》（国办发〔2015〕57号）（以下简称《意见》），部署加快推进城乡居民大病保险制度建设,筑牢全民基本医疗保障网底,让更多的人民群众受益。《意见》提出,2015年底前,大病保险覆盖所有城乡居民基本医保参保人群,大病患者看病就医负担有效减轻;到2017年,建立起比较完善的大病保险制度,与医疗救助等制度紧密衔接,共同发挥托底保障功能,有效防止发生家庭灾难性医疗支出,城乡居民医疗保障的公平性得到显著提升。[10] 中国卫生经济学会副会长张振忠认为,加强基本医保、大病保险、医疗救助、疾病应急救助、商业健康保险及慈善救助等制度间的互补联动,有助于形成保障合力,关键是要尽快建立信息共享机制,切实做好制度之间的"无缝衔接"。[11]

《社会保险法》第27~30条又做了最新规定:第一,参加职工基本医疗保险的个人,达到法定退休年龄时累计缴费达到国家规定年限的,退休后不再缴纳基本医疗保险费,按照国家规定享受基本医疗保险待遇;未达到国家规定年限的,可以缴费至国家规定年限。第二,符合基本医疗保险药品目录、诊疗项目、医疗服务设施标准以及急诊、抢救的医疗费用,按照国家规定从基本医疗保险基金中支付。为了缓解个人垫付大量医疗费的问题,《社会保险法》规定了基本医疗保险费用直接结算制度。参保人员就医发生的医疗费用中,按照规定应当由基本医疗保险基金支付的部分,由社会保险经办机构与医疗机构、药品经营单位直接结算;社会保险行政部门和卫生行政部门应当建立异地就医医疗费用结算制度,方便参保人员享受基本医疗保险待遇。第三,在明确应当由第三人负担的医疗费用不纳入基本医疗保险基金支付范围的同时,《社会保险法》规定,医疗费用依法应当由第三人负担,第三人不支付或者无法确定第三人的,由基本医疗保险基金先行支付后,向第三人追偿。

资料链接

目前,全国职工医疗保险90%左右地市实现了市级统筹,与基本养老保险相比,统筹层次低是职工基本医疗保险的特点,从各地出台的累计缴费政策来看,一般设定20年至30年不等的累计缴费年限。一位业内专家告诉《每日经济新闻》记者,很多地方早就在延长医保缴费年限,只是此前社会对养老保险关注得较多,对医疗保险相对忽视而已。2016年1月1日起施行的《内蒙古自治区城镇基本医疗保险条例》规

[10] "国务院:年底前大病保险覆盖所有城乡居民基本医保参保人群",载新华网,2015年8月2日。

[11] 胡浩、王思北、高皓亮:"'双保险'能否让居民就医更'有底气'?——专家解读全面实施城乡居民大病保险的意见",载新华社2015年8月2日电。还可参见:"李克强部署'大病医保':谁受益?资金何来?如何实施?",载中国政府网,2015年7月27日;"大病保险年内覆盖城乡参保人",载《人民日报》2015年7月24日。

定，职工医保缴费年限统一设定为25年，而此前内蒙古自治区各统筹地区的最低缴费年限不统一，最长为25年，最短为10年。而在2014年，广州市也已实施新规，将2014年后首次参加职工社会医疗保险的人员，最低缴费年限调整为15年，之前已参加职工社会医疗保险的人员，最低缴费年限仍按原规定10年执行。[12]

2. 城乡居民基本医疗保险的待遇标准按照国家规定执行。2016年1月3日，国务院印发了《关于整合城乡居民基本医疗保险制度的意见》（国发〔2016〕3号），要求整合城镇居民基本医疗保险和新型农村合作医疗两项制度，建立统一的城乡居民基本医疗保险制度，重点是整合筹资和待遇保险政策。在待遇方面，提出逐步统一保障范围和支付标准，政策范围内住院费用支付比例保持在75%左右，逐步提高门诊保险水平。妥善处理整合前后特殊保障政策的衔接，逐步缩小政策范围内支付比例与实际支付比例间的差距。

（四）医疗服务

社会保险经办机构根据管理服务的需要，可以与医疗机构、药品经营单位签订服务协议，规范医疗服务行为。医疗机构应当为参保人员提供合理、必要的医疗服务。

资料链接

依据2011年7月1日起施行的《实施〈中华人民共和国社会保险法〉若干规定》第8条规定，参保人员在协议医疗机构发生的医疗费用，符合基本医疗保险药品目录、诊疗项目、医疗服务设施标准的，按照国家规定从基本医疗保险基金中支付。

（五）基本医疗保险关系的转移

个人跨统筹地区就业的，其基本医疗保险关系随本人转移，缴费年限累计计算。

三、补充医疗保险

补充医疗保险是基本医疗保险的一种有益的补充，用人单位可在按规定参加当地基本医疗保险的基础上，建立补充医疗保险，用于对城镇职工基本医疗保险制度支付以外由职工个人负担的医药费用进行适当补助，减轻参保职工的医药费

〔12〕 李彪："财政部拟推退休职工医保缴费 专家称规范缴费年限更具操作性"，载《每日经济新闻》2016年1月4日。

负担。

1998年《关于建立城镇职工医疗保险制度的决定》规定,为了不降低一些行业(如邮电、银行、保险公司等)职工现有的医疗保障水平,在参加基本医疗保险的基础上,作为过渡措施,允许建立企业补充医疗保险。2002年财政部、劳动和社会保障部颁布了《关于企业补充保险有关问题的通知》,进一步规范了企业补充医疗保险,规定:企业补充医疗保险费在工资总额4%以内的部分,企业可直接从成本中列支,不再经同级财政部门审批。企业补充医疗保险办法应与当地基本医疗保险制度相衔接。企业补充医疗保险资金由企业或行业集中使用和管理,单独建账,单独管理,用于本企业个人负担较重职工和退休人员的医药费补助,不得划入基本医疗保险个人账户,也不得另行建立个人账户或变相用于职工其他方面的开支。财政部门和劳动保障部门要加强对企业补充医疗保险资金管理的监督和财务监管,防止挪用资金等违规行为发生。个别地区根据自己的情况也出台了一些地方性规章,以规范本地的补充医疗保险活动。

|思考|　1. 除了企业补充保险这种形式的补充医疗保险外,还有那些补充医疗保险?

2. 大病保险是否属于补充医疗保险?

3. 我国有职工大病保险制度吗?

资料链接

1. 按照现行政策,大病保险仅在居民医保中推行,城镇职工医保实行的是大额医疗费用补助。“现在我们正在积极研究建立职工大病保险制度。在现有职工大额医疗补助政策基础上,通过完善筹资机制,建立全省统一的职工大病保险制度,减轻职工的大病医疗费用负担。”近日,海南省人社厅相关负责人表示。[13]

2. 医疗费用40万元以上部分个人只付5%。《关于开展城乡居民大病保险工作的指导意见》近日公布。记者从西安市医保中心了解到,我市已针对城镇职工医保的大额报销出台了二次补助政策,城镇居民和新农合等其他类型的大额报销,我市将按照今后国家和省上的要求制定相应政策。补助前提是参加城镇职工基本医保和大额医疗补助保险。

以往,参保者患病后进行治疗,达到报销条件后,由医保基金支付部分,其余部分由个人支付。但往往在参保者患大病后,个人需支付的部分也是一大笔费用,给家庭和个人带来沉重负担。今年起,我市以政府购买医疗保障服务的方式,探索委托具有资质的商业保险机构经办各类医疗保障管理服务。现在,凡是西安参加了城镇职工基本医疗保险并参加了大额医疗补助保险,且按时足额缴费的参保者,无需缴纳其他

〔13〕“人社部:年内全面实施大病保险需人均筹资约三十元”,载《商报》2015年8月31日。

费用即可享受二次补助。

补助比例:在三级医疗机构看病住院费用个人自付部分补助20%。二次补助的报销范围,包括住院费用个人自付部分、门诊施治三种特殊病种(肾透析、器官移植后服抗排斥药、恶性肿瘤放化疗)的费用自付部分,超过职工大额医疗补助保险最高支付限额以上的医疗费用。其报销额分别为:住院费用个人自付部分,按医疗机构级别不同分别给予二次补助,补助比例为三级医疗机构补助20%,二级医疗机构补助30%,一级及以下医疗机构补助40%。门诊三大特殊病种:在享受基本医疗保险政策规定的待遇后,一个年度内个人负担累计超过1500元以上至10000元的部分,补助40%。超过医疗费用报销最高限额部分:目前我市规定,一个年度参保职工最高的报销限额为40万元。而通过二次补助,超过40万元以上的医疗费用,将由二次补助进行报销,报销比例达到95%,而且没有封顶线的限制。[14]

关于职工个人储蓄医疗保险,我国目前还没有全国统一的政策。

资料链接

中华人民共和国2015年国民经济和社会发展统计公报数据显示,2015年末全国参加城镇基本医疗保险人数66570万人,增加6823万人。其中,参加职工基本医疗保险人数28894万人,增加598万人;参加城镇居民基本医疗保险人数37675万人,增加6225万人。[15]

第四节　工伤保险制度

一、工伤保险概述

工伤保险是指劳动者在生产工作中因意外事故或职业病致伤、致病、致残、死亡时依法所享有的社会保险。

工伤保险具有下列特征:(1)采取无过错责任原则。劳动者在各种意外事故或职业病中只要不是受害者故意行为所致,就应该按照规定标准对其进行伤害赔偿,无论用人单位或劳动者是否存在过错,无论责任在谁,无需劳动者主张和举证,受到伤害的劳动者都可以得到赔偿。(2)用人单位承担缴费义务。工伤保险的保

〔14〕“西安针对城镇职工医保大额报销出台二次补助政策”,载《西安晚报》2012年9月1日。

〔15〕中华人民共和国国家统计局,2016年2月29日。

险费用全部由用人单位缴纳,劳动者个人不承担缴纳费用义务。(3)保险标准较高。因工伤事故发生的费用,应由工伤保险基金承担,而且其医疗康复待遇、伤残待遇和死亡抚恤待遇均比非工伤的医疗保险标准高。

资料链接

工伤赔偿责任"劳动者自己责任"原则导致的必然结果是:在不断增多的工业事故面前,工人的生活条件不断恶化。疾病流行,工业事故丛生,"事实上切断手指、工厂楼梯上沾染鲜血的事早已是司空见惯。"〔16〕失业、贫困问题严重,工人们为了捍卫自己的生存,进行各种斗争。19世纪发生的波澜壮阔的国际工人运动,严重地动摇了资产阶级统治。这种情景足以说明,"劳动者自己责任"原则已经走到了尽头,德国于1884年颁布了《德国工业事故保险法》,确立了雇主对雇员工业事故损害的无过错赔偿责任原则,即无论劳动者有无过错,雇主对于所发生的伤害事件因劳动关系承担风险。并于1900年提出了一个完整的方案。德国《德国工业事故保险法》所确认的"无过错赔偿责任原则",很快在大多数欧洲国家传播开来。1896年,法国最高法院改判泰弗里诉拖船主因拖船爆炸而使雇员泰弗里受致命伤害一案,就采用了无过错责任原则。这一历史性判例导致法国于1898年制定了《雇员赔偿法》。同一时期,美国也启动了雇员赔偿制度改革的进程。1891年,美国联邦劳工委员会任命布鲁克斯研究和评价德国的《德国工业事故保险法》。大多数州的调查委员会考察了欧洲的经验之后,一些早期的"劳动者自己责任"法令得到了修改,〔17〕在美国,《劳工赔偿法》在所有州均已经采纳。

我国工伤保险制度源于中华人民共和国成立初期。1996年8月原劳动部曾发布《企业职工工伤保险试行办法》,是我国工伤保险方面最早的专门法律规范。现行的工伤保险法是国务院2003年4月发布的《中华人民共和国工伤保险条例》(2004年1月1日实施)。此后,国家劳动和社会保障部等有关部门陆续出台了《工伤认定办法》、《因工死亡职工供养亲属范围规定》、《非法用工单位伤亡人员一次性赔偿办法》、《关于劳动能力鉴定有关问题的通知》、《关于工伤保险费率问题的通知》等配套文件,为《工伤保险条例》的实施做好了准备。

依据2010年10月28日全国人大常委会通过的《社会保险法》,2010年12月

---

〔16〕[法]西蒙娜·薇依:《人类责任宣言绪论》,徐卫翔译,生活·读书·新知三联书店2003年版,第44~45页。

〔17〕*Lawrence M Friedmen and Jack Ladisky*, "*Social Change and the Law of Industrial Accidents, see Columbia Law Review*", *Vol*, 67, *p*. 77. 转引自李清伟:"侵权行为法与社会保险法的冲突和融合",载北大法律信息网。

20日国务院修订了《工伤保险条例》,该条例于2011年1月1日起施行,成为《社会保险法》的重要配套法规。2010年12月31日,人力资源和社会保障部又修订发布了《工伤认定办法》,2013年4月25日人力资源社会保障部公布了《关于执行〈工伤保险条例〉若干问题的意见》,2014年8月20日,最高人民法院公布了《最高人民法院关于审理工伤保险行政案件若干问题的规定》,对工伤认定做出了进一步细化。2015年10月1日起人力资源社会保障部、财政部《关于调整工伤保险费率政策的通知》实施。2016年3月28日人力资源社会保障部公布了《关于执行〈工伤保险条例〉若干问题的意见(二)》等。所以我国已形成较为完善的工伤保险法律体系。

二、工伤认定

工伤和非工伤的区分可以从以下几个方面进行:(1)工作场所以及工作时间界限。工伤一般只限于在工作时间内所发生的意外伤害;工伤一般只限于在生产、工作场所之内发生的意外伤害。(2)职务界限。工作场所和时间并不是判定工伤的唯一标准,工伤一般与执行职务有关。劳动者在工作时间以外、在工作场所以外执行职务或者与执行职务有关的活动中发生意外伤害,仍然属于工伤,如出差时、上班途中发生伤害。(3)主观过错界限。即劳动者在执行职务过程中发生的意外伤害,只要不是劳动者故意造成的,都属于工伤。(4)法定界限。即通过立法明确规定应该属于工伤的特殊情况。如对于职工因从事抢险、救灾、救人等维护国家、社会公众利益的活动而受到意外伤害的,通常也按工伤处理。

《工伤保险条例》和《工伤认定办法》规定了工伤认定的情形和程序。

(一)工伤的认定情形

依据《工伤保险条例》第14条的规定,认定工伤的情形包括以下三种。

1.典型性工伤的情形。职工[18]有下列情形之一的,应当认定为工伤:(1)在工作时间和工作场所内,因工作原因受到事故伤害的;(2)工作时间前后在工作场所内,从事与工作有关的预备性或者收尾性工作受到事故伤害的;(3)在工作时间和工作场所内,因履行工作职责受到暴力等意外伤害的;(4)患职业病的;(5)因工外出期间,由于工作原因受到伤害或者发生事故下落不明的;(6)在上下班途中,受到非本人主要责任的交通事故或者城市轨道交通、客运轮渡、火车事故伤害的;

---

〔18〕 新《工伤保险条例》扩大了工伤保险适用范围,规定除现行规定的企业和有雇工的个体工商户以外,事业单位、社会团体,以及民办非企业单位、基金会、律师事务所、会计师事务所等组织应当依照规定参加工伤保险。这一规定进一步扩大了工伤保险制度覆盖的职工,有利于发挥社会保险的大树法则优势,有利于保障职工的工伤保险权益。

(7)法律、行政法规规定应当认定为工伤的其他情形。

案例

原告何培祥系原北沟镇石涧小学教师,2006年12月22日上午,原告被石涧小学安排到新沂城西小学听课,中午在新沂市区就餐。因石涧小学及原告居住地到城西小学无直达公交车,原告采取骑摩托车、坐公交车、步行相结合方式往返。下午15:40左右,石涧小学邢汉民、何继强、周恩宇等开车经过石涧村大陈庄水泥路时,发现何培祥骑摩托车摔倒在距离石涧小学约二三百米的水泥路旁,随即送往医院抢救治疗。12月27日,原告所在单位就何培祥的此次伤害事故向被告江苏省新沂市劳动和社会保障局提出工伤认定申请,后因故撤回。2007年6月,原告就此次事故伤害直接向被告提出工伤认定申请。经历了二次工伤认定,二次复议,二次诉讼后,被告于2009年12月26日作出《职工工伤认定》,认定:何培祥所受机动车事故伤害虽发生在上下班的合理路线上,但不是在上下班的合理时间内,不属于上下班途中,不认定为工伤。原告不服,向新沂市人民政府申请复议,复议机关作出复议决定,维持了被告作出的工伤认定决定。之后,原告诉至法院,请求撤销被告作出的工伤认定决定。[19]

2. 视同工伤的情形。具体包括三种情形:(1)在工作时间和工作岗位,突发疾病死亡或者在48小时之内经抢救无效死亡的;(2)在抢险救灾等维护国家利益、公共利益活动中受到伤害的;(3)职工原在军队服役,因战、因公负伤致残,已取得革命伤残军人证,到用人单位后旧伤复发的。

3. 不得认定为工伤或者视同工伤情形。(1)故意犯罪;(2)醉酒或者吸毒;(3)自残或者自杀。依据2011年7月1日起施行的《实施〈中华人民共和国社会保险法〉若干规定》第10条规定,《社会保险法》第37条第2项中的醉酒标准,按照《车辆驾驶人员血液、呼气酒精含量阈值与检验》(GB19522-2004)执行。公安机关交通管理部门、医疗机构等有关单位依法出具的检测结论、诊断证明等材料,可以作为认定醉酒的依据。

(二)工伤的认定程序

《工伤保险条例》第17~20条、《工伤认定办法》规定了工伤认定的程序。职工发生事故伤害或者按照《职业病防治法》规定被诊断、鉴定为职业病,所在单位应当自事故伤害发生之日或者被诊断、鉴定为职业病之日起30日内,向统筹地区社会保险行政部门提出工伤认定申请。遇有特殊情况,经报社会保险行政部门同

[19] 《最高法发布四起工伤典型案例》,人民网,2014年8月20日。

意，申请时限可以适当延长。用人单位未按前款规定提出工伤认定申请的，工伤职工或者其近亲属、工会组织在事故伤害发生之日或者被诊断、鉴定为职业病之日起1年内，可以直接向用人单位所在地统筹地区社会保险行政部门提出工伤认定申请。提出工伤认定申请应当填写《工伤认定申请表》，并提交相关材料。社会保险行政部门受理工伤认定申请后，应当调查核实，及时处理。

为进一步规范工伤认定程序，《工伤认定办法》规定了工伤认定申请、受理、调查核实和认定的具体程序和要求。

资料链接

2014年9月起施行的《最高人民法院关于审理工伤保险行政案件若干问题的规定》第7条规定：由于不属于职工或者其近亲属自身原因超过工伤认定申请期限的，被耽误的时间不计算在工伤认定申请期限内。

三、劳动能力鉴定

劳动能力鉴定是指劳动功能障碍程度和生活自理障碍程度的等级鉴定。职工发生工伤，经治疗伤情相对稳定后存在残疾、影响劳动能力的，应当进行劳动能力鉴定。

劳动功能障碍分为十个伤残等级，最重的为一级，最轻的为十级。生活自理障碍分为三个等级：生活完全不能自理、生活大部分不能自理和生活部分不能自理。劳动能力鉴定标准由国务院社会保险行政部门会同国务院卫生行政部门等部门制定。

劳动能力鉴定由用人单位、工伤职工或者其近亲属向设区的市级劳动能力鉴定委员会提出申请，并提供工伤认定决定和职工工伤医疗的有关资料。省、自治区、直辖市劳动能力鉴定委员会和设区的市级劳动能力鉴定委员会分别由省、自治区、直辖市和设区的市级社会保险行政部门、卫生行政部门、工会组织、经办机构代表以及用人单位代表组成。设区的市级劳动能力鉴定委员会收到劳动能力鉴定申请后，应当在专家组提出鉴定意见的基础上，自收到劳动能力鉴定申请之日起60日内作出劳动能力鉴定结论，必要时，作出劳动能力鉴定结论的期限可以延长30日。劳动能力鉴定结论应当及时送达申请鉴定的单位和个人。申请鉴定的单位或者个人对设区的市级劳动能力鉴定委员会作出的鉴定结论不服的，可以在收到该鉴定结论之日起15日内向省、自治区、直辖市劳动能力鉴定委员会提出再次鉴定申请。省、自治区、直辖市劳动能力鉴定委员会作出的劳动能力鉴定结论为最终结论。

劳动能力鉴定工作应当客观、公正。劳动能力鉴定委员会组成人员或者参加鉴定的专家与当事人有利害关系的，应当回避。自劳动能力鉴定结论作出之日起

1年后,工伤职工或者其近亲属、所在单位或者经办机构认为伤残情况发生变化的,可以申请劳动能力复查鉴定。劳动能力鉴定委员会再次鉴定和复查鉴定的期限为60日,必要时,可以延长30日。

四、工伤保险基金

(一)构成

工伤保险基金由用人单位缴纳的工伤保险费、工伤保险基金的利息和依法纳入工伤保险基金的其他资金构成。其中主要是工伤保险费。

1.工伤保险费缴费义务人及缴费额

用人单位应当按时缴纳工伤保险费,职工个人不缴纳工伤保险费。用人单位缴纳工伤保险费的数额为本单位职工工资总额乘以单位缴费费率之积。对难以按照工资总额缴纳工伤保险费的行业,其缴纳工伤保险费的具体方式,由国务院社会保险行政部门规定。

资料链接

依据2011年7月1日起施行的《实施〈中华人民共和国社会保险法〉若干规定》第9条规定,职工(包括非全日制从业人员)在两个或者两个以上用人单位同时就业的,各用人单位应当分别为职工缴纳工伤保险费。职工发生工伤,由职工受到伤害时工作的单位依法承担工伤保险责任。

2.工伤保险费率

工伤保险费根据以支定收、收支平衡的原则确定费率。国家根据不同行业的工伤风险程度确定行业的差别费率,并根据工伤保险费使用、工伤发生率等情况在每个行业内确定若干费率档次。行业差别费率及行业内费率档次由国务院社会保险行政部门制定,报国务院批准后公布施行。统筹地区经办机构根据用人单位工伤保险费使用、工伤发生率等情况,适用所属行业内相应的费率档次确定单位缴费费率。国务院社会保险行政部门应当定期了解全国各统筹地区工伤保险基金收支情况,及时提出调整行业差别费率及行业内费率档次的方案,报国务院批准后公布施行。

根据2015年10月1日起实施的人力资源社会保障部、财政部《关于调整工伤保险费率政策的通知》,我国的工伤保险费率实行行业差别费率与浮动费率相结合的制度。

(1)行业工伤风险类别划分。按照《国民经济行业分类》(GB/T 4754—2011)对行业的划分,根据不同行业的工伤风险程度,由低到高,依次将行业工伤风险类别划分为一类至八类。

（2）行业差别费率及其档次确定。不同工伤风险类别的行业执行不同的工伤保险行业基准费率。各行业工伤风险类别对应的全国工伤保险行业基准费率为，一类至八类分别控制在该行业用人单位职工工资总额的0.2%、0.4%、0.7%、0.9%、1.1%、1.3%、1.6%、1.9%左右。通过费率浮动的办法确定每个行业内的费率档次。一类行业分为三个档次，即在基准费率的基础上，可向上浮动至120%、150%，二类至八类行业分为五个档次，即在基准费率的基础上，可分别向上浮动至120%、150%或向下浮动至80%、50%。各统筹地区人力资源社会保障部门要会同财政部门，按照"以支定收、收支平衡"的原则，合理确定本地区工伤保险行业基准费率具体标准，并征求工会组织、用人单位代表的意见，报统筹地区人民政府批准后实施。基准费率的具体标准可根据统筹地区经济产业结构变动、工伤保险费使用等情况适时调整。

（3）单位费率的确定与浮动。统筹地区社会保险经办机构根据用人单位工伤保险费使用、工伤发生率、职业病危害程度等因素，确定其工伤保险费率，并可依据上述因素变化情况，每一至三年确定其在所属行业不同费率档次间是否浮动。对符合浮动条件的用人单位，每次可上下浮动一档或两档。统筹地区工伤保险最低费率不低于本地区一类风险行业基准费率。费率浮动的具体办法由统筹地区人力资源社会保障部门会同财政部门制定，并征求工会组织、用人单位代表的意见。

（4）费率报备制度。各统筹地区确定的工伤保险行业基准费率具体标准、费率浮动具体办法，应报省级人力资源社会保障部门和财政部门备案并接受指导。省级人力资源社会保障部门、财政部门应每年将各统筹地区工伤保险行业基准费率标准确定和变化以及浮动费率实施情况汇总报人力资源社会保障部、财政部。

资料链接

1.2015年7月22日，人社部和财政部联合发出了《关于调整工伤保险费率的通知》，按照"总体降低、细化分类、健全机制"的原则，从行业工伤风险类别划分、行业差别费率及其档次确定、单位费率的确定与浮动、费率报备制度四个方面明确了费率调整有关规定，意义深远。[20]

2.2015年6月24日，国务院总理李克强主持召开国务院常务会议，决定从2015年10月1日起，将工伤保险平均费率由1%降至0.75%，并根据行业风险程度细化基准费率档次，根据工伤发生率对单位（企业）适当上浮或下浮费率。

---

〔20〕　汪泽英："调整工伤保险费率意义深远"，载《中国劳动保障报》2015年8月7日。

（二）工伤保险基金统筹

工伤保险基金逐步实行省级统筹。跨地区、生产流动性较大的行业，可以采取相对集中的方式异地参加统筹地区的工伤保险。具体办法由国务院社会保险行政部门会同有关行业的主管部门制定。

资料链接

1.《江苏省实施〈工伤保险条例〉办法》已于2015年4月1日经省人民政府第54次常务会议讨论通过，现予发布，自2015年6月1日起施行。其中第9条规定："工伤保险基金逐步实行省级统筹。"

2. 新的《湖南省实施〈工伤保险条例〉办法》将于4月1日起施行。新《办法》规定在省和设区的市、自治州两级统筹下，统筹地区按照当年工伤保险基金征缴总额的10%提取储备金，自留部分由原来的7%改为5%，向省上交由3%调整为5%。[21]

（三）工伤保险基金的支出

工伤保险基金存入社会保障基金财政专户，用于规定的工伤保险待遇，劳动能力鉴定，工伤预防的宣传、培训等费用，以及法律、法规规定的用于工伤保险的其他费用的支付。工伤预防费用的提取比例、使用和管理的具体办法，由国务院社会保险行政部门会同国务院财政、卫生行政、安全生产监督管理等部门规定。任何单位或者个人不得将工伤保险基金用于投资运营、兴建或者改建办公场所、发放奖金，或者挪作其他用途。工伤保险基金应当留有一定比例的储备金，用于统筹地区重大事故的工伤保险待遇支付；储备金不足支付的，由统筹地区的人民政府垫付。储备金占基金总额的具体比例和储备金的使用办法，由省、自治区、直辖市人民政府规定。

五、工伤保险待遇

主要分为三种具体待遇类型：工伤医疗期间待遇，伤残待遇和工亡待遇。可主要细化为九种：工伤医疗待遇、辅助器具待遇、停工留薪待遇、生活护理待遇，以及伤残补助待遇、伤残津贴待遇、工亡补助待遇、丧葬补助待遇、供养亲属抚恤待遇等。

（一）工伤医疗期间待遇

职工因工作遭受事故伤害或者患职业病进行治疗，享受工伤医疗待遇。工伤

---

〔21〕"湖南'新工伤保险条例'4月施行　减少工伤认定争议"，载《中国劳动保障报》2015年1月13日。

医疗期,即工伤职工停工留薪进行医疗的期间。停工留薪期一般不超过 12 个月,伤情严重或者情况特殊,经设区的市级劳动能力鉴定委员会确认,可以适当延长,但延长期不得超过 12 个月。工伤职工评定伤残等级后,停发原待遇,按照本章的有关规定享受伤残待遇。工伤职工在停工留薪期满后仍需治疗的,继续享受工伤医疗待遇。工伤医疗期间待遇包括四部分:(1)医疗待遇。职工治疗工伤应当在签订服务协议的医疗机构就医,情况紧急时可以先到就近的医疗机构急救。治疗工伤所需费用符合工伤保险诊疗项目目录、工伤保险药品目录、工伤保险住院服务标准的,从工伤保险基金支付。工伤保险诊疗项目目录、工伤保险药品目录、工伤保险住院服务标准,由国务院社会保险行政部门会同国务院卫生行政部门、食品药品监督管理部门等部门规定。职工住院治疗工伤的伙食补助费,以及经医疗机构出具证明,报经办机构同意,工伤职工到统筹地区以外就医所需的交通、食宿费用从工伤保险基金支付,基金支付的具体标准由统筹地区人民政府规定。工伤职工治疗非工伤引发的疾病,不享受工伤医疗待遇,按照基本医疗保险办法处理。工伤职工到签订服务协议的医疗机构进行工伤康复的费用,符合规定的,从工伤保险基金支付。社会保险行政部门作出认定为工伤的决定后发生行政复议、行政诉讼的,行政复议和行政诉讼期间不停止支付工伤职工治疗工伤的医疗费用。(2)工伤职工因日常生活或者就业需要,经劳动能力鉴定委员会确认,可以安装假肢、矫形器、假眼、假牙和配置轮椅等辅助器具,所需费用按照国家规定的标准从工伤保险基金支付。(3)工资和福利待遇。职工因工作遭受事故伤害或者患职业病需要暂停工作接受工伤医疗的,在停工留薪期内,原工资福利待遇不变,由所在单位按月支付。(4)其他待遇。生活不能自理的工伤职工在停工留薪期需要护理的,由所在单位负责。

(二)致残待遇

1. 生活自理障碍待遇标准。工伤职工已经评定伤残等级并经劳动能力鉴定委员会确认需要生活护理的,从工伤保险基金按月支付生活护理费。生活护理费按照生活完全不能自理、生活大部分不能自理或者生活部分不能自理 3 个不同等级支付,其标准分别为统筹地区上年度职工月平均工资的 50%、40% 或者 30%。

2. 劳动功能障碍待遇标准。(1)职工因工致残被鉴定为一级至四级伤残的,保留劳动关系,退出工作岗位,享受以下待遇:①伤残补助金。按照职工伤残等级从工伤保险基金支付一次性伤残补助金,标准是:一级伤残为 27 个月的本人工资,二级伤残为 25 个月的本人工资,三级伤残为 23 个月的本人工资,四级伤残为 21 个月的本人工资。②伤残津贴。从工伤保险基金按月支付,标准为:一级伤残为本人工资的 90%,二级伤残为本人工资的 85%,三级伤残为本人工资的 80%,四级伤残为本人工资的 75%。伤残津贴实际金额低于当地最低工资标准的,由工伤保险基金补足差额。③退休待遇。工伤职工达到退休年龄并办理退休手续后,停发伤残津贴,按照国家有关规定享受基本养老保险待遇。基本养老保险待遇低于伤残津贴的,由工伤保险基金补足差额。④医疗保险待遇。职工因工致残被鉴定为一级至四级伤残的,由用人单位和职工个人以伤残津贴为基数,缴纳基本医疗保险费。

(2)职工因工致残被鉴定为五级、六级的,享受以下待遇:①伤残补助金。五级伤残为18个月的本人工资,六级伤残为16个月的本人工资。②伤残津贴。被鉴定为五级、六级伤残的职工保留与用人单位的劳动关系,由用人单位安排适当工作。难以安排工作的,由用人单位按月发给伤残津贴,标准为:五级伤残为本人工资的70%,六级伤残为本人工资的60%,并由用人单位按照规定为其缴纳应缴纳的各项社会保险费。伤残津贴实际金额低于当地最低工资标准的,由用人单位补足差额。③工伤医疗补助金和伤残就业补助金。经工伤职工本人提出,该职工可以与用人单位解除或者终止劳动关系,由工伤保险基金支付一次性工伤医疗补助金,由用人单位支付一次性伤残就业补助金。一次性工伤医疗补助金和一次性伤残就业补助金的具体标准由省、自治区、直辖市人民政府规定。④其他待遇。用人单位必须按照规定为伤残职工缴纳应缴纳的各项社会保险费。

(3)职工因工致残被鉴定为七级至十级伤残的,享受以下待遇:①伤残补助金。按照职工伤残等级从工伤保险基金支付一次性伤残补助金,标准为:七级伤残为13个月的本人工资,八级伤残为11个月的本人工资,九级伤残为9个月的本人工资,十级伤残为7个月的本人工资。②其他待遇。劳动、聘用合同期满终止,或者职工本人提出解除劳动、聘用合同的,由工伤保险基金支付一次性工伤医疗补助金,由用人单位支付一次性伤残就业补助金。一次性工伤医疗补助金和一次性伤残就业补助金的具体标准由省、自治区、直辖市人民政府规定。

(三)工亡待遇

职工因工伤死亡,其直系亲属可以从工伤保险基金领取丧葬费补助金,供养亲属抚恤金和一次性工亡补助金。具体待遇是:

1. 丧葬补助金。主要用于死亡职工丧葬费用的支出,标准为:6个月的统筹地区上年度职工月平均工资。

2. 供养亲属抚恤金。[22] 供养亲属抚恤金按照职工本人工资的一定比例发给由因工死亡职工生前提供主要生活来源、无劳动能力的亲属。标准为:配偶每月40%,其他亲属每人每月30%,孤寡老人或者孤儿每人每月在上述标准的基础上

〔22〕 伤残津贴、供养亲属抚恤金、生活护理费由统筹地区社会保险行政部门根据职工平均工资和生活费用变化等情况适时调整。调整办法由省、自治区、直辖市人民政府规定。

增加10%。核定的各供养亲属的抚恤金之和不应高于因工死亡职工生前的工资。供养亲属的具体范围由国务院社会保险行政部门规定。

资料链接

所谓供养亲属是指由因工死亡职工生前提供主要生活来源或者无劳动能力的亲属,其范围包括该职工的配偶、子女、父母、祖父母、外祖父母、孙子女、外孙子女、兄弟姐妹。属于供养亲属范围的人员,依靠因工死亡职工生前提供主要生活来源,并符合下列条件之一的,可按规定申请供养亲属抚恤金:(1)完全丧失劳动能力的;(2)工亡职工配偶男年满60周岁、女年满55周岁的;(3)工亡职工父母男年满60周岁、女年满55周岁的;(4)工亡职工子女未满18周岁的;(5)工亡职工父母均已死亡,其祖父、外祖父年满60周岁,祖母、外祖母年满55周岁的;(6)工亡职工子女已经死亡或完全丧失劳动能力,其孙子女、外孙子女未满18周岁的;(7)工亡职工父母均已死亡或完全丧失劳动能力,其兄弟姐妹未满18周岁的。

3. 工亡补助金。一次性工亡补助金标准为上一年度全国城镇居民人均可支配收入的20倍。上一年度全国城镇居民人均可支配收入以国家统计局公布的数据为准。

资料链接

国家统计局公布2015年全国城镇居民人均可支配收入为31195元,根据国务院《工伤保险条例》,2016年一次性工亡补助金为62.39万元,计发标准为工伤发生时上一年度全国城镇居民人均可支配收入的20倍。

4. 工亡待遇的特殊情形。伤残职工在停工留薪期内因工伤导致死亡的,其近亲属享受工亡待遇。一级至四级伤残职工在停工留薪期满后死亡的,其近亲属可以享受丧葬补助金、供养亲属抚恤金待遇(不能享受一次性工亡补助金)。

(四)工伤保险待遇的一些特殊情形

1. 工伤职工工伤复发,经确认需要治疗的,可以继续享受工伤医疗期间待遇和生活自理障碍护理待遇等。

2. 工伤职工符合领取基本养老金条件的,停发伤残津贴,享受基本养老保险待遇。基本养老保险待遇低于伤残津贴的,从工伤保险基金中补足差额。

3. 职工所在用人单位未依法缴纳工伤保险费,发生工伤事故的,由用人单位支付工伤保险待遇。用人单位不支付的,从工伤保险基金中先行支付。从工伤保险基金中先行支付的工伤保险待遇应当由用人单位偿还。用人单位不偿还的,社会保险经办机构可以依法追偿。[23]

4. 由于第三人的原因造成工伤,第三人不支付工伤医疗费用或者无法确定第三人的,由工伤保险基金先行支付。工伤保险基金先行支付后,有权向第三人追偿。

|思考| 职工因第三人侵权导致工伤能否获得双重赔付?

资料链接

《最高人民法院关于审理工伤保险行政案件若干问题的规定》第 8 条明确规定:一是职工因第三人的原因受到伤害,社会保险行政部门以职工或者其近亲属已经对第三人提起民事诉讼或者获得民事赔偿为由,作出不予受理工伤认定申请或者不予认定工伤决定的,人民法院不予支持。二是职工因第三人的原因受到伤害,社会保险行政部门已经作出工伤认定,职工或者其近亲属未对第三人提起民事诉讼或者尚未获得民事赔偿,起诉要求社会保险经办机构支付工伤保险待遇的,人民法院应予支持。三是职工因第三人的原因导致工伤,社会保险经办机构以职工或者其近亲属已经对第三人提起民事诉讼为由,拒绝支付工伤保险待遇的,人民法院不予支持,但第三人已经支付的医疗费用除外。[24]

5. 职工因工外出期间发生事故或者在抢险救灾中下落不明的,从事故发生当月起 3 个月内照发工资,从第 4 个月起停发工资,由工伤保险基金向其供养亲属按月支付供养亲属抚恤金。生活有困难的,可以预支一次性工亡补助金的 50%。职工被人民法院宣告死亡的,按照本条例第 39 条职工因工死亡的规定处理。

6. 工伤职工有下列情形之一的,停止享受工伤保险待遇:(1)丧失享受待遇条件的;(2)拒不接受劳动能力鉴定的;(3)拒绝治疗的。

7. 用人单位分立、合并、转让的,承继单位应当承担原用人单位的工伤保险责任;原用人单位已经参加工伤保险的,承继单位应当到当地经办机构办理工伤保险变更登记。用人单位实行承包经营的,工伤保险责任由职工劳动关系所在单位承

---

〔23〕 这是《社会保险法》第 41 条的规定,与《工伤保险条例》第 62 条规定有所不同。《工伤保险条例》第 62 条规定:"用人单位依照本条例规定应当参加工伤保险而未参加的,由社会保险行政部门责令限期参加,补缴应当缴纳的工伤保险费,并自欠缴之日起,按日加收万分之五的滞纳金;逾期仍不缴纳的,处欠缴数额 1 倍以上 3 倍以下的罚款。依照本条例规定应当参加工伤保险而未参加工伤保险的用人单位职工发生工伤的,由该用人单位按照本条例规定的工伤保险待遇项目和标准支付费用。用人单位参加工伤保险并补缴应当缴纳的工伤保险费、滞纳金后,由工伤保险基金和用人单位依照本条例的规定支付新发生的费用。"

〔24〕 "《最高人民法院关于审理工伤保险行政案件若干问题的规定》的理解(3)",载中国人才网,2014 年 8 月 21 日。

担。职工被借调期间受到工伤事故伤害的，由原用人单位承担工伤保险责任，但原用人单位与借调单位可以约定补偿办法。企业破产的，在破产清算时依法拨付应当由单位支付的工伤保险待遇费用。

8. 职工被派遣出境工作，依据前往国家或者地区的法律应当参加当地工伤保险的，参加当地工伤保险，其国内工伤保险关系中止；不能参加当地工伤保险的，其国内工伤保险关系不中止。

9. 职工再次发生工伤，根据规定应当享受伤残津贴的，按照新认定的伤残等级享受伤残津贴待遇。

资料链接

1. 中华人民共和国2015年国民经济和社会发展统计公报数据显示，2015年末全国参加工伤保险人数21404万人，增加765万人，其中参加工伤保险的农民工7489万人，增加127万人。[25]

2. 人力资源和社会保障部21日发布消息称，2014年，工伤保障水平进一步提高，28个省份对伤残津贴、供养亲属抚恤金、生活护理费等待遇进行了调整；工伤保险基金抗风险能力进一步增强，市级统筹进一步规范，已有10个省份实现了省级统筹。[26]

第五节　失业保险制度

一、失业保险概述

失业保险，是指保障劳动者失业期间的基本生活，促进其再就业的一种社会保险制度。失业保险的物质帮助包括生活救济和再就业服务两个方面。

重点提示

失业一般分为自愿性失业和非自愿性失业。非自愿性失业是失业的绝对主流。这里的失业仅指非自愿性失业。

失业保险在社会保险中，是实行比较晚的险种，有关失业保险的立法直至20

〔25〕 中华人民共和国国家统计局，2016年2月29日。

〔26〕 徐博："全国工伤保险参保人数突破2亿人"，载新华网，2015年4月22日。

世纪初才出现。1905年法国率先颁布《失业保险法》,建立了非强制性失业保险制度。1911年英国颁布了《失业保险法》,对失业保险作出了明确的规定,在全国范围强制施行。这也是真正意义上的失业保险法律制度的开始。失业保险发展到今天,已为世界各国普遍实行。

我国的失业保险制度建立较晚,在20世纪50年代建立的劳动保险制度中并不包括失业保险。我国真正意义上的失业保险法律制度始建于80年代。但当时把失业称为待业,失业保险也被称为待业保险。1986年,国务院颁布了《国营企业职工待业保险暂行规定》,对新时期我国的失(待)业保险制度提出了基本政策框架,第一次将我国的社会保险险种扩充到失(待)业保险。1993年国务院制定了《国有企业职工待业保险规定》,但其只覆盖国有企业。1995年实施的《劳动法》把失业保险的范围扩大到我国境内的所有企业。《劳动法》第一次用"失业"代替了以往的"待业",从而使我国的社会保险制度内容日趋完善。1999年,国务院颁布了《失业保险条例》,将这一保险制度的覆盖范围扩大到所有企业、事业单位。此后,劳动和社会保障部于2000年10月颁布了《失业保险金申领发放办法》,2002年4月颁布了《关于建立失业保险个人缴费记录的通知》,2006年1月11日发布了《劳动保障部、财政部关于适当扩大失业保险基金支出范围试点有关问题的通知》等,2010年全国人大常委会通过的《社会保险法》第五章专门规定了失业保险,2015年2月25日国务院确定失业险费率降至2%,2016年4月13日,失业保险总费率再阶段性降至1%~1.5%,其中个人费率不超过0.5%。进一步完善了我国的失业保险制度。

二、失业保险的适用范围

《失业保险条例》第2条第1、2款规定:"城镇企业事业单位、城镇企业事业单位职工依照本条例的规定,缴纳失业保险费。城镇企业事业单位失业人员依照本条例的规定,享受失业保险待遇。"

资料链接

目前统一的失业保险制度已扩大到社会团体专职人员、民办非企业单位的职工和城镇个体工商户的雇工。但对国家机关的失业保险制度尚无具体的法律规定。例如《公务员法》仅规定"国家建立公务员保险制度,保障公务员在退休、患病、工伤、生育、失业等情况下获得帮助和补偿。"和"被辞退的公务员,可以领取辞退费或者根据国家有关规定享受失业保险"。

三、失业保险基金

（一）基金来源

综合各国的情况来看，其资金来源主要有以下几种渠道：(1)财政补贴；(2)由用人单位和劳动者或仅由企业单方根据工资额缴纳的失业保险费；(3)积累资金的运营收益；(4)依法纳入失业保障基金的其他资金。例如，按规定加收的滞纳金。我国失业保险基金由下列各项构成：城镇企业事业单位、城镇企业事业单位职工缴纳的失业保险费；失业保险基金的利息；财政补贴；依法纳入失业保险基金的其他资金。《失业保险条例》规定，城镇企业事业单位按照本单位工资总额的2%缴纳失业保险费，职工个人按照本人工资的1%缴纳失业保险费。省、自治区、直辖市人民政府根据本行政区域失业人员数量和失业保险基金数额，报经国务院批准，可以适当调整本行政区域失业保险费的费率。

资料链接

1. 国务院总理李克强2月25日主持召开国务院常务会议确定：将失业保险费率由现行条例规定的3%统一降至2%，单位和个人缴费具体比例由各地在充分考虑提高失业保险待遇、促进失业人员再就业、落实失业保险稳岗补贴政策等因素的基础上确定，初步测算，仅这一减费措施每年将减轻企业和员工负担四百多亿元。

2. 2016年4月13日，国务院总理李克强主持召开国务院常务会议，决定将失业保险总费率由现行的2%阶段性降至1%～1.5%，其中个人费率不超过0.5%。上述两项措施的具体方案由各省(区、市)确定。这也是自去年以来我国再次下调失业保险费率。

（二）基金统筹

《失业保险条例》规定："失业保险基金在直辖市和设区的市实行全市统筹；其他地区的统筹层次由省、自治区人民政府确定。"

（三）失业保险调剂金

失业保险调剂金以统筹地区依法应当征收的失业保险费为基数，按照省、自治区人民政府规定的比例筹集。统筹地区的失业保险基金不敷使用时，由失业保险调剂金调剂、地方财政补贴。失业保险调剂金的筹集、调剂使用以及地方财政补贴的具体办法，由省、自治区人民政府规定。

四、享受失业保险待遇的条件及停止

(一)享受失业保险待遇的条件

《失业保险条例》第14条、《社会保险法》第45条规定,失业人员享受失业保险待遇,须同时具备以下条件:(1)按规定参加失业保险,所在单位和本人按照规定履行缴费义务满1年的。如果失业人员及其单位未参加失业保险,或未缴足保险费,或缴费期不满1年的,则不能享受。(2)非因本人意愿中断就业的。自愿失业是失业者本人主动放弃所从事的工作而成为失业者,因此失业的责任完全在失业者本人,不应由国家、社会为其承担责任。而对于非自愿失业者,由于其既是资本主义生产方式的必然产物,同时也是以社会化大生产为基础的现代市场经济的必然产物。所以国家、社会应为其承担责任,其中就包含失业保险。另外,《失业保险条例》还规定,无正当理由,拒不接受当地人民政府指定的部门或机构介绍的工作的,不得再享受失业保险待遇。(3)已办理失业登记,并有求职要求。办理失业登记是失业人员享受失业保险待遇的必要条件,只有办理失业登记后,才可申请领取失业救济金。《社会保险法》第50条规定:"用人单位应当及时为失业人员出具终止或者解除劳动关系的证明,并将失业人员的名单自终止或者解除劳动关系之日起十五日内告知社会保险经办机构。失业人员应当持本单位为其出具的终止或者解除劳动关系的证明,及时到指定的公共就业服务机构办理失业登记。失业人员凭失业登记证明和个人身份证明,到社会保险经办机构办理领取失业保险金的手续。失业保险金领取期限自办理失业登记之日起计算。"职工跨统筹地区就业的,其失业保险关系随本人转移,缴费年限累计计算。

资料链接

依据2011年7月1日起施行的《实施〈中华人民共和国社会保险法〉若干规定》第13条规定,非因本人意愿中断就业包括下列情形:(1)依照《劳动合同法》第44条第1项、第4项、第5项规定终止劳动合同的;(2)由用人单位依照《劳动合同法》第39~41条规定解除劳动合同的;(3)用人单位依照《劳动合同法》第36条规定向劳动者提出解除劳动合同并与劳动者协商一致解除劳动合同的;(4)由用人单位提出解除聘用合同或者被用人单位辞退、除名、开除的;(5)劳动者本人依照《劳动合同法》第38条规定解除劳动合同的;(6)法律、法规、规章规定的其他情形。

(二)失业保险待遇的停止

《社会保险法》第51条规定,失业人员在领取失业保险金期间有下列情形之一的,停止领取失业保险金,并同时停止享受其他失业保险待遇:(1)重新就业的;

(2)应征服兵役的;(3)移居境外的;(4)享受基本养老保险待遇的;(5)无正当理由,拒不接受当地人民政府指定部门或者机构介绍的适当工作或者提供的培训的。

| 思考 | 对比分析《社会保险法》第51条、《失业保险条例》第15条、《就业服务与就业管理规定》第66条异同。

五、失业保险待遇的给付期限

《社会保险法》第46条规定,失业人员失业前用人单位和本人累计缴费满1年不足5年的,领取失业保险金的期限最长为12个月;累计缴费满5年不足10年的,领取失业保险金的期限最长为18个月;累计缴费10年以上的,领取失业保险金的期限最长为24个月。重新就业后,再次失业的,缴费时间重新计算,领取失业保险金的期限与前次失业应当领取而尚未领取的失业保险金的期限合并计算,最长不超过24个月。

六、失业保险待遇项目及标准

失业保险待遇项目:(1)以保障基本生活为目的的生活补助的项目,其中包括失业保险金;发生特殊生活困难者的困难补助金;患病者的医疗补助金;死亡者的一次性丧葬补助金和抚恤金等等。(2)以促进再就业为目的的再就业服务项目,如转业训练、生产自救、职业介绍等。《社会保险法》第48条规定:"失业人员在领取失业保险金期间,参加职工基本医疗保险,享受基本医疗保险待遇。失业人员应当缴纳的基本医疗保险费从失业保险基金中支付,个人不缴纳基本医疗保险费。"第49条规定:"失业人员在领取失业保险金期间死亡的,参照当地对在职职工死亡的规定,向其遗属发给一次性丧葬补助金和抚恤金。所需资金从失业保险基金中支付。个人死亡同时符合领取基本养老保险丧葬补助金、工伤保险丧葬补助金和失业保险丧葬补助金条件的,其遗属只能选择领取其中的一项。"

失业保险待遇标准。《社会保险法》第47条规定,失业保险金的标准,由省、自治区、直辖市人民政府确定,不得低于城市居民最低生活保障标准。

七、失业人员接受职业介绍、职业培训

依据2011年7月1日起施行的《实施〈中华人民共和国社会保险法〉若干规定》第15条规定,失业人员在领取失业保险金期间,应当积极求职,接受职业介绍和职业培训。失业人员接受职业介绍、职业培训的补贴由失业保险基金按照规定支付。

资料链接

中华人民共和国2015年国民经济和社会发展统计公报数据显示,2015年末全国参加失业保险人数17326万人,增加283万人。年末全国领取失业保险金人数227万人。[27]

第六节 生育保险制度

一、生育保险的概念与特点

(一)概念

生育保险,是指国家通过立法强制实施的,在女职工因怀孕、分娩、哺乳而暂时中止劳动时,从国家和社会获得物质帮助的一项社会保险制度。

妇女生育是履行繁衍人类的重要天职,妇女在怀孕、分娩、哺乳期间不能从事正常的生产劳动,为保证其正常生活和婴儿的正常成长,国家和社会有责任为其提供物质帮助。我国在1994年颁布的《劳动法》中就明确规定为女职工建立生育保险制度。1994年12月,为配合《劳动法》的贯彻实施,劳动部颁布了《企业职工生育保险试行办法》,对生育保险的内容作出了具体的规定。《企业职工生育保险试行办法》规定的适用范围和对象是所有"城镇企业及其职工"。1998年劳动和社会保障部成立之后,将机关、事业单位的社会保险职能由人事部划转劳动和社会保障部。近年来,特别是医疗保险改革以来,职工生育保险适用范围逐步扩大。少数城市参照《企业职工生育保险试行办法》,对机关、事业单位也实行了生育费用社会统筹。2010年10月28日通过的《社会保险法》第6章专门对生育保险做了规定。2012年4月28日《女职工劳动保护特别规定》公布施行,对生育保险作了进一步规定。

资料链接

2016年4月20日,社部网站正式发布《关于阶段性降低社会保险费率的通知》,明确生育保险和基本医疗保险合并,等到国务院制定出台规定后一起实施。这是中央部委首次明确具体的合并项目。

---

〔27〕 中华人民共和国国家统计局,2016年2月29日。

(二)特点

1. 生育保险实施的对象只是女职工。有些国家和地区,允许在女职工生育后,给予男职工一定的带薪假期以照顾生育后的妻子。在我国只有达到法定结婚年龄、已正式登记结婚并符合国家计划生育政策的城镇女职工生育时,才能享受生育保险待遇。

2. 生育保险实行"产前和产后都应享受"的原则。主要因为妇女怀孕后,在临产分娩前的一段时间内,不能工作也不宜工作;在分娩后需要恢复身体,在婴儿哺乳期间不能完全参加劳动。所以,妇女的产假包括产前和产后两个阶段的假期。

3. 给付项目多,待遇标准高。在国外,生育保险的给付项目包括产假、生育津贴和医疗服务等项目。在我国,生育保险还配合国家的人口控制政策,对实行晚婚、晚育的生育妇女制定了一系列奖励政策。生育保险待遇的给付标准确定得比较高,一般都相当于被保险人生育前工资的1倍。

二、我国的生育保险待遇

(一)职工个人不缴纳生育保险费

生育保险根据"以支定收,收支基本平衡"的原则筹集资金,由企业按照其工资总额的一定比例向社会保险经办机构缴纳生育保险费,建立生育保险基金。生育保险费的提取比例由当地人民政府根据计划内生育人数和生育津贴、生育医疗费等项费用确定,并可根据费用支出情况适时调整,但最高不得超过工资总额的1%,一般是在0.5%～1%之间。

资料链接

2015年6月24日,国务院总理李克强主持召开国务院常务会议,决定从2015年10月1日起,将生育保险费率从不超过1%降低到不超过0.5%。

(二)待遇项目

用人单位已经缴纳生育保险费的,其职工享受生育保险待遇;职工未就业配偶按照国家规定享受生育医疗费用待遇。所需资金从生育保险基金中支付。[28] 生育保险待遇包括生育医疗费用和生育津贴。

1. 生育医疗费用。包括下列各项:(1)生育的医疗费用;(2)计划生育的医疗

〔28〕 职工未就业的配偶享受生育医疗费用待遇。也就是说生孩子的医疗费用由生育保险基金支出,但是不能享受生育津贴。

费用;(3)法律、法规规定的其他项目费用。

2. 生育津贴。职工有下列情形之一的,可以按照国家规定享受生育津贴:(1)女职工生育享受产假;(2)享受计划生育手术休假;(3)法律、法规规定的其他情形。生育津贴按照职工所在用人单位上年度职工月平均工资计发。

重点提示

《女职工劳动保护特别规定》第8条规定,女职工产假期间的生育津贴,对已经参加生育保险的,按照用人单位上年度职工月平均工资的标准由生育保险基金支付;对未参加生育保险的,按照女职工产假前工资的标准由用人单位支付。女职工生育或者流产的医疗费用,按照生育保险规定的项目和标准,对已经参加生育保险的,由生育保险基金支付;对未参加生育保险的,由用人单位支付。

资料链接

1.《广东省企业职工假期待遇死亡抚恤待遇暂行规定》第6条(粤劳薪[1997]115号)和《广东省人口与计划生育条例》(2008年11月28日广东省第十一届人民代表大会常务委员会第七次会议第四次修订,自2009年1月1日起施行)第37条规定,晚育或领取独生子女证的,在女职工产假期间给予男方看护假10天。和产假一样,在男职工看护假期间,照发工资,不影响福利待遇和全勤评奖。

2. 中华人民共和国2015年国民经济和社会发展统计公报数据显示,2015年末全国参加参加生育保险人数17769万人,增加730万人。[29]

课后实训

一、关键词解释

社会保险　　养老保险　　医疗保险　　失业保险　　生育保险

二、思考题

1. 简述社会保险法的基本特征。
2. 简述我国养老保险的法律制度体系。
3. 简述我国医疗保险的法律制度体系。
4. 简述我国《工伤保险条例》规定的工伤情形。
5. 简述享受失业保险待遇的基本条件。

---

[29] 中华人民共和国国家统计局,2016年2月29日。

6. 简述我国的生育保险待遇。

三、案例

南通六建公司系国基电子(上海)有限公司 A7 厂房工程的承包人,其以《油漆承揽合同》的形式将油漆工程分包给自然人李某某,约定李某某所雇人员应当接受南通六建公司管理。李某某又将部分油漆工程转包给自然人王某某,王某某招用张成兵进行油漆施工。李某某和王某某均无用工主体资格,也无承揽油漆工程的相应资质。2008 年 3 月 10 日,张成兵在进行油漆施工中不慎受伤。11 月 10 日,松江区劳动仲裁委员会裁决确定张成兵与南通六建公司之间存在劳动关系,但该裁决书未送达南通六建公司。12 月 29 日,张成兵提出工伤认定申请,并提交了劳动仲裁裁决书。上海市松江区人力资源和社会保障局立案审查后,认为张成兵受伤符合工伤认定条件,且南通六建公司经告知,未就张成兵所受伤害是否应被认定为工伤进行举证。上海市松江区人力资源和社会保障局遂于 2009 年 2 月 19 日认定张成兵受伤为工伤。南通六建公司不服,经复议未果,遂起诉请求撤销上海市松江区人力资源和社会保障局作出的工伤认定。[30]

分析:上海市松江区人力资源和社会保障局作出被诉工伤认定的具体行政行为正确吗?

〔30〕“最高法发布四起工伤典型案例”,载人民网,2014 年 8 月 20 日。

第十六章　社会救助法律制度

内容提要

社会救助是指，国家对于遭受灾害、失去劳动能力或低收入公民给予物质帮助，以维持其最低生活水平的社会保障制度。本章主要讲授社会救助的起源、发展和法律特征，我国社会救助立法的概况，以及最低生活保障制度、特困人员供养制度、受灾人员救助制度和其他救助制度的基本内容。

第一节　社会救助制度概述

一、社会救助概述

救助是指救济和帮助。社会救助是指国家对于遭受灾害、失去劳动能力或低收入公民给予救济和帮助，以维持其最低生活水平的社会保障制度。社会救助的对象是一国国内生活困难的公民，救济的目标是扶危济困，稳定社会。现代的社会救助制度，体现了浓厚的人道主义思想，也是在现代竞争经济社会里，为保障普通公民的生存权而设定的最后一道防护线和安全网。

（一）社会救助的起源

社会救助历史悠久，从远古的起源来看，应是人类互助互济以求生存的产物。我国的社会救助历史久远，早在《周礼》中，就以儒家的"仁"、"孝"等信条对老者及鳏寡孤独的救助做出了指导性的规定。汉代以后，从存问制度的设立到对年老、鳏寡、废疾及贫困之人的定期或不定期的物质赏赐，使得国家对这些人的救助更加系统化。[1] 此后历代均有相应的制度。但现代化的社会救助的制度化发展，是工业经济发展的产物，也有较长的发展历史。

---

〔1〕 任云兰："弱势群体的社会救助——历史与现实的反思"，载《南方论丛》2006 年第 2 期。

在工业社会起源较早的英国,其救助制度化发展也比较早。16 世纪以前英国也存在贫困等社会问题,但那时解决穷人的救济问题多是通过基督教会、寺院、教会医院、基尔特、个人慈善捐款等方式,这些都属于民间或宗教性质的救济活动。当时,国家并没有将社会救济视为自己的责任,相反,视贫困为不安定因素,在法律上往往是视为惩处对象,如根据 16 世纪以前流传下来的一项法律上的惯例,英国对所有行为不检的游民一律作为罪犯看待。

1536 年亨利八世《济贫法》规定对于一般四处乞食的贫民仍加以严厉禁止,迫使他们回到自己原来居住的乡间,由各教区予以管束,并由教区职员拿慈善捐款来救济他们。对于身体强健的人则在尽可能的范围内设法使他们得到职业。法令还授权地方政府教育那些年幼的乞丐,教他们学一手艺以便成年后能自谋职业。但政府对贫民的态度仍然是惧怕与惩罚,残酷的惩罚方法仍屡见不鲜。

《济贫法》于 1563 年、1572 年和 1576 年经过三次修正补充,使济贫制度建立起来。1593 年政府废除了对流民处以死刑、监禁、烙耳等残酷的法律,但同时保留体罚。济贫资金开始实现由"募"到"征"的转变,强制代替了自愿,征税代替了募集。济贫税开始纳入法制轨道,更有效地保障了济贫资金的来源,为建立起通行全国的社会救济制度奠定了财政基础。从此英国济贫法基本走上了以救济为主,惩罚为辅,由政府出面统一管理济贫的轨道。1601 年,伊丽莎白女王颁布了举世闻名的《济贫法》,规定由地方政府负责办理救济贫民的工作。此后,英国历代国王执政时也都颁布或修订《济贫法》,使济贫成为当时政府的一项重要事务。

(二)社会救助的发展

在西方资本主义经济发展过程中,社会救助制度得到了不断完善。20 世纪初,社会救济助制度发生本质上的变化。英国在 1905 年颁布《失业工人法》,1908 年颁布《养老金法》,1911 年颁布《健康保险法》,自此正式建立起新型的社会保障制度体系。1919 年,英国结束了地方政府的济贫事务管理权,规定济贫事务由中央政府管理。1929 年"地方政府法"颁布实施,废除了济贫监督局,彻底结束了济贫法的地方管理体制。原来由济贫法提供的各种救济逐渐纳入社会保障制度管理中。1943 年,英国的贝弗里奇提出了著名的《社会保险及相关服务》的报告,拟定了一套社会保障制度,其中包括社会救助方案,该方案主要是对社会保障制度不能保护的人给予救助。1948 年英国颁布的《国民救助法》最终取代了已实施三百多年的《济贫法》,建立了有福利国家色彩的现代社会救助制度。

在美国,工业化、城市化和经济集中化的趋势,带给了美国越来越多的社会难题,如贫富差距扩大,无人照顾的老残孤寡逐渐增多。但真正导致救助社会化的是 1929 年的世界性经济危机。1932 年罗斯福新政的主要内容之一就是社会救济问题。1933 年 5 月,国会通过《联邦紧急救济法》,在此基础上成立了联邦紧急救济署,实行“以工代赈”的救济措施,帮助失业者渡过难关。1935 年 8 月 14 日实施的《社会保障法》(The Social Security Act)开创了美国现代化的社会保障的先河。《社会保障法》放弃了长期主导美国社会的自由主义主张,改变了过去那种由地方政府辅助援救,或由民间团体自助自救的济贫传统,强调联邦政府在解决社会问题上的责任,由联邦政府向各州提供财政拨款,用以解决老人、盲人、残疾人、失业者、儿童所面临的经济困难。

(三)社会救助的特征

1. 社会救助是国家救助。其资金来源于国家财政和地方财政,列入国家财政总预算支出,社会成员无须为此承担缴费义务,符合条件者即可获得社会救济。

2. 社会救助是有条件救助。其救助的范围和程序均有法律的规定,只有符合法定接受社会救济的条件,才可依照法定程序向政府有关部门申请,才可获得救济。

3. 社会救助是保障性救助,其目的是使得救助对象获得最基本的生活保障,即维持最低生活标准所需要的生活费及生活用品,这个水平和救助国家的社会经济发展紧密联系,受到经济发展的制约。

二、我国社会救助立法的概况

(一)新中国成立初期的紧急救助

新中国成立之初,社会面临十分严峻的形势:工厂关闭,企业倒闭,经济萧条,难民乞丐流落街头,大批失业工人、城市贫民和农村灾民嗷嗷待哺。为解燃眉之急,促进其他各项救济工作的开展,中央规定建立失业救济基金。失业救济基金的来源主要有中央及地方政府财政拨款、向社会征收救济金、社会各界自愿捐助三个方面。通过各种渠道征集资金,有效地缓解了失业工人的生活困难,也为以工代赈、生产自救、还乡生产等各项救济工作的开展提供了资金保障。在农村,急需救济的贫穷、饥饿农民更是人多面广。我国政府投入了大量的救济资金,向农村贫困对象发放了大量的救济粮款,用以保障农村贫困者的基本生活。从 1950 年到 1953 年的三年间,国家共发放农村救济款近 10 亿元,在较短的时间里初步解决了农村的严重贫困和饥饿问题。

(二)初期的社会救助形式

我国完成“社会主义改造”以后,在城市形成了就业与保障一体化的保障制度,在这个时期,社会救济主要面向城乡没有劳动能力、没有收入来源、没有法定赡养人或抚养人的社会成员，以及由于特殊原因没有工作单位依靠的一些特殊救济对象，如原国民党起义、投诚人员，归国华侨，麻风病人，社会救济费由国家承担。在农村，对无依无靠的孤老病残社员实行“五保”供养，使他们的基本生活有了保障。这一时期，我国社会救济的方针是“生产自救，群众互助，辅之以政府必要的救济”。根据救济对象的不同情况，国家对孤老残幼和一些长期困难户给予定期定量救济，对因天灾人祸等意外变故而一时困难的给予临时救济，救济的内容有现金也有实物。

（三）社会救助制度的变革

1978 年以后，我国实行改革开放，社会救济逐步从“单位”中分离出来，企业原来承担的社会救济功能逐步消失，改为主要由政府的社会救济部门去完成。同时，随着我国社会主义市场经济的建立和发展，企业不再被要求把安排就业作为一项政治任务来完成，企业内的大批冗员被精简，破产企业的职工也被推向社会，使那些具有劳动能力的人也因为失业而导致生活困难，这些失业人员在失业保险期满后仍未重新就业的，由国家给予社会救济。由于这些原因，使社会救济的对象由原来那些没有劳动能力而生活困难者，扩大到有劳动能力却陷入贫困者，包括因暂时失去工作生活困难者和尽管有工作但由于特殊原因而家庭生活困难者，使社会救济的覆盖面进一步扩大，同时，根据社会经济的发展和维持最基本生活的需要，适当提高了社会救济标准。

2007 年的中共十七大报告明确规定：社会救助和最低生活保障制度，同社会福利和社会保险一样，都是社会保障体系的“基础”和“重点”。近年来，我国社会救助事业发展很快，初步构建了以最低生活保障、特困人员供养、受灾人员救助、医疗救助、教育救助、住房救助、就业救助和临时救助为主体，以社会力量参与为补充的社会救助制度体系。基本实现了救助范围覆盖城乡、操作程序明确规范、困难群众应保尽保、救助水平逐步提高的制度目标。以低保为例，城市低保对象人数一直保持在 2300 万人上下，资金规模则从 2007 年的 277 亿元逐渐增长到 2012 年的 617 亿元；农村低保对象人数从 3266 万人增长到 2011 年的 5314 万人，资金规模则从 2007 年的 104 亿元增加到 2011 年的 606 亿元。〔2〕

---

〔2〕 唐钧：“‘十一五’以来社会救助发展的回顾及展望”，载《社会科学》2012 年第 6 期。

第二节 社会救助制度的基本内容[3]

一、最低生活保障制度

(一)立法概况

最低生活保障制度,是指以保障基本生活为目的,在科学合理确定最低生活保障标准的基础上,对家庭人均收入低于当地最低生活保障标准的贫困人口实行差额补助的一种社会救助制度。

在改革开放后,由于市场竞争机制的作用,城市中出现了一批下岗失业人员,由于失业保险制度在保障的时间和金额上均有一定限制,在一些情形下不能保障城市居民的基本生活。

为了保障城市贫困居民的基本生活,1997 年 8 月,国务院颁发了《国务院关于在各地建立城市居民最低生活保障制度的通知》,要求到 1999 年底,全国所有城市和县政府所在的镇都要建立最低生活保障制度。1999 年 9 月,国务院颁布了《城市居民最低生活保障条例》,使城市居民最低生活保障进入了法制化轨道。

在城市低保制度发展的同时,农村低保制度和社会救助体系也有很大的发展。从 1997 年开始,中国部分有条件的省市逐步建立了农村最低生活保障制度。广东、浙江等经济发达省市相继出台实施《农村最低生活保障办法》,以法律形式将农民纳入社会保障的范围。

但是总的来说,农村最低生活保障制度一直是我国最低生活保障制度的空白区,直到国务院 2007 年 7 月 11 日印发《关于在全国建立农村最低生活保障制度的通知》揭开了农村最低生活保障制度的新篇章。2014 年 5 月 1 日实施的国务院《社会救助暂行办法》对最低生活保障制度没有区别城乡二元结构,而是采取统筹设置模式。然而,要完成这一目标估计会是一个长期的过程。

---

〔3〕 主要参见《社会救助暂行办法》;“不断完善托底线、救急难、可持续的社会救助制度——民政部部长李立国、国务院法制办副主任胡可明谈《社会救助暂行办法》”,载《中国社会报》2014 年 3 月 3 日,第 2 版;史竞男等:“告别‘碎片化’,我国社会救助体系定型”,新华每日电讯,2014 年 2 月 28 日,第 4 版;唐钧:“中国城乡最低生活保障制度回顾与评析”,载人民网,2011 年 10 月 18 日。

（二）基本内容

1. 一般规定

国家对共同生活的家庭成员人均收入低于当地最低生活保障标准，且符合当地最低生活保障家庭财产状况规定的家庭，给予最低生活保障。最低生活保障标准，由省、自治区、直辖市或者设区的市级人民政府按照当地居民生活必需的费用确定、公布，并根据当地经济社会发展水平和物价变动情况适时调整。最低生活保障家庭收入状况、财产状况的认定办法，由省、自治区、直辖市或者设区的市级人民政府按照国家有关规定制定。

2. 申请程序

申请最低生活保障，按照下列程序办理：(1)由共同生活的家庭成员向户籍所在地的乡镇人民政府、街道办事处提出书面申请；家庭成员申请有困难的，可以委托村民委员会、居民委员会代为提出申请。(2)乡镇人民政府、街道办事处应当通过入户调查、邻里访问、信函索证、群众评议、信息核查等方式，对申请人的家庭收入状况、财产状况进行调查核实，提出初审意见，在申请人所在村、社区公示后报县级人民政府民政部门审批。(3)县级人民政府民政部门经审查，对符合条件的申请予以批准，并在申请人所在村、社区公布；对不符合条件的申请不予批准，并书面向申请人说明理由。

3. 待遇标准

对批准获得最低生活保障的家庭，县级人民政府民政部门按照共同生活的家庭成员人均收入低于当地最低生活保障标准的差额，按月发给最低生活保障金。对获得最低生活保障后生活仍有困难的老年人、未成年人、重度残疾人和重病患者，县级以上地方人民政府应当采取必要措施给予生活保障。

4. 定期核查

最低生活保障家庭的人口状况、收入状况、财产状况发生变化的，应当及时告知乡镇人民政府、街道办事处。县级人民政府民政部门以及乡镇人民政府、街道办事处应当对获得最低生活保障家庭的人口状况、收入状况、财产状况定期核查。最低生活保障家庭的人口状况、收入状况、财产状况发生变化的，县级人民政府民政部门应当及时决定增发、减发或者停发最低生活保障金；决定停发最低生活保障金的，应当书面说明理由。

二、特困人员供养制度

（一）立法概况

特困人员，也就是过去通常所说的农村的五保户和城市“三无”人员，主要指无劳动能力、无生活来源且无法定赡养、抚养、扶养义务人,或者其法定赡养、抚养、扶养义务人无赡养、抚养、扶养能力的老年人、残疾人以及未满16周岁的未成年人。

我国农村五保供养,简称“五保”制度,是指依照国家法律规定,在吃、穿、住、医、葬方面给予村民的生活照顾和物质帮助的制度。该制度建立于20世纪50年代,对保障老年、残疾或者未满16周岁的村民,无劳动能力、无生活来源又无法定赡养、抚养、扶养义务人,或者其法定赡养、抚养、扶养义务人无赡养、抚养、扶养能力的农村居民的基本生活起到了积极作用。1994年国务院颁布《农村五保供养工作条例》,使农村“五保”供养制度规范化。该条例2006年修改,自2006年3月1日起施行新的《农村五保供养工作条例》。对于城市“三无”人员供养,立法主要体现在一些地方规定、部委规章和政策上,并未上升到行政法规层次。

2014年国务院《社会救助暂行办法》对特困人员供养制度没有区别城乡二元结构,而是统筹研究设置。《社会救助暂行办法》,从所列的各项救助制度到监督管理和法律责任都没有区别城乡二元结构,政府鼓励城乡差别小的地方、有条件的地方,在逐步缩小城乡救助标准和补助水平差距的基础上,逐步达到城乡标准和补助水平的一致。

(二)基本内容

1.一般规定

供养范围:(1)提供基本生活条件;(2)对生活不能自理的给予照料;(3)提供疾病治疗;(4)办理丧葬事宜。

特困人员供养标准,由省、自治区、直辖市或者设区的市级人民政府确定、公布。特困人员供养应当与城乡居民基本养老保险、基本医疗保障、最低生活保障、孤儿基本生活保障等制度相衔接。

2.申请程序

申请特困人员供养,由本人向户籍所在地的乡镇人民政府、街道办事处提出书面申请;本人申请有困难的,可以委托村民委员会、居民委员会代为提出申请,并需经过审批。

3.定期核查

乡镇人民政府、街道办事处应当及时了解掌握居民的生活情况,发现符合特困供养条件的人员,应当主动为其依法办理供养。特困供养人员不再符合供养条件的,村民委员会、居民委员会或者供养服务机构应当告知乡镇人民政府、街道办事处,由乡镇人民政府、街道办事处审核并报县级人民政府民政部门核准后,终止供养并予以公示。

4.供养形式

特困供养人员可以在当地的供养服务机构集中供养,也可以在家分散供养。

特困供养人员可以自行选择供养形式。

三、受灾人员救助制度

(一)立法概况

受灾人员救助是指对受到自然灾害的人进行的救助。我国地域辽阔,自然条件复杂,是世界上灾害发生率最高、受损害最严重的少数国家之一。几乎所有的自然灾害,如水灾、旱灾、地震、台风等每年均有发生。

资料链接

一般年份,全国受灾害影响的人口约两亿人。其中因灾害死亡数千人,需要安置的近三百多万人,有近六千万灾民需要救济。20 世纪 90 年代,一般的年损失都在 1000 亿元以上。全国每年都要因灾害紧急转移三百万人左右,倒塌房屋三百万间左右,因灾死亡数千人。根据国家防汛抗旱总指挥部办公室统计资料显示,仅在 2007 年截至 6 月 15 日,洪涝灾害已造成农作物受灾面积 1224 千公顷,成灾 697 公顷,受灾人口 2272 万人,因灾害死亡 128 人,失踪 24 人,倒塌房屋 8.96 万间(不含地震倒房),直接损失 89.2 亿元。由这些数据就可以看出我国灾害救助的重要性和艰巨性。[4]

根据《灾情统计、核定、报告暂行办法》的规定,所谓灾害是指因自然灾害给人类造成的损失,自然灾害包括干旱、洪涝、风雹(包括龙卷风、沙尘暴、飓风等)、台风(包括热带风暴)、地震、低温冷冻、雪灾、病虫害、滑坡、泥石流等各种异常自然现象。

灾害救助是对公民因自然灾害而造成生活困难时,国家或社会对灾民进行抢救和援助,在衣、食、住、医疗等基本生活资料方面给予其最低生活水平的保障,同时使灾区的生产、生活各方面尽快恢复正常秩序的一项社会救助制度。

为了将灾害救助纳入法制化轨道,我国 1997 年颁布了《灾情统计、核定、报告暂行办法》,以便能及时、准确掌握自然灾害情况,给救灾工作和其他有关工作提供决策依据。为了规范救灾捐赠活动,加强救灾捐赠款物的管理,保护捐赠人、救灾捐赠受赠人和灾区受益人的合法权益,根据《中华人民共和国公益事业捐赠法》,民政部 2000 年 5 月 12 日制定并发布了《救灾捐赠管理暂行办法》。

除规章外,民政部还制定了不少关于救灾方面的政策,如《民政部、财政部关

〔4〕 王振耀、田小红:"中国自然灾害应急救助管理的基本体系",载《经济社会体制比较》(双月刊) 2006 年第 5 期;姜武艺:"救助灾民重建家园",载《今日中国论坛》2007 年第 7 期。

于建立中央级救灾物资储备制度的通知》[民电(1998)第167号]、《民政部办公厅关于建立经常性社会捐助公示制度的通知》(民办函〔2001〕212号)、《关于规范特大自然灾害救济补助费分配管理的通知》(民发〔2002〕127号)、《民政部关于做好灾区倒房恢复重建工作的通知》(民函〔2003〕211号)、《民政部应对自然灾害工作规程》、《国家自然灾害救助应急预案》等等。2010年6月,国务院颁布了《自然灾害救助条例》,有效地保障了受灾人员救助工作的进行。2014年国务院《社会救助暂行办法》又进一步对受灾人员救助制度作了专章规定。

(二)基本内容

1. 我国救灾体制的转变

2000年以来,我国自然灾害的应急管理体制一直处在根本性的调整过程中。主要原因是:市场经济体制基本确立后,随着信息技术的发达和生活水平的提高,社会对灾害应急管理的要求发生了改变,2003年国家对"非典"事件的处理,进一步推动了灾害应急管理体系的转型。这种转型主要体现在以下几个方面:

第一,灾害救助的目标从强调减少经济损失转向以人为本。在相当长的时期内,社会习惯强调尽量减少国家财产损失,甚至牺牲个人生命以保护国家财产。而目前则转向以人为本,首先强调的是努力确保人的生命安全。这种观念的转变使得应急救助的着眼点和落脚点以及救灾工作的重点发生重大变化。例如,为了保全生命安全,在重大自然灾害发生前可能要进行避灾性的紧急转移,在我国沿海地区,有的为了抗击台风的需要,一个省一次就要转移近百万人甚至过百万人,行政工作量大幅度增加。

第二,灾害救助的内容从事后救济转向全方位救助,特别是应急救助。在相当长的时期内,我国的救灾工作是事后救济。而目前着重建立应急救助体系,在第一时间内对于受灾影响而产生的困难人口进行及时的救助。从紧急转移开始的救助一直到完成恢复重建,灾害救助已经具有全程立体救助的性质,政府的行政责任加大了。

第三,灾害救助的组织指挥从依靠个体经验转向系统的预案与应急行动。过去的救灾主要依靠制度而缺乏预案。建立应急体系意味着对工作程序进行详尽规范,例如,遇到什么样的灾害应该由什么样的工作人员在多长的时间内进行报告,报告后又如何处置等,都有具体规定。这是公共管理行为的重大转变。

第四,灾害救助的组织过程从封闭转向全方位透明。在相当长的时期中,因灾死亡人口不是立即公开,往往带有神秘色彩。为了强调公开性,2005年,国家保密局和民政部专门就因灾死亡人口的解密问题发出通知,要求及时向社会公开。政府部门如果不及时报道,还会产生较大的负面影响。让灾害救助工作透明、灾情数据透明、死亡人口统计透明,能够增加救助工作的公信度。

第五，灾害救助标准从传统的低标准转向保证基本生活并与国际接轨。救灾的标准在较长的时期内一直偏低，政府努力的目标是不饿死人、不冻死人等。而随着经济的发展，现在的标准已经转变为保证灾民有饭吃、有水喝、有衣穿、有住处、有病能医、有学能上等。例如，1998 年以前，救灾过程中一直没有大量地使用帐篷，救灾部门也没有生产救灾帐篷的系统。而在 1998 年以后，政府部门已经开始系统地储备救灾帐篷，同时在救灾过程中也大量地使用帐篷保证灾民的居住。

第六，灾害救助的装备从传统的以人力和手工为主的工作手段转向高科技装备的应用。过去救灾主要依靠人力进行手工操作，所以工作效率较低，有时还难免产生不规范的行为。按照应急救助的要求，目前灾情的报告通过网络系统已经非常便捷，同时卫星和遥感技术也开始运用于救灾过程，救灾行政人员开始配备一些必需的装备，从而大大增强了救灾的机动能力。

2. 受灾人员救助制度基本内容

（1）自然灾害物资储备

设区的市级以上人民政府和自然灾害多发、易发地区的县级人民政府应当根据自然灾害特点、居民人口数量和分布等情况，设立自然灾害救助物资储备库，保障自然灾害发生后救助物资的紧急供应。

（2）自然灾害救助应急

自然灾害发生后，县级以上人民政府或者人民政府的自然灾害救助应急综合协调机构应当根据情况紧急疏散、转移、安置受灾人员，及时为受灾人员提供必要的食品、饮用水、衣被、取暖、临时住所、医疗防疫等应急救助。

（3）救助范围

自然灾害灾情稳定后，受灾地区县级以上人民政府应当评估、核定并发布自然灾害损失情况。受灾地区人民政府应当在确保安全的前提下，对住房损毁严重的受灾人员进行过渡性安置。

自然灾害危险消除后，受灾地区人民政府民政等部门应当及时核实本行政区域内居民住房恢复重建补助对象，并给予资金、物资等救助。自然灾害发生后，受灾地区人民政府应当为因当年冬寒或者次年春荒遇到生活困难的受灾人员提供基本生活救助。

四、其他救助制度

（一）立法概况

救助制度，不仅仅包括最低生活保障、自然灾害救助、特困人员供养，还其他救助制度，主要有住房救助、教育救助、医疗救助、临时救助、就业救助等等。过去在这几项救助制度方面虽然也有一些立法和实践，但是还很不够。在 2014 年 2 月颁布的《社会救助暂行办法》中,医疗救助制度、教育救助制度、住房救助制度、就业救助制度以及临时救助制度等几项制度都是第一次以行政法规的形式确定的。

(二)基本内容

1. 医疗救助制度

国家建立健全医疗救助制度,保障医疗救助对象获得基本医疗卫生服务。下列人员可以申请相关医疗救助:(1)最低生活保障家庭成员;(2)特困供养人员;(3)县级以上人民政府规定的其他特殊困难人员。医疗救助采取下列方式:(1)对救助对象参加城镇居民基本医疗保险或者新型农村合作医疗的个人缴费部分,给予补贴;(2)对救助对象经基本医疗保险、大病保险和其他补充医疗保险支付后,个人及其家庭难以承担的符合规定的基本医疗自负费用,给予补助。医疗救助标准,由县级以上人民政府按照经济社会发展水平和医疗救助资金情况确定、公布。申请医疗救助的,应当向乡镇人民政府、街道办事处提出,经审核、公示后,由县级人民政府民政部门审批。最低生活保障家庭成员和特困供养人员的医疗救助,由县级人民政府民政部门直接办理。县级以上人民政府应当建立健全医疗救助与基本医疗保险、大病保险相衔接的医疗费用结算机制,为医疗救助对象提供便捷服务。国家建立疾病应急救助制度,对需要急救但身份不明或者无力支付急救费用的急、重、危、伤病患者给予救助。符合规定的急救费用由疾病应急救助基金支付。疾病应急救助制度应当与其他医疗保障制度相衔接。

2. 教育救助制度

国家对在义务教育阶段就学的最低生活保障家庭成员、特困供养人员给予教育救助。对在高中教育(含中等职业教育)、普通高等教育阶段就学的最低生活保障家庭成员、特困供养人员,以及不能入学接受义务教育的残疾儿童,根据实际情况给予适当教育救助。教育救助根据不同教育阶段需求,采取减免相关费用、发放助学金、给予生活补助、安排勤工助学等方式实施,保障教育救助对象基本学习、生活需求。教育救助标准,由省、自治区、直辖市人民政府根据经济社会发展水平和教育救助对象的基本学习、生活需求确定、公布。申请教育救助,应当按照国家有关规定向就读学校提出,按规定程序审核、确认后,由学校按照国家有关规定实施。

3. 住房救助制度

国家对符合规定标准的住房困难的最低生活保障家庭、分散供养的特困人员给予住房救助。住房救助通过配租公共租赁住房、发放住房租赁补贴、农村危房改造等方式实施。住房困难标准和救助标准,由县级以上地方人民政府根据本行政区域经济社会发展水平、住房价格水平等因素确定、公布。城镇家庭申请住房救助的,应当经由乡镇人民政府、街道办事处或者直接向县级人民政府住房保障部门提出,经县级人民政府民政部门审核家庭收入、财产状况和县级人民政府住房保障部门审核家庭住房状况并公示后，对符合申请条件的申请人，由县级人民政府住房保障部门优先给予保障。农村家庭申请住房救助的，按照县级以上人民政府有关规定执行。各级人民政府按照国家规定通过财政投入、用地供应等措施为实施住房救助提供保障。

4. 就业救助制度

国家对最低生活保障家庭中有劳动能力并处于失业状态的成员，通过贷款贴息、社会保险补贴、岗位补贴、培训补贴、费用减免、公益性岗位安置等办法，给予就业救助。最低生活保障家庭有劳动能力的成员均处于失业状态的，县级以上地方人民政府应当采取有针对性的措施，确保该家庭至少有一人就业。申请就业救助的，应当向住所地街道、社区公共就业服务机构提出，公共就业服务机构核实后予以登记，并免费提供就业岗位信息、职业介绍、职业指导等就业服务。最低生活保障家庭中有劳动能力但未就业的成员，应当接受人力资源社会保障等有关部门介绍的工作；无正当理由，连续3次拒绝接受介绍的与其健康状况、劳动能力等相适应的工作的，县级人民政府民政部门应当决定减发或者停发其本人的最低生活保障金。吸纳就业救助对象的用人单位，按照国家有关规定享受社会保险补贴、税收优惠、小额担保贷款等就业扶持政策。

5. 临时救助制度

国家对因火灾、交通事故等意外事件，家庭成员突发重大疾病等原因，导致基本生活暂时出现严重困难的家庭，或者因生活必需支出突然增加超出家庭承受能力，导致基本生活暂时出现严重困难的最低生活保障家庭，以及遭遇其他特殊困难的家庭，给予临时救助。申请临时救助的，应当向乡镇人民政府、街道办事处提出，经审核、公示后，由县级人民政府民政部门审批；救助金额较小的，县级人民政府民政部门可以委托乡镇人民政府、街道办事处审批。情况紧急的，可以按照规定简化审批手续。临时救助的具体事项、标准，由县级以上地方人民政府确定、公布。国家对生活无着的流浪、乞讨人员提供临时食宿、急病救治、协助返回等救助。公安机关和其他有关行政机关的工作人员在执行公务时发现流浪、乞讨人员的，应当告知其向救助管理机构求助。对其中的残疾人、未成年人、老年人和行动不便的其他人员，应当引导、护送到救助管理机构；对突发急病人员，应当立即通知急救机构进行救治。

资料链接

2015年，中央财政共安排城乡低保资金1171.5亿元，较“十一五”末增长了84.6%；安排医疗救助资金141亿元，较“十一五”末增长了28.2%；安排临时救助资金42亿元，较2014年增长了31.3%。截至2015年底，全国城乡低保月人均标准分别达到451元、265元，较“十一五”末增长了79.7%、126.4%，年均增幅分别达到

12.4%、17.8%;农村五保集中供养年人均标准6026元、分散供养4490元,较"十一五"末增长了104.1%和113.6%;医疗救助水平不断提高,重点对象政策范围内住院费用救助比例达到70%。此外,2015年全国共实施临时救助667.1万户次,平均救助水平达到1043.3元。[5]

课后实训

一、关键词解释

社会救助　最低生活保障制度　特困人员供养　受灾人员救助

其他救助制度

二、案例分析题

王某是某乡居民,一生未结婚。现已经70岁,失去劳动能力,想申请"五保"供养,请回答以下问题:

1. 王某应该向谁提出申请?
2. 该申请审批的程序是怎样规定的?
3. 如果申请成功,王某应有哪些待遇?

三、思考题

1. 社会救助的特征是什么?
2. 改革开放后我国社会救助改革的原因是什么?
3. 我国低生活保障制度的内容和意义是什么?
4. 如何完善《社会救助暂行办法》?

---

〔5〕 宫蒲光:"坚持兜底思维、践行共享理念、扎实推进社会救助事业创新发展",载《中国民政》2016年第7期。

第十七章　社会福利和社会优抚制度

内容提要

通过本章的学习，使学生了解我国社会福利和社会优抚制度的历史发展、立法的现状，理解并掌握社会福利的概念和特征、公共福利、职业福利、妇女、儿童、老人和残疾人福利法律制度等，以及社会优待、社会抚恤、安置保障的基本内容，进而明确社会福利和社会优抚制度在我国社会保障法律制度中的作用和地位。

第一节　社会福利制度

一、社会福利制度概述

（一）社会福利制度的概念

社会福利在不同的国家和地区有不同的含义。广义的社会福利，是指政府和社会为保障人们生活、提高人们生活质量的所有保障和服务措施，这个概念涵盖社会保障。广义上的福利不仅要满足人们的物质生活需求，而且要满足人们较高的精神生活需求。欧美国家大多流行广义的社会福利概念，如认为社会福利"是为了保证个人以及集团成员拥有平均的水准和身体健康而提供的各项社会服务"。我国台湾、香港地区也持广义的社会福利概念。狭义的社会福利作为社会保障制度的一个组成部分，是指国家和社会通过举办各种福利事业和采取各种福利措施，为社会成员提供基本生活保障并不断改善生活状况的一种社会保障制度。我国持狭义的社会福利概念。在我国，社会福利与社会保险、社会救助、优抚安置、社会互助、个人储蓄积累保障等共同构成社会保障体系。

发达市场经济国家的社会福利一般可分为三个方面：(1)专业化的社会福利。这是由民间的社会福利团体向社会成员提供福利服务。民间的社会福利团体又被称为志愿组织，既接受政府的资助也接受社会的资助，并在遵守法律的前提下，自行决定其服务内容和方式,向社会成员提供福利服务。民间的社会福利团体要接受政府的监督和评判。(2)职业化的社会福利。职业化的社会福利是指雇主除承担工伤、医疗、养老、失业保险等社会保障责任外,还为雇员及其家属提供医疗保健服务、家属津贴、一般福利设施及有关服务。职业福利是企业吸引人才的重要措施,也是政府社会福利的有效补充。典型代表是日本,日本企业实行“终身雇佣制”。日本的公司或企业就像一个大家庭,在绝大多数情况下,公司或企业提供供养其成员的全部需求,企业集中向员工提供大米、蔬菜、衣服、住房、医疗保健、生日红包、结婚礼金、生育津贴、死亡补助等福利津贴和相关服务。(3)社区化的社会福利。这是联合国倡导的社区发展理论的重要组成部分,社区化的社会福利能更好地体现以人为中心的福利服务思想。过去,孤寡残幼等应集中在老年公寓和残疾人福利院等社会福利设施中接受服务,政府或团体要投入相当多的资金,用于建立社会福利设施和提供生活保障,孤寡残幼往往对所处环境感到陌生与不安,服务者和被服务者之间也存在一个人际关系协调的问题。社区化的社会福利主张以社区为中心建立福利制度,提供优质服务。社区是人们生活的地方,青少年娱乐活动、成年人继续教育、病残者医疗康复、老年人身心锻炼等需求均可在社区得到满足,社区化的社会福利可节省大笔投资,也会使被服务者产生安全感、信任感和归属感,有利于被服务者的身心健康。

(二)我国社会福利制度的发展

由于社会制度基础和历史文化背景的不同,我国的社会福利制度也和西方国家的社会福利制度有很大的差别。我国历史上很早就存在与现代福利制度类似的慈幼院、施药局之类的官办或私立的福利机构。在民国时期也曾经组织建立过一些福利设施,但规模小,受益对象少。

新中国成立后,人民政府对社会福利事业非常重视,社会福利制度逐渐建立起来。1951 年 8 月,民政部发布了《关于城市救济福利报告》,明确社会福利以孤老残幼为主要对象。1950 年 6 月《工会法》颁布,该法对工会在改善工人、职员、群众福利方面的责任做了规定,在整个 50 年代,对职工住房、上下班交通、生活必需品供应、困难补贴、探亲补贴、取暖补贴均作了相关规定,在设施方面建立了食堂、浴池、俱乐部、幼儿园等,在此期间残疾人福利也有很大发展,专门设置了一些工厂安置残疾人就业。城镇企事业职工福利向“小而全”、“大而全”的方向发展。

进入 20 世纪 80 年代,为了适应经济体制改革的需要,我国的社会福利制度也进行了部分改革,福利基金的提取与企业效益挂钩、职工福利设施由封闭转向开放、加大对职工的福利补贴、改革福利房制度。社会福利体制逐渐从国家包办的体制转向国家、集体和个人一起合办的体制。进入 90 年代,我国社会福利在立法保障、社会福利的社会化、城镇职工住房改革方面取得了很大的进展。1991 年颁布

《残疾人保障法》,1992年颁布《妇女权益保障法》,1993~1999年民政部相继发布了《国家级福利院评定标准》、《社会福利企业规划》、《中国福利彩票管理办法》,此间,《母婴健康法》(1994年)、《老年人权益保障法》(1996年)、《住房公积金管理条例》(1999年)相继颁布,社会福利事业逐渐被纳入到法制化轨道。

总之,我国的社会福利事业自新中国成立以来,尤其是进入90年代以来,在改革和发展中取得了很大的成绩,对居民生活水平的提高及社会稳定作出了很大的贡献。但受制于传统的社会福利特点,我国的社会福利事业的任务仍然很艰巨。

(三)社会福利制度的特征

1. 社会福利的普遍性

从享受社会福利的对象上看,社会福利具有普遍性。社会福利普遍性是指社会福利所服务的对象是全体社会成员。建立社会福利的目的是改善和提高全体社会成员生活质量,全体社会成员都有权享受全民性质的社会福利,如义务教育,公共福利设施,特殊社会群体有权享有国家和社会向其提供的特殊福利,如残疾人福利、儿童福利、老人福利。这种普遍的和特殊的社会福利共同构成了社会福利的普遍性。

2. 社会福利的单向性

从社会福利权利义务的构成上看,社会福利具有单向性。社会福利的资金来源于国家和社会,社会福利一般是免费或者是不营利的,全体社会成员只要符合享有福利的条件,无须履行额外义务即可享受相关社会福利待遇。社会福利是由国家或社会免费或优惠提供的,在权利义务方面具有单向性。这和社会保险不同,社会保险是以劳动者和(或)用人单位履行法定的缴费义务为前提的,只有交纳了社会保险费等费用才能享受社会保险。

3. 社会福利关注人们的精神生活需求

从社会福利的目的上看,社会福利具有关注社会成员精神生活的特征。社会福利中的教育、科学、文化、体育、卫生、环境保护等公益性福利和残疾人福利、儿童福利、老人福利等,有利于满足社会成员的精神生活需求,有助于弘扬互助友爱、尊老爱幼、扶贫助弱的优良传统,有助于形成团结和谐的社会局面,有助于增强社会凝聚力和提高社会成员的道德素质和文明程度,能够积极推动社会文明的进步。

二、公共福利

(一)教育福利

教育福利是以免费或者低费方式向国民提供教育机会和教育条件的社会福利事业。我国的教育福利内容包括:普及义务教育、向学生提供助学金和奖学金、向学生提供无息贷款、学生假期购票优惠制度等。

1. 国家实行九年制义务教育。凡年满 6 周岁的儿童,不分性别、民族、种族,应当入学接受规定年限的义务教育。条件不具备的地区,可以推迟到 7 周岁入学。地方各级人民政府应当合理设置小学、初级中等学校,使儿童、少年就近入学。地方各级人民政府为盲、聋哑和弱智的儿童、少年举办特殊教育学校(班)。

2. 助学金制度。由国家拨款或由学校接受社会捐助款项,向困难的学生提供一定的物资帮助,这是我国长期对困难学生实行的一项福利制度,通过这种制度帮助品学兼优的学生摆脱生活困境,顺利完成学业,成为对国家和社会有用的人才。

3. 贫困助学工程。为了帮助解决贫困学生的入学问题,我国动员了社会力量参加各种形式的贫困助学工程。影响最大的是中国青少年发展基金会发起的全国性的救助失学儿童计划——"希望工程"。希望工程是中国青少年基金会于 1989 年发起实施的一项社会公益事业。17 年来,希望工程募集资金逾 35 亿元人民币,资助贫困学生 290 多万名,援建希望小学 13000 多所,捐赠希望书库、希望图书室 13000 多套,培训乡村教师逾 35000 名。此外,一些地区和行业还开展了援助在校学生的工程。通过这些工程,利用全社会的力量,既保证了学生完成正常的学业,又为国家减轻了负担。

4. 奖学金制度。国家奖学金制度是对家庭经济困难、品学兼优的普通高等学校的在校大学生提供的无偿资助。为资助高校中家庭经济困难学生完成学业,我国自 2002 年 9 月 1 日起正式实行国家奖学金制度,国家奖学金的资助对象为普通高等学校中符合条件的大学本科生或研究生。申请国家奖学金的基本条件是家庭经济困难、生活俭朴、道德品质优良。在校生要求学习成绩优秀,当年考入的新生则要求参加全国统一高考考试成绩优秀等。目前,国家奖学金每年要奖励 5 万名在校大学生,每人每年奖励的标准是 8000 元。

5. 贷学金制度。贷学金制度是指国家助学贷款制度,它是通过向学生提供低息或无息贷款的方式,为学生解决读书期间的生活和学习困难,这是近年来很多高校普遍实行的一种改革措施,在校学生可以根据需要在一定额度的范围内申请贷款,用于在校期间的学习和生活费用开支。毕业后,由其本人或用人单位偿还。

(二)卫生福利

世界卫生组织认为,"健康不仅是没有疾病,而且是一种生理的、心理的和社会适应能力的完好状态"。健康是生活质量的重要保证,也是个人在社会中发挥其功能的前提。健康服务是社会成员的基本需求,但仅靠商业性的医疗机构难以完全满足所有社会成员的需要,这客观上要求政府制定和实施公共卫生和医疗服务政策。

在我国,国民的医疗福利体现在以下三个方面:首先,国家通过建立各种医院、防疫、保健机构和设施，为公民提供就医机会，并防止疾病传播，保证公民能够在安全卫生的环境中生活；其次，国家通过制定医疗卫生制度，保障公民能够享受较好的卫生福利；最后，国家通过支持医学教育和科研，培养医疗和防疫人才，促进医疗水平的进步。我国目前已经形成了中央、省、市、县四级卫生监督和疾病预防体系，目前国家正在致力于建立和完善农村公共卫生体系，提高农村居民的卫生福利。

（三）住房福利

在住房福利方面，我国的制度经历了很大的改变。随着我国市场经济体制的不断形成和完善，职工福利制度也顺应市场发展的需要逐步走上了开放式、社会化的道路，在注重社会效益的同时兼顾经济效益，既立足中国国情，又顾及现代社会福利制度的发展趋势。1994 年国务院正式推出《关于深化城镇住房制度改革的决定》，住房建设投资由国家、单位统包的体制改变为国家、单位、个人三者合理负担的体制；把各单位建设、分配、维修和管理住房的体制改变为社会化、专业化运作的体制；把住房实物福利分配的方式改变为按劳分配为主的货币工资分配方式，并建立了住房公积金制度、经济适用房制度等。

住房公积金是指国家机关、国有企业、城镇集体企业、外商投资企业、城镇私营企业、事业单位、民办非企业单位、社会团体及其在职职工交存的长期住房储金。住房公积金对于解决城市中低收入家庭住房问题、改善居民消费结构、促进住房消费方面均发挥了十分重要的作用。

经济适用住房制度，是解决城市低收入家庭住房困难政策体系的组成部分。经济适用住房供应对象要与廉租住房保障对象相衔接。经济适用住房，是指政府提供政策优惠，限定套型面积和销售价格，按照合理标准建设，面向城市低收入住房困难家庭供应，具有保障性质的政策性住房。经济适用房的售价以薄本微利为原则，购买满一定年限方可上市出售，且收益要按照一定比例向政府缴纳。从现实来看，经济适用房的来源主要有三种：一是政府提供专用地，通过统一开发而建设的经济适用房；二是将房地产开发企业拟作为商品房开发的普通住宅改为经济适用房；三是单位以自建方式建设的出售给本单位职工的经济适用房。

资料链接

2007 年 11 月 19 日，建设部、发展改革委、监察部、财政部、国土资源部、人民银行、税务总局颁布了《经济适用住房管理办法》。

三、职业福利

(一)职业福利的概念和特点

职业福利是指雇员从职业中获得的福利。职业福利是用人单位吸引人才的重要措施,也是政府社会福利的有效补充。西方国家的职业福利可以分为法定福利和自主福利两种。法定福利包括社会保险和带薪休假制度等,其产生的前提是法律要求。自主福利是企业主动为员工提供的福利,主要包括:健康保健,如为员工提供牙科及视力保健;职工援助,在职工个人面临婚姻或家庭困难时为职工提供帮助;教育资助,为顺利通过学业的职工提供学费帮助,为职工提供培训机会等;生活福利,如提供上下班的班车服务、允许职工低价购买本公司的产品。职业福利有以下几个方面的特点:

一是自主性。一个企业是否有自主福利是由企业自主决定的,是在国家法律规定之外的自愿的行为。企业可以根据自己企业的特点和具体情况,设计有益于企业和职工的福利制度,通过这种形式弥补法定福利不足,更好地保障职工的生活,激发其工作的积极性和创造性。

二是普遍性。企业的福利一般是集体性福利,对于需要福利帮助的人员均等给予福利待遇,所有职工均有机会享受单位提供的特殊福利。只有这样企业才能用这种制度激励和帮助多数职工,促进企业的生产和市场竞争力。

三是差异性。不同的企业之间,自主福利待遇存在差异。企业因行业的差异、效益的差异、经营理念的差异,其职工福利存在较大的差别。这是其自主补充福利的结果,是企业根据自己本身状况所作出的具体选择。

(二)我国职业福利的内容

在计划经济时期,我国形成了“小企业、大社会”的职业福利格局。福利范围一再扩大。20世纪60年代初,党和政府采取一系列措施增加社会福利投资,改善企业职工福利待遇。改革开放后我国对传统的福利制度进行改革,目前也已经形成了法定福利和自主福利两类职业福利并存的局面。

我国的法定执业福利包括:社会保险制度、年休假制度、探亲假制度等。我国企业的自主福利一般包括:为职工办理补充保险;为职工开通上下班班车、开办食堂、托儿所、洗澡浴池等。我国企业单位、国家机关以及事业单位的福利经费主要来源于以下几个方面:国家为各单位提供的、与职工基本生活相关的非生产性建设经费;国家机关、事业单位按照规定获得的“职工福利费”和企业单位的“职工福利基金”;工会经费中用于职工福利的费用;单位行政管理事业费中开支的福利费用;各单位开办的职工福利设施的收入,如文化宫、俱乐部、浴池和幼儿园的收入。

四、社会福利事业

（一）老年人福利

世界卫生组织和我国卫生部规定，60 岁以上的人为老年人。老年人是社会的重要组成部分，让老年人共享经济建设和社会发展的成就是国家和社会义不容辞的责任。老年人福利是指国家和社会以发扬敬老爱幼美德、安定老人生活、维护老人健康、充实老人精神文化生活为目的而采取的政策措施和服务。我国已于 1999 年 10 月进入人口老龄化国家的行列，60 岁及其以上的老年人口已达 1.26 亿人，占全国人口的 10%。《宪法》第 45 条规定，中华人民共和国公民在年老的情况下，有从国家和社会获得物质帮助的权利。国家发展为公民享受这些权利所需要的社会保险、社会救济和医疗卫生事业。第 49 条规定“禁止虐待老人”。老年人福利是养老保险的延续和提高，在保障老人基本物质生活需要，解决好“养”的基础上，进一步满足老年人精神文化生活的需要，努力实现老有所养、老有所医、老有所为、老有所乐。

我国政府历来重视老人的福利，1956 年《高级农业生产合作社示范章程》规定了农村“五保”制度。1978 年国务院颁发了《关于安置老弱病残干部的暂行办法》和《关于工人退休、退职的暂行办法》。1981 年国务院、中央军委发出《关于军队干部退休的暂行规定》的通知。1990 年 7 月 18 日，民政部发布《军队离休退休干部休养的管理暂行规定》。1994 年 1 月 23 日，国务院发布《农村五保供养工作条例》。1996 年 8 月 29 日，全国人大常委会通过《中华人民共和国老年人权益保障法》。1997 年 3 月 18 日，民政部发布《农村敬老院管理暂行办法》。1998 年 8 月 6 日，国务院发布《关于企业职工基本养老保险省级统筹和行业统筹移交地方管理有关问题的通知》。1999 年 2 月 3 日，国务院办公厅发布《关于进一步做好国有企业下岗职工基本生活保障和企业离退休人员养老金发放工作有关问题的通知》。1999 年 12 月 30 日，民政部发布《社会福利机构管理暂行办法》。

从具体内容上来看，我国的老年人福利制度主要包括以下几个方面：

一是老有所养。老年人养老主要依靠家庭，家庭成员应当关心和照料老年人。国家建立养老保险制度，保障老年人的基本生活。老年人依法享有的养老金和其他待遇应当得到保障。农村除根据情况建立养老保险制度外，有条件的还可以将未承包的集体所有的部分土地、山林、水面、滩涂等作为养老基地，收益供老年人养老。城市的老年人，无劳动能力、无生活来源、无赡养人和扶养人的，或者其赡养人和扶养人确无赡养能力或者扶养能力的，由当地人民政府给予救济。

二是老有所医。赡养人对患病的老年人应当提供医疗费用和护理。国家建立多种形式的医疗保险制度，保障老年人的基本医疗需要。老年人依法享有的医疗待遇必须得到保障。老年人患病,本人和赡养人确实无力支付医疗费用的,当地人民政府根据情况可以给予适当帮助,并可以提倡社会救助。医疗机构应当为老年人就医提供方便,对70周岁以上的老年人就医,予以优先。有条件的地方,可以为老年病人设立家庭病床,开展巡回医疗等服务。提倡为老年人义诊。国家采取措施,加强老年医学的研究和人才的培养,提高老年病的预防、治疗、科研水平。开展各种形式的健康教育,普及老年保健知识,增强老年人自我保健意识。

三是老有所居。赡养人应当妥善安排老年人的住房,不得强迫老年人迁居条件低劣的房屋。老年人自有或者承租的住房,子女或者其他亲属不得侵占,不得擅自改变产权关系或者租赁义务。老年人自有的住房,赡养人有维修的义务。老年人所在组织分配、调整或者出售住房,应当根据实际情况和有关标准照顾老年人的需要。新建或者改造城镇公共设施、居民区和住宅,应当考虑老年人的特殊需要,建设适合老年人生活和活动的配套设施。

四是老有所学。老年人有继续受教育的权利。国家发展老年教育,鼓励社会办好各类老年学校。各级人民政府对老年教育应当加强领导,统一规划。1983年,中国第一所老年大学"山东省红十字会老年大学"成立;1984年,我国第一所民办老年大学"广东岭海老年大学"成立;2000年,我国第一所民办社区老年大学"北京怡海老年大学"成立。截至2000年8月,我国老年大学、老年学校发展到1.7万所,学员130万人。大批老年人通过学习,扩大了社交圈子,丰富了老年生活,增长了知识,陶冶了情操。

五是老有所为。国家和社会应当重视、珍惜老年人的知识、技能和革命、建设经验,尊重他们的优良品德,发挥老年人的专长和作用。国家应当为老年人参与社会主义物质文明和精神文明建设创造条件。根据社会需要和可能,鼓励老年人在自愿和量力的情况下,从事下列活动:对青少年和儿童进行社会主义、爱国主义、集体主义教育和艰苦奋斗等优良传统教育;传授文化和科技知识;提供咨询服务;依法参与科技开发和应用;依法从事经营和生产活动;兴办社会公益事业;参与维护社会治安,协助调解民间纠纷;参加其他社会活动。

六是老有所乐。国家和社会采取措施,开展适合老年人的群众性文化、体育、娱乐活动,丰富老年人的精神文化生活。国家鼓励、扶持社会组织或者个人兴办老年福利院、敬老院、老年公寓、老年医疗康复中心和老年文化体育活动场所等设施。地方各级人民政府应当根据当地经济发展水平,逐步增加对老年福利事业的投入,兴办老年福利设施。

七是老有所助。国家保护老年人依法享有的权益。老年人有从国家和社会获得物质帮助的权利,有享受社会发展成果的权利。禁止歧视、侮辱、虐待或者遗弃老年人。保障老年人合法权益是全社会的共同责任。国家机关、社会团体、企业事业组织应当按照各自职责,做好老年人权益保障工作。居民委员会、村民委员会和依法设立的老年人组织应当反映老年人的要求,维护老年人合法权益,为老年人服务。全社会应当广泛开展敬老、养老宣传教育活动,树立尊重、关心、帮助老年人的社会风尚。青少年组织、学校和幼儿园应当对青少年和儿童进行敬老、养老的道德教育和维护老年人合法权益的法制教育。提倡义务为老年人服务。发展社区服务,逐步建立适应老年人需要的生活服务、文化体育活动、疾病护理与康复等服务设施和网点。发扬邻里互助的传统,提倡邻里间关心、帮助有困难的老年人。鼓励和支持社会志愿者为老年人服务。地方各级人民政府根据当地条件,可以在参观、游览、乘坐公共交通工具等方面,对老年人给予优待和照顾。农村老年人不承担义务工和劳动积累工。老年人因其合法权益受到侵害提起诉讼、交纳诉讼费确有困难的,可以缓交、减交或者免交;需要获得律师帮助,但无力支付律师费用的,可以获得法律援助。

(二)妇女福利

妇女福利是根据妇女的生理心理特点以及可能受到的歧视和侵害设立的,由国家和社会为保障妇女的特殊利益和特殊需要而提供的照顾和福利服务。基于妇女自身情况的特殊性,妇女应该享有特殊的权益。妇女福利,由此应运而生。《宪法》第48条规定:"中华人民共和国妇女在政治的、经济的、文化的、社会的和家庭的生活等各方面享有同男子平等的权利。国家保护妇女的权利和利益,实行男女同工同酬,培养和选拔妇女干部。"男女平等原则在宪法层次得以确认。

对妇女等特殊人群的福利问题,国内外的立法均有规定。在国外的社会福利制度中,对妇女福利的规定因经济发展水平和国情不同而有所不同。联合国及其下属组织也制定了大量涉及妇女等特殊人群福利的规范性文件。我国政府重视妇女的福利问题,新中国成立以来制定了大量的法律法规和政策性文件。1955年4月26日,国务院发出《关于女工作人员生产假期的通知》。1988年6月28日,国务院发布《女职工劳动保护规定》。1988年9月4日,劳动部发出《关于女职工生育待遇若干问题的通知》。1990年1月18日,劳动部作出《女职工禁忌劳动范围的规定》。1992年4月3日,七届全国人大五次会议通过《妇女权益保障法》(2005年修订)。1993年11月26日,卫生部、劳动部、人事部、全国总工会、全国妇联颁发《女职工保健工作规定》。1994年10月27日,第八届全国人大常委会第十次会议通过《母婴保健法》。1994年12月14日,劳动部发布《企业职工生育保险试行办法》。2001年6月20日,国务院发布《中华人民共和国母婴保健法实施办法》(国务院令第308号)。

从内容来看,妇女福利的内容主要包括以下几个方面:

一是女职工福利。根据《女职工劳动保护规定》,其主要内容包括:不得在女职工怀孕期、产期、哺乳期降低其基本工资,或者解除劳动合同。禁止安排女职工从事矿山井下、国家规定的第四级体力劳动强度的劳动和其他女职工禁忌从事的劳动。女职工在月经期间,所在单位不得安排其从事高空、低温、冷水和国家规定的第三级体力劳动强度的劳动。女职工在怀孕期间,所在单位不得安排其从事国家规定的第三级体力劳动强度的劳动和孕期禁忌从事的劳动,不得在正常劳动日以外延长劳动时间。不能胜任原劳动的,根据医务部门证明予以减轻劳动量或安排其他劳动。怀孕七个月以上的职工,一般不得安排其从事夜班劳动,在劳动时间内应当安排一定的休息时间。怀孕的女职工,在劳动时间内进行产前检查应算作劳动时间。女职工产假为 90 天,其中产前休假 15 天。难产的,增加产假 15 天。多胞胎生育的,每多生育一个婴儿,增加产假 15 天。女职工怀孕流产的,其所在单位应当根据医务部门的证明给予一定时间的产假。女职工在哺乳期内,应给予哺乳时间并不得安排其从事国家规定的第三级体力劳动强度的劳动和哺乳期禁忌从事的劳动,不得延长其劳动时间,一般不得安排其从事夜班劳动。女职工比较多的单位应当按照国家有关规定,以自办或者联办的形式,逐步建立女职工卫生室、孕妇休息室、哺乳室、托儿所、幼儿园等设施,并妥善解决女职工在生理、卫生、哺乳、照料婴儿方面的困难。

二是女职工保健制度。《母婴保健法》和《女职工保健规定》对女职工保健制度做了规定。县以上的各级妇幼保健机构,负责对管理范围内的各单位进行业务指导。各单位的医疗卫生部门应负责本单位女职工保健工作。女职工人数在 1000 人以下的厂矿应设兼职妇女保健人员;女职工人数在 1000 人以上的厂矿,在职工医院的妇产科或妇幼保健站中应有专人负责女职工的保健工作。女职工保健包括月经期保健、婚前保健、孕前保健、孕期保健、产后保健、哺乳期保健、更年期保健,并对女职工定期进行妇科疾病及乳腺疾病的查治。

三是女职工生育待遇。按规定,女职工怀孕,在本单位的医疗机构或者指定的医疗机构检查和分娩时,其检查费、接生费、手术费、住院费和药费由所在单位负担,费用由原医疗经费渠道开支。产假期间,工资照发。女职工产假期满,因身体原因仍不能工作的,经过医务部门证明后,其超过产假期间的待遇,按照职工患病的有关规定处理。

(三)未成年人福利

未成年人福利是国家根据未成年人身心特点以及可能受到的侵害,由国家和社会为保障未成年人特殊利益和特殊需要,而设立的福利特殊制度及提供的服务。大而言之,未成年人是人类的未来和希望,小而言之,是国家和社会的未来。未成年人福利不仅旨在提高监护人的责任感,而且意在加强国家和社会对培养未成年人成长不可推卸的责任。我国《宪法》第 46 条第 2 款规定,“国家培养青年、少年、儿童在品德、智力、体质等方面全面发展”;第 49 条规定“儿童受国家的保护”,“禁止虐待儿童”。根据中国宪法,中国有关法律对儿童的生命权、生存与发展、基本健康和保健、家庭环境和替代性照料、教育、休闲和文化活动以及残疾儿童的特殊保护等均有全面系统的规定,并规定对虐待、遗弃、故意杀害儿童以及偷盗、拐卖、绑架、出卖、收买儿童等犯罪行为,予以严厉惩处。

目前我国未成年人保护已经构成了一个系统的法律体系。我国参照世界各国立法,制定了以《宪法》为核心的一系列有关未成年人保护的法律、法规和部门规章,形成了较为完备的儿童福利法律体系。择其要者,主要有:1986 年的《义务教育法》、1989 年的《幼儿园管理条例》、1991 年的《禁止使用童工规定》、1991 年的《未成年人保护法》、1992 年的《义务教育法实施细则》、1994 年的《母婴保健法》、1994 年的《未成年工特殊保护规定》、1994 年的《托儿所、幼儿园卫生保健管理办法》、1995 年的《教育法》、1996 年的《学生集体用餐卫生监督办法》、1998 年的《流动儿童少年就学暂行办法》、1999 年的《预防未成年人犯罪法》、2002 年的《禁止使用童工规定》等等。其主要内容可以概括为以两个方面:

一是未成年人用工方面的特殊保护。首先,我国禁止使用童工,禁止国家机关、社会团体、企业事业单位和个体工商户、农户、城镇居民使用童工。禁止各种职业介绍机构以及其他单位和个人为未满 16 周岁的未成年人介绍职业。其次,我国给予未成年工以特殊保护。未成年工是指年满 16 周岁、未满 18 周岁的劳动者。用人单位不得安排未成年工从事国家规定范围的劳动。未成年工患有某种疾病或具有某些生理缺陷时,用人单位也不得安排其从事规定范围的劳动。用人单位应按规定对未成年工定期进行健康检查,并根据健康检查结果安排其从事合适的劳动。违反上述规定的行为,依照相关法律进行处罚。

二是未成年人的教育福利。国家实行九年制义务教育。凡年满 6 周岁的儿童,不分性别、民族、种族,应当入学接受规定年限的义务教育。地方各级人民政府应当合理设置小学、初级中等学校,使儿童、少年就近入学。地方各级人民政府为盲、聋哑和弱智的儿童、少年举办特殊教育学校(班)。国家对接受义务教育的学生免收学费。国家设立助学金,帮助贫困学生就学。各级人民政府创造条件,建立和改善适合未成年人文化生活需要的活动场所和设施。博物馆、纪念馆、科技馆、文化馆、影剧院、体育场(馆)、动物园、公园等场所,应当对中小学生优惠开放。对流浪乞讨或者离家出走的未成年人,民政部门或者其他有关部门应当负责交送其父母或者其他监护人;暂时无法查明其父母或者其他监护人的,由民政部门设立的儿童福利机构收容抚养。地方各级人民政府应当积极发展托幼事业。努力办好托儿所、幼儿园,鼓励和支持国家机关、社会团体、企业事业组织和其他社会力量兴办哺乳室、托儿所、幼儿园,提倡和支持兴办家庭托儿所。学校应当尊重未成年学生的受教育权,不得随意开除未成年学生。学校、幼儿园的教职员应当尊重未成年人的人格尊严,不得对未成年学生和儿童实施体罚、变相体罚或者其他侮辱人格尊严的行为。学校不得使未成年学生在危及人身安全、健康的校舍和其他教育教学设施中活动。

(四)残疾人福利

残疾人是指在心理、生理、人体结构上,某种组织、功能丧失或者不正常,全部或部分丧失以正常方式从事某种活动能力的人。世界各国均有残疾人权利保护和福利保险的法律,如日本有《残疾人对策基本法》、《残疾人雇佣促进法》、《身体残疾者福利法》,联合国也非常关心残疾人事业,1969 年联合国在《社会进步与发展宣言》决议中声明:“对精神上或躯体上残疾者的康复采取适当措施,以便使他们能尽最大可能的成为社会上有益的成员。这些措施包括治疗和技术设备的准备,教育、职业和社会指导,训练和选择职位及其他必需的帮助,创造不因为残疾人的困难而受到歧视的社会条件。”此后,1971 年联合国通过《智能发育迟缓者权利的宣言》,1975 年通过《残疾人权利宣言》,1982 年通过《关于残疾人的世界行动纲领》。国际劳工大会也通过了《残疾人职业康复和就业公约》等文件。

我国政府历来重视残疾人事业,《宪法》第 45 条第 3 款规定:“国家和社会帮助安排盲、聋、哑和其他有残疾的公民的劳动、生活和教育。”目前我国已经形成了以宪法规定为中心的残疾人福利法律体系,主要包括:1989 年民政部、劳动部、卫生部、中国残联发布的《社会福利企业招用残疾职工的暂行规定》,1990 年民政部、国家计委、财政部、劳动部、物资部、国家工商行政管理局、中国残联发布的《社会福利企业管理暂行办法》,1990 年的《残疾人保障法》,1991 年的《社会福利企业技术改造贷款贴息资金管理办法》,1994 年的《残疾人教育条例》,1995 年的《残疾人就业保障金管理暂行规定》,1995 年公安部、建设部、劳动部、民政部、国家工商行政管理局、中国残疾人联合会发出的《关于加强对残疾人专用机动车运营管理的通知》,1995 年的《残疾人按比例就业工作的若干意见》,1997 年的《残疾人专用品免征进口税收暂行规定》,2007 年的《残疾人就业条例》,等等。具体而言包括以下几个方面:

一是残疾人康复方面。国家和社会采取康复措施,帮助残疾人恢复或者补偿功能,政府和有关部门有计划地在医院设立康复医学科(室),举办必要的专门康复机构,开展康复医疗与训练、科学研究、人员培训和技术指导工作。医学院校和其他有关院校应当有计划地开设康复课程,设置康复专业,培养各类康复专业人才。国家和社会采取多种形式对从事康复工作的人员进行技术培训;向残疾人、残疾人家属、有关工作人员和志愿工作者普及康复知识,传播康复方法。政府有关部门应组织和扶持残疾人康复器械、生活自助具、特殊用品和其他辅助器具的研制、生产、供应、维修服务。

在具体康复措施方面,《中国残疾人事业“十五”计划纲要》提出了残疾人康复工作的八项措施:组织实施白内障复明手术;开展低视力康复工作;巩固、完善聋儿康复网络;推广“社会化、综合性、开放式”精神病防治康复工作模式;为现有麻风畸残者实施矫治手术或配备辅助用具;加强残疾人用品用具供应工作;加强社区康复工作,广泛开展康复训练;减少和控制残疾发生,提高人口素质等。

二是残疾人教育。《残疾人保障法》和《残疾人教育条例》对残疾人教育作了详细的规定,主要内容为:国家保障残疾人受教育的义务。国家对接受义务教育的残疾学生免收学费,并根据实际情况减免杂费,国家设立助学金,帮助贫困残疾学生就学;残疾人教育应根据残疾人的身心特性和需要进行;实行普及与提高相结合,以普及为重点的方针。

在教育方式方面,分为普通教育和特殊教育。普通教育方面,着重发展义务教育和职业技术教育;国家举办残疾人教育机构,并鼓励社会力量办学、捐资助学。普通小学、初级中等学校,必须招收能适应其学习生活的残疾儿童、少年入学;普通高级中等学校、中等专业学校、技工学校和高等院校,必须招收符合国家规定的录取标准的残疾考生入学,不得因其残疾而拒绝招收。特殊教育方面,主要是指残疾幼儿教育机构、普通幼儿教育机构附设的残疾儿童班、特殊教育学校的学前班、残疾儿童福利机构、残疾儿童家庭,对残疾儿童实施学前教育。初级中等以下特殊教育学校和普通学校附设的特殊教育班,对不具有接受普通教育能力的残疾儿童、少年实施义务教育。高级中等以上特殊教育学校、普通学校附设的特殊教育班和残疾人职业技术教育机构,对符合条件的残疾人实施高级中等以上文化教育、职业技术教育。

三是残疾人就业。《残疾人保障法》、《残疾人就业条例》及有关法规规章规定的残疾人就业制度有以下几个方面:(1)国家保障残疾人劳动的权利。各级人民政府应当对残疾人劳动就业统筹规划,为残疾人创造劳动就业条件。残疾人就业渠道包括集中安排、分散安排、自谋职业和农村劳动等。国家对残疾人福利性企业事业组织和城乡残疾人个体劳动者,实行税收减免政策,并在生产、经营、技术、资金、物资、场地等方面给予扶持。(2)国家在残疾人福利性企业事业组织的财产所有权和经营自主权、残疾人职工的劳动权利、残疾毕业生就业等方面提供保护措施。(3)国家和社会鼓励、帮助残疾人进行文学、艺术、教育、科学、技术和其他有益于人民的创造性劳动。

四是残疾人福利。国家和社会采取扶助、救济和其他福利措施,保障和改善残疾人的生活。国家和社会对生活确有困难的残疾人,通过多种渠道给予救济、补助。国家和社会对无劳动能力、无法定扶养人、无生活来源的残疾人,按照规定予以供养、救济。地方各级人民政府和社会举办福利院和其他安置收养机构,按照规定安置收养残疾人,并逐步改善其生活。公共服务机构应当为残疾人提供优先服务和辅助性服务。残疾人搭乘公共交通工具,应当给予方便和照顾;其随身必备的辅助器具,准予免费携带。盲人可以免费乘坐市内公共汽车、电车、地铁、渡船。盲人读物邮件免费寄递。县级和乡级人民政府应当根据具体情况减免农村残疾人的义务工、公益事业费和其他社会负担。各级人民政府应当逐步增加对残疾人的其他照顾和扶助。国家和社会逐步创造良好的环境,改善残疾人参与社会生活的条件。国家和社会逐步实行方便残疾人的城市道路和建筑物设计规范,采取无障碍措施。

第二节 社会优抚法律制度

一、社会优抚法律制度概述

(一)社会优抚概述

社会优抚是指国家和社会按照法律、政策的有关规定,对法定的优抚对象以提供津贴、服务和安置条件等方式,在就业、入学、贷款、住房等方面给予优厚待遇,以确保其受人尊敬的社会地位和一定生活水平的社会保障制度。具体有以下几个方面的特征:

一是优抚对象的法定性。依照目前规定,下列人员享有社会优抚待遇:现役军人和武警官兵;革命伤残军人;复员退伍军人;军人家属;离退休军官、文职干部。因参战残废的民兵、民工和因参加军事训练伤亡的民兵及其他人员,亦可参照国家的《军人抚恤优待条例》享受有关抚恤待遇。

二是优抚内容的综合性。与一般国民的社会保障制度不同,社会优抚制度既不是单纯的社会救助,也不是单纯的社会保险或社会福利,而是兼具三种制度的特点。社会优抚制度是一个以特殊社会群体为保障对象的综合社会保障体系。

三是待遇标准的激励性。根据有关立法规定,对军人及其家属的保障待遇要高于普通国民的保障标准,军转干部的离退休待遇要高于地方同等级别的离退休人员的待遇水平,军人的抚恤标准也要高于一般劳动者的工伤抚恤标准。这与被保障对象为国家所做的牺牲、贡献是密切相关的。这样的待遇标准,对保障对象来说,稳定可靠、吸引力大,对军队建设有强大的激励作用。

四是保障目标的双重性。一方面,社会优抚为军人及其家属提供基本生活保障,并使他们的生活水平高于当地群众的一般生活,因而具有物质保障性;另一方面,通过群众性的拥军优属活动,又具有褒扬革命军人,对全体国民进行宣传教育,进一步促进社会主义精神文明建设的特殊意义,因此又具有政治褒扬性。正是这二者的结合，使我国的优抚制度有了自下而上广泛的群众基础，激励着军人为国家无私奉献。

（二）社会优抚法

社会优抚法是指调整社会优抚关系的法律规范的总称。早在第二次国内革命战争时期的1931年中华苏维埃第一次代表大会上，就通过了《红军优待条例》、《红军抚恤条例》，它标志着我国最早的社会优抚制度的建立。新中国成立后，党和政府一直十分重视社会优抚工作。根据1949年《中国人民政治协商会议共同纲领》的规定，政务院在1950年制定了《革命军人牺牲病故褒恤暂行条例》等五个条例，以法规形式对社会优抚的对象、方式、标准等均做了全面而明确的规定。

1978年十一届三中全会以来，党和政府在总结几十年优抚工作经验的基础上，在优抚制度改革方面做了大量工作，使之不断完善，逐步走上法制化、社会化的新型保障之路。根据1982年《宪法》、1984年通过新的《兵役法》、《关于做好移交给地方的军队离退休干部安置管理工作的报告》等法律法规所确定的原则，国务院于1987年、1988年分别颁布实施了《退伍义务兵安置条例》、《军人抚恤优待条例》等，提出了建立国家、社会、群众三结合的抚恤优待制度，健全了优抚安置的法规体系。近年来，随着我国各项改革事业的进行，对《兵役法》、《现役军官法》也作了相应修正，并颁布了《中国人民解放军士官退出现役安置暂行办法》（1999年）、《军队转业干部住房保障办法》（2000年）、《军队转业干部安置暂行办法》（2001年）等一系列新的法规，为我国社会优抚工作的进一步开展提供了全面、完善的法律依据。2004年，国务院新修订的《军人抚恤优待条例》的公布实施，对确立军人抚恤优待在国家政治、社会生活中的地位，进一步理顺军人抚恤优待与国民经济发展的关系，建立和完善适合我国国情的军人抚恤优待制度有重要意义。

二、社会优抚法律制度的基本内容

（一）社会优待

社会优待是指国家和社会按照法律规定和社会习俗，对现役军人及其家属提供资金和服务等优惠措施，提高其生活质量、褒扬其为社会作出特殊贡献的社会优抚制度。根据有关规定，社会优待主要包括：对现役军人及其家属的优待；对革命残废军人的优待；对革命烈士家属、牺牲、病故军人家属的优待；对复员、退伍军人的优待。

（二）社会抚恤

社会抚恤是指国家通过发放抚恤金向优抚对象提供生活保障的优抚形式。包括:死亡抚恤和伤残抚恤。死亡抚恤的对象主要是烈士遗属、因公牺牲、病故军人的家属。国家对死者家属采取物质抚慰形式,分为一次性抚恤和定期抚恤两种。伤残抚恤是指以特定伤残人士为对象的抚恤。2004 年,国务院修订出台了新的《军人抚恤优待条例》,民政部修订出台了《伤残抚恤管理办法》。其主要内容包括:

一是伤残抚恤的对象。包括我国下列公民:(1)在服役期间因战因公致残退出现役的军人,在服役期间因病评定了残疾等级退出现役的残疾军人;(2)因战因公负伤时为行政编制的人民警察;(3)因战因公负伤时为公务员以及参照《公务员法》管理的国家机关工作人员;(4)因参战、参加军事演习、军事训练和执行军事勤务致残的预备役人员、民兵、民工以及其他人员;(5)为维护社会治安同违法犯罪分子进行斗争致残的人员;(6)为抢救和保护国家财产、人民生命财产致残的人员;(7)法律、行政法规规定应当由民政部门负责伤残抚恤的其他人员。但是,前款所列第(4)、(5)、(6)项人员,根据《工伤保险条例》应当认定视同工伤的,不再办理因战、因公伤残抚恤。

二是残疾等级的评定。残疾等级评定包括新办评定残疾等级、补办评定残疾等级、调整残疾等级。新办评定残疾等级是指对第 2 条第 1 款第(1)项以外的人员认定因战因公残疾性质,评定残疾等级。补办评定残疾等级是指对现役军人因战因公致残未能及时评定残疾等级,在退出现役后依据《军人抚恤优待条例》的规定,认定因战因公性质、评定残疾等级。调整残疾等级是指对已经评定残疾等级,因残疾情况变化与所评定的残疾等级明显不符的人员调整残疾等级级别。申请人(精神病患者由其利害关系人)申请评定残疾等级,应当向所在单位提出书面申请;没有单位的,向户籍所在地的街道办事处或者乡镇人民政府提出书面申请。以原致残部位申请调整残疾等级的,可以直接向户籍所在地县级人民政府民政部门提出申请。县级人民政府民政部门经审查认为申请人符合因战因公负伤条件的,应当填写《评定、调整伤残等级审批表》,并在受理之日起 20 个工作日内,通知本人到设区的市人民政府或者行政公署以上民政部门指定的医疗卫生机构,对属于因战因公导致的残疾情况进行鉴定,由医疗卫生专家小组根据《军人残疾等级评定标准》,出具残疾等级医学鉴定意见。职业病的残疾情况鉴定由省级人民政府民政部门指定的有职业病诊断资质的医疗机构作出;精神病的残疾情况鉴定由省级人民政府民政部门指定的二级以上精神病专科医院作出。

三是伤残证件的发放。伤残证件有四种:(1)退役军人在服役期间因战因公因病致残的,发给《中华人民共和国残疾军人证》;(2)人民警察因战因公致残的,发给《中华人民共和国伤残人民警察证》;(3)公务员以及参照《公务员法》管理的国家机关工作人员因战因公致残的,发给《中华人民共和国伤残公务员证》;(4)其他人员因战因公致残的,发给《中华人民共和国因战因公伤残人员证》。伤残证件由国务院民政部门统一制作。证件的有效期:15 周岁以下为 5 年,16～25 周岁为 10 年,26～45 周岁为 20 年,46 周岁以上为长期。

四是抚恤金的发放。伤残人员从被批准残疾等级评定后的第二个月起,由发给其伤残证件的县级人民政府民政部门按照规定予以抚恤。伤残人员抚恤关系转移的,其当年的抚恤金由部队或者迁出地的民政部门负责发给,从第二年起由迁入地民政部门按当地标准发给。在国内异地(指非发放抚恤金所在地)居住的伤残人员或者前往香港、澳门、台湾地区定居或者出国定居的中国国籍伤残人员,经向县级人民政府民政部门申请并办理相关手续后,其伤残抚恤金可以委托他人代领,也可以委托民政部门邮寄给本人或者存入其指定的金融机构账户,所需费用由本人负担。在国内异地居住的伤残人员,每年应当向负责支付其伤残抚恤金的民政部门提供一次居住地公安机关出具的居住证明。当年未提交证明的,县级人民政府民政部门应当经过公告或者通知其家属提交证明;经过公告或者通知其家属后 60 日内,伤残人员仍未提供上述居住证明的,从第二年起停发伤残抚恤金。前往香港、澳门、台湾地区定居或者出国定居的伤残人员,县级人民政府民政部门应当告知当事人每年向负责支付其伤残抚恤金的民政部门提供一次由我国驻外使领馆或者当地公证机关出具的居住证明,由当地公证机关出具的证明书,须经我驻外使领馆认证。香港地区由内地认可的公证人出具居住证明,澳门地区由内地认可的公证人或者澳门地区政府公证部门出具居住证明,台湾地区由当地公证机构出具居住证明。当年未提供上述居住证明的,从第二年起停发伤残抚恤金。伤残人员死亡的,从死亡后的第二个月起停发抚恤金。县级人民政府民政部门依据人民法院的判决书,或者公安机关发布的通缉令,对具有中止抚恤情形的伤残人员决定中止抚恤,并通知本人或者其家属。中止抚恤的伤残人员在刑满释放并恢复政治权利或者取消通缉后,经本人申请,并经民政部门审查符合条件的,从第二个月起恢复抚恤,原停发的抚恤金不予补发。办理恢复抚恤手续应当提供下列材料:本人申请、户口簿、司法部门的相关证明。需要重新办证的,按照证件丢失规定办理。

(三)安置保障

1. 退役安置。退役安置是国家和社会向退出现役的军人提供就业及其他安置所需的资金和服务,以保证其尽快适应社会、安居乐业的社会保障项目。根据《退伍义务兵安置条例》(国发[1987]106 号),退伍义务兵是指中国人民解放军和中国人民武装警察部队的下列人员:(1)服现役期满(包括超期服役)退出现役的。(2)服现役期未满,因下列原因之一,经部队师级以上机关批准提前退出现役的:因战、因公负伤(包括因病)致残,部队发给《革命伤残军人抚恤证》的;经驻军医院证明,患病基本治愈,但不适宜在部队继续服现役以及精神病患者经治疗半年未愈的;部队编制员额缩减,需要退出现役的;家庭发生重大变故,经家庭所在地的县、市、市辖区民政部门和人民武装部证明,需要退出现役的。退役安置的形式主要有两种:(1)提供资金。退役保障金在内容上主要包括退役安置费、生活津贴以及生产贷款等项目。(2)提供服务。政府和社会通过向退役军人提供就业、就学、安家、落户、培训等方面的服务来实现其保障目标。

2. 离退休安置。离退休安置是指国家和社会依法向直接从军队现役中离退休的军人提供资金和服务,以保证其安度晚年的社会保障项目。根据《关于军队干部离职休养的暂行规定》的通知([1982]1号),该规定确定了离休的条件和安置原则,提出离休干部的安置,要从实际出发,因地制宜。离休干部就地安置的,由原单位管理,易地安置的,由接收单位管理,并由原单位一次发给相当本人两个月工资额的安家补助费;回农村安置的,由县市人民武装部管理,并由原单位一次发给相当本人四个月工资额的安家补助费。

离休干部住房标准,与在职干部相同。自愿在农村和县(含)以下城镇安置的,按规定标准发给建房费,由当地政府帮助建房或买房,节约归己。住房可以长期使用。在城市有条件建房、买房分散安置的,也可按规定发给建房费,节约归己,产权归公,可以长期使用,但不得转让、出卖或出租。此外,该规定也对离休人员的政治、文化生活、探亲待遇、车辆、公勤人员、治病、住院、护理、子女安置、配偶和子户口安置、丧葬、抚恤等均作出了规定。

——课后实训——

一、关键词解释

社会福利　　教育福利　　社会优抚　　退役安置

二、选择题

1. 我国的公共福利包括以下几个方面:(　　)。

A. 教育福利　　B. 卫生福利

C. 住房福利　　D. 职业福利

2. 从内容来看,我国妇女福利的内容主要包括以下几个方面:(　　)。

A. 女职工福利　　B. 女职工保健制度

C. 女职工生育待遇　　D. 女职工禁忌劳动范围

3. 从内容来看,我国残疾人福利的内容主要包括以下几个方面:(　　)。

A. 残疾人康复方面

B. 残疾人教育

C. 残疾人就业

D. 公共服务机构为残疾人提供的优先服务和辅助性服务

三、思考题

1. 社会福利制度的特征有哪些？
2. 发达国家的社会福利一般可以分为几类？
3. 我国教育福利制度的主要内容有哪些？
4. 社会优抚制度的特征有哪些？
5. 我国伤残抚恤的对象包括哪些？

阅 读 书 目

1. 黄越钦:《劳动法新论》,中国政法大学出版社 2003 年版。
2. [日]大须贺明:《生存权论》,法律出版社 2001 年版。
3. 常凯:《劳权论——当代中国劳动关系的法律调整研究》,中国劳动社会保障出版社 2004 年版。
4. 王全兴:《劳动法》,法律出版社 2000 年版。
5. 董保华:《社会法原论》,中国政法大学出版社 2001 年版。
6. 李景森、贾俊玲主编:《劳动法学》,北京大学出版社 2003 年版。
7. 郭捷主编:《劳动法与社会保障法》,中国政法大学出版社 2004 年版。
8. 曾湘泉:《劳动经济》,复旦大学出版社 2005 年版。
9. 史探径:《社会保障法研究》,法律出版社 2000 年版。
10. 王益英主编:《外国劳动法和社会保障法》,中国人民大学出版社 2001 年版。
11. [美]罗伯特·A. 高尔曼:《劳动法基本教程》,马静等译,中国政法大学出版社 2003 年版。
12. 郑功成:《中国社会保障制度变迁与评估》,中国人民大学出版社 2002 年版。

图书在版编目(CIP)数据

劳动法与社会保障法 / 郭捷主编. --3 版. --北京：法律出版社，2016.8(2020.10 重印)
ISBN 978-7-5118-9807-4

Ⅰ.①劳… Ⅱ.①郭… Ⅲ.①劳动法-中国②社会保障-行政法-中国 Ⅳ.①D922.5②D922.182.3

中国版本图书馆 CIP 数据核字(2016)第 182877 号

劳动法与社会保障法(第三版)
LAODONGFA YU SHEHUI BAOZHANGFA
(DI-SAN BAN)

郭 捷 主编

责任编辑 陈 慧
装帧设计 凌点工作室

编辑统筹 法律教育出版分社
出版 法律出版社
总发行 中国法律图书有限公司
经销 新华书店
印刷 固安华明印业有限公司
责任印制 胡晓雅

开本 720 毫米×960 毫米 1/16
印张 28
字数 540 千
版本 2016 年 8 月第 3 版
印次 2020 年 10 月第 5 次印刷

法律出版社/北京市丰台区莲花池西里 7 号(100073)
网址/www.lawpress.com.cn
投稿邮箱/info@lawpress.com.cn
举报维权邮箱/jbwq@lawpress.com.cn
销售热线/010-83938336
咨询电话/010-63939796

中国法律图书有限公司/北京市丰台区莲花池西里 7 号(100073)
全国各地中法图分、子公司销售电话：
统一销售客服/400-660-6393
第一法律书店/010-83938334/8335 西安分公司/029-85330678 重庆分公司/023-67453036
上海分公司/021-62071639/1636 深圳分公司/0755-83072995

书号:ISBN 978-7-5118-9807-4 **定价**:54.00 元